U0523056

泰禹慈善基金全程资助文化项目

中華老學

第九辑

光而不耀

主编
詹石窗
宋崇道
谢清果

九州出版社　全国百佳图书出版单位

图书在版编目（CIP）数据

中华老学. 第九辑 / 詹石窗，宋崇道，谢清果主编. -- 北京：九州出版社，2023.10
ISBN 978-7-5225-2412-2

Ⅰ. ①中… Ⅱ. ①詹… ②宋… ③谢… Ⅲ. ①《道德经》—研究 Ⅳ. ①B223.15

中国国家版本馆CIP数据核字(2023)第207763号

中华老学·第九辑

作　　者	詹石窗　宋崇道　谢清果　主编
责任编辑	郝军启
出版发行	九州出版社
地　　址	北京市西城区阜外大街甲35号（100037）
发行电话	(010) 68992190/3/5/6
网　　址	www.jiuzhoupress.com
印　　刷	北京九州迅驰传媒文化有限公司
开　　本	720毫米×1020毫米　16开
印　　张	21.5
字　　数	460千字
版　　次	2023年10月第1版
印　　次	2023年10月第1次印刷
书　　号	ISBN 978-7-5225-2412-2
定　　价	76.00元

★版权所有　侵权必究★

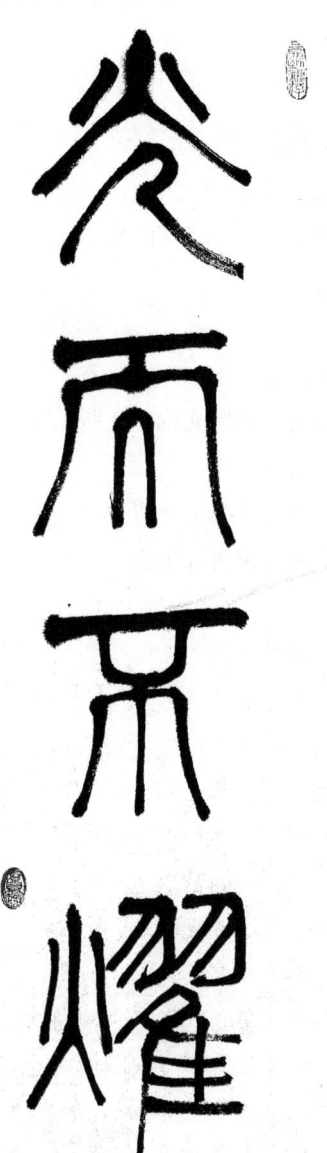

本辑主题词:"光而不耀"——《道德经》

中华老学编委会

主　　办：华夏老学研究会
　　　　　四川大学老子研究院
　　　　　厦门大学老子道学传播与研究中心
　　　　　宜春市崇道宫

协　　办：华夏传播研究会
　　　　　四川大学道教与宗教文化研究所
　　　　　厦门大学传播研究所
　　　　　厦门大学道学与传统文化研究中心
　　　　　宜春学院宗教文化研究中心

赞　　助：湖南泰禹慈善基金会

首席顾问：熊铁基　陈鼓应　许抗生　安乐哲（美国）　陈雅岚
学术顾问：王中江　刘固盛　曹峰　陈霞　郑开　方勇　高华平　陈荣庆
法律顾问：北京中银（深圳）律师事务所
主　　编：詹石窗　宋崇道　谢清果
副 主 编：盖建民　吴文文　陈大明

学术委员会：尹志华　张丰乾　邓联合　张永宏　黄永锋　于国庆　辛红娟
　　　　　　蔡觉敏　杨玉英　宋德刚　王威威　袁青　李健　陈成吒
　　　　　　张彦龙　颜文强　柴晓明　董延喜　陈大明　李冀　胡瀚霆
　　　　　　陈起兴　管国兴　张丽娟　钟海连　肖海燕
　　　　　　（排名不分先后）
本辑统筹：孙瑞雪
本辑校对：亓尹　张博文　陈铭　叶俊

光而不耀

——论《道德经》的海外影响力

宋崇道

众所周知,《道德经》亦称《老子》,其相关研究被学界称为"老子之学",简称"老学"。

近日,欣喜看到一组关于《道德经》译本的数据:

武汉大学杜青钢教授在湘潭大学2023中国法国文学研究会年会上发言列举了一个国内《哲学研究》刊登美国汉学家邰泌侠做的统计:《道德经》已译为72种语言,有1548个译本,其中英文441种、德文157种、韩语101种、西班牙文95种、法语91种、日文62种、荷兰文58种、意大利57种、俄语41种、葡萄牙36种、泰语33种、波斯文32种、波兰24种、越南20种、希伯来语18种、希腊17种、捷克17种、土耳其14种、拉丁文8种。他自己做了一个今年最新的统计:《道德经》译为73种语言,有1576个译本。另外,他还做了一项调查,在他认识的20位法国作家中,17个读过《老子》。其中未读的两位说,已有计划,马上读。

从这个数据中,我突然想到一句王阳明在《南赣乡约》中说的话:"为善虽人不知,积之既久,自然善积而不可掩。"《道德经》文化就是这样,日虽不见,如天之甘霖,不断地影响着滋润着这个世界,也正如《道德经》所言:"生之畜之,生而不有,为而不恃,长而不宰。"由此更加敬佩老子这位先哲祖师。笔者透过这一现象,从国外《道德经》文化及应用的角度浅谈三点感悟。

一、《道德经》越来越广泛地被普及应用到各领域

《道德经》作为中华最早、最完整的哲学元典,其内在的思想价值正在被各界广泛认可,并被广泛普及各个领域,其思想光芒大有"墙内开花墙外香"的趋势。既然前述聊到法国文学,我们索性以它为例来讨论。笔者惊叹法国这样一个一度在我们眼中的浪漫国度,没想到这些浪漫的文人底层文化逻辑中几乎全部浸润过《道德经》文化。

法国有两位叫"卢梭"的著名文化人,一位是哲学家叫让·雅克·卢梭(Jean-Jacques Rousseau,1712—1778),是法国伟大的启蒙思想家、哲学家、教育家、文学家,是18世纪法国大革命的思想先驱,启蒙运动最卓越的代表人物之一。有人这么评价他:"他最伟大的教师,并不是任何一种书籍,他的教师是'自然'。"怪不得武大杜教授说:"很可能,卢梭读过老子,但是他秘藏不说。"他举例说:"卢梭经常这样写:'秋风吹皱了湖水,远处有鸡鸣,我放弃小木船,朝着更朴的山边走去,归于宁静,有如胎儿'由此我想起老子的'小国寡民。虽有舟舆,无所乘之。复归于婴儿,复归于朴'。"

法国还有一位叫亨利·朱利安·费利克斯·卢梭(Henri Julien Félix Rousseau,1844—1910),是法国具有卓越成就的伟大的画家,也是法国后期印象派画家,被称为"原始派画家"或"天真画家",主要作品有《梦》《墨西哥人》等。光是别人赋予他的称呼,就能和《道德经》的"道法自然""复归于朴"等思想联系起来,有人这样评价他:"卢梭创作热衷于创造一个幻想的世界,他的艺术很难归到哪一派,但他的画法属超现实主义。他似乎总是生活在一个梦幻的世界,这种与生俱来的爱幻想的天真性格,在他的日常生活中也充满天真烂漫,他的画具有原始童话般的魅力。"[①]虽找不到他读过《道德经》的直接证据,但看别人对他绘画风格的评价,是不是也有前面那位卢梭的文学境界与《道德经》思想契合之同感?如果我们还执拗地强调"《道德经》只是宗教经典",是不是自惭形秽,过于愚昧和落后?

杜青钢教授列举的数据里说到,根据不同语境,《道德经》译本还产生许多分类,如天主教《老子》、印度教《老子》、环境主义《老子》、女权主义《老子》、无政府主义《老子》,外加猫立场的《老子》等。

综上而言,《道德经》文化的应用形式多种多样,它已经深入生活的各个领域。

二、《道德经》越来越为民众提供高维智慧

我们再来谈谈《道德经》文化在德国的影响力。记得2019年《中国道教》期刊有一篇文章:《老子及其道家学说在德国》中就刊载说,德国总理施罗德曾呼吁每个家庭买一本中国的《道德经》,并希望它能帮助人们解决思想上的困惑。从这一现象可以看出,作为国家领袖发出这种倡议,足见《道德经》文化对民众生活的影响已经很深远。当然,这种影响也有其特定的历史原因。众所周知,德国历经两次世界大战,二战以后饱受战争苦难的民众向往和平安定的生活,追求宁静致远的道家思想和他们产生了共鸣,其首当其冲地选择了中华文化中的《道德经》,就这样《道德

---

① 《世界名画欣赏》,《时代文学》(下半月)2010年第1期,第233页。

经》文化在德国有了更广泛的群众基础，它"从上层精英的哲学著作逐渐发展成为普通的大众读物"[①]。

德国现代汉学家库恩提及老子思想对于德国文学的影响时曾讲道："没有德文版的《道德经》，德国可能不会出现德布林，因为老子的《道德经》，德布林创作了德国首部现代小说。"[②] 这也就是《王伦三跃》。

据载，1920年，德国戏剧家贝尔托德·布莱希特（Bertolt Brecht,1898—1956）因为受《道德经》文化的影响，"把老子融入了叙事剧《大胆妈妈和孩子们》（Mutter Courage und ihre Kinder），历史剧《伽利略传》（Das Leben des Galilei）及叙事诗《老子出关著〈道德经〉之传说》（Legende von Entstehung des Buches Taoteking）等作品"[③]。

德国著名汉学家卫礼贤曾说过，《道德经》是拯救西方文明的良药，老子的微言大义已经开始被引入欧洲文化的肌理。毕生研究中国文化尤其推崇老子《道德经》的诺贝尔文学奖得主赫尔曼·黑塞（Hermann Hesse）受父亲影响，不仅曾为德国汉学家卫礼贤的《道德经》译本撰写书评，1919年他在一次读书会上还这么概括了德国民众的思想生活："我们现在所急缺的智慧，在《道德经》里。"[④] 我们看到，《道德经》这本哲学元典，在国外的高层精英心中，已经完全成为提升自己思想维次的必要智慧经典。

三、《道德经》越来越代表中华优秀传统文化核心

"《道德经》的美译本，在美的影响十分深远，不少地区、大企业、社区以《道德经》为基本原理，编写各种心理学、休养学、健身学等教程，以提高社区和企业的整体素质。""美国人把《道德经》作为过正常人生活的灯塔。"[⑤]《道德经》代表中华优秀传统文化在海外对美国民众的生活和思想具有非常现实的指导和引领意义，已"成为中美文化和学术交流的重要桥梁之一"[⑥]。1988年时任美国总统里根在国情咨文中引用老子的"治大国，若烹小鲜"，引发了《道德经》学习研究热潮，据学者统计，

[①] 高兴梅、赵娜：《〈道德经〉在德国的传播和接受》，《湖北开放职业学院学报》2020年第21期，第119页。

[②] 陈骏飞、唐玉婷：《老子哲学思想在德国之翻译、介绍与传播》，《江苏科技大学学报》（社会科学版）2014年第2期，第57页。

[③] 张晓晖：《老子及其道家学说在德国》，《中国道教》2019年第4期，第19页。

[④] 陈骏飞、唐玉婷：《老子哲学思想在德国之翻译、介绍与传播》，《江苏科技大学学报》（社会科学版），2014年，第2期，第58页。

[⑤] 顾华：《〈道德经〉在美国》，《岭南文史》1999年第1期，第61页。

[⑥] 梁勇、何昆罡：《〈道德经〉在美国的译本出版与传播特色》，《成都工业学院学报》2020年第4期，第108—109页。

米歇尔1992年的《道德经》英译本8年时间发行55万余册。[①]美国知名学者柯恩(Livia Kohn)评述"《道德经》不仅包含了中国传统文化,同样是世界哲学的一部分"。用"包含"一词同样印证了鲁迅谈道家文化是"中华文化根底"一说,说明《道德经》是中华优秀传统文化的核心。

我们再来看一个《〈道德经〉部分译本在美国再版情况》[②]的信息表格:

表1 《道德经》部分译本在美国再版情况

译者	出版时间	出版社	出版社简介
布莱克尼 (R.B.Blakney)	1955/2007* 1964/1983	Signet Classics New American Library	1948年新美国图书(New American Library, NAL)成立于纽约,出版经典文本,Signet隶属其下 1948年由企鹅出版集团(Penguin Group)设立的分公司,具有较完善的国际营销网络
刘殿爵 (D.C.Lau)	1964/2009 1972 1994	Penguin Classics Addison Wesley Everyman's Lilbrary	1935年Allen Lane创立企鹅集团,面向全球读者,出版的图书多次获奖 1942年成立于美国波士顿,全球性出版企业,主要读者群面向北美和欧洲 1906年由Dent创立,专注于再版经典图书平装本,宗旨是出版每位读者能负担得起图书
冯家福、英格里希(Gia-Fu Feng & J.English)	1974 1989/2011	Random House Vintage Books	1927年由Bennett和Donald Klopfer成立于美国纽约,是美国最大的大众书籍的出版机构 1954年由Alfred A. Knopf在美国纽约创立,现隶属于世界知名的Penguin Radom出版集团
韩禄伯 (Robert G.Henricks)	1989 1993 2000/2005	Ballantine Books Modern Library Columbia University Press	1952年由Balkantine夫妇成立于美国,在20世纪50年代早期,是平装本小说的领先出版商之一 1917年由Boni和Liverigh创立,为读者提供可负担的重要思想和文学作品精装本 1893年成立,拥有近127年出版史,是美国第4古老的大学出版社,出版严肃高质量学术著作

---

① 王华玲;辛红娟:《〈道德经〉的世界性》,《光明日报》,2020年4月18日,第11版。
② 梁勇、何昆罡:《〈道德经〉在美国的译本出版与传播特色》,《成都工业学院学报》2020年第4期,第110页。

米歇尔 （Stephen Mitchell）	1992/2009 2000 2015	Harper Collins Chronicle Books Frances Lincoln Publishers	1817年由Harper兄弟创立于美国纽约，目前是世界第二大消费者图书出版商，每年约出版1万本图书 1967年成立于旧金山，是美国受欢迎的出版公司，多年来多次以创新书籍屡获殊荣 1977年由Lincoln创立于英国伦敦，现隶属于全球知名的跨国出版机构Quarto集团

* 表中出现的两个或多个时间表示该书重印或再版的出版发行年份。

就上列表格中《道德经》再版出版社的规格和档次而言，《道德经》在美国文化领域已经举足轻重，美国俄亥俄州当前世界上最大的图书馆藏书信息数据服务机构——联机计算机图书馆中心（OCLC）就可再次证明。这家机构"曾基于其Worldcat数据库中超过120个国家、17000家图书馆藏书数据对世界范围内的经典图书进行收藏量排序，《道德经》排名中文图书第一名"[①]。

四、结语

法国、德国、美国是世界文化的风向标之一，《道德经》作为中国最早的哲学著作，之所以称为"万经之王"，其影响力在这样的国度已经真正做到了"光而不耀""明白四达"。我们相信，随着时间的推移，《道德经》在文化及应用领域所发挥的作用势必还将持续下去，将会为人类命运共同体的构建提供更多的智慧，中华优秀传统文化也将在国内外持续延展，生生不息！

（宋崇道，博士，《中华老学》集刊主编，中国宗教学会理事，国家"十三五"规划文化重点工程——《中华续道藏》编修监委，华夏老学研究会常务副会长，江西师范大学宗教研究所客座教授，宜春学院兼职研究员，中国道教协会权益保护委员会委员，江西省道教协会副秘书长，袁州道教协会会长，宜春市崇道宫住持。）

[①] 梁勇、何昆罡：《〈道德经〉在美国的译本出版与传播特色》，《成都工业学院学报》2020年第4期，第110页。

目 录

特稿
唐代袁州"老学大家"彭构云考——兼论袁州道隐高士文化 …………………… 宋崇道 3

《道德经》章句研究
《老子》"小国寡民"章问题检讨及新探 …………………… 孙柏林、曾雅琪 27
动静之间：传世本《老子》第四章新解 …………………… 林 钰 付瑞珣 37
复式多层视域对"天道无亲，常与善人"的浅见 …………………… 胡佳炜 侯 铨 范殷铭 50

《道德经》文本研究
关于《老子》的几个问题——与池田知久教授商榷 …………………… 张玉杰 袁 青 61
《老子》成书时间考 …………………… 宇文博 何佩祺 顾楚仪 69

《道德经》历代注疏研究
《老子》"水""几于道"思想的诸家诠释研究 …………………… 李 冀 段晴好 81
试析孙盛对《老子》的理解 …………………… 曾敬宗 90
寇才质"以典解典"及其《老》学意义 …………………… 杨秀礼 陈雨涵 104
论王弼以空无、无有之"无"贯释《老子》 …………………… 王一麟 116
也谈王弼《周易注》的老学思想渊源——兼论《老子》的礼学背景 …………………… 朱君杰 134

老子哲学范畴研究
从道物关系新解老子"自化"思想 …………………… 高文心 149
《道德经》中关于"活"的范畴和命题 …………………… 张思齐 160
论老子的"无为" …………………… 徐洪伟 171
试论老子哲学的唯物辩证性质 …………………… 王建中 183
丝纪之端——老子"道纪"思想探析 …………………… 张翎羽 195

老子政治思想研究

《道德经》中的治道思想及其史鉴意义 ………………… 商晓辉　田晓妍　211

先秦共同富裕思想资源——以《道德经》为中心 ………………… 黎在珣　219

老子教育思想的现代价值

《道德经明意》教育思想研究 ………………………………… 王　硕　233

《道德经》教学实践中学生主体意识培养路径探究 ……………… 林銮生　243

以"无为"思想解单向度人之物化问题 …………………………… 杨婧尔　252

《老子》修养工夫及其现代价值考论 ……………………………… 安世民　262

老子"致虚守静"对强迫性思维的调适 …………………………… 严铤芬　277

老子文化传播理论的当代价值

素朴与文化的对峙——从张东荪的"文化需要论"谈道家哲学思想 ………… 高梦楠　287

《道德经》的继往与开来
　　——"有之以为利，无之以为用"的现实意义 ………… 周美华　周敏华　295

老子思想与西方哲学比较研究

荣格本我理论与老子道论思想相关性初探 ………………… 魏周琳　唐紫钰　311

"神人之辩"：《巴门尼德残篇》"存在"与《老子》"道"之比较研究 ……… 张　磊　322

特　稿

唐代袁州"老学大家"彭构云考

——兼论袁州道隐高士文化

宋崇道[*]

内容提要：袁州隐士文化中素来有"西袁京，东彭云"之说，笔者以唐代彭构云的史料文献为中心开展考辨，结合田野调查，论证了"莫以宜春远，江山多胜游"的袁州作为道教隐士之州的先天文化底蕴，并从丰富的一手史料梳理中发现袁州道隐高士、江西彭氏始祖彭构云是著名的"老学大家"，其学术造诣、隐士精神、道德践行得到了从民间百姓、政界官员到皇帝唐玄宗的高度认可。也正因其立言、立德、立行，身后实现了从人到圣贤、到神的人格精神升华，更重要的是，笔者从彭构云这样的道隐高士身上，发现许多当代社会值得借鉴的精神内涵和高贵品格。

关键词：袁州隐士　老学大家　彭构云　微君　道教

一、袁州：隐士之州

袁州，古宜春，有江右"名郡"、"奥区"、"乐土"之称，地处江西省和湖南省界区，源起《禹贡》扬州之域，春秋属吴，战国属楚，秦属九江郡。汉为宜春县，属豫章郡"[①]。《旧志》云：府治西四里有泉，夏冷冬暖，莹媚如春，饮之宜人，曰：宜春泉，郡因以名。袁州有自己正式的名字，始于隋开皇十一年（591），因隋开皇九年（589）有宜春本地叫文盛的以安成郡王名义叛乱，平镇之后，朝廷废除安成郡，于"宜春县置袁州，因袁山为名"。历史上宜春与袁州二者的行政所属与名称互

---

[*] 宋崇道，博士，中国宗教学会理事，国家"十三五"规划文化重点工程——《中华续道藏》编修监委，华夏老学研究会常务副会长，江西师范大学宗教研究所客座教授，武汉科技大学国学研究中心终身客座研究员，宜春学院兼职研究员，中国道教协会权益保护委员会委员，江西省道教协会副秘书长，袁州道教协会会长，宜春市崇道宫住持。

① 欧阳文，鄢文龙校注：《（正德）·袁州府志校注》卷1，广州：暨南大学出版社，2019年，第1页。

相更迭频繁，唐代"太宗贞观元年，分天下为十道，袁属江南道。玄宗开元二十一年，置十五采访使，袁属江南西道。天宝元年，复为宜春郡。肃宗乾元元年，复为袁州"①。

袁州秀水东奔，四时有美景，群峰叠翠山，五台三峡八景②，城郭井邑田园，在迤逦众山之间，如图画屏障。"小人得之为愿朴，君子得之为介特"③，也正是这种好山好水，"民间闾巷无纨绮，皆安俭守简，淡然而易足""民多善也"④所孕育的袁州人文环境是一种隐士文化和耕读文化，重道崇儒、兴学造士，腾蛟起凤，人才辈出，唐代就曾有"江西进士半袁州"美誉，史上名公巨卿出守袁州的络绎不绝，如唐代谏迎佛骨被贬，道儒双修大文豪韩愈⑤、宋代道教名相王钦若等，记载袁州人文风俗的《寰宇记》是这样描述的："多尚黄老清净之教，重隐遁"⑥。所以，袁州历来被誉为"前贤过化之地，先正启迹之乡"。

《寰宇记》中所述"黄老清净之教"即为道教。而道教带给袁州的影响是甚为久远的，它不仅让这里的民众有清静心而偏向信奉修神仙之道，培养了他们"天人合一"与"道法自然"的性格特征。

晋代道教盛行，袁州也成了有名的"高道隐居之地"，代表性的人物主要有：

据《袁州府志》载，陈重，生卒不详，袁州人（宜春㫋儒乡，今分宜人），字景公，其重情义，以"不争""谦虚"的处世风骨受人尊敬。陈重"少与鄱阳雷义为友"，"太守张云举重孝廉，重以让义，云不听。明年，义亦以孝廉举，重与俱在郎署"⑦，有同署郎欠钱数十万，被人逼债，"重密为代还，终不言惠"⑧。还有舍友衣物被别人误拿，怀疑陈重，他也懒得争辩，直接去集市买了给舍友。陈重任职尚书郎，好友雷义却被罢免，陈重也以身体有病为由，跟着辞官，后他与雷义二人晚年同隐

---

① 欧阳文，鄢文龙校注：《(正德)·袁州府志校注》卷1，第1页。
② 五台：宜春、化成、湖冈、仙女、钓台；三峡：牛栏、昌山、钟山；八景：春台晓日、化成晚钟、袁山葱翠、钓台烟雨、卢洲印月、南池涌珠、云谷飞瀑、仰山积雪。
③ 清同治版《袁州府志》"卷首·原序"，第10页。
④ 清同治版《袁州府志》"卷首·原序"，第10页。
⑤ 韩愈的儒道双修可参见宋崇道：《道教视阈下的韩愈》，引用网址：https://mp.weixin.qq.com/s/R-BrM6aSnms1t19LvZk9kg，引用日期：2022年12月16日。
⑥ 欧阳文，鄢文龙校注：《(正德)·袁州府志校注》卷1，第7页。
⑦ 欧阳文，鄢文龙校注：《(正德)·袁州府志校注》卷8，第196页。
⑧ 欧阳文，鄢文龙校注：《(正德)·袁州府志校注》卷8，第196页。

于鸡足山①，在袁州（分宜）后人对陈重还是非常尊敬的，设陈重祠②香火祀奉，并将其故乡命名为"陈重里"。《府志》还记载有陈重故居，"在分宜县北陈重里，后废为胜因寺"。③其"胶漆自谓坚，不如雷与陈"的"异骨成亲、无为不争"之思想，正是袁州人"多尚黄老之教，重隐遁"的具体表现。

葛洪（283—363年），字稚川，自号抱朴子，丹阳郡句容人（今江苏），东晋时期道教理论家、著名炼丹家和医药学家，世称其"小仙翁"。葛洪是道教四大天师之一的葛玄之孙。葛玄是三国时高道，阁皂山（今宜春市樟树市）灵宝派祖师。葛洪受家学熏陶，撰有医学著作《玉函方》一百卷（已佚）、《碑颂诗赋》百卷、《军书檄移章表笺记》三十卷、《神仙传》十卷、《隐逸传》十卷、《金匮药方》百卷、《肘后备急方》四卷；又抄五经七史百家之言、兵事方技短杂奇要三百一十卷，唯多亡佚，《正统道藏》和《万历续道藏》共收其著作十三种。《抱朴子》是葛洪的代表作，它继承和发展了东汉以来的炼丹法术，对之后道教炼丹术的发展具有很大影响。据史料记载，葛洪也曾隐于古袁州府之萍乡的罗霄山，其上有葛仙台，为其修炼处。

称"黄老之教"的道教对袁州地区的影响是很深的，前述说"袁州"在隋朝得名于袁山（在古袁州府城东北五里，位于今宜春市袁州区高士路袁山公园），而袁山正是因昔日晋高士袁京隐居死后葬此山侧而得名，也是袁州"八景"之一，称"袁山耸翠"。

晋袁州隐士中，袁京的影响力是耳熟能详的。他是东汉司徒袁安之子，也有一说，袁京（69—142年）为东汉人，字仲誉，河南人，隐居于当时的宜春县东北，其声名正是以袁州人崇尚的《易经》和黄老之教卜筮术造诣而远播八方，著有《难记》达三十万字，功业文章都无所留存，初拜郎中，出为蜀郡太守，后隐居于袁州，荷锄躬耕，抚琴引鹤，传道讲学，清贫励志，洁身自好，成为一代高士。豫章郡守为其立高士坊（民国毁），崇尚他"抱朴归真"的隐士风范，将他与东汉隐于浙江富春江的严子陵并提。明代方孝孺在《高士袁京赞》中说："翳袁之山，富春并俊。竞袁之水，严滩比清。严袁两公，东汉齐名。"后人则以其姓名命名州、山、河，故有袁州、袁山、袁河，办"高士书院"。

《磻溪易氏族谱》中《易氏流源考》记载，易氏江西始祖易洸，时封征南将军，于汉武帝时，坐镇江西，迁徙居住洪都西山。易洸第六代世孙——易退，号栖隐，

---

① 据同治版《分宜县志》记载："鸡足山，在县东北八十里旗儒乡陈雷里。自陈雷二公卒后为圣因寺，背有石窍，日出盐以足寺用，嗜利者凿而大之，盐遂止，无蚊蛙。"宋谢谔诗云："西方鸡足有名山，因甚空排在此间，想是高僧携得到，坚留且住不容还。"后寺僧逃散，寺遂废，乡人利其土田构讼到官，周侯开绪断归义学有田六十三亩八厘地，三亩五分今为官庄，每年收租为义学用。
② 欧阳文，鄢文龙校注：《（正德）·袁州府志校注》第90页记载：陈重祠，在邑北陈重里。
③ 欧阳文，鄢文龙校注：《（正德）·袁州府志校注》，第98页。

晋时任经略使，由今南昌市生米镇搬迁到袁州，生年不详，明达博学，喜欢黄老之书，研究道教，后弃俗入道，在古袁州萍乡县九巃山结庐归隐，养气修真，与杨慧、陈耽练九转神丹，越二十年丹成。永嘉元年正月既望，白日飞升，敕封冲威真人。杨慧和陈耽二位道士在《宜春县志》（同治版）有记载：

> 杨慧，字法道；陈耽，字归真。俱本邑人，与（袁州）萍乡易退，字楠者结庐萍乡之九巃山炼气朝真，朝夕不倦越二十年丹成，永嘉九年正月既望，皆凌云去，置九巃观祀之，宋政和中有司以闻封真人（载《安志》）。①

晋代袁州，道隐中还有一位非常著名的道士——邓表，其在袁州（宜春）地方志中记载相对详细，笔者曾经在《囍山湖冈台三朝宰相王钦若历史略考》一文中也有罗列，《宜春县志》（同治版）载：

> 邓表，本邑人，曾修炼于小仰山，又号邓表峰，有星坛，石臼，药灶，湖冈台上即邓表故宅，山顶上有炼丹池及朝斗石（载《名胜志》）。②

《宜春市志》记载：

> 湖岗台 在南庙北偏西5公里，白马、中村、梅花三村交界处。海拔405.5米，面积3.2平方公里。长有竹、杉、松。明正德《袁州府志》载："府城南十五里，亦名湖冈台。晋邓表家于此。有炼丹台、养丹池、朝斗石。山上有湖岗庵，山以庵名"。一说山形似蜈蚣，始名蜈蚣台，近音雅称为湖岗台。③

另又记载：

> 东晋时，中村白马人邓表先在湖岗台、后迁小仰山采药炼丹，世称邓真人。

清《湖冈台明教寺碑》中记载邓表这位道士看淡世俗名利，隐遁在山岩中修心炼丹，最终也得道位列仙班：

---

① 清同治版《宜春县志》卷10 "杂类·仙释"，第1页。
② 清同治版《宜春县志》卷10 "杂类·仙释"，第1页。
③ 《宜春市志》"卷二·自然地理·第二章·山系水系"，海南：南海出版公司，1990年，第46页。

昔晋中叶有邓表者，泥涂冠冕①，遁迹岩阿，炼心修形，立序仙班。此湖冈台之所由著也。

明正德年间的《袁州府志》记载的历代道隐者还有很多②：

谢仲初，（袁州）万载人，修炼于阁皂山，得道而归。过县西，无水，拔剑刺地，涌泉甘洁。过江无舟，以竹叶渡之，登谢山冉冉而去。

沈廷遂，宜春人，南唐尚书郎彬之子也。性坦率，豪于觞咏，举动异众。盛夏附火，严冬单衣。遇深山古洞，竟日不返。时人异之，呼为"沈道者"。③

罗昇，宋宜春人。少贫，业屠狗，晚乃货药市中。遇异人，授以方术，年几百。忽一日，辞亲戚，奄然而逝。时政和八年也。后人见其在浏阳市货药。有书寄乡人，验其日，乃殁之明日也。

懒懒道人，周枢，字寰中，安福人，通儒术，能诗。居（袁州）分宜洞灵观，有道行。洪武间至京，祈雨有应，朝廷嘉之。

同治四年的《宜春明村钱氏族谱》记载：钱道隆，生于元至元十四年（1277）壬辰，性素恬静，居湖冈台，修真养性，不求闻达，晚精理数，来访者与之言，事后辄应，自号为：空空道人，殁于明洪武二年（1369）己酉，享寿七十有八④，里党以为脱化仙去。坟在湖冈台山麓。无传。

---

① 泥涂冠冕，又称"泥涂轩冕"，出自北宋范仲淹《桐庐郡严先生祠堂记》中的"既而动星象，归江湖，得圣人之清，泥涂轩冕，天下孰加焉？"这里"泥涂轩冕"用来赞美东汉著名隐士严子陵视官爵如泥土的高洁品格；在《独醒杂志》卷六也有见"自谓'银艾非吾事'，可见其泥涂轩冕之意"。所以泥涂轩冕就有轻贱权贵、藐视世俗之意，指两袖清风、望隐于尘世、随心所欲的人。
② 欧阳文，鄢文龙校注：《（正德）·袁州府志校注》，卷8，第209页。
③ 同治版《宜春县志》记载比较详细：沈鳞，字廷瑞，一字紫庭，尚书郎彬子，学道于玉笥山，常衣单褐，风雪不易，跣行日数百里，林栖露宿，老而不衰，嗜酒工诗，自号为沈道者，常直造县宰之坐宰不怪，戏之曰："沈道士何时成道？"鳞应声云："何须问我道成时，紫府清宫自有期，手握药苗人不识，体含仙骨俗怎知，书符解遣龙蛇走，动印还教海岳移，他日丹霄谁是侣，青童引驾紫云随。"宋雍熙二年有阁山道士曾昭莹访玉笥途中遇廷瑞，因问曰："道者何之？"答曰："暂到元都寻，当入庐山。"遗度人经二卷、诗一篇。与昭莹云："南北东西事，人间会也无，昔会栖玉笥，今日返元都，云片随天阔，泉声落石孤，丹霄人有约，去探石菖蒲。"昭莹讶其语不凡，入宫首访之。其徒云："羽化。"验其墓，有穴可尺余，向左畔开视之，惟见空棺穴，旁得纸片遗诗云："虚劳营殡玉山前，殡后那知已蜕蝉，应是元神归洞府，更无遗魄在黄泉，灵台已得修真诀，尘世空留悟道篇，堪叹浮生今古事，北邙山下草芊芊。"（载《全唐诗序》及《真仙通鉴》）
④ 若按记载，1277年生，1369年卒，空空道人应该是享寿92岁。

《宜春县志》（同治版）补充记载历代在袁州或袁州本邑在外道隐者数人：

袁天罡，益州人……少孤贫，好道精于象数，历验不爽，隋大业中为（袁州）资官令。唐武德初，蜀道使詹俊赤牒受火井令，曾登山相县治，后人因名其山为相台。一日高士廉问天罡曰：君终何官。曰：火井令，及夏四月数将尽矣。如期，果以火井令卒。子德师精父术以神异闻于世。（载《唐书》及《史略》）①

南唐沈彬，本邑人，唐末浪迹湖湘，隐云阳山，好神仙，善赋诗。

冯观国，邵武人，号无町畦道人，幼警悟习儒业既冠游方外，刻意神仙术，遇异人传授，得导引、内丹之法，凡天文、地理、性命、祸福之妙皆不学而精，人呼之曰：冯颠好吟诗，曾游宜春，挟术行市，人或讥其醉狂。以诗谢云："路遍红尘四百州，几多风月是良俦，朝来应笑配颜叟，道不相侔风牛马。"又述怀诗云："落魄尘寰触处然，深藏妙用散神仙，笔端间作龙蛇走，壶里常挑日月悬，谩说人伦来混世，只将酒盏度流年，潜修功德归何处，笑指瀛洲返洞天。"绍兴二十三年，季春十四日，端坐作偈而逝。郡守李观民命塑其真身于治平宫，后移澄心观②。载《上高志》

志中还记载其他袁州的道隐者，如周贯、黄东美、庐祝二仙、钟氏牧童等的神仙故事，且不乏女子隐修且成道飞升，如明《袁州府志》记载："洞灵观，袁州（分宜）南玉华山，晋建，宋绍兴赐额，相传晋时一女子修炼，誓言遇三'玉'必成丹。初至玉华山，次至玉虚观，次至安福玉仙院，丹成飞升。"③

今本《袁州区志》介绍一位道隐④：彭俞，字济川，自号连山子，宋代宜春县人，生卒不详。少隐居集云峰，致力于《易经》研究。宋绍圣四年（1097）进士，知溧阳县，理冤狱甚多。后拜朝散郎。他有著作15种，计273卷，其中《贯通编》五卷，

---

① 相传，袁州谯楼与袁天罡有密切关系：一、袁天罡履历中有曾出任袁州刺史及任职钦天监的记载；二、袁天罡说袁州地形像龟，要在城区打凿龟眉、龟眼、龟鼻、龟腿、龟尾五口井，将龟形风水做活，如今城区留下的古井大多都是按他测算的方位开凿的；三、据说，袁天罡死后葬于袁州府衙前侧30步的地方，即谯楼始建之地，明万历初叶修缮谯楼时，特意将袁天罡神像供在里面。在清同治《袁州府志·卷二》亦载有道隐——袁天罡及其祠在袁州的历史："袁天罡祠，在谯楼上。旧志云：先生开五井以固风水，大有德于袁。明万历同知李瀚专祀于楼，又修铸天罡原造铜璇玑于观天台，自为记。岁久尽圮。康熙六年，郡守李芳重建。"

② 欧阳文，鄢文龙校注：《(正德)·袁州府志校注》卷5，第92页记载："澄心观，宜春台北。洪武初，归并玄妙观。"又载："玄妙观 东门外，即崇福观。晋元康间建，洪武二十四年立为丛林。"

③ 欧阳文，鄢文龙校注：《(正德)·袁州府志校注》卷5，第93页。

④ 宜春市袁州区志编纂委员会：《袁州区志（1985—2008）》，北京：方志出版社，2013年，第998页。

《文集》200卷,《烛理集》6卷、《妙观记》5集,《循吏龟鉴议》12卷,《夏台仪》12卷,《时议》3卷,《圜府议》12卷,《子产考异》《杂说》1卷。

当然,袁州历代高士隐者,还有儒隐者如韦无强、彭蟾、彭世昌、郑谷以及释隐者慧寂等,但其名声和人数远不及道隐者,所以明严嵩所编《袁州府志》中《寰宇记》才有袁州"多尚黄老清净之教,重隐遁"的感叹!

二、彭云:老学大家

袁州的隐士文化中,历来被世人所称道的,还有一说——"西有袁京,东有彭云"。

袁州另一位道隐大家——彭云,又名彭构云,唐袁州人,家族道缘已久,有文献证明[①],彭姓乃道教祖师之——八百岁彭祖篯铿后裔,祖籍临州(今甘肃临洮),父景直,是唐中宗景龙年间(707—710年)进士,历任礼部侍郎,袁州刺史。为避安史之乱,彭构云自临州迁徙袁州合浦(今袁州区新坊镇),以"宜春郡山人"(见《谢赐归表》)自居,成为江西彭氏始祖,"彭氏江西始祖,讳云字构云"[②],"深隐名彰,位卑道尊"[③],"盛唐名贤,位列八隐"[④],明正德《袁州府志》载:

> 彭云,一名构云。宜春人。自幼学通阴阳图纬,隐居不求闻达。玄宗遣使者以蒲轮召之至再,始行。命之官,不就辞归。[⑤]

彭氏族谱中《彭氏流源图·卷四》中对彭构云记载虽较粗陋,事迹年份等有些勘误,但相对完整,如下:

> (迁吴始祖)云,字:构云,号:廷鉴(瑞),别号:梦鲤行,乾一,学者称曰:介亭夫子,世居瀛洲河间,登唐元宗开元二十三年乙亥进士第,任礼部侍郎,唐开元二十五年丁丑官江西袁州刺史,唐开元二十八年庚辰致仕,爱袁州风俗淳美、物产富饶,遂居宜春县地,名合浦公。自幼力学,著《通元经

---

① 《萍城彭徵君二修宗谱》,增辑,《彭钱一家》,第22页记载:钱氏远祖,将少典氏编排为钱氏一世祖,彭祖篯铿为十世祖。彭祖第二十八子孚公是吴越钱氏的十一世祖,孚公任西周泉府上士,管理钱财,因官得姓"钱",钱孚就成了钱氏家族的"定姓之祖",钱孚是彭祖之子,钱氏家族公认彭祖篯铿是"钱氏始祖"。钱氏家族是彭祖分衍的支脉。彭钱是一家,血脉相通。
② 彭君平:《江西始祖唐徵君构云公专辑》"祖系篇",第9页。
③ 彭君平:《江西始祖唐徵君构云公专辑》"祖系篇",第1页。
④ 彭君平:《江西始祖唐徵君构云公专辑》"祖系篇",第9页。
⑤ 欧阳文,鄢文龙校注:《(正德)·袁州府志校注》卷8,第197页。

（解）》，述阴阳图纬，不求闻达，清风高节，隐钓于袁州城东震山（一名马鞍山），其下岩壑幽深，公曾隐钓于此，郡守嘉其行，谊名其岩曰诏[①]君钓台，唐天宝二年癸未，袁州刺史李景，宜春县令刘壿，奏闻于朝上，遣中使齐延邱，以蒲轮礼徵，三次始行，命官大学博士，不就，上遣中使房嘉送归，御赐金帛副衣，诰封金紫光陆[②]大夫加庐陵郡，赠号：徵君。敕赐所居乡曰：徵君乡。谥文敏，事载《明一统志》，唐元宗开元三年（715）乙卯正月十五日辰时生，唐代宗大历二年（767）丁未十一月二十九日辰时卒，年五十有三，葬宜春东原子山午向，袁州刺史郑审撰墓志，清乾隆十六年辛未河南夏邑嗣孙家屏官江西藩宪升贵州巡抚复竖石碑于墓下（唐书有传）。

配：欧阳氏，诰封一品夫人加庐陵郡，讳瑞香。唐睿宗景云二年辛亥三月初三日寅时生，唐德宗贞元十九年癸未二月十六日申时卒，寿九十有三，葬合夫茔同向（按旧谱载杨氏误，更正）。子五：东里、南华、西华、北叟、中理（本脉）；女四：俱适宜族名卿，姓阙。附录：东里、南华、西华、北叟俱无考。[③]

同治版和康熙版的《宜春县志·隐逸》二者记载彭构云简历内容差不多，"少通阴阳图纬之学，不求闻达于时"，元宗（唐玄宗）诏见，彭构云不愿做官，"辞归"。

《萍城彭徵君祠二修宗谱·第一册》也记载，彭构云："喜读书，湛深《易》学，凡阴阳图纬诸说皆能精究，著有《通元经解》。所居在仰山秀水之间，秉节蹈义，自号宜春郡山人"，"夫人欧阳氏以贤淑称。子兹，孙伉、倜、维岳皆登进士第，唐末有安定王者，其四世孙也。"

略有不同的是，在《宜春市袁州区志（1985—2008）》记载："彭构云自幼研究阴阳图纬之学，兼通黄老道家之言，著有《通元经解》一书，辞理深远，声名远扬，不求功名利禄，隐居乡里。"[④]彭构云不光善道教阴阳之术，更善黄老道学研究，并著有《通元经解》。这一史实，在最接近其年代的唐袁州状元卢肇[⑤]的《震山岩记》中得到进一步证实：

[①] 诏，应为徵。
[②] 陆，应为禄。
[③] 彭君平：《江西始祖唐徵君彭构云公专辑》"历史篇"，第史3—4页。
[④] 宜春市袁州区志编纂委员会编：《袁州区志（1985—2008）》，第995页。
[⑤] 正德《袁州府志》记载：卢肇，字子发，宜春文标乡人（今隶分宜）。自幼颖拔不群。会昌三年进士第一，累官集贤学士，历歙、宣、池、吉四州刺史，所至有治声。著述尤多，有《文标集》三卷、《海潮赋》一卷行于世。子文秀，咸通间进士，官至弘文馆学士。

宜春郡东十五里，有山，望之正若冠冕，同麓而异峰，在东方如画震卦，郡人名之曰"呼冈"。意者谓其若长幼相呼，同在一处。其义不显，予无取焉。其西北有石室，临游溪之涘，邑人彭先生尝钓岩下。先生讳构云，善黄老言。宝应中，诏以玉帛召先生，不至。时太守命其乡曰"微君乡"，岩曰"微君钓台"。咸通七年，予罢新安守，以俸钱易负郭二项在震山之西，又得枫树之林于溪南。日与郡守高公游其下，公名厚，衣缨之茂士也，为政严简，民悉安之。以"震山"易"呼冈"之名白公，公喜命刊其事于岩下。予既得西林而罗鸟置兔，挟弹走马于其间，命其林曰"卢氏弋林"，以对其东彭氏钓堵也。因谓高公使郡人无得樵渔于是林之檀、栎、杉、桧，不日丰茂，以冠于郡。高公因戒吏以丹书贻卢氏，使西畴之人世世掌之。郡民相率言曰："二刺史具好事者，吾侪幸遇目焉。"遂以刊之。是岁十一月二十三日记。

这篇《震山岩记》在卢肇本人的别集及地方志中均有收录，也被刊刻在袁州震山朝北的一处峭壁上，现场还可以看到周边还有宋、元、明代拜谒后的题名或题咏等五处石刻。虽然"历代方志均载有《震山岩记》，但与石刻原文出入较多"①，可喜的是，反映其思想的核心词句"善黄老言"很完整。

震山，其准确位置位于今天的宜春市袁州区下浦街道境内堪上村，又名"颜山""挂山"，本地人因它像马鞍，也叫它"马鞍山"，海拔260.90米，占地面积约50公顷，南庙河两条溪流绕山而过。《袁州府志》载："府城东一十里，亦名马鞍山。下有岩，幽暝深险，唐彭云隐钓于此。"② 距离袁州中心城区3公里，区政府1.5公里，紧挨宜春高铁站，彭构云另一垂钓之处在袁州东五里的大塘村雷潭，清光绪年间宜春知县杨焜（一说县令陈莼③）于后岩壁书刻"钓鱼台"，这里临秀江，风景优美，为宜春八景之一——"钓台烟雨"，从袁州著名八景命名角度，加上"郡守嘉其行，因名其乡曰：诏君乡，岩曰：诏君钓台"④（前述《震山岩记》文中为"微君乡""微君钓台"）等现象，我们可以看到，彭构云的名声影响力在当地是非常大的，也足见其真可与晋汉袁州大隐"袁京"声名并驾齐驱。

三、黄老：汉唐老学

我们可以先了解一下"黄老道家"与"老学"。

---

① 曾瑶 毛静：《袁州卢肇〈震山记〉石刻考异》，《宜春学院报》2018年第8期，第71页。
② 欧阳文，鄢文龙校注：《（正德）·袁州府志校注》卷8，第197页。
③ 苏茂盛：《唐代哲学家彭构云史迹》，《南方文物》2005年第2期，第110页。
④ 欧阳文，鄢文龙校注：《（正德）·袁州府志校注》，卷8，第197—198页。

在道家学说中,"老庄"与"黄老"是比较常见的词,"汉人言道家辄曰'黄老',魏晋人言道教则曰'老庄'"①。黄老道家学说,经历过一个较长酝酿、发展过程。

黄老道家,核心是老子,它在战国秦汉时期所形成的诸子百家中脱颖而出,将"黄帝之言"纳入学派体系,合称"黄老道德之术"。到战国末,黄帝地位日益被强调,道家老学曾借"黄帝之言"对抗儒、墨二家。当然,汉初社会从皇帝到民众都崇信黄老,马王堆出土的汉帛书中除老子《道德经》之外,还有《黄帝内经》等著作。《史记·外戚世家》就曾记载,窦太后好黄老之言,皇帝与太子及窦氏国戚都尊"黄老之术"。足见,"黄老"之名实于战国,正式于汉,老子系统的"道论"得到社会上下的认可,换句话说,"黄老之学(黄老道德之术)发生和流行于战国时期,黄老道教学派的形成则在秦汉之际"②。

在《史记》《汉书》等记载中,"黄老言""黄老术"是通用之词,在汉代说道家即是说"黄老言""黄老道德之术""黄老道家""老子"等,当然,我们不得不说,"黄老道教"脱胎和发展于春秋战国的"老子之学"。"哲学史家很强调道家和道教的区别"③,但"道教形成以后,两者颇有难区别之处"④,当然,黄老道家思想是道教形成的主要渊源,这包括道家本身不断地吸收和融合阴阳五行、神仙方术等内容,这是带有开放性和包容性的黄老道家进一步的发展。⑤所以,晋汉时期无论是皇廷还是民间,"奉事黄老"都无形中带上宗教气氛,道教盛行也是理所当然。所以在袁京中尤其突出其研易,本身就是对他道隐身份的一种强调。

从上也可以看出,"黄老"这一称呼对后世的影响是极为深远的,直到明代严嵩首修《袁州府志》,其所使用的"道教"称呼依旧是"黄老之教",当然也不排除其他避嫌的可能。

唐代皇室尊奉"老子"为远祖,尊道教为"国教",故而"老学"的兴盛就更不用说,老子所作《道德经》就成为唐朝文化的主要经典。李唐皇室尊奉老子为远祖始于唐高祖李渊,历来朝廷贡举必考《老子》,唐玄宗开元廿一年(733),"令士庶家藏《老子》,每年贡举加老子策"⑥。甚至把《道德经》(《老子》)置于儒家的六经之上。"我烈祖玄元皇帝,乃发明妙本,汲引生灵,遂述玄经五千言,用救时弊,意高象系,理贯希夷,非百代之能侔,岂六经之所拟。"⑦

---

① 蒋伯潜:《诸子通考·诸子人物考·庄子及道家者流》,杭州:浙江古籍出版社,1985年,第186页。
② 熊铁基:《熊铁基文集》第1卷"秦汉道家",武汉:华中师范大学出版社,2021年6版,第21页。
③ 熊铁基:《熊铁基文集》第1卷"秦汉道家",第169页。
④ 熊铁基:《熊铁基文集》第1卷"秦汉道家",第169页。
⑤ 熊铁基:《熊铁基文集》第1卷"秦汉道家",第169页。
⑥ 刘昫等撰:《旧唐书》卷8"玄宗本纪",第199页。
⑦ 王钦若:《册府元龟》卷54,北京:中华书局,1988年,第598页。

唐玄宗重视"老学"的程度远非这些，不光自己亲自注解《道德经》，三次颁诏御制《道德经注》，值得一提的是，开元二十三年（735）三月，"完成《道德经疏》，并向公卿、士庶及道释人物征求正误可否的建议"①。

唐代"老学"重要的理论著作《通元经》，实为《通玄经》，也称《通玄真经》，"元"为避"玄"讳，是后人因避宋代皇帝所追认的先祖赵玄朗或清代皇帝康熙玄烨名讳更改。共十二卷，老子弟子——文子所著："《史记》云，文子亦曰计然，范蠡师之，姓辛，名妍，字文子，蔡邱濮上人，其先晋公子，也曾南游，蠡得而事之，老子弟子也。"②《新唐书·艺文志》载："天宝元年，诏号《庄子》为《南华真经》，《列子》为《冲虚真经》，《文子》为《通玄真经》，《亢桑子》为《洞灵真经》。"这标志着《文子》以《通玄真经》名义成为道教典籍"四子真经"之列。历史上自东晋到宋元一直也有人在注解，但多亡佚，宋元之际的杜道坚作《通玄真经缵义》就讲道"惟灵府注仅存，亦大半阙佚。""（《通玄真经》）师老子学。"这样一来，唐徐灵府撰的《通玄经注》与宋元杜道坚的《通玄真经缵义》为今存《文子》最早注解，也可从中了解到，《通玄真经》共十二篇，约为五万余言，其编目：道原、精诚、九守（杜本"十守"）、符言、道德、上德、微明、自然、下德、上仁、上义、上礼。元杜处逸曰："《文子》者，《道德经》之传也。"从上可知，《通玄真经》是"疏通诠解老子学说的玄奥，本旨在老学"③，《通玄真经》是道教典籍或老学领域中非常有价值的思想，其魅力"在于致用人生、致用社会的思想穿透力"④，其不管从宗教典籍角度还是从子学角度，"老学对于中国思想文化久远影响的意义"是非常凸显的，彭构云所注《通元经解》因版本亡佚，目前无法考证，但结合唐代道士徐灵府也注解《通玄真经》可以看出，唐代"老学"的研究是非常繁盛的，杰出者自然层出不穷，从唐玄宗自身的老学造诣，要不是杰出者，其无所谓隆重召见。

袁州彭构云这位"老学"大家，在黄老之学有独特修行心得及造诣，并著《通玄经解》。天宝十二年（753）在刺史李璟的举荐下，彭构云被唐玄宗慕名特派专使请入宫中问道，发现其学识不一般，并赐其官爵，无奈彭构云心已道隐，借身体之恙归养。我们从彭构云给唐玄宗的《谢赐归表》中可管窥：

臣闻：大德曰生，非慈无以弘其用；含容曰道，非圣无以阐其功，伏惟皇帝陛下以慈子育，以道君临，蛮夷宅心，祯祥应化，巍巍荡荡，岂容臣言，而

---

① 王钦若：《册府元龟》卷53，第592页。
② 徐灵府撰：《通元真经注》"通元真经序"，民国七年（1918）宛委别藏，第1页。
③ 王光照注译：《通玄经》"后记"，合肥：安徽人民出版社，1999年。
④ 王光照注译：《通玄经》"前言"，第3页。

梦寐贤才，搜求岩谷，臣滥闻天听，追赴阙庭。处臣以羽衣仙人，饱臣以仙厨玉食，劝臣以出仕，慰臣以远来；臣固辞无能，乞归养疾，赐臣以束帛，荣臣以副衣，而更悯其羸疾，优臣以专使，非大慈曷以安其柔耍？非至道曷以被其稗稊？光宠之极，于臣实超，窃以今月二日到郡，瞻望阙下，犬马之恋长诚；感戴衣纤，闾里之欢交集。徒知手舞足蹈，无怠晨昏；实惭滴血尘微，尤增眷恋，谨因中使房嘉送，臣回附表称谢以闻。

天宝十三年（公元七五四年七月十三日）
宜春郡山人彭构云谢表

四、徵君：人神升华

老学大家彭构云安贫乐道，其隐也是真隐，行藏事迹很难找到，只能零星从地方志或族谱上读解少数。以致从古至今，后来修史官所不够重视，"新旧唐书上没有他的传记"[①]，宋朝罗诱在《传信录》序也深为感叹："如彭构云之隐逸，卢肇之文学，亦有足尚者，而史皆使之，予因愤焉。"倒是彭氏后裔，非常重视他们的江西始祖，根据宜春彭构云研究会提供的家谱文献《萍城彭徵君祠二修宗谱·第一册》记载了彭构云在袁州合浦的故居，见下图1：

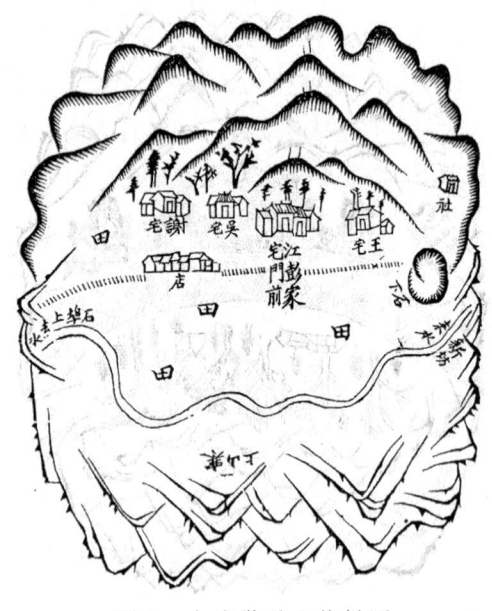

图1　合浦徵君公故居图

---

① 苏茂盛:《唐代哲学家彭构云史迹》,《南方文物》2005年第2期，第110页。

同时，也记载了彭构云的震山钓台，见图2：

图2　震山徵君公钓台图

《江西始祖唐徵君构云公专辑》中记载，彭构云的墓"位于宜春袁山，墓前下方之深山平原九支山脚，形成九龙聚首朝陵之势，墓两侧山势如翼，似凤凰拱托之姿，为风水宝地，风景优美，气势雄伟，唯经一千二百多年雨水冲刷，墓前仅容一人跪拜之空间。"① 但《萍城彭徵君祠二修宗谱·第一册》记载彭构云的墓位于袁州区东二十里的上村岭，见图3：

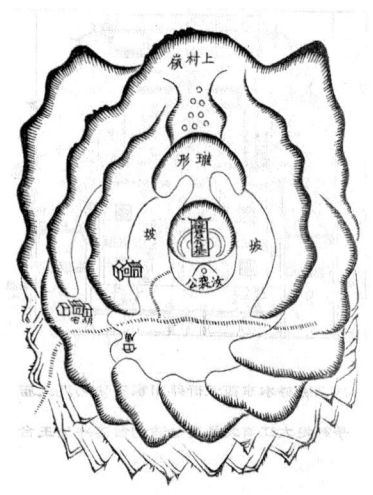

图3　上村岭徵君公墓图

笔者分别实地到文献记述的两地考察，袁山已经变成袁山公园，内除有当代所

---

① 彭君平:《江西始祖唐徵君构云公专辑》"历史篇"，第16页。

塑的彭徵君石像之外，墓地无从考，在袁州上村岭的墓址还能清晰见到清彭家屏为彭构云所立的墓碑，碑记："乾隆十六年（1751）辛未清明立唐徵君祖构云公墓。调任云南布政使江西三十世夏邑八世孙家屏敬立"等。如图4：

图4　唐徵君祖构云公墓

后人依其品德，感念彭构云之厚德，立祠建庙，香火奉祀。据目前可考文献，袁州是彭徵君总祠，萍乡和吉安是分祠，据《宜邑金菊彭氏族谱·卷首》记载袁郡总祠的图样（如图5），从图的结构和规模可以看出，彭构云的品德在彭氏子孙心中是非常有影响力的。直到新中国成立初期，袁郡总祠被政府征借，现属宜春军分区驻地。

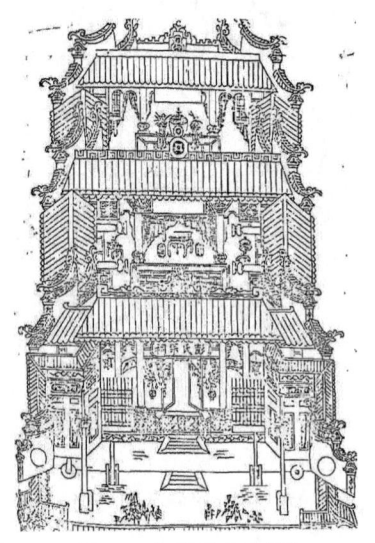

图5　袁郡总祠图样

袁州彭构云总祠在《萍城彭徵君祠二修宗谱》中有宋代都昌方撰的祠堂记[1]：

袁郡徵君公祠堂记

昔文正公记严子陵之祠，谓其心出乎日月之上，故能泥涂轩冕，不事王侯，使贪夫廉、懦夫立，大有功于名教。岂非清节之士，所重者道义，而宠荣声利不能动其心，乃名教所当尚欤！

唐宜春彭公徵君，字构云，博学隐居，尤善讲《易》，世所推重而不求闻达。天宝中刺史李璟以其名闻于朝，天子遣中使齐延邱以蒲轮召之，凡三至始行。欲官之，辞，乞归里。赐以束帛副衣，遣中使房嘉送还。自是往来震山，钓于石岩下，终其身不仕。元宗搜访岩谷，尊礼隐逸，固谓其有益于国也。而徵君浩然归志，万牛莫回，岂欲与草木俱腐而不明君臣之义哉！盖当时元宗之侈心已萌，而忧勤求治之意已衰，徵君见几而作，甘心四避，自非其德操坚正，内重而外轻，焉能审富贵而安贫贱如此哉。其视汉子陵之节可谓异世而同符矣。

郡建南轩书院落成。释菜未几，士有以徵君立祠为请者。方应之曰："昔日南轩先生来游东湖，大书"介亭"二字，且释其义于旁，深有取于豫六二之义。然则徵君之知几不屈，岂非先生尚友者乎！学者瞻其像、思其人而高其行，所谓百世之下犹使人兴起，是亦所以教也。

方家庐山下，而上世亦宜春人，自本朝大中祥符后徙居散处，而谱系草考。今承上命分符假守，获访徵君旧事，徜徉钓台之邓，把清芬于千载而起敬焉，故乐闻士友之论而为之记，以告来者。宋嘉熙丁酉改元秋八月既望。

宋进士知袁州事新除福建提举都昌方撰

吉安的彭构云祠，即吉安徵君祠，在吉安城内，现已毁。建筑图在《萍城彭徵君祠二修宗谱》中也有记载[2]，见图6：

---

[1]《萍城彭徵君祠二修宗谱》，第1册，第58页。
[2]《宁都彭氏联谱》"卷首"，第470页。

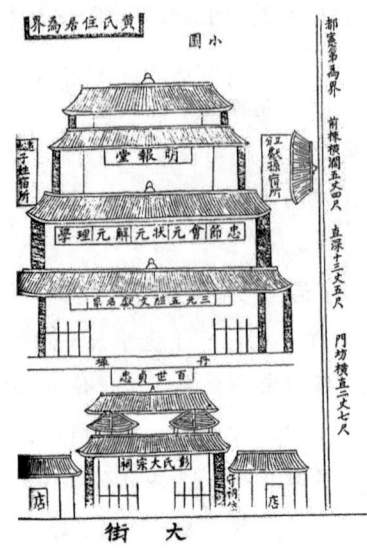

图 6　吉彭大宗祠全

明代刘同升撰写的祠堂碑文①：

吉郡徵君公祠堂碑

余乡大族多徙自唐宋。其后声名闻于海内者不乏伟人，故吉安之盛唐以后称最。又郡为乐土，兵燹罕遇，谱牒多存，数百年中尚能昭穆攸叙，大宗不迁，祠而祭之，以慰其木本水源之思。子孙散处者聚于一堂，歌斯胙斯，蔼然同气。然则生于余乡而尊祖敬宗漠不留意者，殆亦非人情矣。彭为余乡著姓，祖长平侯宣。其世次可考则自构云始，于是称徵君为一世祖。徵君名构云，宜春人也。学易而隐。天宝中刺史闻于朝，徵之再三始行。玄宗欲官之，辞归田里，终身不仕，故号徵君。二世曰兹，三世伉、偓、仪。偓始居庐陵山口，传辅，辅生玕。玕字叔宝，故解学士谱辩所称吉州刺史，筑城卫民，不与杨行密同乱，不受后唐庄宗封爵者也。玕生彦昭，迁永丰之沙溪。子十五人，其派分可详者八人。曰师奭，迁山口；师浩仍沙溪之城南，徙韶江；师建徙赤岸，由七世而析；师遇传郇，徙镜方；师旺传德洪，徙彭山；师旦五传而徙泷江；师俊再锴而徙东螺廖源。或由八世而析，或由九世十二世而析。伉之子曰远，始居南塘，厥孙让再传廷肪，徙零田，则由十一世而券析。仪之子曰彝，生嵩，传仁桢、仁海、仁美。其后析严田故里车溪、严坪、严湖、城田、书楼、荆山、王屯、

---

① 《萍城彭徵君祠二修宗谱》，第1册，第59页。

南村、垅上、新塘等派。夫自唐至今，凡历四朝。自构云而下，累数十世，子姓昭穆，祖宗封茔，如指诸掌。彭之谱复路牒可谓详明矣。余乡前辈，祠制过严，有知为同宗而不必通谱，故失之略。逮其后也，祠制过宽，有知非同宗而亦为通谱，故失之滥。与其滥也宁略。彭氏严不至略，宽不至滥，君子谓之有礼。礼，大夫得祭四世，故品官之庙祀载于会典。传曰：吾学周礼，今用之尊王制也。氏族之学，谓之内谱，掌之以官。而下不敢僭越，其来久矣。溯千百年，上锡之土而命之氏，其苗裔殆不少也。诸侯六佾，载在典礼，岂谓后世犹可求之于野乎！是亦无稽之甚也。传曰：祭以士承大夫之有庙而仍士祭也。倘所谓某王之庙也，而拟王祭焉。识者必闻而笑之，然而恬不知怪也，不学之弊可胜道哉！余深嘉彭氏之祠，始于徵君，顷侯以下存而不论，祭义一仿于会典。庶几敬祖尊制不蹈悖妄之罪，有足纪者。且余郡文章节义、功业科名，彭氏世有其人。国之名贤也，岁时伏腊俎豆其间，令人肃然而起敬焉。遂记之铭曰：

惟彭之先，来自宜春。聚族而处，厥有徵君。徵君学易，于钓于纶。三召匹美，十亩栖真。刺史捍寇，始筑崇城。乃心唐室，志节克存。奕奕诗礼，绳绳子孙。近尊王制，远报祖恩。惟孝友于，济美云礽，丽此丰碑，溯厥本源。徵铭左史，以垂后昆。

时崇祯庚辰仲冬月
明赐进士及第翰林院修撰吉水刘同升 撰

萍乡的彭构云祠在《萍城彭徵君祠二修宗谱》有建筑图，如图7：

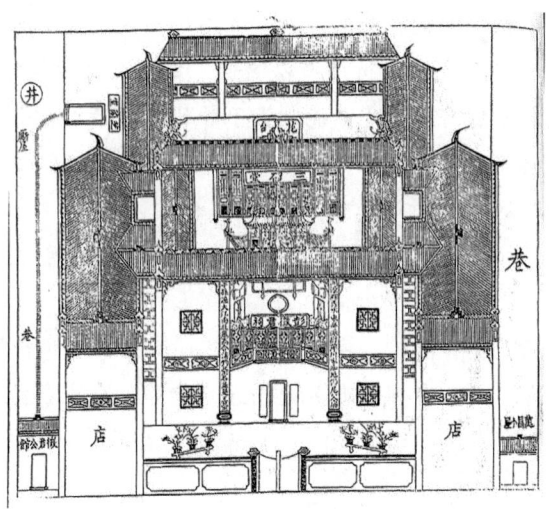

图7 萍城彭徵君祠图

其中记载了明代彭国清撰写的祠堂记[①]：

萍城徵君公祠堂记

俎豆馨香之报，崇德也。德不必在显，即韦布韬声岩谷，而其事有关名教，百世闻风犹将兴起。而况为子孙者哉。先徵君公当唐天宝之际，学《易》，善黄老言，王命三召，知朝廷奢欲之祸之将烈也，乃钓游不出，欲以高尚而挽劫浊，故士大夫来是邦者，未尝不把清风而起敬焉。公子系支分派别，趾错于吴楚之交。旧有祠在郡城东湖，州守彭方始立之，盖仿古者有德则祀之例；继而吉安建大彭统祠，而赣与袁踵其事皆奉为始祖。可见公之德远矣大矣。

萍为袁属，又与吉安接壤。故公之苗裔后先来徙者，支干且盈百，于是诵先芬，敦族谊，购地于邑之旧学前，鸠工庀材，岁未周而竣。时民国之七年也。闳深严肃，规模廓大，集一县之父老子弟，敬恭奔走于其中，而邻邑之居址相近者亦附焉。佥曰：非公之德不足以特飨，非公之德之远且大不能勿替而引之也。

夫国家将乱，则利禄迷复。去就大节，圣贤之所断，断而争者，胥陷溺于趋擅附焰之中，则礼义廉耻四维几何而不灭也。公所遇非时，独能高飞而远举，讲《易》则见几而作，用黄老则清静而宁一，知进知退，已立人心世道之大防，则盛德百世之祀宜也，非子孙之所得而私也。而在子孙则尊祖为尤重，况今日通谱联祠浸成风俗，或推受姓，或引达人，岂知君子类族而神亦不歆非祀乎。若我公钓台具在，邱墓犹存，血统递传，昭穆不紊。袁山秀水之间。如或遇之矣，而况立主以栖神也哉。虽然，祠堂之建，又不仅报本返始，侈堂构之承已也。为后者笃孝弟以亢宗，衍诗书以继世，尤愿士君子操守坚贞，不污流俗，嚼然有以自见，介然有以自守，能为肖子贤孙即是忠臣义士。夫而后我公灵爽其克慰于在天矣乎。凡今之人，不如我同姓保守宗祊。以维持道义于不坠。子孙之私即天下之公。然后叹公之立德为不朽也。

清增贡生四十世孙 国清 撰

因为彭构云高贵的精神品德，由圣贤崇奉之所的彭徵君祠扩散到仙圣之庐的香火庙——彭祖庙（庵），《宜春禅宗志》记载："瑶金庵，在宜春台左三义祠下。彭祖师示寂处。咸丰六年发逆毁，同治元年，合邑僧众复建。"[②] 从这段文字可以看出，彭

[①] 《萍城彭徵君祠二修宗谱》，第1册，第63页。
[②] 杨宪萍：《宜春禅宗志》，北京：中国文史出版社，2007年，第21页。

构云在袁州的崇祀已经上升到神明，也标志着其在普通民众被认为"德钦三界，成道成神"。另外，今宜春市袁州区境域内的洪塘镇宝山村泗水庙中供奉的中间主神就是彭祖徵君，还有囍华山崇道宫，临近彭构云故居地合浦，其前身为华山庵，当地百姓相传此庙是供奉彭祖徵君的"彭祖庵"演化而来，囍华山下的"彭家庵"村名也来源于"彭祖庵"。

五、启示：贵德尊道

《道德经》三十三章言："不失其所者久，死而不亡者寿。"如果客观地从道教所追求的"长生久视，得道成仙"角度看，彭构云、袁京、陈重等道隐高士实现了香火崇祀从"人"到"神"的身份升华，当然，这也是对道隐高士最好的社会肯定，但我们也看到，以彭徵君为代表的道隐高士背后所映射的"行道"与"立德"才是民众崇祀的精神实质，也正是中华民族的精神核心所在，其带给我们的启示有：

（一）"世难出世盛隐，知足知止知退"的无为思想

古之修道之士，常奉行"爱国护教"之首义，当国之有难以国民身份挺身济世，国之繁盛自我清静逍遥，所以，"乱世则出，盛世则隐"的道教祖师比比皆是。《通玄真经》有言，"非道德无以治天下"，"夫道德者，匡邪以扶正，振乱以为治，化淫败以为朴"①，认为道德是治理天下最重要的方法和手段，"上有道德，则下有仁义，下有仁义，则无淫乱之世"，对于像彭徵君官至刺史而全身隐居袁郡，研易经，通阴阳，奉老学，注解经世治用大典——《通玄真经》，尊天道崇玄德的道隐高士，人主以上德治国是邦国之福，更是万民之福，"道生之，德蓄之，物形之，势成之"②，国家已呈现清平康泰之象，则就应该道隐无名，"致虚极，守静笃"③，"我无为而民自化"，"我无欲而民自朴"④，人主唐玄宗"以道莅天下，天下之德"⑤，礼贤下士，蒲轮召请彭徵君，并"处臣以羽衣仙人，饱臣以仙厨玉食，劝臣以出仕，慰臣以远来"⑥，其深深知道这是国之福，万民之尧舜日已经来临，"罪莫大于可欲，祸莫大于不知足，咎莫大于欲得"，"知足而足，常足矣"⑦，更坚定了彭徵君"固辞无能，乞归养疾"⑧的

---

① 《通玄真经》卷5"道德"。
② 《道德经》第51章。
③ 《道德经》第16章。
④ 《道德经》第57章。
⑤ 《通玄真经》卷5"道德"。
⑥ 《萍城彭徵君二修宗谱》，第1册，彭构云：《谢赐归表》，第55页。
⑦ 《道德经》第46章。
⑧ 彭构云：《谢赐归表》。

决心,"以道佐人主者,不以兵强天下,其事好还"①。"不章其功,不扬其名,隐真人之道。"②事实也证明,唐玄宗用"开元盛世"的治理政绩回应了彭徵君"盛世隐"的清风亮节,天下万民"甘其食,美其服,安其居,乐其俗"③。也正是因为彭徵君知足知止知退的风节为后人香火所崇祀,"所遇非时,独能高飞而远举,讲《易》则见几而作,用黄老则清静而宁一,知进知退,已立人心世道之大防,则盛德百世之祀宜也,非子孙之所得而私也"④。

(二)"内化心外化行,躬身不言之教"的真君思想

《通玄真经》言:"所谓真人者,性合乎道也。"而"上士闻道,勤而行之"⑤,所以,勇于实践成为道教的特点之一。《道德经》言:"我有三宝,持而保之:一曰慈,二曰俭,三曰不敢为天下先。"⑥《通玄真经·九守》也言:"适情而已,量腹而食,度形而衣。"⑦对于修行之士,退隐即是"处无为之事,行不言之教"⑧,前者是过程,后者才是目的,"明道若昧,进道若退"⑨,由己及人,内化于心,而外化于行,崇尚"大音希声,大象无形"⑩。我们从彭徵君"不求闻达,清风亮节"的高尚品格而言,也是《通玄真经·守真》中"若夫神无所掩,心无所载,通洞条达,淡然无事,势利不能诱,声色不能淫,辩者不能说,智者不能动,勇者不能恐,此真人之游也"的思想实践,也正是老子"上善若水"的主张,老子《道德经》中描绘水有"七"善品格:"水善利万物而不争,处众人之所恶,故几于道:居善地,心善渊,与善仁,言善信,政善治,事善能,动善时",只有参透水之七善品格,"江海所以能为百谷之王者,以其善下之,故能为百谷王"⑪,才会真正做到"夫唯不争,故无尤"。彭徵君弃官归隐,研老学而知大道乃"万物之奥","善人之宝"⑫,并积极应用到自己生活和为人处世的实践中,"以道镇之,执一无为而不损冲气,见小守柔,退而勿有,法于江海,江海不为,故功名自化"⑬,"修之于乡,其德乃长;修之于国,其德乃丰;修之于天

---

① 《道德经》第 30 章。
② 《通玄真经》卷 2 "精诚"。
③ 《道德经》第 46 章。
④ 《萍城彭徵君二修宗谱》,第 1 册,《萍城徵君公祠堂记》,第 63 页。
⑤ 《道德经》第 41 章。
⑥ 《道德经》第 67 章。
⑦ 《通玄真经》卷 3,"九守·守真"。
⑧ 《道德经》第 2 章。
⑨ 《道德经》第 41 章。
⑩ 《道德经》第 41 章。
⑪ 《道德经》第 66 章。
⑫ 《道德经》第 62 章。
⑬ 《通玄真经》卷 3 "九守·守弱"。

下，其德乃普"①。从唐玄宗赐彭构云"徵君"封号看，笔者揣测，是不是赞誉其有大道"真君"寓意？

（三）"亮风节重积德，可证长生久视"的仙道思想

"老子曰：古之存己者，乐德而忘贱，故名不动志，乐道而忘贫，故利不动心，是以谦而能乐，静而能澹。"②大部分的道隐者皆不以名利而动心，反而向往"恬淡虚无，见素抱朴"的生活，而道隐高士则不同，他们通达于道，更注重"不失其所者久，死而不亡者寿"③，从彭徵君的处世态度看，归隐故乡是明白前者的重要性，注重德行是认为只有德行于世，才可以做到道教所崇尚的"长生久视"，《通玄真经》就有言："积德成王"，"不积而能成者，未之有也"，"积道德者，天与之，地助之，鬼神辅之，凤凰翔其庭，麒麟游其郊，蛟龙宿其沼"④。其弃官退隐，垂钓于袁郡，这是不示贤、亮风节、勤养德的表现，以退为进，以素而欲，"养之以德则民服"⑤，才会崇祀于庙堂之上永寿。在唐代开元盛世的年代，也基本达到《通玄真经》所描述的"至德盛世"："老子曰：至德之世，贾便其市，农乐其野，大夫安其职，处士修其道，人民乐其业，是以风雨不毁折，草木不夭无，河出图，洛出书。"

（四）"研道经阐老学，践行以文载道"的弘道思想

《左传》有言："太上有立德，其次有立功，其次有立言，虽久不废，此之谓不朽。"从前述史料可以看出，彭徵君以"宜春郡山人"隐居袁郡，除立德之外，也很注重以大道真经为底本，以老学研究为方向，他应该是深刻领会了《通玄真经》所谈"书者言之所生也，言出于智，智者不知，非常道也；名可名，非藏书者也。多闻数穷，不如守中；绝学无忧；绝圣弃智，民利百倍"⑥的核心要义，其精研道教阴阳图纬之学，以讲《易经》为擅长，以注解《通玄真经》而为世立言，将文子（通玄真人）的《通玄真经》做出与时俱进的疏证诠释，践行以文载道的思想！

老子曰："道者，寂寞以虚无，非有为于物也，不以有为于己也。""是故能戴大圆者履大方，镜大清者视大明，立太平者处大堂，能游于冥冥者，与日月同光，无形而生于有形，是故真人托期于灵台，而归居于物之初，视于冥冥，听于无声，冥冥之中独有晓焉，寂寞之中独有照焉。"⑦综合全文，笔者以唐代老学大家彭构云史料

---

① 《道德经》第54章。
② 《通玄真经》卷4"符言"。
③ 《道德经》第33章。
④ 《通玄真经》卷5"道德"。
⑤ 《通玄真经》卷5"道德"。
⑥ 《通玄真经》卷1"道原"。
⑦ 《通玄真经》卷7"微明"。

考证为中心，讨论了"莫以宜春远，江山多胜游"的袁州作为道教隐士之州的先天文化底蕴，进一步证实"西有袁京，东有彭云"并非徒有虚名，发现彭徵君原来是地道"老学大家"，且从皇廷到民间都高度认同，更重要的是，从彭徵君为代表的道隐高士身上，发现其许多值得借鉴的精神内涵和高贵品德。

最后，笔者要感谢宜春市彭构云文化研究会提供的大量文献，使得本文史料殷实证据丰富！

《道德经》章句研究

《老子》"小国寡民"章问题检讨及新探

孙柏林、曾雅琪[*]

内容提要：《老子》"小国寡民"章为人熟知、影响深远，研究者们肯定了其中所蕴含的治理思想或统治术，却又常将之理解为某种具体的、原始的社会形态，并以《老子》为复古；近代因受西方社会进化学说的影响而批评"小国寡民"为乌托邦，是历史倒退；新近的新冠疫情又将"小国寡民"与"隔离"对应；此其间或有偏误之处，故有必要对相关问题进行全面检讨。思想之检讨奠基于文本，结合诸简帛本及通行本《老子》对勘，可知文本虽略有差异，然主旨仍较为一致，故用王弼本仍能保证解释之有效性。"小国寡民"实指小国之政、寡民之欲；"小国寡民"章乃是《老子》"内圣外王"思想的具体体现，绝巧弃利（什伯之器而不用）、无为而治（重死而不远徙）。为何要倡导"小国寡民"？此乃《老子》针对其世之礼崩乐坏、物欲横流、争斗不休的社会动乱之现实而提出的解决方案。如何才能实现呢？其根本在于内圣——修身、治欲，进而达到外王——治国、安民之目的。反思疫情，《老子》之"小国寡民"思想亦有重要的当代意义，认识人类自身之无知而非无所不能、揭示人类命运共同体之现实可能性等。

关键词：《老子》 小国寡民 内圣外王 治欲 无为而治

基金项目：湖南省社科基金青年项目"湖湘文化视域下的老庄学文献整理及思想研究"（19YBQ021）。

对于《老子》"小国寡民"之理解，学者或曰以伸复古之志，或曰以彰自给自足的乌托邦理想，或曰展现了无压迫剥削的原始公社主张，或曰具有反文明的倾向等等，诸说皆未安。《老子》此章所论与现实的国之大小、民之寡众并无特定关系，实为其有感于文明"发展"之弊而提出的救世之方——内圣外王，其核心思想如虚静、

---

[*] 孙柏林（1985—），男，湖南湘阴人，昆明学院教师，湖南大学岳麓书院博士后、副研究员，研究方向为道家哲学；曾雅琪（1999—），女，江西赣州人，昆明学院文艺学硕士研究生。

去知、无欲、柔弱、不争、处下等，主张无为而治，寡民之欲，复归于朴，则天下"安平泰"（《第三十五章》）。①

一、《老子》"小国寡民"章之阐释检讨

历来对"小国寡民"之阐释，主要集中于其中的"治理"思想。依据研究者对其的态度之不同，又大体可分为三个阶段②：古代以描述、解释为主，多肯定其现实价值；而近代受社会进化观念的影响，则多评价而否定之；当代重新发现了其中所蕴含之"统治术"的可能意义。③

第一，古代之理解。（1）无为而治说。代表观点如汉代河上公章句："圣人虽治大国，犹以为小，俭约不奢泰。民虽众，犹若寡少，不敢劳之也。"④其旨即强调："我无为，而民自化；我好静，而民自正；我无事，而民自富；我无欲，而民自朴。"（《第五十七章》）⑤又唐李荣注："圣人理国,用无为之道。"⑥（2）返古、复古或法古之治说。这种阐释是"无为而治"的引申，其明显超出了《老子》文本的内涵⑦，而有偏误之处，但在老学史上影响深远。其论早在《庄子·胠箧》中已可见其发端。⑧诸注《老》之作中较早者如曹魏王弼："国既小，民又寡，尚可使反古，况国大民众乎！"⑨其后之代表则有唐杜光庭："此论淳古之代也。"南宋林希逸："此老子因战国纷争，而思上古淳朴之俗，欲复见之也。观其所言，亦有自用之意。"⑩元吴澄："老子欲挽衰周，复还太古。"⑪明憨山德清："此结通篇无为之益施于治道，可复太古之化

---

① 陈徽：《老子新校释译：以新近出土诸简、帛本为基础》，上海：上海古籍出版社，2017年版，第432页；王中江：《早期道家"统治术"的转变》（下），《哲学动态》2016年第3期，第60—62页。
② 这里三阶段的划分，并非仅就思想发生的实际时间而言，更重要的是其思想特质在其思想演变中所代表的时间性。如现在仍有学者以为《老子》的社会理想就是要回到原始社会，是历史的倒退。这便是思想虽发生在当代，但仍是典型的"近代性思维"。
③ 相关讨论之文献综述可参见黎千驹：《"小国寡民"非老子的社会政治理想考论》，《老子学刊》2021年第1期，第3—21页；张鹏飞：《"小国寡民"之本义及其世用》，《荆楚学刊》2018年第4期，第5—11页；（韩）吴相武：《老子"小国寡民"新解》，陈鼓应主编：《道家文化研究·第十四辑》，北京：生活·读书·新知三联书店，1998年，第145—168页。
④ 王卡点校：《老子道德经河上公章句》，北京：中华书局，1993年，第303页。另唐魏徵等纂辑的《老子治要》亦引此注。
⑤ 文中所引《老子》原文，如无特别说明则均从王弼本，仅随文注其章名。
⑥ 李荣撰、周国林点校：《道德真经注》，熊铁基、陈红星主编：《老子集成·第一卷》，北京：宗教文化出版社，2011年，388页。另下引出自《老子集成》之著作，均略去主编、出版社、出版年等。
⑦ 《老子》之"今古观"，以道观之是无古无今或古今一如的，并无明显复古或厚今之主张。
⑧ 《庄子·外篇·胠箧第十》："昔者容成氏……伏牺氏，神农氏，当是时也，民结绳而用之，甘其食，美其服，乐其俗，安其居，邻国相望，鸡狗之音相闻，民至老死而不相往来。"
⑨ 王弼注、楼宇烈校释：《老子道德经注》，北京：中华书局，2011年，第198页。
⑩ 林希逸撰、刘固盛点校：《道德真经口义》，《老子集成·第四卷》，第526页。
⑪ 吴澄撰、刘固盛点校：《道德真经注》，《老子集成·第五卷》，第649页。

也。"①此即把"小国寡民"理解为某种上古时(历史上真实存在)的国家或社会形态，并以之为现实之理想。北宋苏辙更将其看作《老子》著书之宗旨（"外王"）："老子生于衰周，文胜俗弊，将以无为救之。故于其书之终，言其所志，愿得小国寡民以试焉，而不可得尔。"②（3）其他。如个人修身说，唐成玄英："此章正名从小入大。就此章内，文有四重：第一明小学之人，不染尘境；第二明虚心证理，舍教忘筌；第三明返古还淳，和光同俗；第四明体真会道，妙绝往来。"③

第二，近代之批评。（1）乌托邦与历史倒退说。近代以来受西方社会进化论之影响，许多研究者在延续历代老学中以"小国寡民"为"复古"思想外，进一步评价其为现实中不可能实现的乌托邦，是历史的倒退。如方立天指出："老子在历史观方面以'小国寡民'式的太上时代原始公社为理想社会。"④胡适、陈鼓应、金谷治等则以乌托邦来进行评价。如胡适："要使人类依旧回到那无知无欲老死不相往来的乌托邦。"陈鼓应："'小国寡民'乃是激于对现实的不满而在当时散落农村生活基础上所构幻出来的'桃花源'式的乌托邦。"金谷治："此章描述了小国寡民的理想之乡，可以说是一个乌托邦一样的世界。"⑤另有研究者则批评为历史倒退、反文明，如任继愈、葛荣晋、史华慈等。任继愈："这一章集中表达了老子的复古的社会历史观。……他认为文化给人们带来了灾难，要回到远古蒙昧时期结绳而用的时代去。"葛荣晋："道家更是鼓吹复古、倒退的思想，老子否定当时的一切物质文明和精神文明……他比孔孟更为保守，不只是退回到西周，而是要倒退到原始时代的'小国寡民'的社会。"史华慈："应将各种文明的计划减至最少的状态……他（圣贤/君王）似乎深思熟虑地创造了一种使得世界退回道的质朴状态的乌托邦。"⑥（2）现实之历史趋势说。如徐梵澄认为"小国寡民"是现实之历史趋势而非复古或乌托邦，"老氏之时，周已衰矣。……天下之势。犹大趋小，若川决山颓而不可挽，故老氏著其小国寡民之理想如此。读罗马帝国史……树其堡垒以自防。……观时事之变迁而处之以无为，亦老氏之教也。"⑦（3）文明形式更高说。张松辉："老子所提倡的小国寡民社会，不

---

① 憨山德清撰、徐华点校：《老子道德经解》，《老子集成·第七卷》，第440页。
② 苏辙撰、刘固盛点校：《道德真经注》，《老子集成·第三卷》，第30页。苏氏之言，除末两句之偏误，之前语实乃洞见矣。
③ （唐）成玄英撰、尹志华点校：《老子道德经开题序诀义疏》，《老子集成·第一卷》，第345页。
④ 方立天：《中国古代哲学问题发展史》，北京：中华书局，1990年版，第511页。
⑤ 胡适：《中国哲学史大纲》（1918），上海：上海古籍出版社，1997年版，第46页；陈鼓应：《老子今注今译》（1970），北京：商务印书馆，2006年，第347页；[日]金谷治著、陈雨桥译：《老子读本》（1997），北京：北京联合出版公司，2020年版，第205页。
⑥ 任继愈：《老子新译》（1978），上海：上海古籍出版社，1985年版，第232页；葛荣晋：《中国哲学范畴通论》，北京：首都师范大学出版社，2001年版，第587页；[美]本杰明·史华慈著、程钢译、刘东校：《古代中国的思想世界》，南京：江苏人民出版社，2003年版，第221页。
⑦ 徐梵澄：《老子臆解》（1988），武汉：崇文书局，2018年版，第196页。

是蒙昧落后的原始时代,而是经过否定之否定后,对所谓文明的抛弃和对自然的回归。……是一种看似原始社会,而实际属于文明形式更高的社会。"① 此可以看作冯友兰之说的进一步明确,冯先生曾言:"此即《老子》之理想的社会也。此非只是原始社会之野蛮境界,此乃含有野蛮之文明境界也。……可套《老子》之言曰:'大文明若野蛮。'野蛮的文明,乃最能持久之文明也。"② 以上三种解读,看似对立,实际上有共通的思想基础,即其根本上依然都是把《老子》之"小国寡民"当作某种具体、实体性的国家或社会形态、政治体系。(4)精神境界说。如冯友兰先生晚年进一步调整其观点为:"这并不是一个原始的社会,用《老子》的表达方式,应该说是知其文明,守其素朴。《老子》认为,对于一般所谓文明,她的理想社会并不是为之而不能,而是能之而不为。有人可以说,照这样理解,《老子》第八十章所说并不是一个社会,而是一种人的精神境界。是的,是一种人的精神境界,《老子》所要求的就是这种精神境界。"③ 冯先生之此种理解可以看作一种当代转向,揭示了"寡"及"小"乃是就价值观念或心灵层面而言的。

第三,当代之重释。其主流解释为社会管理或统治术说,此说从本根上是对河上公章句的复归。如白奚指出:"小国寡民"的社会改造方案包括政治与人生两个方面。在政治上,老子主张实行无为而治,尽量减少政府的意志和不必要的干预,使人民与政府相安无事。在人生方面,老子主张减损贪欲和智巧,简化人际关系,恢复和保持人心质朴淳真的自然状态。又赵玉玲言:"它实际上是老子对文明发展异化的超前思索,是对理想社会管理方式的一种描绘。"袁青:"'小国寡民'并非是通常所认为的《老子》理想社会的描述,而是一种统治术。《庄子》等书将《老子》'小国寡民'的治术之义予以消解,使得'小国寡民'的含义发生改变,成为一种理想社会的描述。"④ 另有研究者指出《老子》"小国寡民"中的生态文明价值以及对当代城市社区化管理的启示等。⑤

以上之探索为本研究提供了基础。本文之新探将以结合现近之出土文献、通行本《老子》诸本对勘考订后的文本为基础,首先揭示"小国寡民"章的逻辑结构,

---

① 张松辉:《老子译注与解析》,长沙:岳麓书社,2008年,第263页。
② 冯友兰:《中国哲学史》(1947增订3版),北京:中华书局,1961年版,第238页。
③ 冯友兰:《中国哲学史新编》(上卷),北京:人民出版社,1998年版,第346—347页。
④ 白奚:《小国寡民与老子的社会改造方案——〈老子〉八十章阐微》,《安徽大学学报(哲学社会科学版)》2000年第4期,第9页;赵玉玲:《重析"小国寡民"——谈道家的现代意义》,《武汉大学学报(人文科学版)》2006年第1期,第91页;袁青:《老子"小国寡民"新论》,《中州学刊》2014年第4期,第124页。
⑤ 许涛:《"小国寡民"的当下思考——以"生态文明"为视角》,《南昌师范学院学报》2015年第1期,第23—28页;曾武佳:《老子的"小国寡民"等思想对我国城镇发展的启示》,《四川大学学报(哲学社会科学版)》2012年第2期,第149—153页。

其次通贯《老子》他章之文本来解读"小""寡"之争，随后重新探讨其间所蕴含的"内圣外王"之旨，最后在当前之"疫情"视野下探索其思想的当代价值及意义。

二、《老子》"小国寡民"章之文本分析

近五十年国内发现多种《老子》古本，如战国中后期的郭店楚简本，西汉初的马王堆帛书甲、乙本以及西汉中后期的北大竹简本，这些均为通行本之文字的校正提供了帮助。故本文考订《老子》"小国寡民"之文本，将以王弼本为基础，对勘传世文献——河上公本、严遵本、傅弈古本，以及出土文献——帛书甲本、乙本以及汉简本（郭店本无此章）以及景龙碑石刻本，共计八种。①

王弼本《第八十章》："小国寡民，使有什伯之器而不用，使民重死而不远徙。虽有舟舆，无所乘之；虽有甲兵，无所陈之；使人复结绳而用之。甘其食，美其服，安其居，乐其俗。邻国相望，鸡犬之声相闻，民至老死不相往来。"②

对勘之异文可归类为以下几种（含辨析）③：

其一，义近而混。（1）国与邦。帛书甲本两处"国"字均作"邦"，他本则均作"国"。"邦"字由"封"演化而来，《周礼·天官·太宰》："大曰邦，小曰国"，可知"国"最早指"邦"之中心区域。自汉代避高祖刘邦讳，邦、国二字多混用，意义亦趋同。（2）人与民。如"寡民"及"使民重死"之"民"，唯景龙碑本作"人"；又"使人复结绳"句，除王弼、严遵本外，其他均作"使民"。人，《说文》"天地之性最贵者也"，多言"士"以上贵族阶层（百姓）。民，《说文》："众萌也"，有蒙昧之意，多指被统治者（庶人），如《论语·泰伯第八》："民可使由之，不可使知之。""人民"连用则为中性词，国家基本成员之意，如《诗·大雅·抑》："质尔人民，谨尔侯度，用戒不虞。"《韩非子·解老》："有道之君……内有德泽于人民。"（3）舆和车。帛书及汉简本写"车"，非通行本、碑石本之"舆"。《说文》："舆，车舆也。"原指装载东西的部分，后泛指车。（4）犬和狗。河上公、景龙碑、汉简及帛书甲本作"狗"，他本同王弼。《说文》释："犬，狗之有县蹄者也。象形。"也即狗是犬的一种，为小类。（5）不和勿、毋。帛书乙本及汉简本为"勿用"、帛书甲本作"毋"，他本则为"不"。三者为否定副词，义同。

---

① 诸本之文本可参照北京大学出土文献研究所编：《北京大学藏西汉竹书（二）：老子》，上海：上海古籍出版社，2012年版，第142页、第190—191页；刘笑敢：《老子古今：五种对勘与析评引论（修订版）》，北京：中国社会科学出版社，2006年版，第772—776页；另景龙碑本，见朱谦之：《老子校释》，北京：中华书局，1984年版，第307—310页。
② 王弼注，楼宇烈校释：《老子道德经注》，第198页。
③ 文本对勘亦可参见黄克剑：《老子疏解》，北京：中华书局，2017年版，第731—737页；陈徽：《老子新校释译》，第427—431页。

其二，音、形近而通假。（1）什伯和十百、什佰。帛书甲乙本作"十百"，汉简及景龙碑本为"什佰"，他本同王弼为"什伯"。古代军队编制单位，十人为什，百人为佰。俞樾《老子平议》言："'什伯之器'乃兵器也。"《说文解字注》："器乃凡器统称"，故用作泛指为宜，非专言兵器。什伯，于此则有杂、多意。①（2）器和气。王弼及他本"器"，独汉简本为"气"，当为同音假借。（3）舟和周。王弼及他本"舟"，帛书甲乙本写作"周"，亦为通假。

其三，增、删、改文。（1）王弼本"使有什伯之器"，河上公及傅弈本"使"字后增一"民"字，严遵本则多一"人"字，他本则无；帛书甲本脱"有"字而帛书乙本脱"之"字；河上公及帛书、汉简本在"伯"字后多"人"字。②第一，此句王弼注文虽亦为"使民虽有什伯之器""使民不用"等，然或无增字为宜，因其与"民"和"国"均相关。第二，"什伯人之器"，言十倍、百倍于人力之事物，如《老子·第五十七章》："民多利器，国家滋昏。人多伎巧，奇物滋起。"（2）"甘其食"句上，独傅弈古本增"至治之极，民各"，又改"安……乐"句为"安其俗，乐其业"。"至治之极"或为衍文，其又见于《史记》。③（3）王弼本之"不远徙"，帛书乙本、汉简本作"远徙"，帛书甲本为"远送"（送、徙，均有空间变化之义）；他本同王本。据高明考证：此文"远"字当训为"离"，离别之义，全句犹言使民重视生命而避免流动。④

其四，虚词、句序等变化。（1）虚词。帛书及汉简本无"虽"字；"民至老死"句，汉简本在其后增一"而"字（另，傅弈本在文前衍一"使"，又下句衍"与"字为"不相与往来"，当然，此非虚词变化，是为行文顺畅）。（2）句序。严遵、汉简、帛书本"乐其俗、安其居"与王弼及河上公、景龙碑本相较，位置前后互换。另帛书甲本作"车周（舟）"。（3）章序，另本章之帛书本置于"江海"章（即通行本《第六十六章》）后，紧接其后者亦为通行本之末的《第八十一章》。

其他。（1）《庄子》《史记》所引《老子》此章，无"小国寡民"等语，其当为节录之故；而《老子节解》无"小国寡民"句，则因今本为亡佚后之辑本，又从其

---

① 宋苏辙《道德真经注》："什伯之器，则材堪什夫伯夫之长者也"，即以"材"（才干）释"器"；明释德清《道德经解》从之。其整句之意近"不尚贤"（《第三章》）。可备一说。

② 河上公以"什伯"句读，"使（民）有什伯"句注："使民各有部曲什伯，贵贱不相犯也。"又"人之器而不用"注："器谓农人之器。而不用（者），不征召夺民良时也。"（参见王卡点校：《老子道德经河上公章句》，第303页。）

③ 《史记·卷一二九·七十列传·货殖列传第六十九》："老子曰：'至治之极，邻国相望，鸡狗之声相闻，民各甘其食，美其服，安其俗，乐其业，至老死不相往来。'必用此为务，挽近世涂民耳目，则几无行矣。"

④ 高明：《帛书老子校注》，北京：中华书局，1996年版，第152页。

注文"小国谓形中"可知原本亦当有。①（2）马叙伦认为"虽有舟舆"等四句（十六字）为古注文误入经文，故当删；严灵峰等从之。②首先，出土汉代简帛诸本均有此十六字，可知渊源甚早。其次，如依严灵峰所言"舟舆"两句为前"不远徙"句之注，而"甲兵"两句为前"器而不用"句注文，那么其注文顺序为何颠倒？最后，此四句与之后的"使人复结绳而用之"等均言"使有什伯之器而不用"，以明"小国"之意。③

综上可知，就"小国寡民"章之文本本身而言，诸本之间并无实质的不同，后世之不同理解和阐释，一方面是《老子》诗性及格言化的特点，正如释德清云："老文简古而旨幽玄"④；另一方面则因诠释者（含注译者）之价值取向的差异，如元代杜道坚曾言："道与世降，时有不同，注者多随时代所尚，各自其成心而师之。"⑤故下文之讨论将仍从旧，而以通行之王弼本为基础文本。

三、《老子》"小国寡民"章之思想新探

"小国寡民"章之含义的探讨，除依据本章之内容外，还需关联《老子》思想之整体。下面我们将以王弼本为文本基础并参照简帛诸本，从以下三个方面来进行具体分析：《老子》"小国寡民"是何意，为何要"小国寡民"以及怎么样才能"小国寡民"。

第一，何谓"小国寡民"？研究者们对"小国寡民"句之解说大体可归为三类：（1）国小民少或小国少民（陈述状态），如前引王弼注，又严遵、陈鼓应、陆永品等⑥；（2）（圣人）使国家变小、使人民变少（使动用法），如任继愈、张松辉、金谷

---

① 《老子节解·八十章》："使有什伯，民之器而不用。使民复结绳而用之。美其服，乐其俗。邻国相望，鸡狗之声相闻，民至老死不相往来。"首句注曰："小国谓形中，什伯谓五藏。"（参见：(三国·吴)葛玄撰，严灵峰辑，周国林点校：《老子节解》，《老子集成·第一卷》，第207页。）
② 马叙伦撰，梅莉点校：《老子核诂》（后改名《老子校诂》），《老子集成·第十二卷》，第848页；严灵峰撰，刘固盛点校：《老子章句新编·第五十二章》，《老子集成·第十五卷》，第509页。
③ 如有研究者指出本章文本之逻辑关系为：寡民、小国。（Ⅰ）使有什伯人之器而不用：（虽）有舟舆，无所乘之；（虽）有甲兵，无所陈之；使民复结绳而用之。（Ⅱ）使民重死而远徙：甘其食，美其服，乐其俗，安其居；（虽）邻国相望，鸡犬之声相闻，民至老死不相往来。（参见吴劲雄：《"小国寡民"之文本探源与思想新证》，《云梦学刊》2018年第1期。）
④ 憨山德清：《老子道德经解》，《老子集成·第七卷》，第391页。
⑤ 杜道坚撰，顾志华点校：《道德玄经原旨》，《老子集成·第五卷》，第534页。
⑥ 严遵："小国之君，地狭民少。"（参见(汉)严遵著、王德有点校：《老子指归》，北京：中华书局，1994年版，第117页。）陈鼓应："国土狭小人民稀少。"（参见陈鼓应：《老子今注今译》，第347页）。又陆永品："小国少民……老子目睹春秋末年，大国相互兼并……因而绘制出此等'小国寡民'的理想的社会蓝图。"（参见陆永品：《老子通解》，北京：中央编译出版社，2015年版，第189页。）

治^①；（3）（圣人）以国家为小、以人民为少（意动用法），如前引汉河上公章句。以上诸说中均有意义未明之处，究其原因是在"国""民"的理解上存在偏误。"国"若解释为实际的领地或国土，那么此处崇尚"国土狭小"明显与《老子》整体思想相矛盾，如其言"治大国若烹小鲜。"（《六十章》）又"大国者下流，天下之交，天下之牝。"（《第六十一章》）故此处"国"可引申为"国之政"，"常无欲可名于小"（《第三十四章》），"小国"即言限制权力，统治者应无为而治。^② 同样"民"亦非实指人民之数量，而是言"民之欲"，"寡民"就是要"常使民无知无欲"（《第三章》）、"见素抱朴，少私寡欲"（《第十九章》）。综上可知"小国寡民"之核心乃清静、无为之道。此从该章文本之其后内容亦可证实。其一，"使有什伯之器而不用"之具体说明为："其虽有舟舆，无所乘之；虽有甲兵，无所陈之；使人复结绳而用之。"复结绳者句言"复归于朴"（《第二十八章》）；有而不用，非真不用，是言"绝巧"（《第十九章》）、"物物不物于物"（《庄子·外篇·山木第二十》）^③；如此方能"致虚极，守静笃"（《第十六章》），同道为一。其二，"使民重死而不远徙"句则可对应于"甘其食，美其服，安其居，乐其俗。邻国相望，鸡犬之声相闻，民至老死不相往来"。不相往来者句言"弃利"（《第十九章》）^④；甘美安乐是言"常善救人"（《第二十七章》），安土重迁、反对战争、爱护生命。"小国寡民"不仅仅是国家治理的策略（外王），同时也是自我修身的方式（内圣），相互关联、彼此促成。

第二，因何"小国寡民"？《老子》为何会提出"小国寡民"的主张呢？北宋吕惠卿："三代以来至于周衰，其文弊甚矣，民失其性命之情，故老子之言救之质。"^⑤ 也就是说《老子》之"小国寡民"主张乃是针砭时弊的，其思想的出发点和落脚点乃是身处之当下人生与现实社会，故人生论、政治论色彩突出。正如清末魏源所言："《老子》救世书也。"^⑥《老子》中强烈的当下意识以及对现实的关注，故书中对当时之时代有鲜明的呈现：（1）德礼僵化，刑法肆虐，如"夫礼者，忠信之薄，而乱之首也"（《第三十八章》）；（2）战争频发，生命脆弱，如"天下无道，戎马生于郊"（《第

---

① 任继愈："国家要小，人民要少。……'小''寡'，都是动词，使它小，使它寡。"（参见任继愈：《老子新译》，第232页。）张松辉："小、寡：都用如动词，使国小、使民少。"（参见张松辉：《老子译注及解析》，第27页。）又金谷治："使国家变小，使人民的数量变得稀少。"（参见［日］金谷治：《老子读本》，第205页。）

② 如《文子·符言第四》引"天下虽大，好用兵者亡；国虽安，好战者危。故'小国寡民，虽有什伯之器而勿用'"。

③ 另可参照《庄子·外篇·天地第十二》："吾闻之吾师：'有机械者必有机事，有机事者必有机心。'机心存于胸中，则纯白不备；纯白不备，则神生不定；神生不定者，道之所不载也。吾非不知，羞而不为也。"

④ 如《史记·卷一百二十九·货殖列传第六十九》："天下熙熙，皆为利来；天下攘攘，皆为利往。"

⑤ 吕惠卿注、刘固盛点校：《道德真经传》，《老子集成·第二卷》，第690页。

⑥ 魏源著、刘韶军点校：《老子本义·论老子二》，《老子集成·第十一卷》，第3页。

四十六章》）；（3）商品发展，民心躁动，如"不见可欲，使民心不乱"（《第三章》）；（4）士之兴盛，争名逐利，如"绝圣弃智，民利百倍"（《第十九章》）。①以上之种种"时乱"，在《老子》看来，皆是因背离自然之"道"而导致的。个人之物欲膨胀，行事或欺软怕硬，或争斗逞强；统治者因私欲而肆意妄为，扰乱民时，战争不止；皆"损不足而奉有余"（《第七十七章》），而天下无序，社会不安。因此《老子》试图效法整体和谐的天地自然之"道"——"天地相合以降甘露，民莫之令而自均"（《第三十二章》），以"损有余以补不足"（《第七十七章》）来重整人类秩序：就国家层面而言应"小国"，即圣人式统治者当限制欲望和权力、无为而治；就个人层面而言当"寡民"，即人人当修身，知足、无欲，克服外物之诱惑。《老子》之"小国寡民"，从根本上乃是倡导一种"自下而上"的治理方式——在"长生久视之道"②（《第五十九章》）的关照下，一切权力和责任落实到每个个体自身，个人自治、自我完善、相互给予、主动创造，最后实现国家社会整体之和谐、圆融。故"小国寡民"实乃《老子》全书一以贯之的救世之法，换而言之即"内圣外王"，这是《老子》思想的核心宗旨。

第三，如何"小国寡民"？其根本在于内圣——修身、治欲，进而可以达到外王——治国、安民之目的。正如《老子·第十三章》中所言："吾所以有大患者，为吾有身，及吾无身，吾有何患。"无身，即言忘身，同《庄子·大宗师》之"离形"，也即"不以物喜，不以己悲"（《岳阳楼记》）。一方面要将外物对人欲的刺激限定在一定范围内，"五色令人目盲，五音令人耳聋，五味令人口爽，驰骋畋猎令人心发狂，难得之货令人行妨"（《第十二章》），故应"无欲""去甚，去奢，去泰"（《第二十九章》）。另一方面要认识人自身之局限加强自我修养，"四不"：不自见、不自是、不自伐、不自矜。③"知不知"（《第七十一章》），自知己之"无知"，非智、不争、毋辩，"不以善言为贤"（《庄子·外篇·徐无鬼第二十四》），而谨遵"不言之教，无为之益"（《第四十三章》）。若不能治欲，"为学日益"（《第四十八章》），学得愈多，受外物诱惑就越多，同"道"也就愈加背离，故"绝学无忧"（《第二十章》），"为道日损。损之又损，以至于无为，无为而无不为"（《第四十八章》），身之无知、无欲，"以静，天下将自定"（《第三十七章》）。也就是说"治国"乃是修身之功外显的自然结果，"夫治身与治国，一理之术也"（《吕氏春秋·审分览第五·审分》）。"寡民"，一方面言自修身，另一方面亦为治民之法。"古之善为道者，非以明民，将以愚之"（《第六

---

① 具体可参见王邦雄：《老子的哲学》，台北：东大图书公司，1986年版，第48—54页。
② 此即言生命之终极意义及价值，对美好幸福生活的向往和追寻。
③ 《老子·第二十二章/第二十四章》，又《第三十章》："果而勿矜，果而勿伐，果而勿骄，果而不得已，果而勿强。"

十五章》),王弼注:"明,谓多智巧诈,蔽其朴也。愚,谓无知守真、顺自然也。"①可知此"愚"非现代之"愚民政策",而是倡导素朴、克制欲望,故"小国"无为而治,"其政闷闷,其民淳淳"(《第五十八章》)、"不以智治国,国之福"(《第六十五章》)。《左传·成公十三年》:"国之大事,在祀与戎。"《老子》之"小国",其一,对战争持谨慎态度,"以道佐人主者,不以兵强天下"(《第三十章》),"夫佳兵者,不祥之器"(《第三十一章》);其二,祭祀之重要性下降而从属于"道",因道在"象帝之先"(《第四章》),只有建于道、抱一,长久之祭祀才得以可能,"善建者不拔,善抱者不脱,子孙以祭祀不辍"(《第五十四章》)。② 因此只有循道之自然,无为而治,无知、无欲,非战、明祀,方能"小国寡民"。

余 论

对于《老子》"小国寡民"章之理解,或曰统治术,或言复古之志,或曰乌托邦理想,又或言反文明、历史倒退等,均有未明之处,而存在检讨的必要。在综合校勘简帛及通行诸本《老子》文本的基础上,结合《老子》全书之思想主旨,可知"小国寡民"其实为小国之政、寡民之欲;《老子》"小国寡民"章是"内圣外王"思想的具体体现,如绝巧弃利("什伯之器而不用")、无为而治("重死而不远徙")。为何要倡导"小国寡民"呢?其乃《老子》针对当时之礼崩乐坏、物欲横流、争斗不休的社会动乱之现实局面而提出的具体解决方案。如何才能实现"小国寡民"呢?其根本在于内圣——修身、治欲,进而达到外王——治国、安民之目的。"小国寡民"不仅是社会和谐的基石,其中"以天下观天下"(《第五十四章》)亦可贯通于人类命运共同体的国际观。《老子》以"天道自然"为思想核心,实现了对具体、多样之现实人类社会、国家及政治的某种超越,这同时也就是对所谓地缘政治与文明冲突论的超越,而"小国寡民"是有关人性的普遍性原则和具体要求,无论民族、国家、阶层、时代,从而揭示了"人类命运共同体"之可能性。

---

① 王弼注,楼宇烈校释:《老子道德经注》,第173页。
② 王弼注:"子孙传此道,以祭祀则不辍也。"《河上公章句》:"为人子孙能修道如是……祭祀先祖宗庙,无有绝时。"(参见王弼注,楼宇烈校释:《老子道德经注》,第147页;王卡点校:《老子道德经河上公章句》,第207页。)

动静之间：传世本《老子》第四章新解

林 钰 付瑞珣[*]

内容提要：关于"道"之动静问题的思考是老子思想中的一大精髓所在，其重在强调了"动"与"静"均为"道"本身固有之特征的观点。而从"动"与"静"两个角度入手，就"道体"与"道用"两个层面对传世本《老子》第四章展开解读，可知本章从"道冲"到"解其纷"这部分文本便是形容"道之动"的内容，其中对"冲""渊"两种有着动态倾向的"道体"特质与"挫其锐""解其纷"两种"道用"的动态呈现做了重点表述；而从"和其光"到"象帝之先"这部分文本则是形容"道之静"的内容，其中对"和其光，同其尘"两种有着静态倾向的"道用"以及"湛"这种静态呈现的"道体"特质做了重点表述。另据上推知本章文本逻辑有二：一是从"道之动"到"道之静"，即"由动到静"的逻辑；二是从"道体"到"道用"再到"道体"，即"由体及用、复归于体"的逻辑。如是则在文义层面上排除了本章存在所谓"错简"问题之可能。

关键词：老子 动静 体用 文本逻辑

引 言

在老子以"道"为核心的哲学体系中，辩证思维普遍存在。例如，老子既认为"道"是"动"的，故曰"反者道之动"[①]；也认为"道"是"静"的，故曰："独立不改"[②]。如是"道"之动静二态的辩证关系正反映了老子思想的辩证属性，且蕴含了老

---

[*] 林钰（2000—），山东兖州人，青海师范大学历史学院硕士研究生，研究方向：先秦史。付瑞珣（1990—），辽宁本溪人，历史学博士，青海师范大学历史学院副教授、硕士研究生导师，研究方向：先秦史。

① 王弼注，楼宇烈校释：《老子道德经注校释》，北京：中华书局，2008年，第110页。
② 王弼注，楼宇烈校释：《老子道德经注校释》，第62页。

子独特的"动静观",故学界对此问题已有诸多观照①。而传世本《老子》第四章作为老子释"道"的重要篇目,学界对此研究成果虽众②,然从"动"与"静"两个方面入手、系统分析本章内容及意涵之研究尚属罕见,故本文将立足文本分析,尝试由此角度展开对传世本《老子》第四章的再解析③。又鉴于陈鼓应曾言"老子的动静观亦可分道体与现象界两层面来谈这一范畴"④,其大致将"道"之"动静"分于"道体"与"道用"两个层面论述,故本文在具体分析中也将仿照这一思路,把本章所言"道"之"体用"分别作为一种讨论对象进行论述⑤。此外,由于长期以来都有学者认为本章文本存在所谓"错简"的问题⑥,故后文将立足于上述所做各方面之分析,

---

① 学界关于老子思想中"道"之动静问题及其"动静观"的研究大致可分为两类,一类是直面老子思想中"道"之动静问题的专项研究,可参见:李中华:《"动"与"静"》,《中国哲学史主要范畴概念简释》,杭州:浙江人民出版社,1988年,第83页;许江梅:《试论〈老子〉思想中"道"的动与静》,《思茅师范高等专科学校学报》2001年第2期,第64—67页;陈鼓应:《老子的有无、动静及体用观》,《华中师范大学学报》(人文社会科学版)2005年第6期,第152—153页。另一类是在关于老子辩证思想的研究中谈及其"动静观"的内容,可参见:唐桂丽:《试论老子的辩证思想与形而上学情怀》,《武汉教育学院学报》1997年第5期,第44—50页;李长学、刘建国:《老子辩证法思想初探》,《昭乌达蒙族师专学报》(汉文哲学社会科学版)1998年第6期,第30—33页;王婧:《老子哲学中的关系型范畴研究》,博士学位论文,南京大学,2017年,第59—60、67页。

② 因学界关于传世本《老子》第四章的研究成果颇丰,且相关成果在后注多有提及,故于此不再一一列举。

③ 因《老子》一书文献传世情况复杂,各版本间差异颇多,故在此先行做一说明:本文所引《老子》之文本内容以"王弼本"[(魏)王弼注、楼宇烈校释:《老子道德经注校释》]为主,以"马王堆帛书本"《老子》(高明:《帛书老子校注》,北京:中华书局,2016年)、"北大汉简本"《老子》[北京大学出土文献研究所:《北京大学藏西汉竹简》(二),上海:上海古籍出版社,2012年]等出土文献作为重要参考,进行文本分析与对照。

④ 陈鼓应:《老子的有无、动静及体用观》,《华中师范大学学报》(人文社会科学版)2005年第6期,第152—153页。

⑤ 关于本章所言之"道体",严复曰:"此章专形容道体。当玩'或'字与两'似'字方得之"(参见严复:《老子道德经评点》,新北:广文书局,2001年,第4页),此处严氏虽曰"本章专讲道体",然究之其后一语便知,其所言"形容道体者"实指本章"或"与两"似"字所形容者,即本章所讲"冲""渊""湛"三种"道体"的特质,而"或"与两"似"字后的内容则是对此三者的延伸性解释;关于本章所言之"道用",陈荣捷认为:"此章显示道家思想里面,'用'的重要性不下于'体'。"(参见陈荣捷:《中国哲学文献选编》(上册),台北:巨流图书公司,1993年,第228页),由此可见本章所论亦重"道用",而又有研究表示:"道用就是道自身的体现"(参见崔颖敏:《浅析老子〈道德经〉第四章的道之"用"》,《延边党校学报》2010年第2期,第23—24页),如此本章所言之"挫其锐,解其纷,和其光,同其尘"四者正符合"道用"的范畴,另高明曾就此四句注曰:"用此文具体说明'道盅,而用之又弗盈'……"(参见高明:《帛书老子校注》,第241页),如是可知此四句正是对道之"用"的抽象描述。如上对本章所言"道体""道用"所做的分类将在下文中应用,并展开详细论述。

⑥ 关于本章存在"错简"问题之观点,如谭献曰:"五十六章亦有此……四句,疑羼误",马叙伦从之曰:"此四句乃五十六章错简。"(参见马叙伦:《老子校诂》,北京:中华书局,1974年,第116页)又陈柱曰:"衍以'挫其锐'四句,文义颇为牵强。"陈鼓应从之曰:"惟帛书甲、乙本均有此四句,其错简重出早在战国时已形成。"(参见陈鼓应:《老子今注今译》,北京:商务印书馆,2003年,第91页)另蒋锡昌、高明等学者大都反对"错简"之说(参见高明:《帛书老子校注》,第242页)。

梳理本章的文本逻辑，进而尝试对这一学术公案做出回应。不揣谫陋，成文以就正于方家。

一、道之动：从"道冲"到"解其纷"

老子认为"道"是运动的，且"周行而不殆"[1]，故其提出了"道之动"的概念。而在后代学者们的论述中，也大都认为"运动"是为"道"本身固有之特征，如陈鼓应言："'道'是自然界中最初的发动者，它具有无穷的潜在力和创造力。"[2] 如此，本节先从"道之动"的角度摘取传世本《老子》第四章的第一部分文本，以备下文分析，经文兹列于下：

道冲而用之，或不盈。渊兮似万物之宗。挫其锐，解其纷。[3]

而如前文注言，此处"冲""渊"乃是关于"道体"特质的形容，而"挫其锐，解其纷"则是"道用"层面的描述。故下文将按文本顺序从"道体"与"道用"两个层面展开对这部分内容的解读。

(一)"冲""渊"："道体"之动态倾向

首先，关于"冲"。就本章首句"道冲而用之或不盈"一语，参看各版本《老子》的记载，可知其文本差异大致有两处：

其一，北大汉简本、帛书乙本、河上公本、王弼本等皆作"冲"（或"沖"），而傅奕本等作"盅"。对此学界大致有四种观点：一者，以王弼为代表，楼宇烈释其言曰"以'冲'与'满''实'对言，是以'冲'为'虚'之意也"[4]，而此论亦与《老子》第四十五章言："大盈若冲，用之不盈"一语中"盈""冲"相对之用意相合；二者，以俞樾、蒋锡昌、高明、陈鼓应等为代表，大致如俞说："'盅'，训虚，与盈正相对。作'冲'者，假字也"[5]，而此论当源于《说文》第五上所载："盅，器虚也，从皿，中声，老子曰'道盅而用之'"一处[6]；三者，以河上公、想尔注为代表，如河上

---

[1] 王弼注、楼宇烈校释：《老子道德经注校释》，第 63 页。
[2] 陈鼓应：《老庄新论》，北京：商务印书馆，2008 年，第 142 页。
[3] 王弼注、楼宇烈校释：《老子道德经注校释》，第 10 页。
[4] 王弼注、楼宇烈校释：《老子道德经注校释》，第 12 页。
[5] 俞樾：《诸子平议》，北京：中华书局，1954 年，第 144 页。
[6] 许慎撰，徐铉校定：《说文解字》，北京：中华书局，2013 年，第 99 页。

公注曰:"冲,中也。道匿名藏誉,其用在中。"① 四者,以邓谷泉为代表,取《说文》第十一上载:"冲,涌摇也,从水中,读若动"之说②,释"冲"为"涌动""爆炸"之义③。总的来看,前三种观点虽然在具体用字的问题上有所差异,然释义时大都取"虚无""空虚"或"中虚"之义,而第四种观点的立论又略显单薄,令人难以信服,故此处当以取"虚"意为上。

其二,北大汉简本、帛书乙本、河上公本、王弼本等皆作"盈",傅奕本作"满"。对此,河上公注"盈"为"盈满"之义④,此论几为学界共识,如是可知"盈""满"之义相同。另如高亨言:"'盈'当读为'逞',意为'尽也'。"⑤ 又如高明言:"'不盈'犹言'不穷'。"⑥ 二人皆释"盈"为"穷尽"之义,思来虽与"盈满"之意稍有区别,但又都暗含着一种"趋向极端"的意味,故可算无本质冲突。

如此结合来看,"道冲而用之或不盈"一语之意涵,大体即如陈鼓应所说:"道体为虚而作用无穷"⑦,是重在形容"道体"之"冲"这一特质的。不过,如方尔加言:"这个'空'可不是日常生活说的虚空,而是隐含着勃发生机的'空',所以'冲'或在一定意义上表达了'道'这种生命力的特征。"⑧ 诚以为是,即此语虽主言"道体空虚"之本貌,然却同时强调了其因此而"用之不盈"这层因果关系,正如严遵《指归》曰:"道以至虚,故动能至冲"⑨,而《老子》第十一章亦曰:"有之以为利,无之以为用"⑩,可见"冲""无"本身便同"用"紧密关联,如有学者之言:"(冲)代表着无限发展的可能,含藏丰富的创造力"⑪,故此可见,所谓"冲虚"本身便内含有一种"动态倾向",而前引《说文》载:"冲,涌摇也"的解释也似乎给出了这种暗示,"冲"所形容的正是"道体"一种蓄势待发的状态,而此即老子在本章中给予"道体之动"的第一个形容词。

其次,关于"渊"。就本章次句"渊兮似万物之宗"一语,参看各版本《老子》的记载,可知其文本差异大致有两处:

其一,北大汉简本、帛书乙本、河上公本、王弼本等皆作"渊",而景龙碑本等

---

① 王卡点校:《老子道德经河上公章句》,北京:中华书局,1993年,第14页。
② 许慎撰,徐铉校定:《说文解字》,第229页。
③ 邓谷泉:《论"道冲"之"冲"》,《长沙大学学报》1999年第1期,第80—84页。
④ 王卡点校:《老子道德经河上公章句》,第14页。
⑤ 高亨:《老子正诂》,上海:开明书店,1943年,第11页。
⑥ 高明:《帛书老子校注》,第240页。
⑦ 陈鼓应:《老子今注今译》,第90页。
⑧ 方尔加:《如何理解老子的"道"》,《光明日报》,2010年7月15日,第10版。
⑨ 河上公注,严遵指归,王弼注,刘思禾校点:《老子》,上海:上海古籍出版社,2013年,第10页。
⑩ 王弼注,楼宇烈校释:《老子道德经注校释》,第26—27页。
⑪ 袁承维:《商周时期信仰的政治意义——从帝—天—道的递嬗来看》,《湖南师范大学社会科学学报》2021年第5期,第70—76页。

作"深",又帛书乙本作"潚"。对此,学界已有共识,高明曰:"'潚'训作'渊'"①,又朱谦之曰:"'深'与'渊'义同……唐人避讳改'渊'为'深'。"②可见此处三字之义相通,皆为"渊深"之意也。

其二,帛书乙本、河上公本、王弼本等皆作"似",而景龙碑本无"似"仅作"万物宗",又北大汉简本作"佁",又帛书甲本作"始"。对此,学界亦已有共识,北大汉简整理者认为"'佁,即'似'"③,又高明曰:"'始'训作'似'"④,可见此处三字亦皆同义,是为"像"之义也。

如此结合来看,"渊兮似万物之宗"一语之意涵,大致如蒋锡昌言"道体之恍惚深渊,以为万物之宗,然又不可得而形名也",⑤乃是在形容"道体"另一特质——"渊"。而如上文言,本句同样在形容道体"渊深莫测"的同时,强调了其因"渊"而具备"万物之宗"之"用"这层因果关系,如有学者言:"这个实际存在又是开展万物的'万物之宗',乃先天地而生,具有旺盛的创生力量。"⑥另《说文》第十一上亦曰"渊,回水也"⑦,也暗示了"渊"本身的一种"动态倾向"。而《老子》第二十五章言:"周行而不殆,可以为天地母。"⑧所谓"周行"似是对于"回水"运动形态的描述,且"道"亦因此为"天地母",实与"渊"所形容者相类。此外,本章首句曰"用之不盈",据上文言可知此乃因"道体冲虚"所致,然思"不盈"又致何者?窃以为正是"渊"也,即因其"用之不盈","道体"才具备了所谓"渊深莫测"的可能,并以此能够源源不断地造化万物以为"万物宗"。故而,"渊"所形容的正是"道体"一种绵延不绝的状态,这也就是老子在本章中给予"道体之动"的第二个形容词。

如上,基于对文本的分析,阐释了"冲""渊"两种"道体"特质中内含的一种"动态倾向",将之定位为老子在本章中给予"道体之动"的两次形容。然所谓"体用不二"⑨,故下文将立足于本章的次二句经文,进一步对由"道体之动"所衍生出的"道用之动"展开论述。

---

① 高明:《帛书老子校注》,第240页。
② 朱谦之:《老子校释》,第19页。
③ 北京大学出土文献研究所:《北京大学藏西汉竹简》(二),第146页。
④ 高明:《帛书老子校注》,第240页。
⑤ 蒋锡昌:《老子校诂》,上海:商务印书馆,1937年,第30页。
⑥ 袁承维:《商周时期信仰的政治意义——从帝—天—道的递嬗来看》,《湖南师范大学社会科学学报》2021年第5期,第70—76页。
⑦ 许慎撰,徐铉校定:《说文解字》,第230页。
⑧ 王弼注,楼宇烈校释:《老子道德经注校释》,第63页。
⑨ 郝然:《从体用关系看唐宋时期老学道论之转型》,《科学·经济·社会》2020年第1期,第26—32页。

（二）"挫其锐""解其纷"："道用"之动态呈现

首先，关于本章"挫其锐"一语，参看各版本《老子》的记载，可知其文本差异大致有两处：

其一，河上公本、王弼本等皆作"挫"，而北大汉简本作"桂"，又帛书甲、乙本皆作"锉"。对此北大汉简整理者认为"'桂'为'挫'之讹"[①]，又高明曰："'锉'训作'挫'"[②]，可见此三字同义也，即《说文》第十二上言"挫"，"摧"之意也[③]。

其二，北大汉简本、河上公本、王弼本等皆作"锐"，而帛书乙本作"兑"。对此高明曰："'兑'训作'锐'"[④]，可见此处二字为同义字。对此河上公注曰："锐，进也"[⑤]，又楼宇烈按王弼注释此字曰："引申为锋芒之意"[⑥]，综合来看二者在释"锐"字时皆强调了一种"显露过度"的意味，故本质上亦无冲突。

如此看来，"挫其锐"一语之意涵，大致如河上公于此"以人喻道"之论："人欲锐精进取功名，当挫止之"[⑦]，而抛开其中"人"的部分，此即言"凡精锐进取过度者，皆当挫止、摧折之"，所强调的是"道"之于万物的一种作用与影响，故此正是对"道用"的一次"动态呈现"所作之形容。而关于所谓"挫锐"的观点，实际是表达了老子对于一些不符合"道"的情况的态度。《老子》第九章曰："持而盈之，不如其已。揣而锐之，不可长保。"[⑧]这里将"盈""锐"对举，又如上文言"盈"为"盈满"乃至"穷尽"之意，实正与此处"锐"之意味相类。然亦如上文言"道体"因"冲虚"而"不盈"，故"盈""锐"者皆是违背"道"的情况，故老子曰"不可长保"，又于本章曰"挫之"，此为同论一事也。而据此分析亦可推断，此处以"挫其锐"形容"道用"，皆因本章首句"道冲而用之或不盈"而起，盖因有"盈""锐"者，故需"挫之"，而后方可复归于"冲虚道体"，此正应《老子想尔注》中所说："挫还之"之意也[⑨]。所以，"挫其锐"或正是因"道冲"之特质而衍生出来的一次"道用"的"动态呈现"，而这也是老子在本章中对于"道用之动"的第一次形容。

其次，关于本章"解其纷"一语，参看各版本《老子》的记载，可知其文本差异有如下一处：北大汉简本、河上公本、王弼本等皆作"纷"，而景龙碑本作"忿"，

[①] 北京大学出土文献研究所：《北京大学藏西汉竹简》（二），第146页。
[②] 高明：《帛书老子校注》，第240页。
[③] 许慎撰，徐铉校定：《说文解字》，第252页。
[④] 高明：《帛书老子校注》，第241页。
[⑤] 王卡点校：《老子道德经河上公章句》，第14页。
[⑥] 王弼注，楼宇烈校释：《老子道德经注校释》，第12页。
[⑦] 王卡点校：《老子道德经河上公章句》，第14页。
[⑧] 王弼注，楼宇烈校释：《老子道德经注校释》，第21页。
[⑨] 饶宗颐：《老子想尔注校正》，上海：上海古籍出版社，1991年，第7页。

又帛书乙本作"芬"。对此学界大体有三种观点：一者，以王弼等为代表，楼宇烈按王弼注释此字曰"纷，争端"①；二者，以马叙伦为代表，马曰："'殺'与'锐'义类，'忿'则不伦矣"②，而其论乃从《说文》第十三上："纷，马尾韜也"之语出③，又结合《庄子·知北游》："解其天韜"语，以"韜，弓衣也……喻形骸束缚"之解释为据④，释"纷"为"束缚"义；三者，以河上公、俞樾、朱谦之等为代表，大多从河上公注："纷，结恨也"之意⑤，又俞樾曰："'忿'，乃其本字，纷、芬并假字耳。"⑥由是观之，前两种观点皆从"纷"字，且其解释无论是"争端"还是"束缚"，皆强调了其中一种"纠缠不清"的意味，故并不冲突。而第三种解释虽取"忿"字，然其"结恨"的解释亦有同于前二者之意味，另又有研究认为"纷""忿""芬"皆同音借字⑦，故大体来说在这几种解释之间无本质矛盾。

如上可见，"解其纷"一语之意涵，大致如王弼注的"除争原也"⑧，同样是在强调的"道"之于万物的作用与影响，是对"道用"的又一次"动态呈现"所作之形容。而亦与前文同理，本句或也是起于本章此前对于"道体"的形容，即"解其纷"之语或是因本章次句"渊兮似万物之宗"而来。如上文言，"纷"有"争端""束缚""结恨"等义，皆呈现出一种"纠缠不清"的意味，而试想事物若"纠缠"，必呈现一种"纷乱之像"，而世间万物之间的纠缠可谓"最大的纷乱之像"，故"道"作为"万物之宗"，为保持其"渊深"的"道体"特质，并延绵不断地造化万物，务须消解其中的"纷乱之像"，以遵守一定之序。所以，"解其纷"或就是因"道渊"之特质而衍生出来的一次"道用"的"动态呈现"，也这就是老子在本章中对于"道用之动"的第二次形容。

如上，基于对文本的分析，阐释了"挫其锐""解其纷"两种"道用"的"动态呈现"之内在意涵，将之定位为老子在本章中给予"道用之动"的两次形容。而之所以有此两次关于"道用"的具体形容，或就是源于本章首二句对"冲虚""渊深"两种"道体"特质的表述，是为老子"由体及用"之论。

---

① 王弼注，楼宇烈校释：《老子道德经注校释》，第12页。
② 马叙伦：《老子校诂》，第115页。
③ 许慎撰，徐铉校定：《说文解字》，第277页。
④ 王先谦撰：《庄子集解》，北京：中华书局，1987年，第189页。
⑤ 王卡点校：《老子道德经河上公章句》，第14页。
⑥ 俞樾：《诸子平议》，第144页。
⑦ 北京大学出土文献研究所：《北京大学藏西汉竹简》（二），第146页。
⑧ 王弼注，楼宇烈校释：《老子道德经注校释》，第148页。

二、道之静：从"和其光"到"象帝之先"

上文通过"道之动"的视角、从"道体""道用"两个层面重新解读了传世本《老子》第四章的第一部分内容。而由于老子思想的辩证性，他在认可"道之动"的同时还强调了"道之静"的概念，如其曾曰"天地尚不能久"①而"道乃久"②，可见其是主张"道"静止不变的。而在学界的相关研究中，"静止"也普遍被认作是"道"本身固有的特征，如有研究在论述"道"的动静关系时言道："万物得于'道'而生，自然的循'道'而动……而'道'又本'静'，作为主静的哲学，所有的'变'虽都是被承认的，真实存在的，但却只是暂时的。只有……'道'的清静本性才是恒久的。"③如是可见其对于"道之静"的重视。故此，本节便从"道之静"的角度摘取传世本《老子》第四章的第二部分文本，以备下文分析，经文兹列于下：

和其光，同其尘。湛兮似或存。吾不知谁之子，象帝之先。④

而如前文注言，此处"和其光，同其尘"乃是关于"道用"的描述，而"湛"则是对"道体"特质的形容。故下文将按文本顺序从"道用"与"道体"两个层面展开对这部分内容的解读。

（一）"和其光，同其尘"："道用"之静态倾向

关于"和其光，同其尘"二句，参看各版本《老子》的记载，可知其文本大都与王弼本相同，唯北大汉简本于"尘"字处作"裖"，然其整理者认为"裖"读为"尘"⑤，故此处差异大可不计。而关于"解其纷，同其尘"之意涵，首先，如王弼注："和光而不污其体，同尘而不渝其真"⑥，这是在"道"的层面谈论"道用"。其次，如河上公注："言虽有独见之明，当知暗昧，不当以擢乱人也。常与众庶同垢尘，不当自别殊"⑦，这则是从"人"的角度谈论"处世之法"。而结合来看，二者实际都是在谈论"用"的问题，且均是在强调如是"用"之后的某种状态或结果。再者，参看

---

① 王弼注，楼宇烈校释：《老子道德经注校释》，第57页。
② 王弼注，楼宇烈校释：《老子道德经注校释》，第36页。
③ 王婧：《老子哲学中的关系型范畴研究》，博士学位论文，南京大学，2017年，第67页。
④ 王弼注，楼宇烈校释：《老子道德经注校释》，第10页。
⑤ 北京大学出土文献研究所：《北京大学藏西汉竹简》（二），第146页。
⑥ 王弼注，楼宇烈校释：《老子道德经注校释》，第11页。
⑦ 王卡点校：《老子道德经河上公章句》，第14—15页。

《说文》第二上载:"和,相应也"①,又《说文》第十上载:"光,明也"②,如是可知"和其光"之本意大致为"(道)应和光明";另参看《说文》第七下载:"同,合会也"③,又《说文》第十上载:"尘,鹿行扬土也"④,如是可知"同其尘"之本意大致为"(道)混合尘土"。故此可见,从本意上来看此二句虽确是形容"道用",但其所强调的也都是在这两种"道用"影响之下所产生的某种状态与结果。而事物之"状态"或"结果"则往往表现出一种"静态",或许"和光同尘"的状态就像老子所言:"光而不耀"(《老子》第五十八章)那般。故此,实际上"和其光,同其尘"二句主要是针对"道用"中的那种"静态倾向"所作之形容。另外,"和其光,同其尘"也表明了"道"之包容性,即"道"本身并不区分"光""尘",均可在"道用"的层面予以会同、容纳。

如上,基于对文本的分析,阐释了"和其光,同其尘"两种"道用"中所内含一种的"静态倾向",将之定位为老子在本章中给予"道用之静"的两次形容。而下文将以此为基础,进一步揭示"道体之静"的内在意涵。

(二)"湛":"道体"之静态呈现

首先,关于"湛"。就本章"湛兮似或存"一语,参看各版本《老子》的记载,可知其文本大体均同于王弼本,唯想尔注本作"湛似常存"、景龙碑本作"湛常存",然据河上公注"或,常也"⑤可知其文义大致相同,故此处文本差异不做深究。而关于本句之意涵,则如河上公注:"湛然安静,故能长存不亡"⑥,这里直接指出了"湛"之"静"的属性,以及"道"因"湛"而得"长存不亡"的因果关系。如是可见,此句乃重在形容"湛"这种"静态呈现"的"道体"特质。而另如高亨曰:"道不可见故曰'湛兮'"⑦,这便揭示了"湛"作为"道体"特质的另一重要意涵——"不可见",如此则似与上文所言"道体冲虚"之意相类。然对此朱谦之却道:"似无而实有也"⑧,认为"道体湛兮"乃是"似无实有"。当然,对于"湛兮"这种"道体"特质,老子亦有类似形容,曰:"是谓恍惚"⑨,又曰:"惚兮恍兮,其中有象;恍兮惚兮,其

---

① 许慎撰,徐铉校定:《说文解字》,第26页。
② 许慎撰,徐铉校定:《说文解字》,第209页。
③ 许慎撰,徐铉校定:《说文解字》,第153页。
④ 许慎撰,徐铉校定:《说文解字》,第202页。
⑤ 王卡点校:《老子道德经河上公章句》,第15页。
⑥ 王卡点校:《老子道德经河上公章句》,第15页。
⑦ 高亨:《老子正诂》,第12页。
⑧ 朱谦之:《老子校释》,第21页。
⑨ 王弼注,楼宇烈校释:《老子道德经注校释》,第31页。

中有物"①，究其所言"恍惚"之中有"象"与"物"者，如有研究所说："此为强调道存在，并非虚构"②，如是可推知老子所言"湛兮"之"道体"虽曰"不可见"，然实际当属"似无实有"之状态。具体来说就是，"道体"中有内含之"象"与"物"，此或如上文言所"和"之"光"、所"同"之"尘"，而这些最终又都以一种"恍惚"的样貌作静态之呈现，即为"道体湛兮"。这种状态有别于"冲虚"所形容"道体"本貌之纯粹，更倾向于一种"静寂的混沌"，如《老子》第二十五章所言："有物混成，先天地生，寂兮寥兮"③是也，此即为老子在本章中对于"道体之静"的一次具体形容。

　　除此之外，基于上述"道体湛兮"这一关于"道"存在问题的讨论，下面便自然引出了本章末句对于"道"之源起的思考，这是更根源性的问题。而关于"吾不知谁之子，象帝之先"一语，参看各版本《老子》的记载，可知其文本大都与王弼本相同或相类，其间差异甚小，故不深究。而关于此句之意涵，学界大致有三种看法：一者，以河上公、王弼、蒋锡昌、高明等为代表，大体如河上公注"道自在天帝之前，此言道乃先天地生也"④；二者，以朱谦之等为代表，其引《广雅释言》"子，似也"，别释此句为"吾不知谁似也……"⑤；三者，以钱穆等为代表，其认为老子之"象"有"特殊神秘之含义"，视"象"为道和物之间的一个过渡阶段，故别释此句为"'道'在'象''帝'之先"⑥。由是观之，三种观点皆有其道理，且对本句的核心观点、即"道"在"帝"之先一事均表认同，故并无根本冲突。而对于"道在帝先"的问题，亦有诸多研究已详细说明，如陆建华言："帝不仅是神，而且还是至上神；帝不仅主宰世俗世界，而且还主宰信仰世界。同时，帝还扮演万物始祖的角色。由于上下、先后象征尊卑主从，老子以道'象帝之先'，直接置'道'于'帝'之前、之上，从而将帝之于万物的至上性、主宰性以及帝的始祖特征赋予'道'，使'道'获得帝的所有权威。不仅如此，由道在'帝之先'，意味着道甚至还主管'帝'。这样，道不仅获得帝的所有权威，同时还剥夺了帝的至上权威；道凭借帝而越过帝而成为宇宙中最源初始的存在、宇宙万物的最高主宰便是理所当然的了。"⑦诚以为然，故此不再赘述。然据如上分析，可以发现"道体湛兮"的意味亦渗透入了末句的讨

---

① 王弼注，楼宇烈校释：《老子道德经注校释》，第52页。
② 袁承维：《商周时期信仰的政治意义——从帝—天—道的递嬗来看》，《湖南师范大学社会科学学报》2021年第5期，第70—76页。
③ 王弼注，楼宇烈校释：《老子道德经注校释》，第62页。
④ 王卡点校：《老子道德经河上公章句》，第15页。
⑤ 朱谦之：《老子校释》，第21页。
⑥ 钱穆：《庄老通辨》，北京：生活·读书·新知三联书店，2005年，第55页。
⑦ 陆建华：《建立新道家之尝试——从老子出发》，合肥：安徽大学出版社，2011年，第6页。

论之中，其对于"道"之源起的描述表现出了一种"不确定"的意味，这是符合老子论"道"之习惯的，如《老子》第一章曰："道可道，非常道。名可名，非常名……玄之又玄，众妙之门。"① 其中所谓"道"之"不可道""玄妙"等特点，思来正与"湛""似""或""象"等疑似性表达之意味暗合也。

如上，基于对文本的分析，阐释了"湛"这种"静态呈现"的"道体"特质之内在意涵，将之定位为老子在本章中给予"道体之静"的具体形容，之后又对由此延伸出的讨论"道"之源起的本章末句做了简要解读，进而揭示了在此句表述中所暗含的一种与"道体湛兮"相类的"不确定性"。

三、关于传世本《老子》第四章的文本逻辑

上面两节先后通过"道之动"与"道之静"两个视角，分别从"道体"与"道用"两个层面对传世本《老子》第四章的两部分内容做了新的解读。然关于本章，尚有一学术公案未明，即前文言有学者认为本章文本存在所谓"错简"问题，持此论者所据理由大致有二：一者，因《老子》第五十六章亦有此"挫其锐，解其纷，和其光，同其尘"之语，故疑本章中此四句为其"错简"②；二者，以为于本章首二句后"衔以'挫其锐'四句，文义颇为牵强"，故曰"错简"③。对于这第一个观点，学界已有许多学者表示反对，如蒋锡昌言："复文为老子特有文体，不能因其复出遂谓之错简"④，高明等亦从此论。另外，通过参照各版本《老子》可知在本章中皆有此四句经文，故仅以"其文复出于《老子》第五十六章"即曰是"错简"实在令人难以信服。但对于第二个观点，即所谓"文义不通"一说，今学界尚不见有力之驳斥，故下文将立足于前两节的结论，从整体上对本章的文本逻辑展开梳理，进而尝试据此解决所谓"文义不通"的问题。

首先，经过本文第一节基于"道之动"视角的分析，大体阐明了"冲""渊"这两种"道体"特质的"动态倾向"，以及"挫其锐""解其纷"这两种"道用"呈现的"动态性"；同理，经过本文第二节基于"道之静"视角的分析，也大体阐明了"和其光，同其尘"这两种"道用"中的"静态倾向"，以及"湛"这种"道体"特质呈现时的"静态性"。故此，本章文本的第一个内在逻辑便显现出来了，是为从"道之动"到"道之静"，即"由动到静"的逻辑。换言之，本章或正是从"道"之"动静"的视角出发，按照"由动到静"的逻辑形成文本的。

---

① 王弼注，楼宇烈校释：《老子道德经注校释》，第1页。
② 马叙伦：《老子校诂》，第116页。
③ 陈鼓应：《老子今注今译》，第91页。
④ 蒋锡昌：《老子校诂》，第32页。

同理，基于前文注中对本章所言"道体"与"道用"的分类与解读，可知本章形容"道体"者，是为"冲""渊""湛"三者，而形容"道用"者则正是"挫其锐，解其纷，和其光，同其尘"四者，且经过分析，"挫其锐"与"道体冲虚"、"解其纷"与"道体渊深"以及"和其光，同其尘"与"道体湛兮"这三者"体用相对"的关系也得到了揭示，如此本章文本的第二个内在逻辑也就呈现出来了，是为从"道体"到"道用"再到"道体"，即"由体及用、复归于体"的逻辑。换言之，本章抑或是从"道"之"体用"的视角出发，按照"由体及用、复归于体"的逻辑形成文本的。

此外尚需说明一点，由于本章末句"吾不知谁之子，象帝之先"一语如上文言，乃是由"湛兮似或存"一语中对"道"之存在问题的讨论所自然引起的一个"不确定"的表达，且因为其本身是关于"道"之源起问题的讨论，所以也无所谓对其进行"动静""体用"之类的划分，如是则既可如上文将其归于"道之静"的范畴考察，亦可不予划分，仅作一论语附于章末，盖因其对于本章文本逻辑的存在乃至文本的形成都影响甚微。

故此，根据以上梳理出的两种文本逻辑，以及关于本章文本形成的两种推测，则至少在文义的层面上，可以排除本章存在所谓"错简"问题之可能。

余 论

综上所述，就传世本《老子》第四章，本文立足于文本分析，从"动"与"静"两个角度、"道体"与"道用"两个层面展开讨论，重新解读了本章中"冲""渊""湛"这三种"道体"特质以及"挫其锐，解其纷，和其光，同其尘"这四种"道用"的内在意涵，进而在此基础上，梳理出了本章文本的两大内在逻辑，从文义层面回应了所谓本章存在的"错简"问题。

最后，关于本文所涉"道"之动与静的问题，基于上面的分析，窃以为老子示"道"之"动静"两面予人的主要意涵实际是为了强调"动"与"静"均为"道"本身固有之特征，诚如有学者言，老子是"将'动'与'静'作为平等的一对范畴来考察"[①]。但在前引相关研究中，一些学者仍持"老子思想是'主静'的哲学"这一观点，并常将"道"之"动与静"和"变与常"相提并论，以为依据。然须知老子曾曰："知其雄，守其雌"[②]，可见"雄雌"者均为"道"之固有，无所谓谁为之主，而如此类比"动静"者亦当如是。《老子》第一章区分了"常道"与"非常道"，而所

[①] 李中华：《"动"与"静"》，《中国哲学史研究》编辑部编：《中国哲学史主要范畴概念简释》，杭州：浙江人民出版社，1988年，第83页。

[②] 王弼注，楼宇烈校释：《老子道德经注校释》，第73页。

谓"非常"即"变";又如本文所论,动静二态实为贯穿"道"之"体用"而存在的"道"之一体两面,故"动静"者都属于"常道"之范畴,是"道"本身固有的特征;至于"变"者,本就是另一范畴内的问题,自不当一概而论。如是一点哲学思考或方为老子"动静观"的精髓所在。

复式多层视域对"天道无亲，常与善人"的浅见

胡佳炜　侯　铨　范殷铭[*]

内容提要： 从《道德经》应用入手解读"天道无亲，常与善人"，将社会对"天道无亲，常与善人"的多种解释进行多层次复式构建的梳理，并提出《道德经》中有关"天道无亲，常与善人"的基本原则、运行保障、理想状态。运用道教文化、佛教文化对"天道无亲，常与善人"做了原理初探。

关键词： 天道无亲　常与善人　多层次复式结构　阿赖耶识　元神

将《道德经》学以致用，从应用的角度来看，尊重各种解读，有利弘扬道家文化。对于一部古老的哲学经典，之所以穿越千年时空为各界共尊奉，即在于其博大精深，包容万象。

一、思想源头《金人铭》的思考

《中华老学》第一辑卷首语提到曾任职为"周守藏室之史"的老子，在"《道德经》中引述有作为黄帝六铭之一的《金人铭》中的'天道无亲，常与善人'的名句"[①]。故以《金人铭》对照《道德经》，从中的多处论述可知其为《道德经》思想源头。

《金人铭》中的"天道无亲，常与人善"，在当今解释中多被解读为善有善报的观点，那么其前文的内容和后面结论，两者之间的逻辑关系是否如此？

---

[*] 胡佳炜，漳州市和合生态研究院理事。侯铨，漳州市农业银行退休干部，漳州市和合生态研究院副理事长，漳州市自然辩证法研究会会员。范殷铭，毕业于北京大学，漳州市和合生态研究院院长，漳州市自然辩证法研究会副会长，漳州市工程咨询中心高级工程师，主要著作有《低碳生活实用手册》《佛教文化与和合生态》(宗教文化出版社) 等。

① 詹石窗 谢清果：《中华老学·第一辑》，北京：九州出版社，2019年，"卷首语"

无多言，多言多败；无多事，多事多患。①

不要多话，话多败事的比率就高。不要瞎折腾，太折腾犯过的比率更高。从铭文中这句话及后文类似语句，多以实际经验为依据形成概念，进行判断和推理，符合逻辑。

荧荧不灭，炎炎奈何？
涓涓不壅，将成江河。
绵绵不绝，将成网罗。
青青不伐？将寻斧柯。
诚不能慎之，祸之根也。
曰是何伤，祸之门也。②

铭文将火苗、涓流、细丝、嫩苗，引喻为祸根，以其未来形势演变，酝酿成灾的现象来告诫后人受学者。同时铭文中"勿谓莫闻，天妖伺人"，大抵可用"天下没有不透风的墙，头上三尺有神明"的俚语串解，或可视为"天道无亲，常与善人"的善有善报观点的前奏。

逻辑的基础是来自社会实践。"天道无亲，常与善人"为《金人铭》收官之语，但与铭文中那些来自实践的警示性论述，并未能就善有善报的观点形成呼应的逻辑关系。因为"无多言，多言多败"之语本身虽合经验逻辑，但由话多败事得出文末的善有善报，却无直接的因果关系。将"善人"看作善于顺应天道规律的人，更符合铭文的全篇论述。但对铭文中的"天道"并未做进一步阐述。

二、太史公之问的意义在所

《史记·伯夷列传》："或曰：'天道无亲，常与善人。'若伯夷、叔齐，可谓善人者非邪？积仁洁行，如此而饿死。且七十子之徒，仲尼独荐颜渊为好学。然回也屡空，糟糠不厌，而卒蚤夭。天之报施善人，其何如哉？盗跖日杀不辜，肝人之肉，暴戾恣睢，聚党数千人，横行天下，竟以寿终，是遵何德哉？此其尤大彰明较著者也。若至近世，操行不轨，专犯忌讳，而终身逸乐，富厚累世不绝。或择地而蹈之，

---

① 百度百科："金人铭"词条，https://baike.baidu.com/historylist/%E9%87%91%E4%BA%BA%E9%93%AD/2836218，2022 年 8 月 17 日。
② 百度百科："金人铭"词条，https://baike.baidu.com/historylist/%E9%87%91%E4%BA%BA%E9%93%AD/2836218，2022 年 8 月 17 日。

时然后出言，行不由径，非公正不发愤，而遇祸灾者，不可胜数也。余甚惑焉，倘所谓天道，是邪非邪？"①

上述《史记》这段有关司马迁的困惑就是：如果真的是"天道无亲，常与善人"，那么其所言的这些善人应该都有好报才是，但现实中像伯夷、叔齐、颜回这样的善人，并没有得到好报，而众所周知的盗跖却有好报得享高寿，那到底还有没有天道啊？其实在《伯夷列传》这段疑问之中，共有3处提及天与天道，分别为：

一、或曰："天道无亲，常与善人。"

二、天之报施善人，其何如哉？

三、余甚惑焉，倘所谓天道，是邪非邪？

以上第一处实际起兴手法，"借物言情，以此引彼"的艺术表现手法。第三处总结并继续设问，留有余韵，引人入思。唯第二出处作答且反问，明确表示其所言天道就是通常说的上天、老天爷，是神格化的最高主宰，亦即太史公后世宗教的"人神本体"。由此可见司马迁所质疑当属神意报应，亦由此可知司马迁所质疑是对善有善报恶有恶报这一赏善罚恶的报应论。《史记》问世之时，道教尚未创教，佛教亦未传入中国。太史公之问是带有世俗色彩的探询。

三、宗教文化视域下的天道无亲常与善人

从上古社会的原始信仰经由秦汉的方仙道，至祖天师张道陵创教，中国道教可谓积淀了数千年之久。其中老子于函谷关应尹喜之请撰写了五千文《道德经》以后，及东汉张道陵创教前，这五百多年间按著名学者詹石窗教授概括为义理道教，"义理道教即通常所说的先秦道家时期"②，此后为制度道教。《道德经》是玄门日诵功课，"天道无亲，常与善人"系制度道教时期常用于引度后学、规劝信徒。制度道教早期倾向承负之说，"所谓'承负'，意思是前辈行善，今人得福，今人行恶，后辈受祸"③。此说出自道教经典《太平经》。与在义理道教时期《周易》所云的"积善之家，必有余庆；积不善之家，必有余殃"④。同理，相对于佛门的个人因果转世，两者实无冲突，南怀瑾曾言过，一为纵向一为横向作用人生。承负之说似乎与《道德经》解释较少有直接关联的。但若将"天道无亲，常与善人"的善人以团体角度作"积善

---

① 司马迁：《史记卷六十一·伯夷列传第一》，北京：中华书局，1975年，第7册，第2124页。
② 颜文强：《图解老子〈道德经〉"道生万物·四段论"》，詹石窗、谢清果：《中华老学·第一辑》，北京：九州出版社，2019年，第198页。
③ 罗伟国：《话说道教》，银川：宁夏人民出版社，1994年，第43页。
④ 南怀瑾、徐芹庭：《白话易经》，长沙：岳麓书社，1988年，第39页。

之家"的解读,却是依俗而出的普遍解释。"是谓天地根。绵绵若存,用之不勤。"①前辈的善与不善之行为犹如天地根,宇宙万有事物皆缘于道,无亲的天道,绵绵若存。再"后来随佛教之盛传,道教开始大幅度地融摄佛家之说","道教经典也说众生由自作善恶业的因缘,轮回于三界五道中"②。如此,制度道教在发展中先后形成有纵向有横向的善恶报应观。

作为中华文明三大支柱的儒道释,其中佛教系传入中国后与中华文化融合成为主流之一,为中华民族发展做出贡献。佛教刚传入中国并非称为佛教,那时如何准确地表达其内涵?经对比诸子百家,唯道家最为相契合,故其先前有段时期曾名之为道教,后来才创"佛"字改称佛教。其主张个人因果转世的六道轮回就是指"第八识阿赖耶识又叫业田,它带着当世所造成的善恶,再依外在因缘,与某些成熟业因,便轮回转生到另一生命体内"③,如此在六道中轮回。佛教所言心识为八类,即眼识、耳识、鼻识、舌识、身识、意识、末那识、阿赖耶识。前六识科学已经广为人知,末那识也与现代心理学的潜意识相近渐为人知。第八识阿赖耶识为佛教独有之论。"此识名'藏'谓其功能以储藏为主,《成唯识论》卷二解释藏识有能藏、所藏、执藏三义。"④阿赖耶识又称种子识,生命的任何行为、经历,乃至起心动念都传导给它,像种子一样存储。而阿赖耶识完全没有自我意识,没有分别地接纳任何现象,也没有排斥。当种子与外在的阳光、土壤、水分、养料相适合而成熟。"第八识不分善恶,它只是依据成熟程度把种子输送出去。"⑤种子因外缘成长结果,倘若善因则结善果,若兼浇灌上善之水,则结大善果;若不善之因,则结不善果。当人去世,阿赖耶识随善恶因果转世为新的生命。这便是佛门对善有善报恶有恶报的因果报应之说,阿赖耶识由此可设定、推判其为大脑组织或大脑某一组织以虚态的场能形式存在,有待今后科学研究。同时人的大脑记载生命演化以来的所有信息,以代代相承方式传递,每人孕育中便从父母的DNA获得继承。由此而得,道教的前后辈分承负之说竟可经由现代生命科学从主张个人转世的佛学中参证,横向与纵向相参,实在有趣!从阿赖耶识来看其恰如道家的元神。《玉清金笥青华秘文金宝内炼丹诀》:"夫神者,有元神焉,有欲神焉。元神者,乃先天以来一点灵光也;欲神者,乃后天所染气禀之性也"。⑥《医学衷中参西录·人身神明诠》:"夫丹经祖述黄帝,原与《内经》相表里,历代著作虽不一致,而莫不以脑中为元神,心中为识神。元神者,无思无

---

① 郭永进:《道德经妙解》,北京:世界知识出版社,2018年,第16页。
② 陈兵:《生与死:佛教轮回说》,呼和浩特:内蒙古人民出版社,1994年,第230页。
③ 兰昱:《生死灵魂的奥秘》,长春:吉林文史出版社,1992年,第150页。
④ 陈兵:《生与死:佛教轮回说》,第146页。
⑤ 南云:《东方睡功》,郑州:中州古籍出版社,1998年,第117页。
⑥ 陆锦川:《气功传统术语辞典》,成都:四川科学技术出版社,1988年,第209页。

虑，自然虚灵也；识神者，有思有虑，灵而不虚也。"《论医士当用静坐之功以悟哲学》又谓："元神者，脑中无念之正觉也。"识神则有念之灵觉。故"宜用脑中之元神，不宜用心中之识神"①。胡孚琛教授在《道学通论》中将人的意识划分为三个层次，即常意识（日常认知、思维活动，丹家谓之识神）、潜意识（深层心理和欲望）和元意识［先天遗传的本能意识，丹家谓之元神，佛称阿赖耶识所藏"无漏种子"，或称第九识"阿摩罗（Amla）识"，即"无垢识"，实相真如心体］。元神即人身真正的"自我"，丹经中称作"主人公"。内丹学的修炼，是一项凝练常意识、净化潜意识、开发元意识的系统工程，也是一套发现自我，开发自我的心灵修炼程序。人类精神的这三个心理层次是相互联系、相互依存的，也是此长彼消的。识神是后天之神，元神是先天之神，先天和后天也相辅相成，依道学的"阴中有阳，阳中有阴""阴极生阳，阳极生阴"的太极原理而运动。②《道德经》第三十八章云："前识者，道之华，而愚之始。"③

从有关佛教的阿赖耶识和道教的元神所述来看，人类有朝一日能解开大脑深层次之谜，以赏善罚恶的报应论而言，"天道无亲，常与善人"是最好的概述。

四、天道无亲常与善人之应用中"善人"几层释义

天道无亲常与善人之于社会的泛散应用，也有多种解释，或是原意，或是发挥，于历史河中无不体现《道德经》的哲学思想，更是其多层次及其层面复式的立体表现，尤其各界长期对"善人"泛散的解读。

首先采用依俗而出，依文解义的直解式，《辞海》的"善"字首解即为：善良，美好。《汉书·张汤传》："其推贤扬善，固宜有后。"④故《道德经》天道无亲常与善人之中善人多被依文解义理解为从善之辈、善良之人、积善之家的意思，进而范围扩大，包括忠诚、正义等与正能量相应的范畴，此为典型解释，尤以宗教及民间信仰作为对接引初入教徒和一般信众的劝善而显突出，于爱国爱教的社会主义精神文明建设有着实际意义。太史公在其伯夷列传的发问亦属这一直解式的读取。联系《金人铭》前后内容，其文结尾论述的意思，在当前社会的各种解释中以直解式居多。近年所谓借助网络流行的心灵鸡汤，也颇多引申采用这种直白、通俗的解释意思。这种解读可视为一个层次，即大众型版的层次。对于太史公之问列属入门型的大众层次，看似不妥，其实司马迁在《史记》列传第一就插入对"天道无亲常与善人"

---

① 陆锦川：《气功传统术语辞典》，成都：四川科学技术出版社，1988年，第209页。
② 胡孚琛：《道法丹诀十二讲——心灵奥秘》，《武魂》2003第5期，第40页。
③ 郭永进：《道德经妙解》，北京：世界知识出版社，2018年，第88页。
④ 《辞海》，语词分册，上海：上海人民出版社，1977年，第2081页。

进行发问、评论，显然别有深意。除抒发胸臆，为自己受辱鸣不平，将主动权把握在自己的笔杆子上。更有希望借此引发历史对善人公正的相待，引导社会公众对从善、劝善的认可。其之"余甚惑焉"的太史公之问与当今的钱学森之问都是伟大的思想。也可以说是大众型的精品版。

从上述可见宗教界劝善、太史公之问及社会流行的鸡汤式美文对"天道无亲，常与善人"之善人的不同时空解读和不同语境的应用，实已形成单层解读的复式效果图，构建成和合生态的文化景观。

其二，纵观《道德经》，"天道无亲，常与善人"的"善"可以作"善于"之解。《辞海》中，善：擅长；善于。《梁书·柳恽传》："宋世有嵇元荣、羊盖，并善弹琴。"①照此"善人"亦可指善于顺应天道规律的体道、近道之人，包括处不同层面的悟道、修道、参道、合道之践行者，对"天道无亲""天地不仁"的不偏袒的特性有着深刻理解。此时天道依然无亲，不为善恶而划界限区分别，只是体验天道、亲近天道的人"以万物为刍狗"，在生活上与自然规律自觉相应，同步共振。物以类聚，故能常与。正所谓《道德经》第二十三章"故从事于道者，同于道；德者，同于德；失者，同于失。同于道者，道亦乐得之；同于德者，德亦乐得之；同于失者，失亦乐得之"②。不过在"天道无亲，常与善人"句式方面，此善人之解，却因存在不同解读也形成复式效应现象。

一可解释为：大自然的运行规律公正无私，自然会眷顾善于顺应天道规律的人，自是与同步轨道者助力而行。依文顺义，天道的人格色彩依然隐隐。

另一解读"善人"的释法大意类同，但在"常与善人"上采用倒装释法读取为：善人常与。即大自然的运行规律公正无私，善于顺应天道规律的人自是与自然规律同在，相契合，与道同频共振，得到道利益和真谛。因自身契道，对道的拟人解释淡化了。

相较于直白释法的大众版层次，这种顺应天道规律的善人设定更符合"天道无亲"的解释，这一层面解释也形成另一独立单层复式效果。可视作依俗而出，依文解义直解式的进阶版。

善人的释义经由历史以来形成前上述的两层双复式结构解释外，本文作者认为从应用角度还有一种解读，仍按《辞海》中"善"：擅长；善于。③但此意为指专长，善于某项某方面，包括技术、技巧。"天道无亲，常与善人"便可解读为：大自然的运行规律公正无私，拥有、善于某项某方面技术、技巧的专业人员，更能获取大自

---

① 《辞海》，语词分册，上海：上海人民出版社，1977年，第2081页。
② 郭永进：《道德经妙解》，北京：世界知识出版社，2018年，第56页。
③ 《辞海》，语词分册，第2081页。

然的利益。"是以圣人执左契,而不以责于"①,是善于技巧的应用。"有德司契",也是善于技巧的应用。这么解释在第七十九章也能前后相应、上下连贯。拥有、擅长专业的人在社会上谋生、交际总比缺少专业训练的更有机会实现自身价值。此类似于所谓成功学或社会职场常提起的:机会总是留给有准备的人。机会不止是个起始的梦想,也是个未来目标的兆头。有准备意味着有行动。平等的机会就是天道无亲,欲取天道的"常与",需有善人。"其未兆易谋","合抱之木,生于毫末;九层之台,起于垒土;千里之行,始于足下"②,"自胜者强"。将"善人"界定为专长、专业人士有别于解读为顺应天道规律的善人设定。

对"天道无亲,常与善人"的善人释义,构建为三层复式解读,实际上是社会各个阶层对道学认识的折射,各有其存在的意义,同时也为进一步了解"天道无亲,常与善人"夯实了基础。

五、天道无亲,常与善人概述

(一)天道无亲常与善人的基本原则是人法地,地法天,天法道,道法自然

何为常与善人的天道,无亲的天道?现在一些心灵鸡汤的文章张口即来,对天道的解释多复述为宇宙原则,含糊而过;或妄讲鬼神,让人错解为唯心的、迷信的。凡此种种易使人对"天道无亲常与善人"这一经典名句放任错过。宋崇道博士在《切莫将〈道德经〉宗教标签化》一文提道:从历史角度而言,《道德经》成书于春秋战国时期,张道陵创制度道教于东汉,因为《道德经》的伟大思想智慧,张道陵从宗教制度化的角度,认为它符合道教推崇的"道"的核心思想要义,能达到利益民众、教化民众、净化社会的目的,因而将它作为宗教智慧修习的最高理论经典,《道德经》并没有主张以"人神"为本体的神性思想,而是以符合天地自然客观规律为主导的"天道"思想,这一点恰恰是与宗教的"人神本体"是相对的,而张道陵创立以"人神"为起点的制度道教,也可看出其将《道德经》作为最高经典的实质是教化民众最终实现从"尊人神"到"尊道""法自然"的目的,"非以其无私邪,故能成其私"③。宋崇道博士此处对宗教的"人神"本体和天道做了清晰的区分,辨明方向。窃以为天道无亲常与善人的天道若以"道可道非常道"来解固无不可,却有过于笼统,而有弄玄之嫌。若以第三十四章来看:"大道汜兮,其可左右。万物恃之以生而

---

① 郭永进:《道德经妙解》,第178页。
② 郭永进:《道德经妙解》,北京:世界知识出版社,2018年,第146页。
③ 宋崇道:《切莫将〈道德经〉宗教标签化——兼论抗疫、长江禁捕、制止餐饮浪费新政》,崇道公学公众号,2020年12月1日

不辞，功成而不有。衣养万物而不为主，常。无欲，可名于小；万物归焉而不为主，可名为大。以其终不自为大，故能成其大。"①此论甚为贴切。道与万物互动，道养万物，"周行而不殆"。此正第二十五章所谓的：故道大，天大，地大，人亦大。域中有四大，而人居其一焉。人法地，地法天，天法道，道法自然。②妙哉！天道与人互动的基本运行法则："人法地，地法天，天法道，道法自然。"③

"天地不仁，以万物为刍狗；圣人不仁，以百姓为刍狗。"④万有事物皆由"道"所化生的，都是相对独立的个体，故天地于对待每个具体的事物都是一视同仁的，圣人效法天地，对老百姓也是一视同仁的。从第五章内容可见其思想性与天道无亲常与善人何其相似，所不同者"以万物为刍狗"似乎更有平等性。而"天道无亲常与善人"好像只青睐于善人而无视非善良之辈。当然两者所体现的基本原则是一致的，即"人法地，地法天，天法道，道法自然"。

（二）天道无亲，常与善人的运行保障是天网恢恢疏而不失

既然"天道无亲"，大自然的规律公正无私，遵循"人法地，地法天，天法道，道法自然"的基本原则运化。作为与"善人"对立的非善人、不善人为何不能"常与"？从第六十二章"道者万物之奥，善人之宝，不善人之所保"⑤可看善与不善皆为道体现。因而对"常与善人"的运行保障体现在哪？"圣人之道，为而不争"，"不争而善胜"，不争是稳定性体现。"善者不辩，辩者不善"，"希言自然"，"多言数穷"，"不言而善应"，不言是协调性表现。"繟然而善谋"也是协调性的表现。"不召而自来"，属整体性。故"天之道，不争而善胜，不言而善应，不召而自来，繟然而善谋。天网恢恢，疏而不失"⑥。天道的不争，不言，自来所具有的协调性、整体性、稳定性，构建了疏而不漏的恢恢天网，保障"天道无亲，常与善人"的运行持续、有序。

（三）天道无亲常与善人的理想状态是万物负阴抱阳冲，气为和

"天道无亲""天地不仁"的无所偏是天道在维持万事万物动态变化平衡所必需的，所以就有了"天之道，其犹张弓与？高者抑下，下者举之，有余者损之，不足者补之"⑦的调整方式，这是天道自律的体现。就此"天之道，损有余而补不足"自律方式而言，"万物负阴抱阳，冲气为和"可视为目标的理想状态。也就是说在"天

---

① 郭永进:《道德经妙解》，第78页。
② 郭永进:《道德经妙解》，第60页。
③ 郭永进:《道德经妙解》，北京，世界知识出版社，2018年，第60页。
④ 郭永进:《道德经妙解》，第14页。
⑤ 郭永进:《道德经妙解》，第142页。
⑥ 郭永进:《道德经妙解》，第166页。
⑦ 郭永进:《道德经妙解》，第174页。

道无亲"的背景环境下,达成"常与善人"的理想状态当为"万物负阴抱阳,冲气为和"①。万物乃万有事物形态、场态,是为载体;负阴而抱阳为静态模式,冲为气的演化过程,属动态调整。最后完成为和合生态的结局,属理想状态。

纵观本文之述,"天道无亲,常与善人"的各式解读实际源于中华民族对社会和合的向往,对和谐生存的呼唤,对生命大道探索的体证。因而在个体的精神生态和群体的社会生态都有直接的现实意义。从"天道无亲,常与善人"的各式解读看,对《道德经》的弘扬和应用上,就认知而言没有要求大众达到高端层次的必要,不应设置过高的目标,也不能站在学习的制高点上来奢求天下学子。祖天师张道陵在教育并不普及的年代,尚能将《道德经》作为宗教智慧修习的最高理论经典,用于教化民众、净化社会。古之先贤如此,后续亦当如斯!"天道无亲,常与善人",愿普天下善人共善之!

---

① 郭永进:《道德经妙解》,第100页。

《道德经》文本研究

关于《老子》的几个问题

——与池田知久教授商榷

张玉杰　袁　青[*]

内容提要：池田知久教授对于《老子》的研究十分精深，贡献颇大，但一些观点也存在一些可商榷之处：其一，池田教授认为《老子》一书的编纂在《荀子》《吕氏春秋》《韩非子》《庄子》之后，但他所持的理由都难以成立；其二，池田教授认为郭店本《老子》的编纂在战国中后期，北大汉简本《老子》的编纂在西汉后期至晚期，但支撑其论点的论据也都是难以站得住脚的；其三，池田教授认为《老子》中存在主体的"无为"与客体的"自然"这种逻辑结构，并且两者之间存在因果关系，但仔细分析，两者之间并没有很强的因果关系。

关键词：《老子》　池田知久　郭店本　北大汉简本　自然

2019年10月广西师范大学出版社出版了日本东京大学池田知久教授《问道——〈老子〉思想细读》一书，池田知久教授学养深厚，在《老子》这一领域深造有得，影响极大。池田教授的这部大作虽然通读下来，充满真知灼见，但在一些问题上也难以苟同，故而写下笔者的疑惑，以就教于池田教授。

一、关于《老子》与《荀子》等书的关系问题

《老子》的成书问题是一个老问题，学界争议极大，主要的观点有四种：其一，认为老子与孔子同时，《老子》是老聃所作，但有战国时人的增益；其二，认为老子与孔子同时，但《老子》成书于战国中期；其三，老子和《老子》都是战国时期的；

---

[*] 张玉杰（1995—），山东淄博人，上海财经大学人文学院博士生。袁青（1987—），江西吉水人，中山大学哲学系（珠海）副教授，硕士生导师。

其四,《老子》成书于秦汉之间。①池田知久教授的观点近似于第三、四种,他认为老子是战国晚期至西汉初期的人,《老子》的编纂也是在战国晚期至西汉初期。②限于篇幅,这里重点探讨一下《老子》的编纂问题。

池田教授首先探讨了《荀子》《吕氏春秋》《韩非子》《庄子》中出现的《老子》,他认为荀子虽有评述老子的话语,但《荀子》中没有一条直接引用《老子》的语句,因此可以判定荀子时《老子》尚未编纂。③这种说法是经不起推敲的,《荀子·天论》说:"老子有见于诎,无见于信。"检视今本《老子》全书,荀子所批评《老子》的"有诎无信"也确实是恰当的,可见荀子必然见到了《老子》其书才能做出这种判断。

池田教授又认为《吕氏春秋》中没有一条明确指出援引《老子》并与《老子》一致或类似的语句,因此他认为在《吕氏春秋》成书之时,《老子》仍未编纂。④但这种说法更是站不住脚的,《吕氏春秋》中援引《老子》的话语不少,姑举一例加以说明。《吕氏春秋·审分览·君守》说:"故曰:不出于户而知天下,不窥于牖而知天道。其出弥远者,其知弥少。"毕沅就说:"'故曰'者,本老子《道德经》之言。"⑤显然这句话是引用今本《老子》第 47 章:"不出户,知天下;不窥牖,见天道。其出弥远,其知弥少。"

《韩非子》中有专门解释《老子》的《解老》《喻老》两篇,除此之外,还有《内反》《内储说下》《难三》等明确引用《老子》的三条例子,这本是《老子》成书较早的一条证据,但池田教授认为《解老》等引用《老子》的篇章并非韩非自著,而是成书于韩非后学之手,因此他认为《老子》的编纂是在韩非殁后的战国晚期至西汉初期开始的。⑥关于《解老》等篇的成书年代问题,池田教授并没有给出任何理由,而只是武断地说"以上所引诸篇,今日已经搞清,并非韩非(前280—前233)自己所著,而是由比他稍晚的后学之手写成"⑦,池田教授这一论断应是受了20世纪疑古思潮尤其是古史辨派的影响,胡适认为《韩非子》只有《显学》《五蠹》等篇是韩非自著,其余都是后人加入的,⑧但胡适也没有给出什么证据。其后,容肇祖进一步否认《解老》等篇不是韩非自著,他说:"《解老》《喻老》是解释微妙之言。韩非

---

① 陈鼓应、白奚:《老子评传》,南京:南京大学出版社,2001年,第2—3页。
② 池田知久著,王启发、曹峰等译:《问道——〈老子〉思想细读》,桂林:广西师范大学出版社,2019年,第7—80页。
③ 池田知久:《问道——〈老子〉思想细读》,第27页。
④ 池田知久:《问道——〈老子〉思想细读》,第28页。
⑤ 陈奇猷:《吕氏春秋新校释》,上海:上海古籍出版社,2002年,第1063页。
⑥ 池田知久:《问道——〈老子〉思想细读》,第33页。
⑦ 池田知久:《问道——〈老子〉思想细读》,第33页。
⑧ 胡适:《中国哲学史大纲(卷上)》,北京:东方出版社,1996年,第324页。

一人不应思想这样的冲突,可证非彼所作。"① 这是根据《解老》《喻老》等篇是否符合韩非的思想体系来判定的,但这种方法有很大的局限性,首先如何确定《韩非子》中哪些篇章为真并以此作为韩非思想的代表作,其次这种判定方法还得假设韩非的思想在他一生中不能发生变化,因此这种方法看似科学,实际上十分主观。近年来,学界对于《韩非子》篇章的真伪性重新考释,认为《解老》《喻老》等篇是可信的。如杨义考证说:"《解老》《喻老》是韩非二十出头时所作,代表着韩非思想的过渡和攀升时期。"② 可见,池田教授这一论断也是难以成立的,《老子》的编纂应在《韩非子》之前。

《庄子》中引用许多《老子》的话,尤其《天下篇》更是直接评述《老子》的思想并引用《老子》的四句话,这本也是《老子》成书较早的证据之一,但池田教授认为《天下篇》成书于西汉初期的文帝期至景帝期,③ 他仍是未说明为何《天下篇》成书较晚。近年台湾学者杨日出评述关于《天下篇》成书时代的各种说法,认为从批评方式、文体组织、体例等方面考察,《天下篇》当是庄子自著。④ 更不用说,《庄子》中还有《胠箧》《在宥》等篇更是直接引用《老子》,因此有学者说:"可以肯定,庄周本人已见过《老子》书。"⑤

《战国策·齐策四》记载颜斶见齐宣王,颜斶对曰:"……老子曰:'虽贵,必以贱为本;虽高,必以下为基。是以侯王称孤寡不谷,是其贱之本与?'"颜斶在齐宣王之时,他在对话中随口引用《老子》,说明《老子》当时已经很盛行了,因此从这方面来说,《老子》的编纂也不可能晚于《庄子》《荀子》《韩非子》和《吕氏春秋》。

二、关于郭店和北大汉简本《老子》的探讨

《老子》还有马王堆帛书本、郭店楚简本和北大汉简三个出土版本,池田教授也对此进行一一论述。池田教授认为到帛书甲本时期,《老子》基本成型,抄写年代在惠帝时期(前194—前188)至吕后时期(前187-前180),而乙本的抄写年代在文帝(前179—前157)初年到前168年。⑥ 但帛书甲本的抄写年代不能等同于其成书年代,这只能说明《老子》在西汉初年就已经成书。关键的是郭店楚简《老子》,池田教授认为郭店《老子》的编纂年代在稍晚于公元前265年至公元前235年的战国

---

① 容肇祖:《韩非的著作考》,罗根泽编著:《古史辨(第四册)》,上海:上海古籍出版社,1982年,第662页。
② 杨义:《韩非子还原》,北京:中华书局,2011年,第207页。
③ 池田知久:《问道——〈老子〉思想细读》,第39页。
④ 杨日出:《〈庄子·天下篇〉研究》,台北:台湾商务印书馆,2008年,第87—165页。
⑤ 孙以楷、甄长松:《老子通论》,北京:东方出版社,1995年,第70页。
⑥ 池田知久:《问道——〈老子〉思想细读》,第43—45页。

晚期。^①但据考古学家推测，郭店楚墓的下葬年代当在公元前4世纪中期至前3世纪初。^②随后，李学勤、裘锡圭、李伯谦、彭浩和刘祖信都认为郭店一号墓约下葬于公元前四世纪末期。^③池田教授的结论与考古学家不符，当然考古学家的研究也是推测，但其推论毕竟是建立在严格的考古学基础上的，因而更有可信性，而池田教授推测的依据在于他认为郭店楚简《穷达以时》"天人有分"思想来源于《荀子·天论》"天人之分"的思想，^④这个看法是不能成立的。首先《穷达以时》的"天人有分"与《荀子·天论》"天人之分"的思想是不同的。庞朴已经指出："这里（指《穷达以时》——引者注）有个'天人之分'，绝非荀子那个'天人之分'，这是需要首先辨明的。因为这个天，不是荀子那个'不为尧存，不为桀亡'的自然之天，而是如文中所说的那样，是或有或无的'世'，不可强求的'遇'、穷达以之的'时'。"^⑤这里的"天"实质上就是"命"。《穷达以时》说："遇不遇，天也……穷达以时，德行一也。"《穷达以时》认为"遇不遇"是由"天"（即"命"）决定的，但人的德行则取决于自己。孔孟都重视"命"。孔子说："道之将行也与？命也。道之将废也与？命也。"（《论语·宪问》）孟子也说："莫之为而为者，天也。莫之致而致者，命也。"（《孟子·万章上》）孔孟对于"命"的看法与《穷达以时》是一致的。孔孟在重视"命"的同时，也强调尽人事，孔孟的总体思想是尽人事以俟天命，^⑥这与《穷达以时》的思想是完全一致的，与荀子的"天人之分"毫无关系，因此池田教授这一立论从根本上也是站不住脚的。

关于郭店楚简《老子》，池田教授将其当作全本来看待的，但这也不是没有争议的，如王博认为郭店《老子》三个本子都有自己相对统一的主题，甲本和丙本均有重复的内容，并且郭店《老子》与今本差异不大，由此他认为郭店《老子》当是摘抄本。^⑦孙以楷认为郭店楚墓竹简的主人是东宫之师，他主要以儒学教授太子，也适当传授一些道家著作，对道家著作，他是节选，选的标准是儒家。^⑧从郭店《老子》三个本子都有相对固定的主题以及甲本和丙本有重复内容来看，郭店《老子》是节

---

① 池田知久：《问道——〈老子〉思想细读》，第57页。
② 湖北省荆门市博物馆：《荆门郭店一号楚墓》，《文物》1997年第7期，第35—48、98—99页。
③ 王博：《美国达慕思大学郭店〈老子〉国际学术讨论会纪要》，陈鼓应主编：《道家文化研究（第十七辑）》，北京：生活·读书·新知三联书店，1999年，第2页。
④ 池田知久：《问道——〈老子〉思想细读》，第57—58页。
⑤ 庞朴：《孔孟之间——郭店楚简中的儒家心性说》，冯建国编选：《庞朴学术思想文选》，上海：上海古籍出版社，2013年，第165页。
⑥ 张岱年：《中国哲学大纲》，北京：中国社会科学出版社，1982年，第399—401页。
⑦ 王博：《关于郭店楚墓竹简〈老子〉的结构与性质——兼论其与通行本〈老子〉的关系》，陈鼓应主编：《道家文化研究（第17辑）》，北京：生活·读书·新知三联书店，1999年，第149—162页。
⑧ 孙以楷：《老子通论》，合肥：安徽大学出版社，2004年，第130—143页。

选本的可能性更大。池田教授又以第五章和第十八章为例来说明其观点。郭店本《老子》对应今本第五章说:"天地之间,其犹橐籥与? 虚而不屈,动而愈出。"马王堆帛书甲本《老子》作:"天地不仁,以万物为刍狗。圣人不仁,以百姓为刍狗。天地之间,其犹橐籥与? 虚而不屈,动而愈出。多闻数穷,不若守于中。"王弼本作:"天地不仁,以万物为刍狗。圣人不仁,以百姓为刍狗。天地之间,其犹橐籥乎? 虚而不屈,动而愈出。多言数穷,不如守中。"池田教授将第五章分为上、中、下三段,他认为第五章上、中、下三段没有密切联系,而郭店本只有中段说明它是完整的,上段和下段的文字是后来强行添加进去的。① 但袁青已著文指出,"天地不仁,以万物为刍狗。圣人不仁,以百姓为刍狗"是从天地无为推出圣人无为,而后几句是从天地之虚推出圣人之虚,此章说的都是无为而治。② 此章逻辑关系非常密切,池田教授认为此章三段没有密切关系的看法也是难以成立的。郭店《老子》对应今本十八章说:"故大道废,焉有仁义。六亲不和,焉有孝慈。邦家昏【乱】,焉有正臣。"马王堆甲本和王弼本在"大道废,焉有仁义"下多了一句"智慧出,焉有大伪"或"慧智出,有大伪",池田教授据此认为"智慧出,焉有大伪"一句是荀子"作为"思想已被世人广泛熟知且老子已受到其强烈影响的时候添加进去的。③ 但廖名春认为从用韵考虑,如果没有"智慧出,焉有大伪"一句,则"义""慈"不押韵,而有这句的话,"义""伪"为韵,"慈""臣"为韵,因此他认为郭店本漏抄了这句。④ 而且,"智慧出,焉有大伪"与郭店甲本"绝伪弃诈"的思想也是一致的,根本不存在所谓受了荀子影响才会有"智慧出,焉有大伪"一句的情况,因此池田教授这一论断也是难以成立的。

关于北大汉简《老子》,整理者韩巍推测其抄写年代是西汉武帝时期,⑤ 池田教授认为其抄写年代在西汉后期至晚期,他所持的理由是北大汉简《老子》第十六章出现"积正"一词,"积正"一词最早出现在西汉晚期刘向编纂的《新序》和《说苑》中,"积正"是儒家之词,与十六章的宗旨"完全不符"。⑥ 首先,"积正"一词与十六章的宗旨是完全相符的,"积正"在郭店本中写作"守中",丁四新认为"中"当解释为"正也,无偏曲之谓也"⑦,袁青也认为"守中"与"积正"相对,此处的

---

① 池田知久:《问道——〈老子〉思想细读》,第61—62页。
② 袁青:《简帛〈老子〉"多闻数穷,不若守于中"考释》,《中州学刊》2016年第12期,第96—100页。
③ 池田知久:《问道——〈老子〉思想细读》,第66—69页。
④ 廖名春:《郭店楚简老子校释》,北京:清华大学出版社,2003年,第515—516页。
⑤ 韩巍:《北京大学藏西汉竹书本〈老子〉的文献学价值》,《中国哲学史》2010年第4期,第16—22页。
⑥ 池田知久:《问道——〈老子〉思想细读》,第70—76页。
⑦ 丁四新:《郭店楚竹书〈老子〉校注》,武汉:武汉大学出版社,2010年,第214页。

"中""正"的意思都是公正,第十六章可以分为两个意群,"致虚,恒也",是说永远保持致虚之心,"守中,笃也"即说要最大限度地保守公正之心,这体现出从天道到人道的思维方式。① 因此不存在所谓"积正"是儒家词汇,与第十六章的宗旨不符的情况。其次,池田教授认为"积正"一词在刘向之前未出现过,但现存文献中没有出现,并不真的代表历史上没有出现,因为现存文献毕竟是有限的,而且在刘向之前与"积正"类的词语早就出现了,今本《老子》第五十九章就说:"早服谓之重积德,重积德则无不克。"《韩非子·解老》对这句话已有解释,既然《老子》中已有"积德"的说法,为何不能出现"积正"一词呢?其他"积○"的说法有很多,姑举几例加以说明,如《易·文言传》有"积善""积不善"的说法,《管子·明法解》出现"积渐""积微"的说法,《庄子·至乐》中出现"积财"的说法,《荀子·劝学》有"积善""积邪"的说法,《韩非子·解老》有"积德""积精"的说法,《韩非子·用人》有"积怨"的说法,有这么多"积○"的例子,为何"积正"一词就晚出呢?可见,仅凭北大汉简《老子》中出现"积正"一词就论说北大汉简的抄写年代在西汉后期至晚期的说法是有点武断了。

三、关于《老子》的"自然"问题

"自然"是道家的核心概念之一,池田教授在此书中用了很大的篇幅来论述老子的自然思想,详尽地探讨了"自然"一词的出现情况与性质。他发现"自然"是属于描述相对主体而言的作为客体的"万物""百姓"的词语,并认为"自然"的古义是"自主"。② 在池田教授之前,虽也有学者对"自然"进行研究,但没有将"自然"限定于"万物""百姓",如张岱年先生解释"道法自然"认为是道以自己为法,"自然"就是自己如此之意。③ 张先生显然认为"自然"也可描述"道",池田教授将"自然"限定为描述客体的"万物""百姓",而不是"道""君主",由此他构建出"主体无为"与"客体自然"的逻辑结构,为厘清"自然"问题打下了坚实的基础。

池田教授的"主体无为"与"客体自然"的逻辑结构是其一个极富洞察力的创见,但他更进一步认为主体的"无为"与客体的"自然"之间存在因果关系,则是值得商榷的。他举了许多例子来加以说明,由于篇幅有限,这里选取几个来加以论述。

其一,《老子》第十七章说:"太上,下知有之……【犹乎】其贵(遗)言也,成

---

① 袁青:《简帛〈老子〉"多闻数穷,不若守于中"考释》,《中州学刊》2016年第12期,第96—100页。
② 池田知久:《问道——〈老子〉思想细读》,第490—502页。
③ 张岱年:《中国古典哲学概念范畴要论》,北京:中华书局,2017年,第92页。

功遂事,而百姓谓我自然。"①池田教授认为从中可以发现一个很重要的思维模式,即如果主体"太上"采取"无为"的态度这一原因,必然产生客体"百姓"变得"自然"这一结果,图示如下:"主体·原因:太上之无为(犹乎其遗言)→客体·结果:百姓之自然(成功遂事)。"②但仔细分析,其中并不存在因果关系,"太上"也并不是指主体,这里的"太上"与"其次"相对,应是指最好的世代,"贵言"不当解释为"遗言",而应如字读,解释为不轻易发号施令。③因此,《老子》第十七章是说最好的世代是君主无为而百姓自然,并没有说君主的无为导致了百姓的自然。他又举了《老子》第六十四章的话:"是以圣人欲不欲,而不贵难得之赐。学不学,而复众人之所过。能辅万物之自然,而弗敢为。"他认为"能辅万物之自然,而弗敢为"就等同于"弗敢为,则能辅万物之自然",于是便产生这样的图示:"主体·原因:圣人之无为(弗敢为)→客体·结果:万物之自然(能辅万物之自然)。"④这里的逻辑也是有问题的,"能辅万物之自然,而弗敢为"并不等于"弗敢为,则能辅万物之自然","能辅万物之自然"与"弗敢为"之间是并列关系,是说圣人能够辅助万物之自然而不加以干预,其中并没有因果关系。

其二,池田教授又认为《老子》中许多不使用"自然"一词,但用"自"这个副词修饰的"自○"句型,也是依据的是同样的思维模式,如《老子》第五十七章说:"我无为而民自化,我好静而民自正,我无事民【自富,我欲不欲而民自朴】。"池田教授认为这里的思想结构仍是"主体→客体,原因→结果",图示如下:"主体·原因:圣人之无为(无为、好静、无事、欲不欲)→客体·结果:民之自然(自化、自正、自富、自朴)。"但仔细分析,圣人之"无为""好静""无事""欲不欲"与百姓之"自化""自正""自富""自朴"仍更多的是并列关系,因果关系并不明显。《老子》第三十七章说:"侯王若【能】守之,万物将自为。……不辱以静,天地将自正。"池田教授认为存在因果关系,图示如下:"主体·原因:侯王之无为(能守之(道)、不辱以静)→客体·结果:万物、天地之自然(自为、自正)。"⑤相对以上的话来说,这句话中确存在一定的因果关系,主要强调的是侯王无为的效果,其重点不在于"自然"。

---

① 此处池田教授所引《老子》皆依据帛书甲本《老子》,以下所引《老子》皆依照池田教授书中的引文,以通行文字直接写出,不另注。
② 池田知久:《问道——〈老子〉思想细读》,第507页。
③ 陈鼓应:《老子今注今译》,北京:商务印书馆,2003年,第141-142页。池田教授认为"贵言"释为"遗言"是想将其解释为君主的无为,但"贵言"解释为不轻易发号施令,本身就是无为,没必要如此曲折。
④ 池田知久:《问道——〈老子〉思想细读》,第508页。
⑤ 池田知久:《问道——〈老子〉思想细读》,第513—514页。

其三，池田教授又说《老子》中有时并不使用"自然""自○"等词语，而使用一般的句型，但这种句型也体现出"主体→客体、原因→结果"的思维方式，如《老子》第二章说："是以圣人居无为之事，行【不言之教。万物作而弗始】也，为而弗恃也，成功而弗居也。"池田教授说这句话主张，圣人的"无为""不言"这一原因，产生了万物"作""为""成功"这一结果，虽然这句话中没有"自然""自○"等词语，但同样体现了万物的"作""为""成功"是靠自身力量才得以实现的观点。^①这句话中根本没有因果关系，"万物作而弗始"是说万物兴起而不事先替它创造，"为而弗恃"是说有所施惠但并不恃望报答，"成功而弗居"是说功成而不居功自傲，^②可见所谓"作而弗始""为而弗恃""成功而弗居"都是圣人"无为"的具体表现，根本不是圣人"无为"所产生的效果。

由上可以看出，池田教授在《老子》"自然"问题上不乏真知灼见，尤其是他所构建出的"主体无为"与"客体自然"的逻辑结构堪称不刊之论，但他在这个问题上走得太远，认为主体的"无为"与客体的"自然"之间存在因果关系，则是难以成立的。

---

① 池田知久：《问道——〈老子〉思想细读》，第518—519页。
② 许抗生：《帛书老子注译及研究（增订本）》，杭州：浙江人民出版社，1985年，第77页。

《老子》成书时间考

宇文博　何佩祺　顾楚仪[*]

内容提要：关于老子其人其书的争议不断，从20世纪二三十年代开始，形成了"早出论""晚出论"和"层累说"三个派别。一个世纪以来，对老子的研究取得了较大的进展，从不知老子是老聃还是老莱子抑或是太史儋，到确定老子就是老聃；从不知道《老子》是"早出"还是"晚出"抑或是"层累"形成的，到现在确定《老子》最早形成于春秋末期，并经多人阐释、整理和补充而最终完成。

关键词：老子　道德经　老莱子　老聃　太史儋

基金项目：本文是浙江省省社科规划2021年度"高校思想政治工作"专项课题"中国传统核心价值观融入新时代高校思政课的创新研究"（21GXSZ072YBM）的中期成果。

老子是世界文化名人，世界百位历史名人之一。《老子》是道家哲学思想的重要来源，《老子》文本以哲学意义之"道德"为纲宗，论述修身、治国、用兵、养生之道，而多以政治为旨归，乃所谓"内圣外王"之学，文意深奥，包涵广博，被誉为万经之王。《老子》是中国历史上最伟大的名著之一，对传统哲学、科学、政治、宗教等领域产生了深远的影响。老子其人其书都是中华民族宝贵的财富，但是，关于"老子"的未解之谜太多了，尤其是对《老子》成书时间的争议特别多，至今都未能完全解决。

---

[*] 宇文博，台州学院副教授，中央党校博士。何佩祺、顾楚仪是台州学院马克思主义学院学生。

一、20世纪中早期对《老子》成书时间的争辩

从20世纪二三十年代起，中国学术界就开始了关于《老子》成书时间的争鸣。基本上有三种观点：第一种观点认为老子与孔子同时，今本《老子》一书是老聃遗说的发挥，并非老聃的原创思想。胡适、马叙伦、张煦、唐兰、郭沫若、吕振羽、高亨等最早提出这种意见，被称为"早出论"派。第二种观点认为老子是战国时人，今本《老子》一书出于战国之世。梁启超、冯友兰、范文澜、罗根泽、侯外庐、杨荣国等最早提出这种意见，被称为"晚出论"派。第三种观点认为今本《老子》一书"非一人之言，亦非一时之书"，成书在秦汉之间。顾颉刚、刘节等持这种观点，被称为"层累说"派。

"早出论"派的意见比较简单，那就是坚持传统的观点，即《老子》成书于孔子之前，是老聃的著作。如胡适就提出了这么几条理由：（1）《史记》的《孔子世家》和《老子列传》都记有孔子曾见过老子，孔子是与南宫敬叔一起适周见老子的；（2）《左传》记有孟僖子将死，命孟懿子与南宫敬叔从孔子学礼；（3）清人阎若璩据《礼记·曾子问》考定，孔子适周问礼于老子在鲁昭公二十四年、当孔子三十四岁时，此说基本可信；（4）今传的《老子》一书已非原本，原本当无结构组织（即今本所分的篇章），且今本的内容有后人妄加和妄改的地方。[①]

"晚出论"派的观点则是向传统说法挑战，而他们的意见也不尽统一：有人认为《老子》成书于战国中期；有人认为其成书当在战国后期；极端的意见则认为其成书更晚，大约要在西汉初期的文景之世。但是，其一致处在于都认为《老子》成书远在孔子之后。归纳"晚出论"一派的观点，大致有这么几个方面：（1）据《史记》所载老子的系谱，老子八世孙与孔子十三世孙同仕于汉，这不合情理；（2）孔子、墨子、孟子对老子未置过一词，甚至丝毫没有提及，说明老子其人其书是晚出的；（3）《史记》老子本传的史料，多来源于《庄子》，而《庄子》一书"寓言十九"，难以作为历史依据；（4）《礼记·曾子问》中有关老子拘谨守礼的记载，与《老子》一书中激烈的反礼精神截然相左；（5）从思想体系和语气上说，《老子》中的话太激烈、太自由，不大像春秋时代的人所说的言论；（6）《老子》一书中许多语词、名称、概念非春秋时代所有，如"尚贤""王侯""取天下""上将军""偏将军""万乘之君"等等，尤其是"仁义"两字的连用，那是孟子的"专卖品"，孟子之前是没有的。

此外还有一些补充的理由，如冯友兰提出的三点：（1）孔子以前无私人著作，《老子》不能早于《论语》；（2）孔孟著作的体裁都是问答体，《老子》一书非问答体，

[①] 参见胡适：《中国哲学史大纲》卷上，北京：商务印书馆，1987年，第47—50页。又《古史辨》，第4册，第303—305页。

故应在《论语》《孟子》后;(3)《老子》书的行文为简明的"经"体,可见其为战国之作品。①

"层累说"派的代表主要是顾颉刚。顾颉刚"层累说"的提出,有一个逐渐形成的过程。首先,1921年1月,顾颉刚在给胡适的信中否定《史记·老子韩非列传》中关于老子的记载,认为老子和孔子的关系,"完全是后来人伪造的"。其次,梁启超"晚出说"提出后,立即得到他的响应,说《老子》决当如梁任公说,是战国末年的书。证据是:(1)战国后期因为游学之风极盛,诵习简编,要求简练易记,所以大家作"经":墨家有《墨经》,《韩非子》上有《内外储说》之经。《老子》之文与此同类,当为好言道妙之士所作之经。若春秋末年及战国前期,则尚不会有此类著作。(2)《老子》痛恨圣知,与《庄子·胠箧》《韩非子·五蠹·显学》,虽归宿不同而出发点则一。实在因为到战国末期,社会上所受的游士的损害重极了,不由得不做一致的呼声。正如现在恨政客一般,甚至要推翻代议制。这种思想在春秋末年及战国初期也不会有。(3)"道家"这个名词起于汉代,非战国所有。最后,1932年4月,顾颉刚又撰成《从〈吕氏春秋〉推测〈老子〉之成书年代》一长文提出:"《老子》一书非一人之言,亦非一时之作,而由于若干时代的积累而成……其结集之期,大约早则在战国之末,否则在西汉之初。"② 至此,"层累说"的观点正式形成。

直到新中国成立以后的20世纪中期,这种争论仍然持续着。钱穆1957年发表《〈老子〉晚出补正》一文,对《老子》"晚出"观点又提供了一些证据。可见,钱穆所坚持的"晚出论"观点没有改变。而1958年1月10日,胡适为台北商务印书馆重印其《中国哲学史大纲》写了一个《自记》。他在结尾处颇有感慨地说道:"有一天,我忽然大觉大悟了!我忽然明白:这个老子年代的问题原来不是一个考据方法的问题,原来只是一个宗教信仰的问题!像冯友兰先生一类的学者,他们诚心相信,中国哲学史当然要认孔子是开山老祖,当然要认孔子是'万世师表'。在这个诚心的宗教信仰里,孔子之前当然不应该有个老子。在这个诚心的宗教信仰里,当然不能承认一个跟着老聃学礼助葬的孔子。"可以看出,胡适也仍然坚持"早出论"观点。新中国建立以后,古史辨派顿失主流位置,在20世纪50年代,当古史辨派受到政治性的批判时,顾颉刚曾极力坚持自己的学术观点。可见,顾颉刚关于"层累说"的观点也没有改变。

进入70年代后,随着1973年长沙马王堆三号汉墓帛书《老子》的出土,老子研究又走上了一个新台阶。考古发现已证明,帛书《老子》的下葬时间约在公元前

---

① 参观冯友兰:《中国哲学史》,上海:商务印书馆,1947年增订版,第210页。
② 钱穆:《先秦诸子系年·自序》,北京:中华书局,1985年,第23页。

150 年之前，这个时间比目前所知最古老的《道德经》（河上公版）约早 50 年。而且考古也已证明，帛书甲乙本《老子》的誊抄时间都比下葬时间更早，而誊抄时间还和母本的生成时间有差距，大致估算，帛书甲本《老子》出现在《道德经》之前至少 100 年，这就到了战国时代了。所以，随着马王堆帛书版《老子》的出土，证明战国末年已经有《老子》了。那么，认为《老子》形成于秦汉之际的观点肯定是错误的了。

二、20 世纪后期对《老子》成书时间的争辩

随着 70 年代末的"拨乱反正"，进入 80 年代以后，学术研究又出现了繁荣景象。对于老子其人其书的研究又有了新的进展。对于《老子》成书的时间，有三种不同的看法：

一种意见认为，《老子》成书于战国中期。许抗生持这种观点。其理由是：（1）帛书《老子》所言"取食税之多"，说明当时按亩收税的制度推行得比较普遍，据此，《老子》书的上限不会超过战国时期；（2）帛书《老子》所言"万乘之王"，反映了战国时期各诸侯称霸的情势，据此，《老子》书的年代不会早于战国中期。《老子》的作者，是战国中期的一位老子，他建立了道家的思想体系，是道家学派的真正创始人。春秋末年的那位老子，则是道家学派的先驱。①

另一种意见认为，《老子》是老聃自著，成书于春秋末年。詹剑峰持这种观点。其理由是：（1）《老子》在战国时期已是流传很久的著作，韩非《解老》《喻老》的问世就是证据。道理很简单，必先有一本享有盛名的书流传开了，然后才会有人为之作注解。（2）《论语》中所谓"无为而治""有若无，实若虚""知之为知之，不知为不知"等语，考其源，本于《老子》。（3）刘向《说苑·敬慎篇》所载年岁大于孔子的叔向，曾引老子之言以答韩平子之问。这都说明春秋末年《道德经》已经成书，否则《论语》和叔向引老子言就不可理解。②

第三种意见认为，《老子》虽成书于春秋末年，但战国时人有所附益。张岱年持这种观点。他说，《老子》与《孙子》文体相近，既然《孙子》一书出于春秋末年，则《老子》书出现于春秋末年也不是不可理解的了。但是，《老子》书中确有一些战国时代的语言，例如："不尚贤，使民不争。"虽然春秋时代已有举贤之风，但"尚贤"却是墨子的口号。《老子》此文可能出于后人的附益。《老子》和《孙子》，从春秋到

---

① 参见许抗生：《帛书〈老子〉注译与研究》，杭州：浙江人民出版社，1982 年。
② 参见詹剑峰：《老子其人其书及其道论》，武汉：湖北人民出版社，1982 年。

战国，经过抄写和流传，有些后人附益的文句也是在情理之中的。①

进入90年代后，老学研究中又出现了一件大事，这就是1993年10月湖北荆门郭店楚墓竹简《老子》的出土。在整理出的古代书籍中，《老子》是最著名的文学作品，包括三种不同且相对独立的《老子》版本（甲本、乙本和丙本）。合在一起，就是郭店楚简版《老子》文本。甲、乙本在内容上，相对独立，各自成篇。甲本有20篇，乙本和丙本共14篇，乙本和丙本看起来似乎是对甲本的释义。所以，简本的《老子》有明显的经和传之分，甲本是经，乙本和丙本是传。

随着郭店楚简版《老子》被发现，"晚出论"一派不攻自破了，因为郭店楚简本《老子》的研究者认为郭店楚墓的年代就是战国中晚期的，大概在公元前300年，根据古代交通不便的情况下书籍的流通速度，抄写的时间要比下葬的时间早，而创作的时间比抄写的时间还要早，成书时间最起码也应该往前推一两百年，张岱年先生就认为，在坟墓中发现的古书肯定已经在世上流传一段时间了，也就是说最晚在春秋末期时《老子》便已成书，只是和今本《老子》有很大的区别。

纵观以上研究，近一百年来学界关于《老子》的成书时间问题做了大量的研究，但是，目前仍然争议不断，短时间内难以形成一致的看法。而所有的疑惑都指向了一个问题，那就是《老子》一书的成书经过，解决了《老子》成书经过的问题，那么，所有的争论、所有的疑惑也都会迎刃而解。

三、通过《老子》成书经过考证《老子》成书时间

关于《老子》的成书经过问题，也非常复杂，流传2000多年的传说和近一百年来学者的研究交织在一起，也是争议不断，没有达成一致的意见。基本形成了以下三种观点：

（一）骑青牛 过函谷

关于《老子》的成书经过，司马迁在《史记·老子韩非列传》中说："至关，关令尹喜曰：'子将隐矣，强为我著书。'于是老子乃著书上下篇，言道德之意五千余言而去。"② 刘向《列仙传》记老子出关："后周德衰，乃乘青牛车去。入大秦。过西关。关令尹喜待而迎之，知真人也。乃强使著书，作《道德经》上下二卷。"③ 在介绍关令尹喜时，再一次提到了这件事："关令尹喜者，周大夫也。善内学星宿，服精华，隐德行仁，时人莫知。老子西游，喜先见其气，知真人当过，候物色而迹之，果得老

---

① 参见张岱年：《中国哲学发微》，太原：山西人民出版社，1981年。
② 司马迁：《史记》，北京：中华书局，1999年，第1702页。
③ 王叔岷：《列仙传校笺·序》，北京：中华书局，2007年，第18—19。

子。老子亦知其奇，为著书。与老子俱之流沙之西，服臣胜实，莫知其所终。亦著书九篇，名《关令子》①。"②

老子"骑青牛，过函谷"，为关令尹喜写下五千言的《道德经》，深入人心，世人普遍认为，《老子》一书的成书经过，就是如此。但是，老子是春秋末期人，而关令尹喜是战国末期人，二者是不可能见面的，所以，"骑青牛，过函谷"，为关令尹喜写下五千言《道德经》的不是老子，而是太史儋。太史儋和老子不是同一个人，太史儋不是《老子》一书的最早创作者，也不是最终完成者，而是处在中间的一位重要的整理者和阐述者。太史儋留下的五千言《道德经》，是他自己整理的版本，并不是老子的版本。

（二）铸无射 刻铭文

民间学者王振今认为，司马迁《史记》所记载的"老子见周朝将亡，隐居到边关，为关尹写下五千余言的道德文章"是无法令人相信的。周王室所藏的古籍大多数都没能流传下来，而一位"古代图书馆长"在遥远的边关所写的文章，居然在交通极其落后的情况下，传遍全国，并流传后世，一直到今天，纯属无稽之谈！中国历史一定是掩藏了周朝末年的一次非常重要的历史事件，以及关于老子的人和事。

王振今认为公元前 522 年周景王宣布改革，铸无射钟，上刻铭文作为改革的总纲领，即宣布哲人之令德，此铭文即是《老子》。《国语》中记载单穆公反对景王铸无射，他攻击老子文"有狂悖之言，有眩惑之明，有过慝之度……三年之中而有离民之器二焉，国其危哉"！③因为刻在圆形钟上的铭文是看不出先后的分别的，所以，也造成了马王堆汉墓帛书的"德篇"在前，而其他的《老子》文本都是"道篇"在前面的不同。

但是，改革最终因周王室动乱而失败。周景王最初立自己的嫡长子姬猛为太子，姬猛为人软弱，没有王者的气度，周景王想要废除姬猛的太子之位，转立姬朝为太子。王子朝是周景王的庶长子，本名姬朝，有勇有谋，很得父亲欢心。但周景王刚一提出这个想法，就遭到了以单旗为首的大臣们的反对。单旗的理由是废立太子是国之重事，依旧礼法，立嫡不立贤。周景王最终还是决定传位于王子朝，因为东周时期，周王室衰微，各诸侯国分离倾向日益增强，东周需要一个强有力的国君，才能维护住统一的局面。

但是，还没来得及下诏，周景王就生了疾病。周景王于是任命宾孟为顾命大臣，

---

① 《关尹子》又名《关令子》。
② 王叔岷：《列仙传校笺·序》，北京：中华书局，2007 年，第 18—19 页。
③ 徐元诰：《国语集解》，北京：中华书局，2002 年，第 110 页。

留下遗诏，传位于王子朝，不久后，周景王就去世了。单旗和刘卷认为如果立王子朝为王，他们就会失势，于是派刺客刺杀了宾孟，仍让太子猛继位，也就是后来所称的周悼王。单旗、刘卷的倒行逆施引起了满朝文武的愤怒。尹文公、甘平公和召庄公集合了各家的家兵，任命南宫极为主帅，向单旗和刘卷发起了进攻，周悼王于是命令单旗和刘卷平定叛乱，但他们很不得人心，刘卷所率领的军队很快便被击败，周悼王不得不逃出都城洛邑，向晋国求救。诸大臣立王子朝为王。

晋国闻周王室大乱，遣大夫籍谈、荀跞率军队渡过黄河，直逼洛邑。王子朝见晋师威猛，无法取胜，遂带百官迁居于京（今洛阳西南），晋国军队护送周悼王入居王城。周悼王借兵复辟，不得人心，一日三惊，当年冬天忧惧而死，单旗、刘卷拥立周悼王的同母弟王子匄（姬匄）为王，是为周敬王。晋国军队撤退后，王子朝率军攻打王城，周敬王派兵迎战，周敬王的军队不堪一击，王子朝入居王城，周敬王逃到狄泉（又作翟泉，今孟津金村附近）。周王室两王并立，人称王子朝为西王，周敬王为东王。

东、西二王互相攻杀，数年不决。公元前516年，王子朝的大臣召庄公、上将南宫极相继去世。周敬王于是趁机制造谣言，让人散布，说因为王子朝叛乱，触怒了上天，上天用天雷劈死了南宫极，都城里的老百姓非常恐惧，人心惶惶。周敬王再次向晋国求助，晋国派荀跞带兵进入周境。王子朝虽极力守城，但无奈外有强敌，内有流言，最终都城被攻破，王子朝以及召氏之族、毛伯得和尹文公等携带着周王室的典籍逃到了楚国，周敬王入居成周。至此，"王子朝之乱"被初步平定，周王室的改革也最终流产。

王振今认为：春秋末期所谓的"王子朝之乱"实际是"单穆公之乱"。是因为周景王的突然去世，导致单穆公勾结晋国，得以实现贵族的霸道统治对追求民主的王室的野蛮屠杀。"王子朝之乱"是中国历史上一桩最大的冤假错案，它的主要矛头就是针对《老子》和周景王变法，并因此引发了一场以单穆公为首的"亲下以谋上"的反变法派对以周景王、宾起[①]和王子朝为首的官道理论变法派的大屠杀。

王振今认为《老子》是无射钟的铭文，那自然是成书于春秋周景王的时代了。但是，王振今的说法缺少证据支持，不可信。周景王铸的无射大钟很可能是有铭文的，但是，铭文的内容有可能与无射律有关，并非《老子》书。而且，更重要的是，周景王铸成的无射钟在后世流传了一千多年，在隋朝时才被毁，没有文献记载它有铭文，这是个谜。如果《老子》是无射钟的铭文，那么《老子》就不会有那么多的版本了，只能有一个版本，因为任何错误，哪怕是一个字不同都会找到最原始的版

---

① 宾起即宾孟。

本进行修改。

所以，王振今的猜测不可信，但却给了我们很大的启发。传统观点认为，王子朝之乱末期，都城最终被攻破，王子朝以及召氏之族、毛伯得和尹文公等携带着周王室的典籍逃到了楚国，老子作为周王室图书馆馆长对时世极度失望，所以，"骑青牛，过函谷"，不知所终。但是，我们前面论证过，"骑青牛，过函谷"的是太史儋，不是老子。又因为王子朝实际上是得人心的，所以，有理由相信，是老子主动携带周王室的典籍，跟随王子朝逃到楚国去的。

（三）层累说 非一时

有很多学者都认为《老子》并不是一个人的作品，而是由稷下学者集体创作而成的，持"层累说"的学者都有此看法。伏俊琏和王晓鹃二人就认为："《老子》非一人一时一地写成，而是经过后学多次补充、加工、阐释、整理而成。《老子》最初由老聃口述大义，其后学整理成最早的传本，老莱子和太史儋是《老子》在流传过程中的整理和再次加工的阐释者。"[1] 这个说法有一定的道理，也就是说，《老子》初稿形成于春秋末期，最后写定在战国末年或两汉。

如果《老子》初稿形成于春秋末期，那么，郭店楚简版《老子》就可能是这个初稿。那么，郭店楚简版《老子》的作者是谁呢？是老聃还是老莱子？《史记·老子韩非列传》说："或曰：老莱子亦楚人也，著书十五篇，言道家之用，与孔子同时云。"有一个有趣的现象是，郭店楚简版《老子》甲组按照今本的章节来对照的话是二十章；而乙组和丙组加在一起是十四章，与十五章相比只差一章，如果不按照今本来对照的话，说它是十五章或者其他古籍所说的十六章也是可以的，与《史记》所记载老莱子"著书十五篇"基本能够对应。所以，"老莱子所著'十五篇'应是对初稿《老子》的阐释、整理和补充。即老莱子是《老子》流传成书过程中一个较早的、比较重要的阐释者。"[2] 也就是说，郭店楚简版《老子》的乙组和丙组是由老莱子所著，那么甲组显然就和老聃有极其密切的关系了。

总而言之，笔者大胆猜测：郭店楚简版《老子》甲组二十篇是老子本人持有的言论和思想，因老子"述而不作"，故而未成文。后老子随王子朝携带周王室典籍流亡到楚国，见到老莱子后与之论道，由老莱子为其整理成文，也就是郭店楚简《老子》甲组，即楚简本《老子》"经"的部分。老莱子又著书十五篇对"甲组"进行阐述，也就形成了郭店楚简本《老子》的乙组和丙组，即楚简本《老子》"传"的部分。最终，形成了郭店楚简版《老子》，也就是成书于春秋末期。战国时，太史儋将"经"

---

[1] 伏俊琏、王晓鹃：《〈老子〉的作者及其成书时代》，《求是学刊》2008年第2期，第134页。

[2] 伏俊琏、王晓鹃：《〈老子〉的作者及其成书时代》，第137页。

和"传"合在一起，并进行进一步的阐述，同时也汇集了庄子等道学大家的见解，在见到关令尹喜后，留下了八十一篇的《老子》，并分成"德篇"和"道篇"两部分，韩非子的《解老》《喻老》以及帛书版《老子》都可能来源于此，故成书于战国。而今天所有流行的各版本都是在太史儋的版本基础上修改形成的，同时，这些后来的学者也都认为"道"应该大于"德"，故而将"道篇"放在了"德篇"的前面，时间从战国到两汉不等。

近来，学者们关于《老子》成书时间的研究，取得了较大的进展，但也有很大的误区。我们不能盲目地站到以前的学者立场，简单地认为《老子》是"早出""晚出"抑或是"层累"形成的。正确的做法是吸取每个派别的合理之处，使之形成一个完整的、合理的逻辑体系，最终揭开《老子》成书时间的真面目。所以，到现在基本确定《老子》最早形成于春秋末期，后又在从战国到两汉的漫长时间内，经多人阐释、整理和补充而最终完成。

《道德经》历代注疏研究

《老子》"水""几于道"思想的诸家诠释研究

李 冀 段晴好[*]

内容提要：《老子》"上善若水"章集中探讨了"水"的内涵，其中"水"与"道"因何相近，当今学界较少论述。不过纵观历代《老子》相关诠释，可以发现古代学人涉及于此的探讨不在少数。这些探讨具有较高的理论价值，总体而言，古人针对"水""几于道"的原因，给出三个方面的理解：一是从"天一生水"处入手，"水"与"道"通过"一"进行串联，体现了"道"由"无"而至"有"的过程，具有较为丰富的道家生成论内涵；二是从"水"之"三能""七善"的特性处入手，尤其"水"的"不争"理念与"道"相契合；三是从道教修炼处入手，"水"为道教金丹理论的重要意象之一，其由"水"而至"丹"的过程正是道教徒修行合道的过程。

关键词： 上善若水 几于道 《老子》 天一生水

基金项目： 本文系国家社科基金项目"清儒辑注道教善书的文献、思想与社会价值综合研究"（批准号：22BZJ047）的阶段性研究成果。

《老子》五千言，其中第八"上善若水"章所体现的思想是其重要旨趣之一。学界对此的相关探讨较为丰富[①]，但对于"水"为何"几于道"这点，仍有可深入研究

---

[*] 李冀（1986—），河北秦皇岛人，四川大学道教与宗教文化研究所副研究员；段晴好，湖南衡阳人，四川大学道教与宗教文化研究所硕士研究生。

[①] 参见周高德：《上善若水 为而不争——解读〈道德经〉》，《中国宗教》2005年第4期，第32—33页；姜颖：《上善若水——浅析老子的人生哲学》，《社会科学论坛（学术研究卷）》2007年第5期，第27—29页；安海民：《老子"上善若水"解》，《青海师范大学学报（哲学社会科学版）》，2010年第2期，第90—92页；张鹏飞：《上善若水为而不争：老子处世哲学的生命启慧》，《管子学刊》2011年第1期，第84—87页；吴先文：《上善若水——浅论中国文化中的"水"》，《合肥学院学报（社会科学版）》2014年第4期，第72—75页；张雯颖：《〈老子〉水意象研究》，硕士学位论文，南京师范大学，2016年；曹荻：《老子"水"哲学研究》，硕士学位论文，郑州大学2019年；罗安宪：《老子"水几于道"思想解说》，《社会科学战线》2022年第6期，第25—33页。

之处。今不揣浅陋，从诸家相关《老子》注中择其要者，续而论之。

《老子·第八章》说："上善若水。水善利万物而不争，处众人之所恶，故几于道。居善地，心善渊，与善仁，言善信，政善治，事善能，动善时。夫唯不争，故无尤。"①老子认为：上善如同水一般。水因有利于万物且不争利，处于众人所厌恶之处，所以与"道"相近。居于善地，心念渊深，待人以仁，言语诚信，为政善治，处事有力，把握时机。因为有不争之德，所以没有怨咎。

其中为何"水"会与"道"相近呢？历代诸家《老子》注中有丰富论述，具体可从以下几个方面进行探讨。

一、从"天一生水"角度探讨

宋徽宗注解此章时说："然天一生水，离道未远，渊而虚，静而明，是谓天下之至精。"②宋代章安对此解释道："水之为物，生乎天一，道之出也，水几于道，道未远也，出于空无，流乎实有，出乎道者然也。"③又刘骥说："天一生水，亦去道未远，故上善若水。"④在宋徽宗等人看来，"水"能够与"道"相近，是因为"水"生自"天一"，即"天一生水"。

"天一生水"思想与易学密切相关。《老子》与《周易》有着较深渊源，学界对此也有论述⑤，历代《老子》注中也常引用《周易》文句解释《老子》原文。《易传·系辞上》有"天一"一词，所谓："天一，地二；天三，地四；天五，地六；天七，地八；天九，地十。"⑥元赵孟頫说："《易》曰：天一生水，地六成之。夫一者，数之始也。水者，万物成形之始也。"⑦《儒门崇理折中堪舆完孝录》引"五行生克之图"时说："此即《河图》，天一生水，地六成之；地二生火，天七成之；天三生木，地八成之；地四生金，天九成之；天五生土，地十成之。"⑧从易学象数角度理解，天数为一，水自天一而生，而水也可看作万物形成的开始阶段。宋范应元说："水之为物，得天

---

① 陈鼓应：《老子注译及评介》，北京：中华书局1984年，第89页。
② 《道藏》第11册，北京：文物出版社、上海：上海书店、天津：天津古籍出版社，1988年，第896页。下引《道藏》同此版本。
③ 《道藏》第11册，第897页。
④ 《道藏》第14册，第242页。
⑤ 陈鼓应：《〈易传·系辞〉所受老子思想的影响——兼论〈易传〉乃道家系统之作》，《哲学研究》1989年第1期；徐克谦：论《〈易传〉和〈老子〉基本思想体系的一致》，《江苏社会科学》1994年第2期。
⑥ 《十三经注疏》整理委员会：《周易正义（十三经注疏）》，北京：北京大学出版社，2000年，第336—337页。
⑦ 《道藏》第19册，第645页。
⑧ 《道藏》第35册，第621页。

一之气，无定形而靡不通，故润万物者莫润乎水，乃善利也。"①这一解释又增加中间"气"的作用，即"天一之气"形成了"水"，所以"水"具有"气"的性质，可以变换通顺，润泽万物。

"天一生水"为何会被用来解释"水""几于道"呢？这是因为"道"与"一"之间存在紧密联系。《老子·第四十二章》有"道生一，一生二，二生三，三生万物"②的言辞，针对此句，有将"道"理解为"一"，有将"一"理解为"混沌气"③。无论哪种解释，我们可以看到，"道"与"水"之间，通过"一"而进行了关联，具体就在"天一生水"四字。薛庸齐说："水生天一，道自无一，故言其近也。"④水生自"天一"，道生自"无一"，二者皆含"一"，依此看来"水"与"道"两者相似。"水"与"道"之间的逻辑关系也并非仅仅通过"一"这样一个概念进行连接，而是涉及"有"和"无"的理念。

《老子·第一章》说："道可道，非常道；名可名，非常名。无，名天地之始；有，名万物之母。故常无，欲以观其妙；常有，欲以观其徼。此两者，同出而异名，同谓之玄。玄之又玄，众妙之门。"⑤在《老子》全文中，"有"和"无"两字常常出现，且是《老子》思想中最为重要的议题之一。"水"与"道"相近，这是因为"道"本自"无"，"无"即是"天地之始"的阶段。而若"道"化为"有"，则进入了"万物之母"的生化阶段，"万物之母"也可看作"天一"，所谓"一生二，二生三，三生万物"。从生成论来看，"天一生水"处于从"无"到"有"这样一个中间过程，所以才有"善名既立则道之体亏，然天一生水，离道未远"⑥的说法。

"水"为五行之一，亦被认为五行之首，"道"由"天一"化"水"之过程也是阴阳五行转换的起始阶段，褚伯秀说："夫天一生水，五行之首，离无入有之始，从气化形之初，有形若无，不可持捉，储积既久，势莫御焉。"⑦又《太上洞玄灵宝无量度人上品妙经注》说："七日七夜，夫天地大化，十月纯阴而无阳，至十一月属子，子虽有阳而未回，又七日而阳初复，此天地之阴阳也。月遇十五而圆，至二十七夜，月中黑而无阳。至后月初三申时，月之一阳复生于庚，此日月之阴阳也。皆以七而复。天一生水，地六成之，此五行之七数也。"⑧可见，阴阳五行的运转，正是从"天

---

① 《道藏》第14册，第249页。
② 陈鼓应：《老子注译及评介》，第232页。
③ 陈鼓应：《老子注译及评介》，第232页。
④ 《道藏》第14册，第249页。
⑤ 陈鼓应：《老子注译及评介》，第53页。
⑥ 《道藏》第11册，第896页。
⑦ 《道藏》第14册，第250页。
⑧ 《道藏》第2册，第396页。

一生水"而始，"天一""地六"所成之"七数"是天地流转的重要依据，因此《玉清无极总真文昌大洞仙经注》说："自天一生水于坎位，以至成天立地，生贤生圣，皆由是焉。"①这种化生也可以看作"道"之"用"，喻清中说："天一生水，一者道也。道一者即无一之一，水一者为有一之一。无一之一为道之体，有一之一为道之用。故曰几于道。"②从"一"而言，"无一"则为道之体，"有一"则为道之用，道生化为水，就是道的具体表现形式之一。杜光庭也说："水为气母，王于北方，以润下为德，其色黑，其性智，其味咸，其数六。北方者，阳德之始，阴气之终也。生数一，与道同也。道亦为一，即无一之一，水亦为一，即有一之一也。无一之一为道之体，有一之一为道之用。"③

二、从"水"之性质角度探讨

"水"的具体性质，在《老子》文本中已有表述，具体为"三能"与"七善"（或"七德"）。"水"的"三能"是"善利万物""不争"与"处众人之所恶"，因何称此为"三能"？陈碧虚说："此三能之近道也。夫水性平静，散润一切。故天无水则阳旱，地无水则尘飞。利泽万物，故曰善利，此一能也。天下柔弱，莫过于水，去实归虚，皆高趋下，壅之则止，决之则流，听从于人，故曰不争，此二能也。人之情恶处下流，好居上位，而水则就卑受浊，处恶不乱，令物洁白，独纳污辱，故曰处众人之所恶，此三能也。"④"七善"为"居善地，心善渊，与善仁，言善信，政善治，事善能，动善时"，为何称此为"七善"？陈碧虚说："至人所居，善执谦下，顺物自然，化及乡党，如水在地，善就卑下，滋润群物，故曰居善地，此一善也。至人之心，善保虚静，洞鉴幽微，湛然通彻，如水渊澄，波流九变，不失明静，故曰心善渊，此二善也。至人若与，善行仁慈，惠及天下，不怀亲爱，如水膏润，善能升降，无不需济，故曰与善仁，此三善也。至人之言，善守诚信，不与物期，自然符契，如水影物，妍丑无差，流满辄移，行险不失，故曰言善信，此四善也。至人从政，善治于民，正容悟物，物自顺从，如水清平，善定高下，涤荡群物，使无尘秽，故曰政善治，此五善也。至人临事，善能任物，随器授职，不失其材，如水柔性，善事方圆，能随形器，无用不成，故曰事善能，此六善也。圣人动静，善观其时，出处应机，能全其道，如水之动，善随时变，冬凝夏液，不差其节，故曰动善时，此

---

① 《道藏》第 2 册，第 695 页。
② 《道藏》第 14 册，第 251 页。
③ 《道藏》第 14 册，第 238—239 页。
④ 《道藏》第 14 册，第 248 页。

七善也。"① 又朱苇煌说："水有七德，尤易致名故。七德者何？一，居善地……七，动善时。"②

"道"具有五种形象，分别是"虚无、平易、清静、柔弱、纯粹素朴"。《通玄真经》说："故道者，虚无、平易、清静、柔弱、纯粹素朴，此五者，道之形象也。"③ 通过陈碧虚对于"三能""七善"的理解，可以看到"水"的特性与这五种"道"的形象相符。

若以"水"之"三能"细究，"一能"水利万物，则有"润下之功"，这种特质也是《老子》"道法自然"中贵柔的体现，如宋陈象古说："水之为功，善利万物，入污流下，非柔而何。攻坚强者恃力违顺，故不能胜水之柔也。无以易之，其理自然，不可改易。"④

"二能"水之不争，符合《老子》圣人"夫唯不争,故天下莫能与之争"⑤的特质，"不争"的内涵不仅仅局限于圣人处世之道，同样反映在天之道上，《老子》有"天之道，不争而善胜"⑥的话。道生万物，却不以此为尊，生养万物而不争其名，故道有胜万物之德性，宋江澂说："道之尊，首出庶物，而天下莫能卑，故为器之长。"⑦ 人若行"不争"之德，则可转祸为福，唐陆希声说："虽有三德，不为物先，然而垂象见吉凶，知之于未兆，福善祸淫不差毫发，可谓善谋者矣。故天之禁网虽恢恢然疏缓，而反道败德者未尝失之。《书》曰：为善天降之百祥，为不善天降之百殃。此之谓也。"⑧ 此后的"水"之"七善"也可看作"不争"的发衍，石潭说："居善地等七善，是以人之善如水之善者言也。其大意则在于不争而已。"⑨ 又说："不争者，水虽有利于万物，而未尝与物为竞也。"⑩ 苏敬静说："此章老子之意，只在不争。"⑪

"三能"水之处恶，因为水由高而流下，居于下位，有"卑湿垢浊"的特点，这些与众人所追求的正好相反，河上公说："众人恶卑湿垢浊，水独静流居之也。"⑫ 薛庸齐说："流湿润下，停污止坎，处众人之所恶也。"⑬ 普通人喜欢追求高位，不愿居于

---

① 《道藏》第14册，第248页。
② 熊铁基、陈红星主编：《老子集成》第15卷，北京：宗教文化出版社，2011年，第10页。
③ 《道藏》第16册，第675页。
④ 《道藏》第12册，第40页。
⑤ 陈鼓应：《老子注译及评介》，第154页。
⑥ 陈鼓应：《老子注译及评介》，第334页。
⑦ 《道藏》第12册，第523页。
⑧ 《道藏》第12册，第145页。
⑨ 《道藏》第14册，第253页。
⑩ 《道藏》第14册，第253页。
⑪ 《道藏》第14册，第252页。
⑫ 《道藏》第14册，第237页。
⑬ 《道藏》第14册，第249页。

低位，更不愿处在卑浊的地方。牛妙传说："夫众人之所恶者，恶居下流，且天下万物之生，皆冲而上之。"① "冲而上"源自人们本性，所谓"恶居下流，众人恒趣"②。普通人所厌恶之处却是水所居之处。王介甫说："众人好高而恶卑，而水处众人之所恶也。"③ 水处众人所恶之地，反映了其谦下的特点，这也是水能与道相近的德性之一，范应元说："上善之人常谦下也，有此之德，故近于道。"④ 又牛妙传说："昔仲尼亟称于水曰：水哉水哉，何取于水也。孟子曰：源泉混混，不舍昼夜，盈科而后进，放乎四海，有本者如是。此其水之为德也。"⑤ 人若是能依此而行，则可至上善，也就是与道相近了，苏敬静说："人恶居下流，惟水流湿，处众人所恶之地而不嫌，人能如水有济世润泽之利，而无好高慕远之心，则为上善，亦几近于有道矣。"⑥

除此之外，有注本认为《老子》举"水"之性质的目的是以此喻"道"，如苏敬静说："譬之物莫如水，万物皆以得水而生。"⑦ "唐明皇曰：上善若水。将明至人上善之功，故举水性几道之喻也。疏：上善标人也。若水者，喻也。至人虚怀于法，无住忘善而善之上。上善若水行，如水之能，具在下文，皆含法喻也。"⑧

从工夫论角度来看，《老子》所言之水的"三能""七善"，不仅仅在以此喻道，更是为了让人们知晓依道而行的具体实践方法，即尽量地去帮助万物，做有利于万物的事情。在行善期间，应以不争的心态处之，不要以争名夺利的心态行事，以无心而善行，则"不争"。邵若愚说："夫争从心起，无心则善为不争，以无心为法，而能利于万物。"⑨ 以不争之心态辅助万物，并非一定会得到众人的满意，若是结果并不尽如人意，也不要灰心，因为《老子》已然说明了这样做可能会导致的"处众人所恶"的局面，所以在这个时候，应以水取法，且长久行之，逐渐走向合道之路，所谓"利物明其弘益，不争表其柔弱，处恶示其含垢，此水之'三能'。唯圣人之一贯其行，如此去道不遐"⑩。在具体践行中，《老子》的"七善"比"三能"而言更有操作意义，因为无论是"居善地，心善渊，与善仁，言善信，政善治，事善能，动善时"的哪一方面，都需要较高的智慧去体悟，这也是告诉人们应该在何时何地以何种恰当的方法实行善举。人们若是能够以"水"之"七善"行事，则可以减少过错，

---

① 《道藏》第14册，第250页。
② 《道藏》第14册，第238页。
③ 《道藏》第14册，第240页。
④ 《道藏》第14册，第249页。
⑤ 《道藏》第14册，第250页。
⑥ 《道藏》第14册，第252页。
⑦ 《道藏》第14册，第252页。
⑧ 《道藏》第14册，第238页。
⑨ 《道藏》第14册，第244页。
⑩ 《道藏》第14册，第238页。

尽量保持自身不处在"众人所恶"的境地，如此也就"无尤"了。

三、从道教修炼角度探讨

在道教修炼者看来，理解"水"的内涵不仅仅需要理解上文中所提及的"三能""七善"的特性，更是要体悟"道"之"还丹"的意味。素有"万古丹经王"之称的《周易参同契》说："九还七返，八归六居，男白女赤，金火相拘，则水定火，五行之初。上善若水，清而无瑕，道之形象，真一难图。变而分布，各自独居。"①《老子》曰：上善若水。水清而净，净无瑕秽。至道之源。与此同，即还丹也。"②"水"是道教金丹理论中重要的意象之一，"上善"之"水"可看作"元精之神""河车神水"，如"老子曰：上善若水。非铅、非锡、非石之类也。所谓元精之神、河车之神水者也。生乎天地之先，能柔能刚，能育万物，吾之鼎必使四象具焉，所谓四神丹者也。四位成尘，则复归其旧主，如水官之获兽，金阙自为邻矣。"③

所谓"河车之神"来自道教金丹修炼体系中的"三车"之说，"河车"居其一，具体可指肾府中之真气，这一真气从天而来，与人的口鼻相通，所以称为"河车"，又称"天河"，"纯阳子曰：三车何谓欤？正阳子曰：前后微胁者，大牛车也，羊鹿车也；胃脘者，河车也，天河也，水府真一之气从天内来，通于口鼻，故曰河车者也；脐之下者，火车也。"④又北方为"水"所居之地，其中以八卦坎位为卦象，内含"真一之气"所结的"元精"，且"水为气母"，这也是为何"上善若水"有"元精之神"的称谓。

结合"天一生水"的生成论内涵，道教金丹派所谈到的"水"具有"金液还真"的修道意义，这不仅仅是一种思想上的"水"与"道"的相近，而是一种借"水"修"道"的修行实践。《悟真篇》说："七返朱砂返本，九还金液还真。休将寅子数坤申，但看五行成准。本是水银一味，周流历遍诸辰。阴阳数足自通神，出入不离玄牝。"南宋翁葆光注："九还七返者，不离天地五行生成之数也。天一生水，地以六数成水。居北积坎阴之气以为真水，故《参同契》曰：六居也。地二生火，天以七数成火……真一之气结而成精，号曰真一之精。精，铅也。真一之气一变为水在北，二变为砂在南，三变为汞在东，四变为金在西，五变为土在中。故金丹非天地不生，非日月不产，非四时不全，非五行不就，非总数不成。是以遍历诸辰，阴阳数足，自然通神变化也。然其造化妙用，出入不离玄牝之门，是谓天地根。玄牝之理，已

---

① 《道藏》第20册，第108页。
② 《道藏》第20册，第85页。
③ 《道藏》第20册，第804页。
④ 《道藏》第20册，第636页。

释在玄牝之中,世罕知注矣。"元戴起宗疏:"张随注《参同契》云:水、火、金、木、土为五行,水火为日月,金木为龙虎,土配天地,炼成金丹。故天以水六居北,积坎为水。天以木八居东,处震为砂。天以火七返南,属离为汞。天以金九还西,化兑为金。天以五归中成丹。故气一变为水,二变为砂,三变为汞,四变为金,五变为丹。是知丹者,非天地不生,非日月不成,非四时不全,非五行不就。炼纯阳之身,化真经之体,则六居七返八归九还之义,断可见矣。此黄帝、老子、神仙、圣贤重之。"[1]由此可知,金丹之术,以"水"为基础,"真一之气"一变为"水","五变为丹",这是神仙圣贤"六居七返八归九还"的奥秘所在。

此外,葛玄认为,《老子》之"上善若水"指的是口中津液。他说:"善者,谓口中津液也。以口漱之,则甘泉出,含而咽之,下利万神。子欲行之,常以晨朝漱华池,令津液满口,即昂头咽之,以利万神,而益精炁。"[2]道教向来注重津液的作用,津液也被称为"神水",所谓"洞源清净光,津液具神通。咽液生万神,神水华池融"[3]。津液所生之处位于人体中央的脾胃,即"中央之土数,主脾胃谷炁,以生津液"[4]。此时也不难理解纯阳子"胃脘者,河车也"的说法了。

从修炼角度来说,人修行需要"一以贯道",从心念调整而言,则可"以水喻心,以心造道"[5]。总体是将"水"清静无为的性质放在自身日常的行住坐卧中去体会,具体操作则为凝神调息,不起浊心,在静定中炼就金丹大道。《周易参同契发挥》说:"上善若水,行其所无事。金丹大道,清静无为,亦行其所无事。马丹阳《语录》云:学道人行、住、坐、卧,不得少顷心不在道。行则措足于坦途,住则凝神于太虚,坐则匀鼻端之息,卧则抱脐下之珠,久而调息,无有间断,而终日如愚,方是端的功夫,非干造作行持也。丹阳此说岂非行其所无事耶?《悟真篇》云:谩守药炉看火候,但安神息任天然。《上清集》云:神仙伎俩无多子,只是人间一味呆。可谓行其所无事矣。夫水之为性,静定而碇之则清,动乱而洎之则浊。金丹之妙,全是静定中来。《还源篇》云:能知药与火,定里见丹成。盖未有不定而得之者也。"[6]

从修行理念而言,"至人由一以贯道,即道以会一"[7],可见修道在于"会一",《参同契》言:一者道枢,知白守黑,彭真人所解皆为一也。"[8]"一"对于修道而言

---

[1] 《道藏》第2册,第956—957页。
[2] 熊铁基、陈红星主编:《老子集成》第1卷,北京:宗教文化出版社,2011年,第199页。
[3] 《道藏》第1册,第509页。
[4] 《道藏》第2册,第632页。
[5] 《道藏》第13册,第548页。
[6] 《道藏》第20册,第235页。
[7] 《道藏》第13册,第548页。
[8] 《道藏》第13册,第548—549页。

至为关键，可称为"道枢"，也就是道的核心关键所在。如何获得"一"呢？可从自身津液处入手，"舌下之津液，以应天之水"①，也就是"天一生水"在人体中的表现。"盖金液玉液为金丹之道枢，灌溉五脏，滋溢三田，漱咽则顺下，斡旋则泝流。《黄庭经》言：漱咽灵液灾不干，夫炁中有真一之水，水中有真一之炁，是以华池为上善之利源也。"②

由此可见，道教徒在理解"水""几于道"这一点上，结合了丰富的修道实践理论。"水"在修行意象中代表"元精之神""河车神水"，修道者可以借"水"修真，由"一变为水"而至"五变为丹"；修道者可体会"水"的"行其所无事"的内涵，并践行在自身的日常修炼之中，以达到清心自然的修道心境；在具体操作方面，"水"代表人体之津液，修道者可通过漱咽津液的方法沟通"真一之水"与"真一之炁"，进而达到"会一"的"至人"境界。

---

① 《道藏》第2册，第674页。
② 《道藏》第13册，第549页。

试析孙盛对《老子》的理解

曾敬宗*

内容提要：目前魏晋玄学史的建构过于重视玄学内在哲学理路之发展，而忽略社会情境之关怀，故而造成许多东晋思想家从历史的筛子中被筛除了，因此，笔者尝试透过孙盛《老子疑问反讯》《老聃非大圣论》两篇文论为线索，分析孙盛如何理解《老》《庄》思想，以及如何将儒道思想进行调和折中，进而弥补当今魏晋玄学史上较为被忽视的部分。

关键词：孙盛 《老子疑问反讯》《老聃非大圣论》 魏晋玄学

基金项目：本文系国家社科基金后期资助一般项目"魏晋玄学之反玄理路研究与文献辑要"（19FZXB077）的阶段性成果。

孙盛（307—378），字安国，太原中都人，西晋末年至东晋中期的史学家兼思想家，以史学成就最为显著，撰有《魏氏春秋》《晋阳秋》《杂语》，但很不幸，这三部史学著作早已亡佚，部分佚文现今分别留存于《三国志》（裴松之注）、《世说新语》（刘孝标注）及《文选》《广弘明集》《周易正义》《全晋文》《九家旧晋书辑本》等书之中。孙盛除是东晋著名的史学家外，也是位清谈常客，如《世说新语·文学·31》记载："孙安国往殷中军许共论，往返精苦，客主无闲。左右进食，冷而复暖者数四。彼我奋掷麈尾，悉脱落，满餐饭中。宾主遂至莫忘食。殷乃语孙曰：'卿莫作强口马，我当穿卿鼻。'孙曰：'卿不见决鼻牛，人当穿卿颊。'"[1]可见其清谈功力与殷浩不相上下。魏晋清谈主要以《易》《老》《庄》三玄为谈资，而孙盛撰有《老子疑问反讯》与《老聃非大圣论》两篇论文，可视为其对《老子》思想的见解。吾人将探论孙盛

---

* 曾敬宗，东莞理工学院文学与传媒学院副教授，研究方向：六朝文史。
① 余嘉锡：《世说新语笺疏》，台北：华正书局，2002年，第219—220页。

如何对《老子》思想提出反驳，或对《老子》思想所引发的玄风提出质疑，主张将《老子》思想笼罩于圣教之内，进而将儒道思想调和折中。魏晋除了王弼注《老》之外，随后另有孙盛之解《老》，弥补当今魏晋《老》学史上较为被人忽略的一角。

一、以实证经验反对《老》《庄》诡谲之言辞

魏晋时期《老》《庄》玄理深深影响当时士人，然而这影响有好有坏，好的方面确实能安抚士人心灵，进而达到"纵心调畅"的功用；坏的方面就易沦为假放达之士所利用之借口，进而合理化其似是而非的理论与掩饰其荒诞不经的行为，也就因为魏晋玄学有往坏的方面发展之可能性，所以孙盛才将矛头指向《老》《庄》思想。他所撰的《老子疑问反讯》与《老聃非大圣论》可说是他对《老》《庄》思想批驳的代表作品，其中《老子疑问反讯》一文虽然主要是以《老子》思想作为批驳的对象，但文中也涉及对《庄子》思想略作批评，而《老聃非大圣论》主要在讨论老聃定位的问题。孙盛批驳《老》《庄》思想所采用的方法是透过名家的思维逻辑，进而以实证方式一一反驳《道德经》书中的矛盾处，进而突出《老》《庄》思想落实于现实界的不足之处。若着眼于魏晋"清谈"的角度去理解这两篇文献，将论述焦点从价值判断转向孙盛如何反驳《老》《庄》思想，探讨他为何采取此策略去理解《老》《庄》思想，则发现他与西晋裴頠崇有思想实同为"反玄"理路下的产物，皆是立基关怀现实社会，以实证经验反对《老》《庄》诡谲之言辞，如：

> 天下皆知美之为美，斯恶已；皆知善之为善，斯不善已。
> 盛以为：夫美恶之名，生乎美恶之实。道德淳美，则有善名。顽嚚聋昧，则有恶声。故《易》曰："恶不积，不足以灭身。"又曰："美在其中，畅于四支，而发于事业。"又曰："《韶》尽美矣，未尽善也。"然则大美大善，天下皆知之，何得云斯恶乎？若虚美非美，为善非善，所美过美，所善违中。若此皆世教所疾，圣王奋诫天下，亦自知之于斯谈。[①]

此章出于《老子》第二章，其意说明当善恶美丑的观念深植人们的心中，天下人一定会求美而去丑、趋善而避恶，因为这是人类共同的天性，也就因为如此，天下的纷扰争夺迭起不断，诈骗伪善层出不穷，从这边可以看出《老子》着眼于人性深层面，故发此言。然而孙盛却以现实层面的经验法则反驳《老子》认为"美恶之

---

① 释道宣：《广弘明集》，台北：新文丰出版股份有限公司，1986年，第60—61页。

名,生乎美恶之实",并引《易·系辞》说:"恶不积不足以灭身。"① 从孙盛这种反驳可以看出他重视现实社会中实际会面临的种种问题,若名实不相符,美没有美名,恶没有恶名,那社会秩序将如何运作?试想:假若人类没有基本的认知能力,如善恶美丑等观念,那人类依循什么认识世界,依据什么与人相处,故孙盛云"大美大善,天下皆知之,何得云斯恶乎?"从这可看出孙盛思维着重名实相符的实证经验,至于《老子》该段立意是想避免虚美(所美过美)、伪善(所善违中)之事的发生,但孙盛认为这道理是普天下之人所知,亦所不耻,圣王是统治天下之人,哪有可能会不懂得这道理呢?故不需要透过"天下皆知美之为美,斯恶已;皆知善之为善,斯不善已"这种名实不相符的诡谲之言辞来说明这道理,因为这样反而会使世人无所适从,进而危害社会秩序的运作。其实孙盛这种以实证经验反对《老》《庄》诡谲之言辞的例子很常见,又如其反驳《庄子》云:

> 庄周云:"圣人不死,大盗不止。"又曰:"田常窃仁义以取齐国。"夫天地陶铸,善恶兼育,各禀自然,理不相关。枭鸩纵毒,不假学于鸾凤;豺虎肆害,不借术于麒麟。此皆天资自然,不须外物者也。何至凶顽之人,独当假仁义以济其奸乎?若乃冒顿杀父,郑伯盗郐,岂复先假孝道,获其终害乎?②

此段落出于《庄子·外篇·胠箧》,此与《老子·第十九章》绝圣弃知、绝仁弃义之说颇为类似,《老子》的绝圣绝仁,《庄子》的抨击圣人,这里的圣人也可以是指道德的化身(迹),《庄子》认为因圣人生而大盗起,田成子假借仁义而使盗窃齐国的行为合理化,表面上看来这两件事是两码子的事,但深入探究起来却是互为因果,故推理出"圣人不死,大盗不止"诡谲言辞之结论。然而,孙盛却以为天地化育万物,使万物各顺本性自然发展,故善恶同时存在,所以不认为圣人与大盗,田成子的盗齐国与仁义,彼此之间有必然联系。孙盛举枭鸩与鸾凤;豺虎与麒麟为例,认为这是它们的自然本性不同所导致,不会因为外在之影响而改变其善恶天性,为何凶恶之人作奸犯科,就归罪于假借仁义以济助其奸骗之事,若是如此,冒顿以鸣镝射杀其父头曼③,郑伯盗郐④,难道就是假借孝道而济其奸乎?从这里即可看出孙盛对《庄子》的反驳是站在不同层次的观点来论述,孙盛似乎忽略了人与动物不一样,

---

① 王弼、韩康伯注,孔颖达等正义:《十三经注疏·周易正义·系辞下》,台北:艺文印书馆,1993年,第629页。
② 释道宣:《广弘明集》,第62页。
③ 杨家骆主编:《新校本史记三家注并附编二种》,台北:鼎文书局,1997年,第2888页。
④ 徐元诰:《国语集解》,北京:中华书局,2002年,第460–476页。

人之为善或为恶,不仅只是先天本性就能论断,后天环境的影响亦不容小觑。但也正因为孙盛对《庄子》的反驳是站在不同层次的观点来论述,更容易逼显出其以实证经验之思维模式反对《老》《庄》诡谲之言词,故云"何至凶顽之人,独当假仁义以济其奸乎?若乃冒顿杀父,郑伯盗邹,岂复先假孝道,获其终害乎?"切断庄子"圣人仁义孝道与大盗凶顽之人"必然的联结关系,进而反对"圣人生而大盗起;圣人不死,大盗不止"之诡谲言词。

二、利用前后文义相背诘难《老子》逻辑之策略

孙盛反驳老子的言论,常常借着对《老子》书中前后文,思想逻辑上的相违背来质疑,采用名家的论辩方式,以子之矛攻子之盾的论法,欲突出《老子》言论本身出现自相矛盾的地方。试看:

> 绝圣弃知,民利百倍。
> 孙盛曰:"夫有仁圣,必有仁圣之德迹。此而不崇,则陶训焉融?仁义不尚,则孝慈道丧。老氏既云绝圣,而每章辄称圣人。既称圣人,则迹焉能得绝?若所欲绝者,绝尧舜周孔之迹,则所称圣者,为是何圣之迹乎?即如其言,圣人有宜灭其迹者,有宜称其迹者,称灭不同,吾谁适从?"
> 绝仁弃义,民复孝慈。
> 若如此谈,仁义不绝,则不孝不慈矣。复云:"居善地,与善仁。"不审"与善仁"之仁,是向所云欲绝者,非邪?如其是也,则不宜复称述矣。如其非也,则未详二仁之义,一仁宜绝,一仁宜明,此又所未达也。[①]

此段出于《老子》第十九章,老子认为圣智与仁义皆是借由外在人为力量所塑造,此举有违自然之天性,故要人们剥落这层层的文饰返朴归真。但是孙盛认为《老子》既然要"绝圣",为何《老子》书中又有三十几处在讲圣人如何?圣人怎样?如此一来圣迹如何能灭绝?孙盛又进一步反问,《老子》既要绝尧舜周孔之迹,那《老子》所言的圣者又是指谁呢?孙盛这里用《老子》之矛攻《老子》之盾,突出《老子》书中前后文逻辑上的矛盾。接着孙盛又步步进逼,认为《老子》书中有的地方圣人宜绝其迹,有的地方圣人宜称其迹,这真是让人无所适从。孙盛一开头"夫有仁圣……则孝慈道丧",可与下段对老子"绝仁弃义,民复孝慈"反驳之语合观,孙盛认为既然有仁圣之本(孝慈),就一定会有仁圣之迹(仁义),依《老子》的说法,

---

[①] 释道宣:《广弘明集》,第61—62页。

若不透过绝仁弃义之功夫，则无法达到孝慈之境界，但仁义有真假好坏之分，《老子》要绝的仁义应是假仁假义，但孙盛认为的仁义是真仁义、好仁义，所以才会说"仁义不尚，则孝慈道丧"，进而认为《老子》绝仁弃义之说，会导致"仁义不绝，则不孝不慈"这样的诡谲言辞，接着孙盛举《老子·第八章》："居善地，心善渊，与善仁"之仁反驳老子绝仁之说，因为"与善仁"之仁乃指兼爱无私、真诚自然之义，与《老子》"绝仁"之仁（假仁假义）互相矛盾，一个要灭绝，一个要宣明，就又犯了前面所说的"称灭不同，吾谁适从"之毛病。又如：

> "不尚贤，使民不争；不贵难得之货，使人不为盗。常使民无知无欲，使知者不敢为。"又曰："绝学无忧。唯之与阿，相去几何？善之与恶，相去何若？"下章云："善人不善人之师，不善人善人之资；不贵其师，不爱其资，虽智大迷。"
> 盛以为：民苟无欲，亦何所师于师哉？既相师资，非学如何？不善师善，非尚贤如何？贵爱既存，则美恶不得不障（案：应为彰），非相去何若之谓。又下章云："人之所教，我亦以教人。""吾言甚易知，而天下莫能知。"又曰："吾将以为教父。"原斯谈也，未为绝学。所云绝者，尧孔之学耶！尧孔之学，随时设教。老氏之言，一其所尚。随时设教，所以道通百代。一其所尚，不得不滞于适变。此又暗弊所未能通者也。①

此段出于《老子》第3、20、27、42、70章，孙盛在此着眼于《老子》全书，质疑老子思想逻辑前后不一，老子前云要世人"不尚贤""绝学""无知无欲"，但后又云要人们"善人者，不善人之师；不善人者，善人之资"。一方面支持世人不要学习，另一方面又鼓励人们学习借镜，这真是让人摸不着头绪。若人没有求知欲望的驱使，那又何来学习之说？反过来说，既然要学习借镜，那非学不可，非尚贤不可。孙盛认为《老子》既然要让人不尚贤、绝学，那他又为何要以老师的姿态教人，为何又要建立自己的学说？在孙盛看来《老子》只不过是想要借由灭绝孔尧之学来建立己说，其实这也就是孙盛一直不能接受的地方。

孙盛除了运用前后文义相背诘难《老子》之外，他亦利用前后文字不一质疑《老子》言论自相矛盾，这有点像在玩文字游戏一样，也是以子之矛攻子之盾的策略，透过《老子》书中前后文字来质疑，为何同一事或物而有截然不同的说法？如：

> 道经云："三者不可致诘，混然为一。绳绳兮不可名，复归于无物。无物之

---

① 释道宣：《广弘明集》，第61页。

象,是谓惚恍。"下章云:"道之为物,唯恍与惚。惚兮恍兮,其中有象;恍兮惚兮,其中有物。"此二章或言无物,或言有物,先有所不宜者也。

"执古之道,以御今之有。"下章:"执者失之,为者败之。"而复云:"执古之道,以御今之有。"或执或否,得无陷矛盾之论乎?①

这两则文献出于《老子》第14、21、29章,前则在叙述《老子》在形容"道"的样态,孙盛则质疑为何同样在形容道,有时是"有物",有时却是"无物"。第二则叙述《老子》的政治思想,孙盛认为既然天下之神器,不可执之,执之则失之,那为何又要言"执古之道,以御今之有"的治道观呢?究竟是要执或不执呢?这不是很矛盾吗?

近人常言孙盛执着于文字之解释,所以常常认为孙盛误解《老子》书中的意思。然而站在魏晋清谈的角度来看,孙盛既然能与东晋清谈领袖殷浩清谈辩论且还能占上风,想必孙盛对魏晋谈助《易》《老》《庄》三玄之了解应有一定水平之上,否则他如何与清谈领袖殷浩辩论且还能占上风呢?进一步来说,近人认为孙盛的批驳是出于误解《老子》,那《老》《庄》批判儒家仁义道德也是否出于误解儒家呢?其实吾人不必在这问题上打转,应思考的是孙盛"为什么"会想如此去理解与批驳《老》《庄》?众所周知,曹魏正始年间何晏、王弼好言《老》《庄》,立论天地万物皆以无为本,何晏作《无名论》《道论》等阐发《老子》之著作,而王弼也注解《老子》与《周易》,发挥"贵无"之思想,自此以后,玄学大畅。但是,这形上的义理从政治理论层面落实到人生的现实生活中,且成为依据时,则发生了很大的问题,玄学发展到两晋之际时,社会上充斥着"空谈虚无"与"乱礼狂放"的现象,早已扭曲了玄学本来的真精神。前者如:

庾翼贻浩书曰:"……王夷甫,先朝风流士也……而乃高谈庄老,说空终日,虽云谈道,实长华竞。及其末年,人望犹存,思安惧乱,寄命推务。"②

又加之以朝寡纯德之士,乡乏不二之老。风俗淫僻,耻尚失所,学者以庄老为宗,而黜六经,谈者以虚薄为辩,而贱名俭,行身者以放浊为通,而狭节信,进仕者以苟得为贵,而鄙居正,当官者以望空为高,而笑勤恪。是以目三公以萧杌之称,标上议以虚谈之名,刘颂屡言治道,傅咸每纠邪正,皆谓之俗吏。其倚杖虚旷,依阿无心者,皆名重海内。其倚杖虚旷,依阿无心者,皆名

---

① 释道宣:《广弘明集》,第61页。
② 房玄龄等人:《晋书》,北京:中华书局,2003年,第2044页。

重海内。①

后者如：

  鲲与王澄之徒，慕竹林诸人，散首披发，裸袒箕踞，谓之八达。故邻家之女，折其两齿。世为谣曰："任达不已，幼舆折齿"。②

  魏末阮籍，嗜酒荒放，露头散发，裸袒箕踞，其后贵游子弟阮瞻、王澄、谢鲲、胡毋辅之之徒，皆祖述于籍，谓得大道之本。故去巾帻，脱衣服，露丑恶，同禽兽。甚者名之为通，次者名之为达也。③

以上前二则资料显现出一个共同的问题，即玄学发展到两晋之际时，社会发生许多逾越名教的奇怪行为，而这怪异行为几乎与《老》《庄》有所关系，如"高谈庄、老，说空终日""妙善玄言，唯谈老庄为事"；后两则文献更可以看出，一个思想在达于极盛之后，后出的人若未能再开拓创发，则必定丧失原本的精神，仅得其末节而产生流弊。为何会如此说呢？大家都晓得竹林七贤的对抗礼法是有其不得已的苦衷，他们的目的仍存有求真求善的意念。但到了元康时期，无论是八达的"任放为达"，或是贵游子弟的"得大道之本"，都只是为了追求竹林七贤的形式，效其迹而不求其本，所以出现了许多放浪形骸的行为，追求享乐的狂放思想，但这些贵游子弟为了合理化自己的行为，替自己的行为找到理论根据，于是援引《老》《庄》，祖述七贤。或许有人会质疑社会上出现怪异行为与《老》《庄》思想联结关系之合理性，认为这是因为孙盛个人愤慨时局的过度联想与诠释，是有所失真与不公平。但是，魏晋文献确有发现《老》《庄》玄理与魏晋士风确实有某种程度的关系存在，如阮籍与嵇康对老庄心灵之渴慕：

  《世说新语·任诞·7》："阮籍嫂尝还家，籍见与别。或讥之。籍曰：'礼岂为我辈设也？'"④

  《与山巨源绝交书》："又纵逸来久，情意傲散，简与礼相背，懒与慢相成，而为侪类见宽，不攻其过，又读庄、老，重增其放，故使荣进之心日颓，任实之情转笃。"⑤

---

① 萧统编，李善注：《文选》，台北：五南图书出版股份有限公司，2004年，第1231—1232页。
② 余嘉锡：《世说新语笺疏》，第513—514页。
③ 余嘉锡：《世说新语笺疏》，第24页。
④ 余嘉锡：《世说新语笺疏》，第731页。
⑤ 戴明扬：《嵇康集校注》，北京：人民文学出版社，1962年，第117–118页。

阮籍中年之后思想由儒家转向道家，其言行常惊世骇俗，如为母守丧期间公然饮酒食肉、箕踞不哭，又如与嫂拜别，俗人以此讥讽之，故曰"礼岂为我辈设也"，阮籍此种刻意鄙弃礼法，以逆显生命之本真，这显然是《老子》"礼者忠信之薄，而乱之首"的思想化身；阮籍论著中亦常透显出其对《庄子》逍遥齐物境界之钦羡，如《清思赋》《大人先生传》《达庄论》。嵇康更进一步认为自己性格原本已经有点孤傲懒散，加之阅读《老》《庄》之书，更是增加自己放任闲逸之情性。众所周知阮籍与嵇康的对抗礼法是有其不得已的苦衷，他们的目的仍存有求真求善的意念。但到了元康时期以后所谓的八达等贵游子弟为了合理化自己放达的行为，替自己不伦不类的行为找到理论根据，于是援引《老》《庄》，祖述七贤。也就正因当时有许多假《老》《庄》之名行任诞之实，所以促使孙盛为何透过论辩的方式来批驳《老》《庄》思想之原因，试看：

> 礼者，忠信之薄而乱之首。前识者，道之华而愚之始。是以大丈夫处其厚，不处其薄；处其实，不处其华也。
> 孙盛曰：老聃足知圣人礼乐非玄胜之具，不获已而制作耳，而故毁之，何哉？是故屏拨礼学，以全其任自然之论。岂不知叔末不复得返自然之道，直欲伸己好之怀，然则不免情于所悦，非浪心救物者也，非唯不救，乃奖其弊矣！①

《老子》第三十八章乃说明礼仪之产生乃是因为世间失去道、德、仁、义之结果，所以《老子》要去礼仪的浮华，而取道德的厚实。其实孙盛并非否定《老子》自然之说，而是反对以绝仁弃义之谲诡工夫作为返回自然之进路，因为孙盛认为一般人皆有七情六欲，若将《老子》"屏拨礼学，以全其任自然"的工夫论述套在凡夫俗子身上，可能因为无法把持心性而造成人心的陷溺，反而更容易变相地鼓励世人"情于所悦"。孙盛进一步认为道家以自然逍遥之理想反抗儒家仁义道德的虚伪化，根本是因噎废食，甚至认为后人会"曲为其义，辩而释之"，观孙盛所处之时代风气，确实有许多钦慕《老》《庄》玄冥逍遥之境界，而忽略其修养工夫之人，诬引老《老》《庄》为自己恣情纵欲、放浪形骸之借口，所以从这里吾人可以知道，或许魏晋的贵无玄学所引发的"直欲申己好之怀，然则不免情于所悦"的任情时风，才是他质疑与批判的对象。

---

① 释道宣：《广弘明集》，第62页。

三、孙盛对《老子》的定位

孙盛对《老》《庄》思想做了一番批驳之后,接下来他想对孔(儒、名教)、老(道、自然)做一番评比,他于《老聃非大圣论》一开头,就说明自己对于比较之标准:"详观风流,究览行止,高下之辨,殆可髣髴。"孙盛比较的标准着重于风流行止,即外在的行为举止,而非单就其思想理论之玄妙通达而言,孙盛在比较儒道高下之前,他先对儒家这一脉进行内部之比较,分出圣与贤特质之异同:

> 夫大圣乘时,故迹浪于所因;大贤次微,故与大圣而舒卷。所因不同,故有揖让与干戈迹乖;次微道亚,故行藏之轨莫异。亦有龙虎之从风云,形声之会影响,理固自然,非召之也。是故箕文同兆,元吉于虎兕之吻。颜孔俱否,逍遥于匡陈之间。唐尧则天,稷契翼其化;汤武革命,伊吕赞其功。……大贤庶几,观象知器,观象知器,豫筶吉凶,豫筶吉凶,是以运形斯同,御治因应,对接群方,终保元吉,穷通滞碍,其揆一也。但钦圣乐易,有待而享。钦冥而不能冥,悦寂而不能寂,以此为优劣耳。①

孙盛认为大圣乃乘时而兴功,孟子亦曾在《万章·下》云:"孔子,圣之时者也。"② 所以"乘时"乃是大圣的特点,而大贤则仅次于大圣,随着大圣同屈伸、进退,他们的关系犹如龙虎之从风云,形声之会互为影响,然而大贤比大圣稍微略逊一筹,所以大贤无法掌握"时",虽大贤无法乘时,但大贤能够透过观象以知器,进而掌握祸福吉凶,从这边可推知孙盛所认为的大圣与大贤是互为对照的,他举了四组人:文王与箕子;孔子与颜回;尧、舜与稷、契;汤、武与伊、吕。这四组圣贤都能透过观象知器,终保元吉,对于人生路途的或穷或达,或滞或通,皆能坦然以对而不怨天尤人,但孙盛进一步认为圣与贤不同的地方在于贤不能达到冥寂之境界。从孙盛对大圣、大贤之分判,可知其圣人于外必须具有"乘时兴功"之展现,于内需要达到"钦冥悦寂"之境界,孙盛此一大圣论述与郭象圣人论颇有暗合之处③。孙盛在分判儒家大圣与大贤异同之后,他于大贤之下,再列"中贤"一等,以进行孔、老之比较,其言曰:

> 至于中贤第三之人,去圣有间,故冥体之道,未尽自然,运用自不得玄同。

---

① 释道宣:《广弘明集》,第 59 页。
② 朱熹:《四书章句集注·孟子集注》,台北:大安出版社,1999 年,第 440 页。
③ 郭庆藩辑:《庄子集释》,台北:华正书局,1997 年,第 28、552、989 页。

然希古存胜，高想顿足，仰慕淳风，专咏至虚，故有栖峙林壑，若巢许之伦者；言行抗礉，如老彭之徒者，亦非故然，理自然也。夫形躁好静，质柔爱刚，读（案应为渎）所常习，愒所希闻，世俗之常也。是以见偏抗之辞，不复寻因应之适；睹矫诳之论，不复悟过直之失耳。①

孙盛认为中贤与大圣最大差异在于："冥体之道，未尽自然，运用自不得玄同。"巢父、许由、老聃、彭祖四人因钦慕上古淳风，畅谈至虚之道，不懂得与时俱进（乘时）之理，故运用自不得玄同，轻者遂而产生隐遁林壑之避世心态，重者就产生愤世嫉俗之偏抗矫诳之言语行为。然而，众所熟知《老子》精于自然无为之论，为何孙盛会认为《老子》不懂与时俱进呢？

盛以为：老聃可谓知道，非体道者也。昔陶唐之莅天下也，无日解哉，则维昭任众；师锡匹夫，则驳然禅授，岂非冲而用之，光尘同波哉？伯阳则不然，既处浊位，复远导西戎；行止则昌狂其迹，着书则矫诳其言。和光同尘，固若是乎？余固以为知道，体道则未也。②

此出于《老子》第四章，旨在说明道体与道用，论述颇为精妙，故孙盛亦赞曰"老聃可谓知道"，但也惋惜云"非体道者也"，其实孙盛在《老聃非大圣论》一开头，就说明自己品评之立场"详观风流，究览行止"。孙盛比较的标准着重在行为举止。《老子》若能达到自己所言的和其光、同其尘之境界，又何来"行止则昌狂其迹，著书则矫诳其言"？故可推知《老子》仍然未体道，反观帝尧不言，而是日夜不懈为民服务，等到众臣向他推荐舜，他就马上让位给予贤德之人，这不是实践《老子》所言"冲而用之，和光同尘"的境界吗？根据《老聃非大圣论》《老子疑问反讯》所言《老子》知道而未体道，这或许是《老子》被孙盛判为中贤的主要原因，从这边亦可知孙盛对儒、道高下之看法，孙盛这种看法似乎延续正始玄学家王弼的看法③。孙盛虽然将老聃定为中贤之人，然而，他毕竟处在一个玄风大行其道的氛围之中，他亦不得不去思索着如何安顿儒（孔）道（老）两家思想，其云：

尧孔之学，随时设教，老氏之言，一其所尚，随时设教，所以道通百代。

---

① 释道宣：《广弘明集》，第59—60页。
② 释道宣：《广弘明集》，第61页。
③ 余嘉锡：《世说新语笺疏》，第199页。

一其所尚，不得不滞于适变，此又暗弊所未能通者也。①

或问：庄老所以故发此唱，盖与圣教相为表里，其于陶物明训，其归一也。盛以为不然，夫圣人之道，广大悉备，犹日月悬天，有何不照者哉？老氏之言驳于六经矣！宁复有所怨之，俟佐助于聃周乎？即庄周所谓日月出矣而爝火不息者也。至于虚诞谲怪矫诡之言，尚拘滞于一方，而横称不经之奇词也。②

孙盛在这边俨然以一儒者自居，从社会教化之立场出发，认为尧孔之学优于《老》《庄》之学，以日月喻圣教，可普照天地万物，而《老》《庄》之学则如爝火，虽有短暂光热但无法长久；圣教能随时设教、因应无方，故能道通百代，而《老》《庄》之学则多是因反驳儒家六经而来，虚诞谲怪矫诡之言，拘滞于一方，故不如圣教。近人常据此以为孙盛是一典型儒家思想③，殊不知这只是其论述策略的一个环节，并不是其最终要求，孙盛在面对玄学思想大畅的时代，《老》《庄》思想已经是当代主流思潮，如何折中《老》《庄》与圣教的关系，甚而想略为将圣教地位抬高，不至于使道家思想因高度发展而产生流弊，这是他一直在思考的问题，孙盛调和儒道思想或许亦可由他对其儿子之字号命名看出一些端倪，《世说新语·言语·50》：

孙齐由、齐庄二人小时诣庾公，公问："齐由何字？"答曰："字齐由。"公曰："欲何齐邪？"曰："齐许由。""齐庄何字？"答曰："字齐庄。"公曰："欲何齐？"曰："齐庄周。"公曰："何不慕仲尼而慕庄周？"对曰："圣人生知，故难企慕。"庾公大喜小儿对。④

孙潜字齐由，为孙盛之长子；孙放字齐庄，为齐由之弟。兄弟二人之中孙放聪慧过人，曾被庾亮誉为"王辅嗣弗过也"，也就因为如此，历来大家对《世说新语》此则记录多聚焦于后半段庾亮与孙放之对答，然而孙盛对这两个小孩之字命名的心态，一为齐许由，一为齐庄周，许由为古代隐士，听说尧有意让位于己的消息，便遁隐于箕山下，之后又听说尧想召为九州岛岛长，便感到耳朵受到污染，故洗耳于颖水之滨。许由此举避仕心态，常常出入《庄子》书中，近人遂将许由归为道隐型的代表人物，庄周更是众所周知道家代表人物。通常大人对小孩名字之命名，或多

---

① 释道宣：《广弘明集》，第 61 页。
② 释道宣：《广弘明集》，第 62 页。
③ 中国社会科学哲学研究所中国哲学史研究室编：《中国哲学史资料选辑》，北京：中华书局，1990 年），第 492—493。
④ 余嘉锡：《世说新语笺疏》，第 109 页。

或少隐含着父亲对小孩的期许，而这期盼也某种程度反映了为人父亲之思维心态，孙盛若是典型的儒家思想拥戴者，为何不将两个小孩的字取为齐孔、齐颜？或许从这里亦可推敲出孙盛对道家理境某种程度之肯认，并未如近人所言，根据孙盛一些政论与史评文章，认为孙盛是站在儒家正统的立场，贬斥道家思想。其实吾人并不否认孙盛思想含有儒家思想的成分，只是觉得处理其自身安身立命之问题，适当安顿儒道二家思想才是孙盛最终要求，其《老聃非大圣论》亦不断地释放此讯息之看法，其云：

> 按老子之作，与圣教同者，是代大匠斫，骈拇咬指之喻；其诡乎圣教者，是远救世之宜，违明道若昧之义也。六经何尝阙虚静之训，谦冲之诲哉？孔子曰："述而不作，信而好古，窃比我于老彭。"寻斯旨也，则老彭之道，已笼罩乎圣教之内矣。①

孙盛在《老子疑问反讯》中认为《老子》一书五千言，皆由于为了反驳六经而产生，因此他于此认为即便《老子》与圣教若有相同之处，这只不过是《老子》"代大匠斫"的多余之言罢了，孙盛于此隐然地将《老子》纳入圣教体系之中，孙盛《老子疑问反训》亦言："圣教则不然，中和其词，以理训导"与"诲诱绰绰，理中自然，何语老聃之言同日而语其优劣哉？"孙盛认为圣教之理中和饱满，已经将《老子》自然之说调摄内化到自己的思想体系，孙盛更进一步从正面认为六经之中，《易经》其实已有虚静、谦冲之训诲，所以《老子》一书精华处其实在儒家六经体系中都已兼备，故孙盛归纳出老彭之道笼罩于圣教之内，将道家思想融摄于儒家思想之中。

四、结语

孙盛除了融摄儒道二家之外，最令他焦虑的是玄学发展到后期对士人心态之负面影响，故他才于《老子疑问反讯》质疑王弼《老子》注："何独贵于无欲乎？"曹魏正始时期何晏与王弼两人提出了以无为主的思想，以宇宙的起源为"无"，而万物以"无"为本体，进而从这形上的义理建构其政治思想，因而开创了"贵无"思想的正始玄学，但是，这形上的义理落实到人生的生活态度，且成为依据时，却产生莫大的曲解。西晋元康王衍屡居显职，却雅尚虚玄，不以事物自婴，反以遗事为高，八达等贵游子弟则假玄学之名，行放浪形骸之实，追求享乐的狂放思想，进而导致社会一股虚浮歪风，身为历史与玄学家的孙盛在面对前人历史的经验，觉得儒家名

---

① 释道宣：《广弘明集》，第60页。

教与道家自然都不可极端发展，否则一定会产生流弊。所以孙盛才会认为《老子》的执古与裴頠的执今都不达圆化之道，因而孙盛才会一直思考中庸调和路线①，其云：

> 昔裴逸民作崇有、贵无二论，时谈者或以为不达虚达胜之道者，或以为矫时流遁者。余以为尚无，既失之矣；崇有，亦未为得也。道之为物，惟恍与惚，因应无方，唯变所适。值澄渟之时，则司契垂拱；遇万动之化，则形体勃兴。是以洞鉴虽同，有无之教异陈；圣教虽一，而称谓之名殊目。虞唐不希结绳，汤武不拟揖让，夫岂异哉？时运故也。而伯阳以执古之道以御今之有；逸民欲执今之有，以绝古之风。吾故以为彼二子者，不达圆化之道，各矜其一方者耳。②

据裴松之《三国志》注引陆机《惠帝起居注》："頠理具渊博，赡于论难，著崇有、贵无二论，以矫虚诞之弊，文辞精富，为世名论。"③孙盛亦云裴頠作崇有、贵无二论，但目前只见《崇有论》而不见其《贵无论》。西晋裴頠（267—300）为匡正社会崇尚贵无思想的流弊而撰《崇有论》，提出"济有者皆有也"的思想以抵抗何、王贵无之说。孙盛对于裴頠著作的内容并没有做进一步的论述，仅认为裴頠《崇有论》对于尚无、崇有两者之优点均无所得。孙盛既然认为裴頠《崇有论》"尚无既失之矣"，显然孙盛对"无"的内容是有所了解，甚至不排斥，故他接着说"道之为物，唯恍与惚"这话出于《老子·二十一章》，旨在说明道的不可捉摸性，但它又一直存在宇宙之中，与"孔德"互为体用。这应是孙盛认为《崇有论》对"贵无"无法掌握的地方，故曰"尚无既失之矣"。另"因应无方，唯变所适"语出《易·系辞下》："易之为书也不可远，为道也屡迁，变动不居，周流六虚，上下无常，刚柔相易，不可为典要，唯变所适。"④这是孙盛认为《崇有论》不知"穷则变，变则通，通则久"之理，因此无法因应无方，与时俱进。故曰"崇有亦未为得也"。孙盛认为天下太平时，可以无为而治天下，天下动乱时则当有为而治，所以只要懂得变、通、久之理，即可因应无方，与时俱进。裴頠崇有或《老子》贵无都是偏执一端，均缺乏"大圣乘时"的与时俱进之观念，各矜一方自不能达圆化之道。有学者认为这种"各打五十大板的做法"⑤之说服力是有待商榷，但如果深入考察孙盛的历史背景渊源，则可以理解孙盛为何会有如此见解。孙盛生于为西晋怀帝永嘉元年（公元307年），卒于

---

① 刘勰著，詹锳义证：《文心雕龙义证》，上海：上海古籍出版社，1999年，第690—692页。
② 释道宣：《广弘明集》，第60页。
③ 陈寿撰，裴松之注：《三国志》，北京：中华书局，2004年，第673页。
④ 王弼、韩康伯：《周易王韩注》，台北：大安出版社，1999年，第228页。
⑤ 许抗生：《魏晋思想史》，台北：桂冠图书股份有限公司，1995年，第156页。

东晋孝武帝太元三年（公元378年），也就是说他大部分生活时间在东晋前期，孙盛和其他士人一样，面临西晋王朝衰亡，北方世家大族纷纷渡江避难，此时放达虚浮士风亦随之带往南方，在亡国这样的时空氛围下，加之任诞风气不减反增，他自然会去反省寻找其安身立命之道，他对《老子》的批驳与定位也就是出于其身命困境之展现。

寇才质"以典解典"及其《老》学意义

杨秀礼　陈雨涵[*]

内容提要：寇才质《道德真经四子古道集解》注语主要引《南华经》《冲虚经》《通玄经》《洞灵经》参证并略述己意，具有鲜明的"以典释典"诠释特色。这种研究范式既与《老子》不受限制的释义空间及形成的《老》学传统有关，也与儒学"以经解经"的学术积累及金代与寇氏学术特色紧密相关。上述四部道经与《老子》在思想主题共通特性，是"以典释典"得以推行的前提，不惜改动文本或以自身对相关文本的理解，则是寇氏"以典解典"注解《老子》的权应行为。"以典释典"试图调和《老子》原意与时代意义的诠释张力，以获得新的意义建构，寇才质的这一做法对在乾嘉学派大放光彩的该类研究范式具有溯源价值。

关键词：寇才质　《道德真经四子古道集解》　以典解典

基金项目：国家社会科学基金重大项目"中国诸子学通史"（项目编号：19ZDA244）

据《道德真经四子古道集解》（下文简称《古道集解》）寇氏与刘谔的序文可知，寇才质，山西襄汾人[①]，主要活动于金代大定年间，善治丹经卜筮之术，不事进取，爱读古人书，曾随仕游京都，得参高道。从《古道集解》相关用语偏好看，其人应

---

[*] 杨秀礼（1977—），男，江西玉山人，上海大学文学院副教授，研究方向为道家道教典籍与文学。陈雨涵（1998—），女，山东日照人，上海大学文学院研究生，研究方向为先秦两汉文学与文献。

[①] 寇才质《〈道德真经四子古道集解〉序》自题"古襄寇才质"，学者多有以湖北襄阳、河南古襄，或以古襄直接称引为其籍贯。按襄阳北宋时属京西南路襄州，南宋湖北绍兴五年"省邓城入襄阳"，襄阳府归属宋朝治理区域；南宋嘉定十年、金兴定元年（1217）宋军曾在襄阳击败金军，宋咸淳三年（1267），元世祖忽必烈采纳宋降将刘整"攻宋方略，宜先从事襄阳"之言，可见襄阳一直到南宋末年依然为其"捍蔽"。寇才质《序》以金代年号"大定十九年"自署，与湖北襄阳的治权归属相矛盾，故以寇氏为湖北襄阳人，不确。今河南睢县秦朝置为襄邑，西汉置陈留郡，王莽改称襄平，东汉置陈留郡，三国称陈留国，

为道士，教派归属不明。寇才质所著存世《古道集解》共 10 卷，该书在每章经文总论其旨后，随即引《南华经》《冲虚经》《通玄经》《洞灵经》四部典籍以作参证，略述己意，以破雷同之说，驳旧注之误，形成了"以典释典"的显著特色。笔者不揣简陋，从此种注解方式产生的背景、操作方式、价值意义等三个层面展开讨论，以求教于方家。

一、以典解典的产生背景

以典释典，即以诸多经典共同解释一部经典，实现诸种经典文本的相互印证、意义互释。这在中国学术传统中出现较早，如汉代经学在话语建构中，《诗经》与《春秋》及其三《传》的互文互释[①]，由此发展成型的诗史互证，成了后世诗歌研究的典型范式。宋代晁公武《郡斋读书志》则较早将之作为术语提出，在著录黎錞《黎氏春秋经解》时《郡斋读书志》曾说"名其书为《经解》者，言以经解经也。"晁公武"以经解经"的确切含义已不可确知，但可以肯定主要是以儒家经籍为对象，包含了正确解读经文本身、从经文本身寻找解读线索与立论依据的含义在内，与"以典释典"有相通之处。"以典释典"作为自觉的研究方法并得到系统总结，到清初才逐渐完成。黄宗羲在总结万斯大治经方法时，便提出"充宗以为，非通诸经不能通一经，非悟传注之失则不能通经，非以经释经则亦无由悟传注之失。何谓通诸经以通一经？经文错互，有此略而彼详者，有此同而彼异者。因详以求其略，因异以求其同，学者所当致思也。何谓悟传注之失？学者入传注之重围，其于经也，无庸致思；经既不思，则传注无失矣，若之何而悟之。何谓以经解经？世之信传注者过于信经……充宗会通各经，证坠辑缺，聚讼之议，涣然冰释；奉正朔以扎闰位，百注

（接上页）北宋时期，襄邑短暂升为拱州，金朝改拱州保庆军为睢州，属南京路，"古襄"可为睢县古名，但"襄邑""襄平"之用名间距到金代已有千年之久，其间名称更改又甚为频繁，故以"古襄寇才质"为河南省商丘市睢县于理不合。又刘谞直言为"天下莫不以空性为科，邪说为惑"，寇才质则以亲身经历作形象说明，"仆昔随仕尝游京都，得参高道。讲师略扣玄关，尽为空性之说，不能述道之一二"，即寇才质所生活区域空性之说即佛学甚为盛行，在金攻灭之前，北宋王朝以道教最为流行，宋徽宗甚至一度改僧为道，以佛隶道，辽则佛教最为流行，可见寇才质生活当在辽朝治权区域，而湖北襄阳、河南睢县均属北宋治权管辖，可排除。按西汉曾置襄陵县，治在今山西襄汾县襄陵城，辖现襄汾县西、北部大部地区，1954 年始与汾城县合并称襄汾县，其间宋曾移治宿水店（今山西襄汾县襄陵城西南十里古襄陵村）。天圣元年（1023）移治晋桥（今襄陵城），其治权虽属北宋，但与辽已接近，重熙十三年（1044）辽兴宗升云州为西京大同府，辖今山西和内蒙古交界处；又《道德真经四子古道集解》后《序》作者自题为"乡贡进士滹源繁畤刘谞庭直"，其中繁畤当为繁峙讹误，山西省繁峙县号为"滹沱之源"，故有滹源之称，故刘谞为今山西省繁峙县人，从作序惯例来看，寇才质为今山西襄汾人。

① 可参杨秀礼：《毛序〈郑风〉的话语构设与汉初继嗣语境关系研究》，《中州学刊》，2020 年第 2 期，第 138—143 页；或《人大复印资料·中国古代、近代文学研究》，2020 年第 8 期，第 41—47 页。

逐无坚城。"① 此后，以经解经、以典释典作为研究范式在乾嘉学派大放光彩，但主要活跃在经学，后世学者关注的也多在经学领域。在作为中国传统学术重要组成部分的子学领域，"以典释典"的诠释方法也有所见，但因被冠以缺少思想价值的成见而常为学者所忽视。寇才质《古道集解》采用"以典释典"方式体例解读《老子》，自然是受到了传统儒学以经解经的影响，同时与其个人素质偏好也不无关系。

> 今古裹寇志道者，多闻博识，有生知自然之性，自幼及冠，心不挂细务，不以名利为急，酷嗜恬惔之乐。然而经史不缀于涉猎诸子之中，僻好《道德》二篇，阅及旧注，背义者多，故慨然笃志，累日滋久，不舍昼夜，遂成一编之书，以论道德之根本。②

寇志道即寇才质具有生知自然之性，心不挂细务，不以名利为急；又能不辍经史，涉猎于诸子之中，具备多闻博识的学识基础。而寇氏之所以能获得阅读众多文献典籍的机会，当然得益于活版印刷术的发明推广后，宋辽金时期印刷出版业的高度发展，文化典籍文献得以快速普及传播。据刘谔所言，寇才质的《集解》"纂违义者有一百余家，讥改本者近八百余家"，以寇氏这样普通的身份，能在金代涉猎如此范围广泛的文献，书籍印刷传播发展的水平由此可见，这是寇才质"以典释典"解《老》得以进行的物质性和主观性条件。

> 至于晚年，读古人书，披阅诸子，探赜聘经之奥，章章有旨，可谓深矣远矣。因观诸家解注，言多放诞，互起异端，朱紫淆乱，殆越百家，失其古道本真，良可叹也！独庄、列、文、庚四子之书，乃老氏门人亲授五千言教，各著撰义与相同。其余诸解，纷纭肆辩，徒以笔舌为功，虚无为用，了无所执，又岂可与四子同日而语哉？仆昔随仕尝游京都，得参高道。讲师略扣玄关，尽为空性之说，不能述道之一二。③

晚年的寇才质读古人书，披阅诸子探求聘经即《老子》的思想奥蕴，发现其文本"章章有旨，可谓深矣远矣"，为其深刻远大的意蕴吸引，由此欲借助传统注疏文

---

① 黄宗羲：《万充宗墓志铭》，沈善洪主编：《黄宗羲全集》第10册，杭州：浙江古籍出版社，2005年，第417页。
② 刘谔：《〈道德真经四子古道集解〉序》，寇才质：《道德真经四子古道集解》第10卷，《道藏》第12册，北京：文物出版社；上海：上海书店；天津：天津古籍出版社，1988年，第114页。
③ 寇才质：《〈道德真经四子古道集解〉序》，《道藏》第12册，第41页。

献完成探求《老子》本经主旨的工作。然而在北宋时期，学术风气已发生由汉唐义疏向义理之大转进，历史形成由传注而通经的"我注六经"传统已被放弃，而直接走向"六经注我"。北宋借助六经文本，直抒胸臆，各阐己见，疏不破注的学术禁锢被解除，各种新见歧出，为学术在此时期的兴盛发展起到了非常重要的作用①。但同时这也带来了一些不良现象，体现在子学领域。如寇才质发现《老子》"诸家解注，言多放诞，互起异端，朱紫淆乱，殆越百家，失其古道本真"，因缺少约定俗成或者相对统一的解读标准，注解者易于放言荒诞，歧见不穷，导致《老》学生态系统的鱼龙混杂。也即学者在借《老子》本经建构自身学术体系的同时，《老子》本义在这一过程中也被消解或解构了。

> 今之诸集解，义多浮诞，了无所执，各尚异端，百无一当。尚辞者逞于谈辩，遗于体要；玩理者拘于浅近，昧乎指归。是以大道隐于小成，固闭而不能开，久屈而不能伸，由是天下莫不以空性为科，邪说为惑，皆不能反于正道也。②

"义多浮诞，了无所执，各尚异端，百无一当"，刘谔所言不无偏执，但大体也指出了寇才质生活的时代，《老子》注解思想层面存在的种种弊端与不足，各家注解务矜新异，以胸中所见之《老子》为《老子》，或以为政柄，或以为丹祖，或以为兵机，或以为禅说，多不免于偏执固陋。就金代的胜朝北宋而言，苏辙与王雱等以"复性"说、王安石与司马光等以政治学说解《老》均可堪称代表，这种师心自用的学术传统导致《老》学走向了"失其古道本真"之路，凡增一注，即增一障。注愈多，而《老子》遂愈不白于天下，《老子》"不能反于正道"，其本旨遂更不可复得了。这种现象在寇才质生活的时代的直接体现，刘谔直言为"天下莫不以空性为科，邪说为惑"，寇才质则以亲身经历做了形象说明，"仆昔随仕尝游京都，得参高道。讲师略扣玄关，尽为空性之说，不能述道之一二"，二者均提到了"空性"之说，可见该学说在当时《老》学的地位与比重，及其对《老子》本旨理解的不良影响。所谓"空性"是佛家用语，即真如，是悟入空观所显示的真实本体。刘、寇二氏所指现象与唐宋以来逐渐兴盛的三教合流思潮，儒佛二家之说渗入《老》学有关，而与辽金佛学兴盛关系更为紧密，学界一直有"辽以释废"的论断，三教合流在此时期已由外部功能的"一致"向内在心性的"合一"转化，即实现了思想主题的融合。与寇才

---

① 杨秀礼：《朱熹以地域文化解读"风诗"研究》，《兰州学刊》2013年第7期，第63—67页。
② 寇才质：《道德真经四子古道集解》第10卷，《道藏》第12册，第114页。

质、刘谔时代相仿的全真道创教者王重阳，其心性理论主要便来自禅宗，炼心理论也颇接近禅宗的心性了悟学说，王氏对人与万物产生根源的看法，更是直接借鉴了佛家的缘起性空观。宋代以后"我注六经"的学风之变，与三教合流在思想层面的融合，导致《老子》注疏思想脱离文本原旨、歧见纷出、莫衷一是的现象更加严重。《老》学研究范式的转移，使得"以典释典"在回归《老子》本义学术传统的地位价值尤其显得重要。

寇才质"以典解典"的基本思路，是通过《庄子》《列子》《文子》《庚桑子》四部道教典籍与《老子》文本构建互文关系。而选择此四部典籍文献的原因在于：

> 独庄、列、文、庚四子之书，乃老氏门人亲授五千言教，各著撰义与相同。其余诸解，纷纭肆辩，徒以笔舌为功，虚无为用，了无所执，又岂可与四子同日而语哉？①

《庄子》《列子》《文子》《庚桑子》四部道教典籍，在寇才质看来是老子门人后学所获"五千言"即《老子》之亲炙，自然其主旨与创制时代和也最为接近，得《老子》真传，可视为解读《老子》最直接、最原始、最可信的材料。

> 尊上古结绳之化，述圣人体道之规，诮尚怪以遗真，鄙泥空而失治。门目备次，章句有归。鬼神之说，斥之于无稽；方术之事，屏之于不用。其道之功用，灿然靡所不载，可使后之宗风者，开卷见道而不劳聪明。②

刘谔之《序》对"其余诸解，纷纭肆辩，徒以笔舌为功，虚无为用，了无所执"做了更为详尽的说明。所谓"尚怪""泥空""鬼神""方术"之类的学说主张，与《老子》的宗教化密切相关。因为这类解读偏离了《老子》本义，不能述圣人体道之规，而被寇氏斥之于无稽、屏弃不用。除此之外，在三家合流时代风气影响下，与儒家学说，尤其是外来佛家学说的互动交融，使得《老子》注疏体现出的思想自然包蕴了其他学术流派的思想与内容。

> 然而经史不缀于涉猎诸子之中，僻好《道德》二篇，阅及旧注，背义者多，故慨然笃志，累日滋久，不舍昼夜，遂成一编之书，以论道德之根本。然犹不

---

① 寇才质：《〈道德真经四子古道集解〉序》，《道藏》第12册，第41页。
② 寇才质：《道德真经四子古道集解》第10卷，《道藏》第12册，第114页。

肯恃己所长，辄引《庄》《列》《文》《庚》为证，庶息天下未达者之谤议也，乃目之曰《四子古道义》十卷。①

由此可见，寇才质以《庄子》《列子》《文子》《庚桑子》解读《老子》，并非全然是金代支离章句之学不得已而为之的结果，而是试图通过与四部经典性典籍的互文，来完成对旧注背离《老子》本义者的纠偏，以讨论《老子》思想内蕴的本质性内容。借此可避恃己所长之嫌，庶息天下未达者的谤议，实现道家典籍的互文互仿转译。寇氏同时非常重视《老子》及四子之书的本证和本校材料，"篡违义者有一百余家，讹改本者近八百余家"，揭示了"以典释典"在文献注解体例中的优越性，对保证完成学术观点的论证也有积极意义。

二、以典释典的操作方式

与《论语》一样，《老子》作为我国早期的语录体式哲理散文集，即看似灵光闪现，随性而发，缺乏宏观性建构。看似散碎的文本其实却包蕴了经典性思想主题，体现了老子其人的思想光辉。

> 读古人书，披阅诸子，探赜聊经之奥，章章有旨，可谓深矣远矣。因观诸家解注，言多放诞，互起异端，朱紫毂乱，殆越百家，失其古道本真，良可叹也。②

寇氏通过对《老子》等文本的披阅研习，探求《老子》本经的奥蕴，发现了《老子》八十一章背后均有深刻远大的思想主旨。从现有传世，尤其是出土文献看，《老子》版本及文本形态经历了不同时期的演变，《老子》文本是历史积累而成的，其定型过程漫长，在这样的历史过程中，其思想主题因素不断被叠加共聚，意义获得重新合成，拓展出了更大的释义空间。《老子》深刻远大的思想主旨及其价值意义需要借助后世的注解才能不断得以推进，但后世的注解由于解读者思想的渗入，肯定存在寇氏认为的"失其古道本真"，或者说《老子》有较多被学者反客为主借以完成他们的学术建构的现象，此种注解已不复是《老子》章旨的本义了，因此寇氏采取以《庄子》《列子》《文子》《庚桑子》解读《老子》章旨，试图对解读方式有所突破。

比如《老子》第 14 章的本义，是接续第 1 章对道体形态、把握方式及功用进行

---

① 寇才质:《道德真经四子古道集解》第 10 卷，《道藏》第 12 册，第 114 页。
② 寇才质:《〈道德真经四子古道集解〉序》，《道藏》第 12 册，第 41 页。

阐释说明，即道在形态上是"视之不见名曰夷，听之不闻名曰希，搏之不得名曰微"的，难以用感官直接把握，需要以思维的觉悟来将其归之于"一"，这"是谓无状之状，无象之象，是谓恍惚"的存在。最终需通过"执古之道，以御今之有"，道体虽恍惚，却是看似无序杂乱中的秩序体现，感官的把握不可致诘穷究，但作为真存实有，是造就万物和万物演化所依循的规律法则，通过对这一规律的把握，便可推知远古道体既已存在。寇才质征引《冲虚经·天瑞篇》相关文字，比较系统精确地阐释了《老子》此章的精髓。

> 此章《冲虚经·天瑞篇》言：昔者圣人因阴阳虚无之道，以统天地之有形。夫有形天地者，生于阴阳无形之道，则天地有形从道阴阳无形而生，故有太易、有太初，有太始，有太素。故太易者，神之始也；太初者，气之始也；太始者，形之始也；太素者，质之始也。天地气形质具而相离，故曰混沌。混沌者，言天地相混沌而相离也。视之不见，听之不闻，循之不得，故曰大道。道无形埒，谓之自然。若能太古造化，天地之始，阴阳混沌，是谓太极。大道之纲纪为八十一章之首焉。①

区别于《老子》文本注重对道体的现象性的描绘叙述，寇才质从理论层面阐述了宇宙生成的形态与过程，阴阳虚无之道即"视之不见，听之不闻，循之不得，故曰大道"，与《老子》对道体"视之不见，名曰夷；听之不闻，名曰希；博之不得，名曰微。此三者不可致诘，故混而为一"的描绘是非常好接近的，这种阴阳虚无大道生成天地有形之物。诠释借助《冲虚经·天瑞篇》的相关文字，其通行本文字为：

> 昔者，圣人因阴阳以统天地。夫有形者生于无形，则天地安从生？故曰：有太易，有太初，有太始，有太素。太易者，未见气也；太初者，气之始也；太始者，形之始也；太素者，质之始也。气形质具而未相离，故曰浑沦。浑沦者，言万物相浑沦而未相离也。视之不见，听之不闻，循之不得，故曰易也。易无形埒，易变而为一，一变而为七，七变而为九。九变者，究也；乃复变而为一。一者，形变之始也。清轻者上为天，浊重者下为地，冲和气者，为人；故天地含精，万物化生。②

---

① 寇才质：《道德真经四子古道集解》第2卷，《道藏》第12册，第53页。
② 杨伯峻：《列子集释》，北京：中华书局，1979年，第5—8页。

寇氏标榜的"辄引《庄》《列》《文》《庚》为证",通过文本比勘,可见其本人在文本上还是做了不少改动,这种改动当与北宋疑经、删经甚至改经风气流响有关。从具体的操作看,有直接对本经做展开阐释者,如《列子》原文为"圣人因阴阳以统天地。夫有形者生于无形,则天地安从生?"寇才质将之补充解释为"因阴阳虚无之道,以统天地之有形。夫有形天地者,生于阴阳无形之道,则天地有形从道阴阳无形而生",这种改动将抽象的阴阳具体化为阴阳虚无之道,阴阳概念由此变得更易于把握,更直接接入《老子》文本对道体"不可致诘""无状之状,无物之象,是谓忽恍"的描绘;将"视之不见,听之不闻,循之不得,故曰易也"的"易"直接更改为"道";实现了《列子》与《老子》的文本链接。有直接窜改文本,甚至反其意而用之者,如《列子》文本为"气形质具而未相离,故曰浑沦。浑沦者,言万物相浑沦而未相离也",寇氏则窜改为"天地气形质具而相离,故曰混沌。混沌者,言天地相混沌而相离也"。又"若能太古造化,天地之始,阴阳混沌,是谓太极。大道之纲纪为八十一章之首焉",为《列子》本文所无,是寇氏对《老子》"以知古始,是谓道纪"直接所做之诠释。

视之不见名曰夷,《冲虚经》曰:太初者,气之始也,视之不见。《通玄经》曰:太初有名,视之不见其色,是谓虚无之气。实出于虚,无色而使天地色焉。**听之不闻名曰希,**《冲虚经》曰:太易者,神之始也,又曰太极,听之不闻。《通玄经》曰:太极有名,听之不闻其声,是谓阴阳至神。有生于无,无声而使天地声焉。**搏之不得名曰微。**《冲虚经》曰:太始者,精之始也,搏之不得。《通玄经》曰:太始有名,搏之不得其形,是谓微妙之状。形生于微,无形而使天地形焉。**此三者,不可致诘,**《通玄经》曰:大道阴阳,静而无体无色无声,所以论道不可言也。道无问,问无应。《南华经》曰:道无问,问无应,不可言也。心困焉不能知,口辟焉不能议。**故混而为一。**《冲虚经》曰:太素者,质之始也。言天地气形质具而未相离,谓之混沌。《通玄经》曰:天地未形,混而为一。**其上不皦,其下不昧。**《南华经》曰:夫道无形,在太极之先而道不为高,在六极之下而道不为深。**绳绳不可名,**《通玄经》曰:道至大者无形状,朴至大者无度量。**复归于无物,是谓无状之状,**《通玄经》曰:道者,阴阳和气,所谓无状之状。**无物之象,是谓恍惚。**《南华经》曰:无有之道,视无状貌,杳然空然,终日视之而不见色,听之而不闻声,搏之而不得形,是谓恍惚虚无之道。《通玄经》曰:天道恍惚无际,远不可止,近无所终,是谓大道之经。**迎之不见其首,随之不见其后。**《南华经》曰:太清之道,其始无首,其终无尾,无始终也。**执古之道,以御今之有。**《南华经》曰:冉求问于孔子曰:未有天地,可知古始之道邪？仲尼曰：可，古道犹今天地也，无古无今，无始无终。**能知古始**，《冲虚经》曰：昔者圣人因阴阳虚无之道，以统天地之有形。天地者，生于阴阳虚无之道。**是谓道纪**。《冲虚经》曰：则天地有形从道阴阳无形而生，故有太易，有太极，有太初，有太始，有太素，是谓道纪。①

寇才质对《老子》具体文本也依据借鉴章旨的解读理路，这种借鉴不仅有句意的疏通，更有相关术语的直接借鉴。与章旨解读主要借用《冲虚经》即《列子》一样，在句意的疏通中主要征引的也是《列子》，同时也涉及了《南华经》即《庄子》，与《通玄经》即《文子》，为达到话语承接自然，语脉贯通，在解读中寇氏还是大量运用了术语转换、话语转译等手法，如《通玄经》曰："太初有名，视之不见其色，是谓虚无之气。实出于虚，无色而使天地色焉。"《文子》通行本与之文字相近者为："一者，无心合于天下也。布德不溉，用之不勤，视之不见，听之不闻。无形而有形生焉，无声而五音鸣焉，无味而五味形焉，无色而五色成焉，故有生于无，实生于虚。"②具体语言虽有改变，但基本贯彻了《文子》主旨精神。

三、以典释典的意义

经典诠释的旨归，可以是还原经典的历史本义，即知识性还原；也可以是根据时代需要而作的意义创生，即主义生成；这两者的关系是经典诠释学所面临纠缠不清，同时又是必须解决的重要问题。就中国经典诠释传统的主流来看，一般均将典籍的本义、圣贤的原意作为经典诠释的根本目标。这自然也影响或决定了寇才质解《老》的学术动机和目的。

社会历史条件和时代主题或挑战，每个时代所面临的是不一样的，不同主体的思想观念及知识、信仰便会有很大的不同。以典籍的本义、圣贤的原意作为经典诠释根本目标的历史真实情况，经常异变为借由对经典遵循或回归的口号，以回应时代主题或挑战为旨归。不管是汉唐时期以对典籍的疏证诠释和考证辨析来作为建构思想学术体系的基础，还是宋代学者突破疏不破注传统，以实现学术思想更大自由，回应佛、儒两家的挑战，将对方的精华融入自己的思想体系之中，均是以历史变革发展的需要为基础，实现新的意义创生。故而典籍本义、圣贤原意的诠释，除还原"圣人之意"外，又不断回应不同时代的需要，实现意义创生是他们的共性。汉唐如

---

① 寇才质：《道德真经四子古道集解》第2卷，《道藏》第12册，第53—54页。
② 杜道坚：《文子缵义》，上海：上海古籍出版社，《二十二子》影印光绪三年据武英殿聚珍版本重刻1986年版，第831页。

此，宋代也是如此，甚至寇才质之后的每个时代也应如此。在圣贤原意与时代意义的诠释张力之间，经典在保持其原面目形式下，不断获得新的意义建构，这也是经典成其为经典的根本原因。

寇才质将"以典释典"作为标准自许，"不肯恃己所长，辄引《庄》《列》《文》《庚》为证，庶息天下未达者之谤议也"表现出了超卓的学术见识及功力。这种自许同时也还是留下了与汉学、宋学相同的缺憾，笔者在前文对操作方式的讨论中已有所涉及。更有甚者，某些时候因过于拘泥所据典籍文本，其解读或失之表面，甚乃或有误读之处。如《三十辐章》《老子》文本主要讨论的是"有"与"无"，即实在之物与虚空部分相互依存、相互为用关系的问题，直观起见，《老子》还举了三个例子。现将《老子》原文加粗，寇氏注解文字全文移录如下：

> **三十辐共一毂，**《通玄经》曰：上古为国之道工无淫巧，其车素而不雕，三十辐共一毂。
>
> **当其无，有车之用；**《通玄经》曰：后世工为奇巧，车舆极于雕琢，历岁不成，无益于用，有益于费。
>
> **埏埴以为器，**《通玄经》曰：古者为国之道工无淫巧，其器素而不饰。
>
> **当其无，有器之用；**《通玄经》曰：后世工为奇巧，器用遂于刻镂，历岁不成，无益于费。
>
> **凿户牖以为室，**《南华经》曰：古者巢居穴处，谓之有巢氏，昼食橡栗，暮栖木上。
>
> **当其无，有室之用。**《通玄经》曰：后世处一主之势，竭百姓之力以奉耳目之欲，志专于宫室台榭沟池苑囿。《洞灵经》曰：时事不袭夺之以土功，是谓大凶。《冲虚经》曰：齐鲁多机巧，有善土木者。
>
> **故有之以为利，**《通玄经》曰：今器有形者，逐事也；逐事者，成器也。故有功以为利，利器丧道也。
>
> **无之以为用。**《通玄经》曰：古道无形者，作始也。作始者，朴也。故无名以为用，用朴不器也。①

《老子》认为车子的作用在于载人运货，但其本身则是由辐和毂等部件构成的，这些部件是"有"，毂中空虚的部分是"无"，没有"无"车子就无法行驶，当然也就无法载人运货，其"有"的作用也就发挥不出来了；寇才质却征引《通玄经》来

---

① 寇才质：《道德真经四子古道集解》第 2 卷，《道藏》第 12 册，第 51 页。

论证上古为国之道工无淫巧,后世工为奇巧,车舆极于雕琢,历岁不成,无益于用,有益于费。《老子》认为器皿的作用在于盛装物品,器皿没有空虚的部分,即不具备"无",就不能起到装盛东西的作用,其外壁的"有"也无法发挥作用;而寇才质却征引《通玄经》古者为国之道工无淫巧,其器素而不饰,后世工为奇巧,器用遂于刻镂,历岁不成,无益于费。《老子》认为房屋的作用在于供人居住,如果没有四壁门窗之中空的地方可以出入、采光、流通空气,人就无法居住,可见房屋是内部空间发挥了作用;而寇才质却征引《通玄经》《洞灵经》《冲虚经》,说明不大兴土木,以奉耳目之欲的道理。寇氏将《老子》本章的主旨,由本义对"有""无"关系及其功用的讨论,转化为宣扬上古之世,不尚浮华雕饰,以劝诫后世君主人臣以之为治国之宗。

> 《洞灵经》曰:古者至治之代,舆服纯素则人不胜美,嗜欲希微而服役乐业矣,治国之宗也。后世衰末之代,舆服文巧则流俗炎慕,人不忠洁而耻朴贵华矣。夫耻朴贵华之谓浮浮者,乱国之梯也。故后世五帝创作车室三器,耻朴贵华矣。[①]

经典记载以及描述了其创制历史阶段的各种典章制度、社会活动、思想文化,由此可将之视为历史文献。因此,还原历史即重现文本的"圣人之意"及其历史背景,是经典阐释的有机组成部分,还原经典的历史意义成为必要。"以典解典"的原则在解《老》时,获得的认识固然可靠,然而单凭这一方法,《老子》原书的思想内容和具体事件也恐怕不容易搞清楚。如果没有具体的传疏,《老子》文本的存在形态将是令人难以捉摸的"断烂朝报"。为了解决这个问题,"经史互证"是常用有效的手段方法。故而寇氏《〈道德真经四子古道集解〉序》自称"又述《经史疏》十卷,以相为之表里",惜未见流传,也未见其他典籍文献著录,但既然与《古道集解》相为表里,便应该是经史互证的一种实践。《老子》作为经典性的存在是常道,是永恒不变的原则,这种常道的本身必须与具体的历史实践相结合,才能体现其真理价值,亦即"史"是记载这个"经"之下的社会的变迁。寇才质引史入典,典史互融,在更高层次上达到了以典解典的目的。

"以典释典"作为一种《老子》注疏文献体例范式,其对于反思宋代以来《老》学师心自用,重回原点诠释传统的价值贡献是不可忽视的,与清代"以经解经"的学术传统也有呼应关系。但"以典释典"同时也将历史形成的《老子》注疏文献思

---

① 寇才质:《道德真经四子古道集解》第2卷,《道藏》第12册,第51页。

想传统自行阻断,在追求《老子》本旨目标驱动下,另辟学术传统的同时,基本也形成了历史虚无主义,对于完整系统地发展继承《老》学思想传统也有不良影响。

论王弼以空无、无有之"无"贯释《老子》

王一麟[*]

内容提要：前贤的王弼《老》注研究有两个重要特征：一者，将"无"视为形而上者；再者，将自然与道视为二而一的关系。在对王弼《老》注诸多章节的梳理中，我们发现王弼确然以空无、无有释"无"，而以物性之"不学而能"规定"自然"。"不学"而"能"的表述透露出"自然"是源于我们对物性之"不知其所以然"，因而不得不将其归之于物之"自己而然"的内在逻辑。推进一层，物性之"不知其所以然"实则源于物生之"不知其所以然"。王弼为物之生给出了两条解释路线：一者，物之生无源可溯，意味着世间无有生物者而物皆"自生"；再者，既无生物者，"无"便是生物者，由此衍生出一套以"无"为"万物之宗"的学说。"无"为"万物之宗"，意即万物无所宗而物皆自然。王弼对《老子》空无、无有之"无"的发现当缘于此。由物之自然到"无"为"万物之宗"，揭示出《老子》哲学的一段演进历程。王弼以"无"贯通《老子》，反映出其所把握到的是演进之后的《老子》哲学。

关键词：空无　无有　无　无为　自然　道

一、"无"取空无、无有之义示例

以"无"释道是王弼《老》注的一个鲜明特征。对于"无"的解释，学界主要流行着两种观点：一种是汤用彤提出的"无"是"贞一纯全之本体"[①]的本体说，一种是牟宗三提出的"无"是"冲虚之玄德"[②]的境界说。尽管存在一定的冲突[③]，但二

---

[*] 王一麟，男，哲学博士，河南财经政法大学经济伦理研究中心讲师。
[①] 汤用彤：《魏晋玄学流别略论》，《魏晋玄学论稿》，上海：上海古籍出版社，2005年，第40页。
[②] 牟宗三：《才性与玄理》，桂林：广西师范大学出版社，2006年，第114页。
[③] 以牟宗三的主观境界说为参照标准的话，汤用彤的"本体说"应该属于客观实有型。

说都将"无"释为形而上者。而在《老》注的诸多章节中,我们发现王弼明确地将"无"释为空无、无有,这却是超出了形而上的诠释所能容纳的范围。

比如王弼于《老子》第一章注提出"凡有皆始于无"①的观点。或有学者认为其中的"有"与"无"都是指道②,然而在对"玄"的解释中,王弼称:"玄者,冥默无有也,始、母之所出也。"(《老子》第一章注)"玄"是道的另一说法。王弼将"玄"释为"无有",证实"道"为"无有",亦即"无"之义。也就是说,王弼认为"有"皆始于"无有"(具体如何成立,请详见后文)。

又如在对第四章"道冲而用之或不盈"的解释中,王弼指出:"冲而用之,用乃不能穷。满以造实,实来则溢。故冲而用之,又复不盈,其为无穷亦已极矣。"其中"不能穷"("不盈")与"溢"对反,"冲"则与"满""实"对反。这意味着,"冲"当释为虚空,虚者无实,空者非满。③因此,道即为虚空义。在本章注的后文部分,王弼将这一虚空之道视为万物之宗主、天地所法象者,甚至是先乎天帝的存在。这也是出乎意料地向我们表明,被我们一贯视为生物之主的道,其本相竟是虚空。

又如第六章的"谷神不死"之说,王弼注称:"谷神,谷中央无者也,无形无影,无逆无违,处卑不动,守静不衰,谷以之成而不见其形,此至物也。"④所谓"谷中央无者也",即是说谷因其中央"空无"之形而成其为谷。王弼进而认为,谷中央之空无是"至物",它与天地之间的空无一样,"与太极同体",是"天地之根",生万物而不见其形。这又是一个取义空无的例证。

再有如第四十章"反者道之动"一说,王弼注称:"高以下为基,贵以贱为本,有以无为用,此其反也。"其中"高"与"下"对,"贵"与"贱"对,这种对反关系表明,与"有"相对之"无"当是空无、无有之"无"。在本章最后一句中,《老子》讲:"天下万物生于有,有生于无。"王弼则称:"天下之物,皆以有为生。有之所始,以无为本。将欲全有,必反于无也。"其中的"无"应该与前一句的空无、无有之"无"保持一致。也就是说,王弼承认"有生于空无"。

---

① 王弼:《老子道德经注》,楼宇烈校释:《王弼集校释》,北京:中华书局,1980年,第1页。本文所引《老子》原文,或者王弼注文,皆以楼宇烈校释本为据。

② 相当一部分学者以"无名天地之始,有名万物之母"(《老子》第一章)为据,认为道包括"有"与"无"两个方面。但从王弼注来,这种解释是错误的。道只是"无"的一个称谓,它并不包含"有"。具体我们将在后文详论。

③ 《老子》第四十五章讲道:"大盈若冲,其用不穷",其中的"冲"与"大盈"义反,意指虚空无有。

④ 楼宇烈根据陶鸿庆的说法,将"谷以之成而不见其形"一句中的"谷"字改成"物"字,认为:"物由谷神而成,然不见谷神之形。如作'谷',则不可解。"然考其改字的缘由,其实是源于对谷中央之无如何能生物的不解。我们认为陶、楼两家改字无据。本句是承前一句的意思而来,仍然是在解释谷之所以为谷,是因为其中空无的构造。无须讳言,王弼确实认为空无无形能生万物。详见楼校释本第17页。

从理论上说，某概念被提升为哲学概念，应当是由于这一概念意涵符合成为哲学概念的需要。如果某概念必须以完全脱去其原有的概念意涵为前提才能成为哲学概念，那么这一哲学概念用其他任何一个概念代替又有什么不同？而如果用任何一个概念来指代都是一样的话，这一哲学概念也将是一个毫无意义的空概念。因此，作为王弼《老》注哲学的核心概念，"无"所具有的"有"的否定义是不能被随意否认的。

以上所示，都是王弼以空无、无有释"无"的真实例证。我们知道，《老子》第二章讲"有无相生"，第十一章讲"有之以为利，无之以为用"，此两说所涉之"无"皆是空无、无有之义。就此一义之"无"而言，郭象曾提出"无既无矣，则不能生有"（《庄子·齐物论》注）的著名论断。按郭象的意思，"无"与"有"为异质异形，二者决然对立，因而空无所有之中是不能生出"有"来的。郭象的论断可谓深入人心，不过学界并没有就此将《老子》第四十章讲的"有生于无"斥为妄论，而是选择将生"有"之"无"释为形而上者，从而与空无、无有区分开来。

学界的这种做法看似既不悖郭象之意，也能保住《老子》之说，但是在空无之外引入形而上的解释，一方面将导致空无、无有之"无"无处安置，由此不得不放弃对《老子》思想一贯性的阐释；另一方面，这种解释只是告诉我们一个逻辑结果，即"有"是生于"形上之无"的，至于当如何理解形上之"无"，以及形上之"无"生"有"的事实程序是怎么样的，这都是无法深究的问题。实质上，王弼《老》注将"无"释为空无、无有是确然存在的事实，而将"无"释为形而上者却主要是学者解释的结果。"空无"之生"有"的方式是否真如郭象所理解的一般，这是极为值得怀疑的。世人皆知空无所有之中不能生出"有"的道理，岂王弼与《老子》独不知晓？我们认为，王弼坚持以空无、无有之义释"无"，或许另有考量。本文将就王弼以空无、无有之"无"贯通《老子》提出一点个人的看法，以求教于方家。

二、以无为用与无为

王弼注《老》，依赖的是方法的恰当运用。"以无为用"便是王弼用以贯释《老子》的基本方法之一。它的提出，源出于《老子》第十一章"有之以为利，无之以为用"一说。众所皆知，《老子》此一章之"无"为空无之义。但是如何来理解这一空无，却是极有讲究。

> 毂所以能统三十辐者，无也。以其无能受物之故，故能以（实）【寡】统众也。木、埴、壁之所以成三者，而皆以无为用也。言无者，有之所以为利，皆

赖无以为用也。

学界流行着《河上公注》的以"盛受万物"[①]来看待"无"之用的解释。王弼注称"无能受物",似乎与此无异。但我们应该注意到,王弼所谓"无"之"受物",所受者非车、器、室之外的他者,乃是指车毂之"三十辐"、埴器与室壁本身。至于"受物"的方式,我们可以车为例。车因轮之圆转以载重,一方面,轮之形由三十辐聚集于毂而成;另一方面,毂中若不空,则三十辐无法聚集以成轮之用。也就是说,轮之用全赖毂中之"无"能受三十辐之聚集。而三十辐聚集于无以轮之用,实即意味着无有他者使然,三十辐聚而自成轮之用。针对"无"与众辐之间的关系,王弼提炼出"以寡统众"的思想。按照这一思路,我们可以说,"无"无为于众辐而众辐自成。以此为范例,王弼概称:"木、埴、壁之所以成三者,而皆以无为用也。""以无为用"即车毂、器、室因"无"之无所施为而用之之意。木可以成车,埴可以成器,壁可以成室。但此三者之所以成,皆赖于"无"之无所施为。"无"无所施为而木、埴、壁因之自以成车、器、室之用。所以,《老子》讲"有之以为利,无之以为用",其中"有"之利乃在于成物之形,而"无"之用则在于成物之性(用)。

相较于《河上公注》一路的解释,王弼的解释使得《老子》此章脱去了"空无"的突兀之嫌。首先,"统"的概念或近似意义的概念在《老子》本章并没有出现,王弼称"无"对"三十辐"是"以寡统众",这是王弼个人的一种创造性理解,但这与《老子》并无明显的冲突,而且它与王弼自己对《老子》思想所概括的"无形无名者,万物之宗也"(《老子指略》)的观点是相一致的。也就是说,"无"之为空无,不是杯子用之以盛水,房子用之以住人,而是以杯子、房子之"主"的姿态容受杯子、房子之形,且无所施为于杯子、房子,以使杯子、房子成就其盛水、住人之用。[②]其次,作为统物之"主","无"既能"受物"而不改物之性,即等同于"无"无为于物而物用自成。这实际意味着物性自然,无需他者造作使然。

王弼提炼的"以无为用"与"无为"是一体两面的关系。从物的角度相对于"无"而言,我们可以说"以无为用",意即物因"无"之所施为而用之。从"无"的角度相对于物而言,则可以说"无为",意即"无"无为于物。请看以下示例:

[①] 王卡点校:《老子道德经河上公章句》第十一章,北京:中华书局,1993 年,第 42 页。
[②] 冯友兰认为"一个碗或茶杯中间是空的,可正是那个空的部分起了碗和茶杯的作用。房子里面是空的,可正是因为是空的,所以才起了房子的作用,如果是实的,人怎么住进去呢?"这其实是《河上公注》之说的现代版本。详见冯著:《先秦道家哲学主要名词通释》,《老子哲学讨论集》,北京:中华书局,1959 年,第 117 页。

天下之至柔，驰骋天下之至坚。无有入无间，吾是以知无为之有益。不言之教，无为之益，天下希及之。（《老子》第四十三章）

这是以"无"（无有）论说"无为"的一个例子。王弼注为："气无所不入，水无所不（出于）经。虚无柔弱，无所不通。无有不可穷，至柔不可折。以此推之，故知无为之有益也。"《老子》本章没有直接讲到"气"和"水"，王弼引入二者，应该是由"天下之至柔，驰骋天下之至坚"一句联想到第七十八章"天下莫柔弱于水，而攻坚强者莫之能胜，其无以易之"的说法而来。气与水固然形质柔弱，但二者如何能驰骋于天下之至坚？又如何能"无所不入""无所不经"？是如水滴不舍昼夜的击打，抑或如细风连绵不断的侵蚀，从而造成对至坚之物的摧折吗？若如此，则"无有入无间"之"入"当作"贯入"①或者"穿透"②解。但"无有"如何"穿透"无间，却是一个无从思索的问题。而更为棘手的是，本章无为之旨当落实于何处？水滴或风蚀现象看似体现了"柔弱胜刚强"（《老子》第三十六章）的旨趣，但这实质上是一种形与形的正面对抗思维，其要旨在于柔弱者坚持不懈与积小成大的努力，与无为的思想恰成背反。因而，这种解释应当被排除。

相较于以冲突对抗取胜，柔弱者若能避其锋芒而与至坚者共存，何尝不是一种胜利。气和水本无自形，其之所以能驰骋于至坚，应当是以其形之柔弱而随至坚之形以成其形。换言之，气和水皆无为于至坚者，而是任至坚者自坚其形，从而与至坚者相周旋而不被摧折。所以王弼以此称赞柔弱之气和水"无所不入""无所不经"。而"道无水有"（《老子》第八章注），气和水尚只几近于道，却能以其柔弱之形驰骋于至坚。道虚无柔弱，无有无形，当更能"驰骋于天下之至坚"。《老子》称"无有入无间"，其中"入"字不当作"贯入"或"穿透"解，而当作"拥入"解。"间"即间隙、空隙。物形无间，有间处为空隙。因此，"无"拥物入怀，即"无"以其至虚至柔之性，随物之形以成其形，亦即"无"无为于物，而任物自形，由此实现与物相偕以保存自我而不被摧折。故而王弼称赞"虚无柔弱，无所不通。无有不可穷，至柔不可折"③。本章以"无有"之柔弱立论，旨归仍是"无为"。

"以无为用"与"无有入无间"看似只是两个简单的说法，却体现出了一种独特

---

① 王卡点校：《老子道德经河上公章句》第四十三章，第173页。
② 陈鼓应：《老子今注今译》（修订版），北京：商务印书馆，2003年，第239页。
③ 《老子》第三十四章讲："大道泛兮，其可左右。"王弼注为："道泛滥无所不适，可左右上下周旋而用，则无所不至也。""道"即无有之"无"，"无""周旋而用"，可与此处义理相发明。若将道视为形而上者，《老子》诸多类似的章节都将不可解。

的思想形态，即：非以"我"的意志为原则去宰制事物，而是无为无造，因顺事物之本性而然。在概念意涵上，"无"只具有空无、无有、无形等义，"无"之所以具无为之用，不是来自"无"自身概念意义的流露，而是由因顺事物之本性而逼显。也就是说，"无为"的方法意义不是来自"无"的主动作为，而是由因顺事物之本性而然。[1]

三、"自然"的意义

"自然"一词在通行本《老子》中凡五见。其中第十七章"百姓皆谓我自然"中的"自然"是百姓之自谓[2]；第五十一章"道之尊，德之贵，夫莫之命而常自然"中的"自然"是就万物而言的。因为道之所以尊，德之所以贵，是由二者不对万物发号施令而任万物自然才享有的，所以"万物莫不尊道而贵德"；第六十四章"以辅万物之自然"中的"自然"直白地显示其是指万物之自然。

以上三章所用"自然"都指向百姓或万物。历来争议最大的是第二十五章"道法自然"一说。相当多的学者偏向于接受将自然与道视为二而一的看法。《河上公注》提出的"道性自然，无所法也"[3]是这种看法的典型代表。至今学界流行着以道的本质或属性来定位自然的解释，基本是沿袭《河上公注》的思路而来。[4] 由此，"道法自然"常被理解为"道自己如此"。但这种解释既虚化了《老子》文句中所表现出的道与自然的差序结构，也混淆了道与自然的区别。下面来看王弼的注解：

> 法，谓法则也……道不违自然，乃得其性，法自然者也。法自然者，在方而法方，在圆而法圆，于自然无所违也。（《老子注》第二十五章）

---

[1] 牟宗三认为"无"是由"无为"的普遍化、抽象化提炼而成。详见牟著《中国哲学十九讲》，上海：上海古籍出版社，2005年，第72页。郑开则提出："老子所说的'有'和'无'，并非如宋儒理解的那样是抽象概念，却是有形无形、有名无名、有欲无欲、有为无为的括语"。详见郑著《道家形而上学研究》，北京：宗教文化出版社，2003年，第62页。

[2] 刘笑敢认为："'谓'之本义为'评论''认为'的意思。""自然"被视为百姓对圣人的评论。整句话的意思被理解为"百姓称赞圣人无为而治的管理办法符合自然的原则。"我们认为这种解释过于迂曲，王弼以"百姓不知其所以然"解释"百姓皆谓我自然"，即表明"自然"就是百姓之自谓。详见刘著：《老子古今：五种对勘与析评引论》（修订版），北京：中国社会科学出版社，2009年，第80页。

[3] 王卡点校：《老子道德经河上公章句》第二十五章，第103页。

[4] 刘笑敢虽然不同意河上公一类取消道与自然之间位差的注解，而以实体与非实体的不同划分道与自然，但是刘仍然认为自然归属于道，而王弼将自然用之于指涉万物之性的做法则受到批评。因而刘与《河上公注》一类的解释没有根本的区别。详见刘著：《"自然"的蜕变：从〈老子〉到郭象》，《文史哲》2021年第4期，第41—52、166页。

"法则"一词在这里是动词,意为遵循。如果转换一下,也可以将"法则"理解为以某为"法"、以某为"则"之意。物有方圆是物之性,道无所谓方圆。道无有无形,物则有方有圆。对于无有之道而言,物之方圆即是"法"、即是"则"。道遵循物之方圆,即道以物之方圆为法、为则,所以王弼认为道是"在方而法方,在圆而法圆"。这其实与"以无为用"和"无有入无间"的思维方式是一致的。道之于物,非强使物从己,而是无为于物,任物自然。所以,道无自性,顺物自然即是道之性。在这个意义上,王弼也可以像《河上公注》一样提出"道性自然"的观点,但要明确的是,道性之自然是由遵循物性之自然而有,而不是来自道本身。王弼注中多次使用"自然之道"(分别见之于《老子》注第十五章、第十七章、第二十二章)的说法,它并不能作为自然归属于道的例证。因为既然道以因顺物性之自然而为性,则"自然之道"的准确意思就是以因顺物性之自然而为道。所以,自然只是物性之自然。所谓"道法自然",即道顺物自然而无违之意。①

以此为参照,《老子》第二十三章"希言自然"之"自然"同样也应该是由物性之自然"映照"于道的结果。王弼注为:"听之不闻名曰希。下章言道之出言,淡兮其无味也,视之不足见,听之不足闻。然则无味不足听之言,乃是自然之至言也。"所谓"自然之至言"与王弼所讲的"自然之道"是同一个思想逻辑。道不对天地万物发号施令,只是因顺万物之自然。也就是说,道以万物之言而为言。因此之故,道之希言可谓"自然之至言"。

通过王弼的阐释,我们可以确认《老子》文本中所出现的五例"自然"概念都是就万物或百姓而言的。与《老子》稍有不同的是,王弼注引入了"性"概念,并将"自然"进一步落实在了物性之上,从而明确了"万物以自然为性"(《老子》第二十九章注)的思想。那么,何谓"自然之性"②?王弼给出的一个具有代表性的解释是"不学而能者,自然也"(《老子》第六十四章注)。从理论渊源上说,王弼的这一解释是借用了孟子"人之所不学而能者,其良能也;所不虑而知者,其良知也"(《孟子·尽心上》)的说法。只是孟子所谓"良知""良能",最终指向的是性善,王弼则认为"美恶犹喜怒也,善不善犹是非也。喜怒同根,是非同门,故不可得而偏

---

① "自然"一词到底是源出于道,还是万物,在道家哲学研究中是一个极为关键的问题。从学界的研究来看,绝大多数学者都认可前者,王中江则认可后者。王提出:"'道法自然'的准确意思是:'道遵循万物的自然'。"这与本文的观点是一致的。但是王将"道"视为"形而上的最高实体",却是非本文所能认同的。如果道是形上实体,则道是如何遵循万物之自然,将不得而知。详见王著:《道与事物的自然:老子"道法自然"实义考论》,《哲学研究》2010年第8期,第37—47、127页。

② 在王弼存世文献中,"自然之性"一说分别见于《老子指略》"论太始之原以明自然之性"一句,以及《三国志》注引《王弼传》中所记王弼回荀融难弼《大衍义》之"夫明足以寻极幽微,而不能去自然之性"当中。

举也。"(《老子》第二章注)也就是说,"人之所不学而能者"没有绝对的善恶是非之分。请看王弼注的具体例证:

> 爽,差失也。失口之用,故谓之爽。夫耳、目、口、心,皆顺其性也。不以顺性命,反以伤自然,故曰盲、聋、爽、狂也。(《老子》第十二章"五色令人目盲,五音令人耳聋,五味令人口爽,驰骋畋猎令人心发狂"注)

耳、目、口、心都是人与生俱有的感性官能。耳之听音,目之视色,口之尝味,心知好恶,都是"不虑而知""不学而能"的。王弼称之为"自然",意味没有人为意识的主使,耳、目、口、心自主自为。当人沉溺于声色犬马,有意驱使耳、目、口、心之滥用不止,就会导致"盲、聋、爽、狂"。因此,王弼劝诫道:"不以顺性命,反以伤自然",意即要顺自然之性而为,否则就会造成对性命的伤害。

> 学求益所能,而进其智者也。若将无欲而足,何求于益?不知而中,何求于进?夫燕雀有匹,鸠鸽有仇;寒乡之民,必知旃裘。自然已足,益之则忧。故续凫之足,何异截鹤之胫;畏誉而进,何异畏刑?(《老子》第二十章"绝学无忧。唯之与阿,相去几何?善之与恶,相去若何?人之所畏,不可不畏"句部分注文。)

燕雀与鸠鸽生而知雌雄成对,寒乡之民自知以旃裘御寒,这些也都是"不虑而知""不学而能"的,因而王弼称之为"自然"。"足"为充实、完备之意。"自然已足",即表示自然禀赋充实完备,不可增损,不可改变。若企图通过学习以增益才智,就像是把凫之短腿续长,把鹤之长腿截短,这是对自然的伤害。因此,在对荣誉得失的惊惧中进取,就像刑罚加于身一样可怕。

> 天地任自然,无为无造,万物自相治理,故不仁也。仁者必造立施化,有恩有为,造立施化则物失其真,有恩有为则物不具存。物不具存则不足以备载(矣)。【天】地不为兽生刍,而兽食刍;不为人生狗,而人食狗。无为于万物而万物各适其所用,则莫不赡矣。若慧由己树,未足任也。(《老子》第五章"天地不仁,以万物为刍狗"注)

王弼以"天地任自然"解释《老子》讲的天地"以万物为刍狗",可知天地所任者乃是万物之自然。王弼称:"天地不为兽生刍,而兽食刍;不为人生狗,而人食狗。"

兽食草，人食狗，这些行为不是受天地的教化主使，而是兽和人"不虑而知""不学而能"的行为。天地只要无为于万物，万物就能"各适其所用"。如果天地"慧由己树"，施恩立仁，反而会损伤万物之自然。

在以上所示诸例中，"自然"的概念含义都是由"不学而能"所刻画。但是"不学而能"的陈述实质上只为"自然"给出了两个限定条件：一者，"自然"由才能体现；二者，自然之能非学而然。凡是满足这两个条件，都可以称之为自然。这意味着，自然只是对"不学而能者"的一个综括，其本身并没有任何具体的含义。那么，"不学而能者"何以被概之为"自然"？

从逻辑上说，"不学而能者"既不受人为意志的宰制，也无法在事物之外为其找到任何根源。王弼感叹称："自然，其端兆不可得而见也，其意趣不可得而睹也。"（《老子》第十七章注）意即自然之性的发动没有任何事先的预谋，其行事也没有人为意志的主使。对"不学而能者"而言，我们只是有其性却不知其所以然。也就是说，"自然"概念隐含着"不知其所以然"的意思。如王弼对《老子》第十七章"悠兮其贵言，功成事遂，百姓皆谓我自然"的注解是"居无为之事，行不言之教，不以形立物，故功成事遂，而百姓不知其所以然也"。所谓"功成事遂"，就圣人而言，为天下得治；就百姓而言，为"我自然"。因此，圣人无为不言，却"功成事遂"，究其原因，百姓只道"我自然"，即"不知其所以然"。

"不知其所以然"是对"不学而能者"无根状态的一种描述，但是我们终究需要一个确定的解答才能止息疑虑，于是就"不学"而"自能"的特点而将其源头归之于事物自身，意即事物自己而然[①]，就恐怕是最为稳妥的解答。因此之故，王弼将"不学而能者"归之为"自然"才是可以理解的。事物以自身作为根源，似乎找到了根源，又似乎没有根源。王弼感叹称："自然者，无称之言，穷极之辞也。"（《老子》第二十五章注）

在王弼注之下，"自然"主要包含三层意思：第一，"不学而能"；第二，"不知其所以然"；第三，事物"自己而然"。由"自然"的这三层意思来看，无为只是万物之自然的辅助条件，而非决定条件，所以《老子》第六十四章讲圣人"辅万物之自然而不敢为"。

需要补充说明的是，王弼注中还有少数"自然"概念的用例与"不学而能"之

[①] 将"自然"释为"自己如此""自己而然"是学界的普遍做法。只是这个"自己"常被认为是指"道"。如胡适认为："道的作用，并不是有意志的作用，只是一个'自然'。自是自己，然是如此，'自然'只是自己如此。"胡适语中的这个"自己"指的是"道"之自己，而且"道"被胡适视为"天地之外"者，但如此的话，人如何能对天地之外的道有所认识，却是一个不可得知的问题？详见胡著：《中国哲学史大纲》，北京：中华书局，2015年，第46页。

旨存在一定的出入。请看以下例证：

> 因物自然，不设不施，故不用关楗、绳约，而不可开解也。(《老子》第二十七章"善闭无关楗而不可开，善结无绳约而不可解"注)
> 大巧因自然以成器，不造为异端，故若拙也。(《老子》第四十五章"大巧若拙"注)

以上两个章节中所使用的"自然"概念都是就器物而言的。如我们在前面所讨论的，器物之性主要指方圆、曲直、坚柔等。如果按"不学而能"的意义来说，将器物的方圆、曲直、坚柔等也称之为"自然"，则是不甚恰当的。但是在此之外，王弼并没有为器物之"自然"给出其他的解释。那么，王弼何以坚持将"自然"概念扩展至指涉器物之性？

按王弼注的用语特点及其思想形态来判断，"自然"概念的扩展运用应该是与"无"被视为万物宗主的观点相呼应的。无论是器物，还是人禽兽鸟兽，"无"都是无为于物，因任物之自然。也就是说，"无"之待物的方式是无差别的。王弼既然称"无"是"万物之宗"(《老子指略》)，那么无论是何物，就都可谓"无"所统御之"众"。在这个意义上，王弼用"自然"指涉器物之性是可以的，只是"自然"的这种用法应该归于扩展之后的虚说。

四、"无"的缘起与物的生成

按照王弼对"自然"概念的解释，万物之性的形成并没有一个外在的源头可供人追溯，我们对之所能做的就是"不知其所以然"而任其"自然"。这意味着，"无"之无为只是物之自然的辅助条件。然而《老子》第二章讲"生而不有"(此说又重复出现在第十章，第五十一章)，第四十章讲"天下万物生于有，有生于无"，第五十一章又讲"道生之，德畜之，物形之，势成之"。这些章节都在向世人传递这样的信息，即万物生于"无"。王弼也认为："夫物之所以生，功之所以成，必生乎无形，由乎无名。无形无名者，万物之宗也。"(《老子指略》)既然"无"生化万物而为万物的宗主，"无"就不仅仅是"辅万物之自然"，而应当是"决定"万物之自然。这一矛盾当如何解决呢？

问题的症结应该在对物性的理解之上。王弼以"不学而能"界定自然，这对于人禽鸟兽而言是恰当的，对于器物却只能算虚说。何以故？因为"不学而能者"不同于方圆曲直坚柔等。器物无生，"不学而能者"无处挂靠。上节我们为求自然之义而引证的诸例可以为此证明。如《老子》第十二章注所示，耳之听音、目之视色、口之尝味、心之知是非都是"不学而能者"，因而可以称之为自然。然而王弼的劝诫是"不以顺性命，反以伤自然"，也就是说，如果不能任耳目口心之自然，而随意任使，就会导致"盲、聋、爽、狂"。这便是由对物性的任使影响至物之生的安危。又如《老子》第二十章注讲的，燕雀自知匹对，寒乡之民自知御寒，这些都是"不学而能"的，因而是自然。然而要改变自然，就如"续凫之足""截鹤之胫"，必然造成对生命自身的戕害。这也是由物性的任使波及物之生的安危。再有如《老子》第五章注以兽自知食刍、人自知食狗为自然。但是如果对天下万物施以仁爱恩情，则必然造成"物失其真"与"物不具存"的结果，这同样是由物性的任使危及物之生。这些示例说明，物无生则无性（就"不学而能者"而言），不顺性而生，生亦不得周全。也就是说，王弼注所论自然的最终旨归应当是万物顺性而生。

以生言性是先秦以来的老传统。按王弼注的意思来看，性之与生，并非"白之与白"（《孟子·告子上》）的关系，实则生是性所以可能的基础，性是生的现实表现。我们对物性之"不知其所以然"乃是源于对物生之"不知其所以然"。而物生之"不知其所以然"等同于说物之生无源可溯。既无源可溯，则一方面我们可以认为物之"自生"就是真正的根源；另一方面，我们也可以正话反说地认为"无"就是根源。王弼对《老子》之"无"的发现当缘于此。

物之生无源可溯是一个否定判断，它只表示对物生之源存在的否定。而物之生源于"无"则是一个肯定判断，它肯定"无"就是物生之源。"无"由此转而成为一个独立的名词主语，充当着造物主的地位。王弼称："无形无名者，万物之宗也。"（《老子指略》）学界一般从形上与形下的区分角度来解析无形无名者，认为物为有形有名者，而"万物之宗"则非宫非商，非温非凉，因而必然是超越于物之上的无形无名者。事实上，"无形无名"是来自王弼以形名学"名生于形"原则对"无"的解释结果。形是事物之形。事物有形才能有名，无形意味着无物存在。无物无形即表空无、无有之意。无有无形则无名可名。既然无名可名，则"无"即其名。

作为名词主语之"无"，意为空无。"无形无名"不仅仅是对有形有名的否定，更是对"空无"的正面解说。换言之，空无是"万物之宗"。这就回到了我们在第二小节当中对"以无为用"与"无有入无间"的讨论。"空无"不是被直接用来"受物"，也不是通过有为造作来与物抗争，从而实现自身的价值，而是以无为于物的方式去实现物自身价值的"释放"。这是王弼注向我们展示的《老子》所特有的思想方式。因此，"空无"之为"万物之宗"，不是如造物主一般"创生"万物，而只能是因万物之"自生"而生之。也就是说,"空无"无为于万物,任万物"自生"①。"空无"之具无为义,也只是物之"自生"所逼显的结果。这就说明,"无"的真实价值乃是"辅万物之自然"。所谓"无"之生物而为"万物之宗",实则只是一种姿态。

　　具体示例如下:如《老子》首章讲:"无名,万物之始;有名,万物之母。"②王弼注为:"凡有皆始于无,故未形无名之时,则为万物之始。及其有形有名之时,则长之、育之、亭之、毒之,为其母也。言道以无形无名始成万物,【万物】以始以成而不知其所以【然】,玄之又玄也。"王弼注文"及其有形有名之时,则长之、育之、亭之、毒之,为其母也"一句前后出现两个"其"字。它们都是指物③这就说明"有形有名"是指"物"。往前推的话,"未形无名之时,则为万物之始"一语中的"未形无名"也当是指"物"。也就是说,《老子》经文"无名"与"有名"并非如许多学者所认为的那样同为指"道",相反,它们都是指"物"。如果我们以王弼的意思将《老子》的"无名,万物之始;有名,万物之母"一语解释一下便非常明了,即:万物在未形无名之时(即未生之时),(道)为之始;(待)万物有形有名之时(已生之后),(道)(又)为之母。

　　物有"未形无名"与"有形有名"的不同,道虽始终是无形无名者,却也有"始"与"母"之异名。王弼称道:"在首则谓之始,在终则谓之母"(《老子》第一章注)。道的"始""母"之分是相对于物之"未形无名"与"有形有名"而言的,因为物有终始(生死)。"未形"表示物将生之始,未及成形;"有形"则表示已生之后,物已成形。对应于物的两个不同阶段,道则分别发挥"始"物与"母"物的不同作用。《老子》讲"此两者同出而异名",即指"始"与"母"二者同为道,只是作用于物的不同阶段,因而有不同的名称。《老子》第五十二章讲"天下有始,以为天下母"即谓道是万物之始,也是万物之母。

　　从对王弼注的分析来看,我们可以确定,"凡有皆始于无"中的"有"指的是物,"无"则指的是道。物始于"无",即物生于"无"。王弼讲:"道以无形无名始成万物,【万物】以始以成而不知其所以【然】,玄之又玄也。"(《老子》第一章注)因为始成万物者空无无物,物以"无"而始而成,即因"无"之无为而物"自生""自

---

① 王弼的另一种解释是有形者则有分,有形有分则不能顺万物之形。道空无无形,整全无分,因而能顺万物之形。
② 根据王弼注"故未形无名之时,则为万物之始",可以判定王弼所见《老子》的本句当写作:"无名,万物之始"。
③ 该段注文中的后一"其"字接一"母"字,说明它指的是物。这也正好与"故未形无名之时,则为万物之始"之"万物"对应。前一"其"字也应该是指物。因为在同一个语句当中,只有在指同一对象的情况下,才能都用"其"字代替,不可能同一个语句当中的两个"其"字同时被用于代指不同的对象。

成"。对于万物而言,空无无为却能使万物自生自成,这是"不知其所以然"。

又如《老子》第十章讲:"生之、畜之,生而不有,为而不恃,长而不宰,是谓玄德。"王弼注为:"不塞其原,则物自生,何功之有。不禁其性,则物自济,何为之恃。物自长足,不吾宰成,有德无主,非玄而何?凡言玄德,皆有德而不知其主,出乎幽冥。"《老子》是从道的角度讲道对万物的生畜作用,王弼则是以物的"自生""自济"作为回应。物何以能"自生""自济"?因为"原"与"性"不由道,而是由物自身。正因为物具"自生"之"原",道"不塞其原",物即"自生";物具"自性",道"不禁其性",物即"自济";物"自长足",道"不吾宰成",物即自宰自成。在物之生的整个过程中,道发挥的实质作用是"不塞""不禁""不吾宰成",意即无为。所以,《老子》讲"生之、畜之",实际是"无"物"生之、畜之",万物"自生""自畜"。盖道即是"无"。"无"有生物之德,是为"有德";"无"者空无无物,是为"不知其主"。概而言之,"无"之生物是"不知其所以然"而物"自生"。

再有如《老子》第四十章讲:"天下万物生于有,有生于无。"王弼注称:"天下之物,皆以有为生。有之所始,以无为本。将欲全有,必反于无也。""有"指有形。有形之物未必有生,有生之物却必然有形。所以说"天下之物,皆以有为生。"那么物之生是如何实现的呢?王弼称:"有之所始,以无为本。"这是"凡有皆始于无"(《老子》第一章注)的另一种表述。"始"字对应的是经文"生"字,为"始生"之意。"本"则是相对于"末"而言的一个概念。许慎的解释是"木下曰本""木上曰末"(《说文解字》卷六),意即树的根为"本",枝叶为"末"。这一解释内涵着本为末提供存在之基的用处。王弼对本末概念的使用与此不悖。

所谓"以无为本",其真实意图实则是"以无为用"。[①]"无"是物生之本,物因"无"而始生,意即有生之物需赖"无"之无为而自生。

王弼又称:"将欲全有,必反于无也。""全"为动词,为"保全""全尽"之意。"全有"即"全生""全寿"之意。也就是说,如果想要全寿,只有无为。否则,势必"不道早已"(《老子》第三十章)。如在对"益生曰祥"(《老子》第五十五章)的注释中,王弼指出:"生不可益,益之则夭也。"按益与损对。损生无疑会导致夭亡,但益生也被认为会导致同样的结果。这意味着"生"无需任何的人为干预,我们只需无为于"生"。《老子》第三十三章讲道:"死而不亡者寿。"王弼注为:"虽死,

---

[①] 汤用彤先生将"以无为本"视为王弼哲学的核心观点,并由此提出本体论一说。按本文的阐释而论,若仅停留在"以无为本",则与王弼的真实意思实际仍隔一层,必须要把"以无为用"点明,我们才知道何谓"以无为本"。汤用彤又将本末范畴视同为体用范畴(详见汤著《魏晋玄学论稿》,第26页),但在王弼注中,本非体,末也非用。比如树根是本,枝叶为末。树根与枝叶皆是体,我们并不能将树根视为体,而将枝叶视为用。本末与体用完全是不同的范畴。而且严谨地说,王弼注虽用到体和用两个概念,但二者并没有汤用彤所说的意义。

而以为生之道不亡，乃得全其寿。身没而道犹存，况身存而道不存乎？"①道无存亡，身则有生死夭寿。若无为于身，任身自生，则生可得全寿而尽。反之，若对身有所损益，则会造成身的夭亡。这实际就表示生者自生自死，任何的损益都将是不必要的有为造作。我们无为于身，身才能全寿而终。

在王弼注中，就万物而言的"自生"②概念尽管只在第十章注当中出现一次，但物之所以被认为是"自生"，却是由王弼阐发的《老子》固有的思想形态所决定，与概念出现的次数多寡无必然联系。③玄学发展至郭象，"自生"已经演变成为一个显要的核心概念，其肇端之处即在王弼。但是郭象通过批评"无"之生"有"的方式以证明物之自生，则反映出由王弼所把握到的《老子》"无"的智慧，到郭象时已经承接不上。当然，这也表明由王、郭所呈现出来的老学与庄学存在不同的理论旨趣，"无"之生物在郭象庄学中已非必须保留的部分。

五、《老子》思想系统的演进与"道"概念的后起

《老子》八十一章文本的成形历经漫长，这已是学界共识。按王弼以"无"释《老》所流出的种种迹象表明，《老子》思想系统的成型也非一蹴而就。概而言之，《老子》最原始的思想系统应该只是以物为中心，由物之自然推及无为而形成的纵贯形态；"无"的引入，使得"无为"形似"无"的一个次生概念，"自然"的指涉也随之发生扩展，《老子》的思想系统也由此转而变成以"无"为中心的横摄形态，并覆盖在原始纵贯形态之上。二者交织并用，而以横摄形态为门脸。

首先，就"自然"概念而言。王弼不仅将"自然"用之于指涉人禽鸟兽，还用之于指涉器物。王弼所把握到的"自然"的意义限定在"不学而能者"，这证明"自

---

① 该文在楼宇烈校注中写作"虽死而以为生之，道不亡乃得全其寿。身没而道犹存，况身存而道不卒乎"。楼本有两处值得商榷。第一，楼本以"之"字断句，似有两解。一者，"生之"为"道生之"的简略，"之"字代指身。但如此解，极突兀，文义与经注两方都不合。二者，将"生"字视为经文"不亡"二字的转写，"之"字无义。如此，死与生同指身而言。但观王弼注，"死"是指身之死，"不亡"二字却是指道。因此，我们认为"之"字断句不当，应分别在"死"与"亡"字处断句，即当写作"虽死，而以（为）生之道不亡，乃得全其寿……"其中"为"字或误衍，意即"身虽死，但生身之道不亡，身因此而获得全寿"。王弼《老子》第五十章注中讲"取（其）生【之】道，全生之极"，意与此同，即只有以生之道处身，才能全生之极，即全寿。否则则是"取死之道，全死之极"。第二，王弼既以"不亡"和"存"二词状道，则不必再转用"不卒"一词。王弼既言"身没而道犹存"，则后一句"况……乎"当为反问，即"况身存而道不存乎？"《道藏集注》本"卒"作"存"或不误。

② "自生"是专就万物而言的一个概念。《老子》第七章讲："天地所以能长且久者，以其不自生。"这是明确反对天地"自生"。王弼的解释是："自生则与物争，不自生则物归也。"天地"以无为心"，无私无造，是万物自生的前提条件。若天地"自生"，即有私于己，塞物之原，所以是"与物争"。

③ 王弼在对《周易》的注解中也用到"自生"概念，如《坤卦》六二爻注为"任其自然，而物自生"。

然"概念源出于对人禽鸟兽一类生物的描述。在没有进行任何概念意义的增损或调整的情况下，王弼直接将"自然"用之于指涉器物，这只能算是"自然"由实到虚的扩展运用。① "万物"也由此可以被涵括进"自然"当中。"自然"概念由实到虚的扩展运用，透露出王弼所把握到的《老子》思想系统曾发生过扩展演进。

其次，就"无"与"无为"的关系而言。"无"的概念意涵是空无、无有。但是在王弼注下，"无"却具有"无为"于万物之用，这却是令人惊奇的。我们可以试问：既然"无"是"万物之主"，何以又牵出"无为"？如果没有"无为"，难道"无"不足以为"万物之主"吗？对于这样的问题，我们只要回顾郭象对"无"生"有"的批评，就能明白"无"仅以其"空无"之形生"有"是行不通的事实。换言之，"无为"才是万物之生所以可能的必要条件。既然如此，那么，"无"与"无为"的这种"联姻"只能说明《老子》的思想曾经发生过从"无为"到以"无"统摄"无为"的演进过程。

结合以上两点来看，"自然"由实而虚的扩展运用是与"无"对"无为"的统摄相匹配而发生的。"自然"与"无为"的两方变动提示我们，《老子》的思想并非源于对"无"的领悟。实质上，由百姓之"自然"而辅之以圣王君主之"无为"，就足以构成一个简洁自足的思想系统。它的端始或许是《老子》的某一位早期作者由对统治者政治上有为造作的失望而激发出其对生命自然的洞识，由此而有无为的呼声。从哲学的建构来说，这一思想系统无需他者，仅凭对生命自然的真切洞识，辅之以无为，就足以为生命的存在提供强有力的说明，因而极显思想的质朴与原始。

"无"的引入给《老子》思想带来的显著变化之一是"无"成了"万物之宗"（《老子》第四章），圣王君主则从最高地位的邦国统治者转而成为"域中"四大之一，圣王君主之治国也必须法道而为。从理论形式上说，《老子》引入"无"的做法具有一定的冒险性。《老子》第四章讲："吾不知谁之子，象帝之先。"第二十五章又讲："有物混成，先天地生。"这岂不是在向世人宣告世间还有造物主的存在？这种引入更高权威的理论设计对于劝诫君主或许具有一定的效果，但相较于着眼生命之自然来建构哲学的努力，"无"的造物主身份无疑使得《老子》表现出一种思想倒退嫌疑。所幸的是，王弼反复说明"无"者空无无有，"无"是造物主，即表示世间无造物主。

"无"的引入给《老子》思想带来的另一个显著变化是原本因直透生命之自然而

---

① 王弼注中的"物"概念既被用来指人禽鸟兽等生物，也用来指器物，这是沿袭了《老子》的用法。如《老子》第三十二章讲："道常无名，朴虽小，天下莫能臣也。侯王若能守之，万物将自宾。"其中的"万物"就是指百姓。《老子》第二十七章讲："常善救人，故无弃人；常善救物，故无弃物，是谓袭明。"这里的物与人相对，指的是本章前文讲到的筹策、关键和绳约等器物。"物"的这两类指涉对应的是"自然"概念的用法，也就是说，王弼注中"自然"概念由实到虚的扩展运用是对《老子》思想的一种合理解读。

提出的"无为"转而成为"无"统御万物的一种技术手段。虽然前者仍然占据着《老子》思想的主体部分，但是"自然"被扩展至用于指涉器物，则"无"对万物的"统御"其实只是虚说。由"以无为用""无有入无间"，甚至"道法自然"所代表的技术手段才是统合《老子》思想的真正要害。如果说前者由生命之自然而辅之以无为所形成的是纵贯系统，那么后者已经演变成以"无"之"无为"作为沟通万物的一种技术手段所形成的横摄系统。后世多称《老子》为帝王南面之术，固与此有关。

通行本《老子》的思想建构在"无"的引入之后基本完成，后世所谓黄老之"老"，当指"无"引入之后的《老子》。在此之后，以"道"概念取代"无"，应该是《老子》文本的一个最重大变化。

通行本《老子》是以"道"为中心建构的文本，王弼注却将"道"与"大""微""远""玄"（《老子指略》）等概念一同视为"无"的一个称谓。换言之，王弼不是在"以无释道"，而是还原了"无"作为"道"之本真的事实。[①] 王弼的这一做法意味着"道"在《老子》文本中是一个更加后起的概念，它只是"无"的一个代称而已。在"无"之外，"道"并不具有独立的意义。

从字义上说，道的本义为"所行道"（《说文解字》第二下），即"道路""由径"义，引申之后，即成动词"由"义。王弼对"道"的理解与此密切相关。如"夫'道'也者，取乎万物之所由也"（《老子指略》），"涉之乎无物而不由，则称之曰道"（《老子指略》），"言道则有所由，有所由然后谓之为道"（《老子》第二十五章注），"道者，物之所由也"（《老子》第五十一章注）。王弼一方面把道解释为"由"，另一方面又把道解释为"物之所由"。这两个解释显然是继承自道的两个字义。所不同的是，"道路"之道可以泛指"物之所由"，但"物之所由"却不必专指"道路"。正是这一点不同，使得"道"概念有机会成为"无"的代称。

今本《老子》还保留着一个用"道"的"道路"本义来说教的章节。《老子》第五十三章讲："大道甚夷，而民好径。""径"与"大道"相对，指小路。王弼注称："言大道荡然正平，而民犹尚舍之而不由，好从邪径，况复施为以塞大道之中乎？故曰'大道甚夷，而民好径'。"意即大道正平好走，百姓尚且选择走小路，更何况大道被施为造作所阻塞，百姓更是不由大道走。如果仅从字面义看，《老子》的这句话类似无意的唠叨，它与《老子》的整个思想体系似乎是无甚相关的。但是如果我们承认这句话有所喻指，且喻指了《老子》的某个先已成型的思想，这句话就与《老子》的整个思想体系存在紧密的关系。

[①] 王弼在《论语释疑·述而》中对"子曰：'志于道'"的解释是"道者，无之称也，无不通也，无不由也，况之曰道。"这也已经是很直白地指明了道是无的一个后起的称谓的意思。

从喻指的角度说，《老子》既然用"道路"义去喻指某个先已成型的思想，那么"道路"义实际就是被暗自以"物之所由"义在起喻指作用。在字面上，道的"物之所由"义只是一个形式框架，只有当它被某个先已成型的思想"填充"之后，才能从一个形式框架转变为具有思想内涵的哲学概念。

这个先已成型的思想可能是"无为"吗？"无为"是动词，不能充当名词主语。所以，"道"所喻指的只能是兼摄无为之"无"。因为"无"生万物，"无"即可以被视为万物之所由。万物由"无"而生，即顺势转为万物由道生。"道路"之道由此即真正通过"物之所由"义转而成为《老子》的核心概念。至此我们才可以重新释读《老子》本章所要表达的思想，即"（无）无为本易知易行，但百姓却偏偏不由此而喜好有为造作"。这正如《老子》第七十章所感叹的"吾言甚易知，甚易行。天下莫能知，莫能行"。

《老子》八十一章，"道"概念触目可及，"无"则不过出现三两处。这一现象是值得玩味的。如果说以"道"指称"无"可以视为《老子》思想的一次演进，则这次演进似乎造成了对《老子》思想的遮蔽，以致后世学者的大量解读工作都集中在了"道"概念之上，而忽视了"无"。这种遮蔽是否有意为之，颇难臆测，但仅有的几章对"无"的论述，似乎是《老子》有意留给读者的解密"钥匙"。王弼从诸多迷障中独独契接上"无"，并反将道视为"无"的一个称谓，足见王弼之慧解。[①]

六、余论

汤用彤将"无"释为本体，而以"意会"作为通"无"的方法；牟宗三则否定"无"的客观实有性，而将其释为主体工夫所至的境界。[②]二者都依据于王弼"圣人体无"[③]之说，将"无"落实在主体之"心"上，似乎心之所体不可能是空无、无有。请看王弼以下注文：

> 是以天地虽广，以无为心。圣王虽大，以虚为主。故曰，以复而视，则天地之心见。至日而思之，则先王之至睹也。故灭其私而无其身，则四海莫不瞻，远近莫不至。殊其己而有其心，则一体不能自全，肌骨不能兼容。是以上德之

[①] 在《老子》文本中，恐怕不仅是"道"概念，甚至"德"概念也应该是后引入的。我们所当追问的是，道与德何以具有如此强大的吸引力和说服力，以至先秦诸子无不自觉地将二者引以为自家学说的中心概念。唐韩退之在《原道》中提出"仁与义为定名，道与德为虚位"的观点，也提示出了这一现象的存在。

[②] 由于篇幅有限，本文将不就汤牟两家对"无"的解说展开论述，以免支离曼衍。

[③] 《三国志·魏书》卷二十八《钟会传》注引何邵《王弼传》。

人，唯道是用。(《老子》第三十八章注)

"心"不是器物。"心"若是器物（肉心），则"以无为心"不可解。"心"有意欲造为，是宰制一"身"之主。王弼注指出了心为一身之主的两种方式：一者为"殊其己而有其心"。前者无私无身，即以意欲造为之"无有"而为一身之主，亦即任身之自做主宰。这是"以无为心"的真实内涵。后者与此相反，殊己有心，即以意欲造为宰制一身。天地"以无为心"或圣王"以虚为主"，万物或百姓皆得自然，皆愿归附。反之，则身且不能自全，肌骨亦相互敌对。《老子》第二十六章劝诫君王不要"以身轻天下"，"轻则失本躁则失君。"王弼注为："失本，为丧身也。失君，为失君位也。"这也是主张君主应该无私无身，才不至于丧身失位，由此看来，所谓"圣人体无"，实为圣人"无身无私"(《老子》第七十七章注)之意，而"无"者即私欲"无有"之谓也。

也谈王弼《周易注》的老学思想渊源

——兼论《老子》的礼学背景

朱君杰[*]

内容提要：王弼《周易注》中"援老入易"，自古对此褒贬不一，但无可否认的是王弼通过"援老入易"与"以传解经"的注解方法，实现了注解《周易》从繁复的象数到义理的回归。其《周易注》中的老学思想渊源，学者普遍认为是战国中后期以来杂取诸家的黄老之学。其实王弼《周易注》中老学思想可追溯至《老子》一书本身，《老子》一书有着浓郁的周代礼学背景，"谦逊""辞让"等观念与《周易》义理也多有相符之处，以《老子》注《周易》则是极为恰当的。

关键词：王弼《周易注》 援老入易 《老子》 老学思想 礼学背景

基金项目：本文系国家社会科学基金重大项目"人类命运共同体思想的历史学研究"（项目批准号：18ZDA170）阶段性成果，新教师创新基金项目"马克思主义基本原理同中华优秀传统文化相结合路径研究"（项目批准号 XJSJ23071）。

"援老入易"是王弼《周易注》的重要特点。晁说之曰："以老氏有无论《易》者，自王弼始。"[①] 普遍认为，王弼的《老子注》大致成书于正始六年，其《周易注》大致成书在嘉平元年（即公元245与公元249年）。[②] 从其学术脉络来说，王弼将其对《老子》的理解融入《周易》是自然而然的事情。对于王弼"援老入易"历来褒贬不一，非议者如皮锡瑞有言："予谓弼之所学，得于老氏者深，而得于易者浅。"[③] 再如牟宗

---

[*] 朱君杰，男，汉族，西安电子科技大学马克思主义学院讲师，上海大学古代文明研究中心研究员。

[①] 晁说之：《嵩山文集》（第2册）卷十三，上海：上海书店，1985年，第152页。

[②] 裴传永：《王弼〈易〉〈老〉二注成书先后及年代考辨》，《周易研究》1997年第3期，第20—26页。

[③] 皮锡瑞：《经学通论》，北京：中华书局，1954年，第24页。

三认为:"易经的义理他也不能懂。……王弼的注大抵不相应,他是用道家的玄理来解释易经义理,而易经的义理是孔门义理……王弼对道家能相应,对儒家则全不相应。"① 褒扬者如黄宗羲有言:"顾论者谓其以老、庄解易,试读其注,简当而无浮义,何曾笼络玄旨。故能远历于唐,发为正义,其廓清之功不可泯也。"② 再如唐君毅认为:"唯王弼之易学……扫除今文易学之传中之象数,亦自有其所涵之义理……其与今文易学之不同,当说在今文易学之思想方式为……总包性、外延性的观察;而王弼之易学,则对一一事物,作分散性、内容性的观察。"③

后世之所以对王弼"援老入易""尽黜象数,说以老庄"褒贬不一,毁誉参半。究其原因,在于对于《周易》一书究竟是卜筮之书还是义理之书理解有所不同,对于《老子》其人其书认识也大相径庭,对于儒家与道家的学派主张理解也面貌迥异。正如李源澄《经学通论》有言:"吾以为《易》之成为经学,由其离于象数而进于义理,而后人言经学,反以术数乱之,亦由其本为卜筮之书故耳。"④ 但不可否认的是王弼创造性地援引《老子》注《周易》,⑤ 并且"以传解经",对于东汉以来过分注重"易"的卜筮功能从而出现的过于烦琐的解《易》之法是一种拨乱反正,对将天人感应和谶纬之学穿凿附会引入易学的解释方法,也是一种纠偏。一言以蔽之:"沉淀了牵强附会的象数泥沙。"⑥ 这也是后世儒家学者将王弼《周易注》视为《周易》之正解,甚至被孔颖达认为其"独贯古今"的重要原因之一。

关于王弼《周易注》中"援老入易"的"老"学,先前研究者如钱穆、冯友兰、牟宗三、陈鼓应、胡家聪、王葆玹、王晓毅等学者,普遍认为其为黄老之学。⑦ 其特点如《论六家要旨》中所言:"采儒墨之善,撮名法之要,与时迁移,应物变化。"但先前的研究者大多将王弼对于"仁、义、礼"等观念的推崇视为在黄老之学背景下吸收了儒家学说的影响,将其中保留了"有"与"无"等玄学思辨色彩的内容视为

---

① 牟宗三:《四因说演讲录》,台北:鹅湖出版社,1997年,第49页。
② 黄宗羲:《易学象数论·自序》,《黄宗羲全集》,第9册,杭州:浙江古籍出版社,2005年,第1页。
③ 唐君毅:《中国哲学原论·原道篇二》,台北:台北学生书局,1993年,第332页。
④ 李源澄:《李源澄著作集》,台北:"中研院"中国文哲研究所,2008年,第54页。
⑤ 在王弼之前,严遵、扬雄、折象、向长等人都有《易经》与《老子》的相互注训,只是不及王弼《周易注》与《老子注》中表现得鲜明。
⑥ 王晓毅:《王弼评传》,南京:南京大学出版社,1996年,第286页。
⑦ 参见:钱穆:《庄老通辨》,北京:九州出版社,2011年;冯友兰:《中国哲学史新编卷》(上),北京:人民出版社,1998年;王葆玹:《今古文经学新论》,北京:中国社会科学出版社,1997年;牟宗三:《才性欲玄理》,《牟宗三先生全集》第二册,台北:联合报系文化基金会,2003年;陈鼓应:《道家与〈周易〉经传思想脉络诠释》,载于《道家易学建构》,北京:中华书局,2015年,第34—63页;王晓毅:《黄老"因循"哲学与王弼〈周易注〉》,《周易研究》2015年第6期,第75—81页等文。

黄老之学中原本道家思想的影响。① 对于王弼援《老子》入《周易》从而使得《周易》从繁复的象数之学向义理之学回归这一现象关注较少。其实《老子》一书本身就有浓厚的周代"礼"学思想背景，《老子》书中"辞让""不争""退守"等观念与周代"礼"的观念契合度极高。其与《周易》义理多有相通之处。王弼《周易注》能够实现让《周易》从穿凿附会的象数之学向义理之学回归，《老子》思想起到了极为重要的作用。王弼"援老入易"之"老"学大可追溯至《老子》一书本身，以《老子》入《周易》来阐发《周易》义理是极为恰当的。

一

学界普遍认为王弼《周易注》中对于《老子》思想的援引，起点便集中在对"无"与"有"的思辨性认知，最为直接的是对于《复·彖》中"复，见其天地之心乎"的注解："复者，反本之谓也，天地以本为心者也。凡动息则静，静非对动者也。语息则默，默非对语者也。然则天地虽大，富有万物，雷动风行，运化万变，寂然至无，是其本矣。"② 这甚至成了后世判定王弼以"老"学解读《周易》的直接证明，但此类论述在王弼"援老入易"的所有情况中并不具有普遍性。如马恺之认为："'无'这个字眼只在探讨'复卦'时用得上，可是王弼在这一段也不涉及君主或政治制度的问题。"③ 我们更应该看到的是，相对"有"与"无"的思辨而言，王弼《周易注》中更多的是以《老子》"无为"思想引申出"谦退""辞让""无为"之道，以实现"无不为"的目的。如《坤》六二中"直方大，不习无不利"一句，王弼《周易注》中解："居中得正，极于地质，任其自然，而物自生；不假修营，而功自成，故不习焉，而无不利。"④ 这与王弼在注《老子》第五章"天地不仁，以万物为刍狗，圣人不仁，以百姓为刍狗"⑤ 时所言"天地任自然，无为而造"⑥ 是有异曲同工之妙的。其"修营"与"功成"的论述则很容易与通过"无为""不争"来实现"无不为""无不利"的主张相联系。

---

① 参见：王文军、张立文：《经学视野下的王弼〈周易〉解释学新诠》，《齐鲁学刊》2019年第2期，22—27页；王文军：《王弼〈周易注〉"无"思想的政治哲学解读》，《周易研究》2019年第1期，12—18页；刘雅萌：《以象数扫落象数——王弼〈周易注〉对汉易象数的变革》，《中州学刊》2017年第8期，第114—119页；许朝阳：《论唐、牟二先生对王弼易学的诠解》《第七届先秦两汉学术会议论文集》，2009年4月。

② 王弼著，楼宇烈校释：《王弼集校释》，北京：中华书局，1980年，第336—337页。

③ 马恺之：《在形而上学与政治哲学之间——从西方汉学的角度再度探讨王弼的易学》，《人文杂志》2004年第4期，第63页。

④ 王弼著，楼宇烈校释：《王弼集校释》，第227页。

⑤ 陈鼓应：《老子今注今译》，北京：商务印书馆，2005年，第93页。

⑥ 王弼著，楼宇烈校释：《王弼集校释》，第13页。

更为直接的例证如注解讼卦：

讼：有孚，窒惕，中吉，终凶。利见大人，不利涉大川。

《彖》曰：讼上刚下险，险而健，讼。"讼：有孚，窒惕，中吉"，刚来而得中也，"终凶"，讼不可成也。"利见大人"，尚中正也，"不利涉大川"，入于渊也。

王弼注：凡不和而讼，无施而可，涉难特甚焉。唯有信而见塞惧者，乃可以得吉也。犹复不可以终，中乃吉也。不闭其源，使讼不至，虽每不枉，而讼至终竟，此亦凶矣。故虽复有信，而见塞惧，犹不可以为终也，故曰"讼，有孚，窒惕，中吉，终凶"也。无善听者，虽有其实，何由得明。而令有信塞惧者，得其"中吉"，必有善听之主焉。其在二乎？以刚而来，正夫群小，断不失中，应斯任矣。

《象》曰："天与水违行，讼。君子以作事谋始。"

王弼注曰："听讼，吾犹人也，必也使无讼乎！"无讼在于谋始，谋始在于作制。契之不明，讼之所以生也。物有其分，职不相滥，争何由兴？讼至所以起，契之过也。故有德司契而不责于人。①

"有德司契"源自《老子》七十九章："和大怨，必有余怨；报怨以德，安可以为善？是以圣人执左契，而不责于人。有德司契，无德司彻。天道无亲，常与善人。"②《老子》认为，解决怨恨与纠纷的根本办法是圣人"不责于人"，也就是圣人要懂得"辞让"与不苛责，让怨恨消之于无形，而不是产生之后再寻求调和之法。王弼在对《老子》此处注解为："不明理其契以致大怨已至而德和之，其伤不复，故有余怨也。左契防怨之所由生也。有德之人念思其契，不念怨生而后责于人也。彻，司人之过也。"③王弼对《老子》所注与对《周易》所注其中心思想是异曲同工的，援引《老子》来注解讼卦，显然是认为讼卦此处义理与《老子》中"不争""辞让"与"不责于人"的观念颇有相似之处。

王弼通过"援老入易"直接将《老子》"谦退""辞让""不争"等观念用来阐发《周易》义理的例证还有很多。如履卦九二，王弼注："履道尚谦，不喜处盈。"④

---

① 王弼著，楼宇烈校释：《王弼集校释》，第249页。
② 《老子》第七十九章在马王堆帛书甲本、乙本中均有记载，且均为《德经》最后一章，只是如执"左契"还是"右契"等具体文字所有差别，大意基本相同。参见陈鼓应：《老子今注今译》，北京：商务印书馆，2005年，第341页。
③ 王弼著，楼宇烈校释：《王弼集校释》，第188页。
④ 王弼著，楼宇烈校释：《王弼集校释》，第273页。

这种低调处事，切忌满盈的思想，在《老子》一书中随处可见。可参《老子》第九章："持而盈之，不如其已。揣而锐之，不可长保。金玉满堂，莫之能守。富贵而骄，自遗其咎。功成身退，天之道。"①《老子》第四十二章"故物，或损之而益，或益之而损。人之所教，我亦教之。强梁者不得其死，吾将以为教父"②均是这一思想的直接体现。当然，王弼援老入易并非全然将《老子》思想注入《周易》，"旧瓶装新酒"之事也时有发生，以王弼注《周易·革卦》为例，《周易》中革卦与鼎卦取革故鼎新之意，充满了对于新生事物的赞美，对应到人事政治领域，《周易·革卦·象传》曰"天地革而四时成，汤武革命，顺乎天而应乎人，革之时大矣哉"，则肯定了改朝换代、王朝更替的正统合法性。王弼在《周易注》中肯定了这种观念，《革·上六》注："改命创制，变道已成，功成则事损，事损则无为，故居则得正而吉，征则躁扰而凶也。"③此处王弼虽也提到了"无为"，但此处王弼所言"无为"与《老子》思想是既有联系又有区别的。《老子》思想中同样主张统治者应该"顺乎天意""顺乎四时"，自然而然地确立自己的统治，但老子不主张激进的革命手段建立合法性统治。相关观念可参《老子》第五十七章："以正治国，以奇用兵，以无事取天下。吾何以知其然哉？以此：天下多忌讳，而民弥贫；人多利器，国家滋昏；人多伎巧，奇物滋起；法物滋彰，盗贼多有。故圣人云：'我无为，而民自化；我好静，而民自正；我无事，而民自富；我无欲，而民自朴。'"④（今本《老子》第五十七章作"法令滋彰"，郭店楚简、马王堆帛书乙本、河上公本，均作"法物滋章"）《老子》第二十九章："将欲取天下而为之，吾见其不得已。天下神器，不可为也，不可执也。为者败之，执者失之。是以圣人无为，故无败，故无失。"⑤王弼在《周易注》中和《老子》思想最大的不同在于，老子主张通过"无为"的手段来取天下与治天下，所谓"以无事取天下"达到"天下大治"。王弼《周易注》中主张通过"有为"的革命手段取得政权之后再通过马放南山等"无为"的手段来治理天下，如韩强所言："《老子》讲无为，《周易》讲有为，王弼融会易老，在《周易注》中提出了从有为到无为的变革思想……一旦时机成熟，就要顺乎天而应乎人，积极有为；变革成功后，则归于无为。"⑥

综上，我们不难看出，王弼"援老入易"以"无为"的思想来注解《周易》，其鲜明的特点其一在于没有引向"有"与"无"之间的玄学思辨，而是更多的阐发"谦

---

① 陈鼓应：《老子今注今译》，第 105 页。
② 陈鼓应：《老子今注今译》，第 233 页。
③ 王弼著，楼宇烈校释：《王弼集校释》，第 467 页。
④ 陈鼓应：《老子今注今译》，第 280 页。
⑤ 陈鼓应：《老子今注今译》，第 188 页。
⑥ 韩强：《王弼与中国文化》，贵阳：贵州人民出版社，2001 年，50—51 页。

退""不争""无为"等义理。其二在于其援引"老"学思想,虽说在极个别之处与《老子》一书思想不尽相同之处,但必须承认的是其与《老子》一书原本思想契合之处确实很多。

二

有学者认为王弼将《老子》中"无为"思想引入《周易》,是由《系辞上》"《易》,无思也,无为也,寂然不动,感而遂同天下之故"阐发而来。[①] 因为学界公认王弼《周易注》中通过"以传解经"的方法,使《周易》走出象数与玄学的窠臼,回归其义理本色。《易传》本身更有学者认为其是以黄老道学思想为主干的,起码是深受黄老道学的思想影响。[②] 王弼在"以传解经"的同时,将《易传》中浓郁的黄老思想注入《周易》则是顺理成章的了。因此,王弼"援老入易"之"老",更多地被先前的学者认为是黄老道学。

黄老道学在战国中后期至汉初一直是显学,齐国稷下学宫中韩非子"喜刑名法术之学。而其归本于黄老"。[③] 申不害"学本于黄老而主刑名"。[④] 总之,"学黄老道德之术"[⑤]之人甚重。到了汉初,黄老之学更是被确立为了官方政治哲学,即便是到了汉武帝"独尊儒术"以后黄老之学虽说渐趋衰微却也没有退出历史舞台,在东汉时期"黄老之学"便有所复苏,在史籍中"黄老"二字也更为频繁地出现。[⑥] 到了魏晋初年,曹氏集团更是根据现实政治需要将黄老道学确立为官方政治哲学。[⑦] 随着现如今大量的出土文献的发现,我们可以很大程度上还原战国至西汉初年黄老之学的

---

① 王文军:《王弼〈周易注〉"无"思想的政治哲学解读》,《周易研究》2019年第1期,第15页。
② 坚持将《易传》主干思想为道家思想的学者以陈鼓应为代表,参见陈鼓应:《〈易传〉与道家思想·序》,北京:商务印书馆,2007年,第8页;胡家聪:《〈易传·系辞〉思想与道家黄老之学相通》、王葆玹:《从马王堆帛书本看〈系辞〉与〈老子〉的关系》,见陈鼓应:《〈易传〉与道家思想·附录二》,北京:商务印书馆,2007年。但学界许多学者不同意这一结论,反对者如李存山、廖名春、陈来、李锐等多位学者,参见:陈来:《马王堆帛书易传与孔门易学》,《国学研究》第二卷,北京:北京大学出版社,1994年;廖名春:《帛书〈二三子问〉简说》,《道家文化研究》(第三辑)上海:上海古籍出版社,1993年;李锐:《帛书〈易传〉学派属性研究述评》,《中国史研究动态》2009年第3期,第2—9页。
③ 司马迁:《史记》,北京:中华书局,1959年,第2146页。
④ 司马迁:《史记》,第2146页。
⑤ 司马迁:《史记》,第2347页。
⑥ 刘玲娣:《汉魏六朝老学研究》,武汉:华中师范大学出版社,2012年,第37页。
⑦ 王晓毅:《"因循"与建安至景初之际曹魏官方政治哲学》,《南京大学学报》(哲学·人文科学·社会科学),2004年第6期,第73—81页。

发展演变。① 马王堆帛书中"黄帝四经"被公认为黄老道学作品，② 上博简中《三德》《恒先》《凡物流形》等文献也都被认为是黄老道学的作品。③ 传世文献中，《管子》《吕氏春秋》《鹖冠子》等文献中的部分篇目都反映了黄老道学思想。

可与王弼《周易注》中"老"学思想直接相参看的，是司马谈《论六家要旨》中提及的"道家"思想。司马谈将道家放在了一个统摄诸家的崇高地位上，这无疑是不可避免地受到了汉初官方政治的影响，抛却文中的溢美之词，我们依旧可以总结出司马谈看来"道家"思想的主要特点："以虚无为本，以因循为用"；以"无为"而"无不为"，所谓"事少而功多"；"采儒墨之善，名法之要"以为己用。这与王弼"老"学观念是极为相似的，王弼《老子指略》："老子之文，欲辩而诘者，则失其旨也……而法者尚乎齐同，而刑以检之。名者尚乎定真，而言以正之。儒者尚乎全爱，而誉以进之。墨者尚乎俭啬，而矫以立之。杂者尚乎众美，而总以行之。"④ 但司马谈所言"道家"究竟是不是我们今天理解的融合了刑名之术的"黄老之学"仍有待商榷，甚至有学者认为汉初"黄老之学"本质上即为"老子之学"。⑤ 具体说来，是以《老子》一书中抽象思想为根本，增加了一些儒、墨、名、法等诸家学说作为具体实践主张的学说，其根本仍然是老子之学，而不是以名法思想为核心的学说。⑥ 因此，纵观王弼《周易注》中所言义理与老子思想的相契合，我们不能简单地将王弼《周易注》中的"老"学理解为战国稷下学宫融合了刑名之术的"黄老之学"，更应该将

---

① 参见：曹峰：《关于黄老道家的一些新认识》，《诸子学刊》，第12辑，上海：上海古籍出版社，2015年，201—214页。

② 马王堆帛书中《老子》乙本卷前的佚书是否为"黄帝四经"仍有质疑，如裘锡圭：《马王堆帛书〈老子〉乙本卷前古佚书并非〈黄帝四经〉》，《道家文化研究》第3辑，上海：上海古籍出版社，1993年，第249—255页；李零：《说"黄老"》，《道家文化研究》第5辑，上海：上海古籍出版社，1994年，第142—157页；李若晖：《马王堆帛书黄帝书的性质》，《齐鲁学刊》2009年第2期，第35—41页。

③ 参见：曹峰：《〈恒先〉研究综述——兼论〈恒先〉今后研究的方法》，《中国哲学史》2008年第4期，第63—75页；王中江：《〈凡物流形〉的宇宙观、自然观和政治哲学——围绕"一"而展开的探究并兼及学派归属》，《哲学研究》2009年第6期，第48—58、93—129页；曹峰：《上博楚简〈凡物流形〉的文本结构与思想特征》，《清华大学学报》(哲学社会科学版) 2010年第1期，第73—82、161页。对于将上述文献定义为道家文献，仍有学者提出过质疑，认为《凡物流形》并非黄老道学作品，参见：李锐：《上博简〈凡物流形〉的思想主旨与学派归属》，《陕西师范大学学报》(哲学社会科学版)，2017年第5期，第69—76页。

④ 王弼著，楼宇烈校释：《王弼集校释》，第196—197页。

⑤ 宋洪兵认为："黄老道家"学说完全来自后人的建构；李锐认为：西汉当时传承的黄老和司马迁父子归纳的黄老之学有本质区别；裘锡圭认为：汉代"黄老之学"与稷下学宫的"黄老之学"完全是不同的"老"学流派。参见宋洪兵：《论司马谈之"道家"概念与司马迁之"黄老"概念》，《国学学刊》2016年第2期，第16—26页；李锐：《经法等四篇学派研究重探》，《纪念马王堆汉墓发掘四十周年国际学术探讨会论文集》，长沙：岳麓书社，2016年，第181—191页；裘锡圭：《马王堆〈老子〉甲乙本卷前后佚书与"道法家"》，《裘锡圭学术文集》，第5卷，271—285页。

⑥ 徐刚：《论汉初黄老之学即老子之学》，《中国文化》总第四十九期，2019年第1期，第46页。

其看作以"老子之学"为本的"黄老之学"来看待。王弼《周易注》中"老"学便可更多的追溯至"老子之学"。

更何况王弼《周易注》中"援老入易"之"老"还有"老庄之学",《四库全书总目提要》中说王弼乃是"尽黜象数,说以老庄"①。老庄之学,是战国中期以后与黄老之学相区别的另一个流派,其最主要的区别便在于"无为"是否要达到"无不为"的效果。②王弼在《周易略例》中引《庄子》"得鱼忘筌""言不尽意"等观点,通过言、象、意的关系阐述了其所认为的"象数"与"义理"之间的关系。"夫象者,出意者也。言者,明象者也。尽意莫若象,尽象莫若言。言生于象,故可寻言以观象。象生于意,故可寻象以观意。意以象尽,象以言著。"③"故言者所以明象,得象而忘言;象者所以存意,得意而忘象。犹蹄者所以在兔,得兔而忘蹄;筌者所以在鱼,得鱼而忘筌也。"④王弼看来,象数虽是根本,可要是得其所旨便可忘却象数,义理才是最终追寻的目的。由此看来,老庄之学亦是王弼《周易注》中极为重要的思想。

事实上,王弼《周易注》中儒家思想也是极为鲜明的,甚至从某种意义上可以说王弼《周易注》是"老"学思想背景下儒道融合的产物。以前文所言讼卦注为例,这个有浓厚老学思想背景的注解,开篇"听讼,吾犹人也,必也使无讼乎!"⑤一句源自《论语》孔子之言。类似"老"学思想下有浓厚儒家色彩的注疏还有很多。如观卦《彖》传:"圣人以神道设教,而天下服矣。"王弼《周易注》:"统说观之为道,不以刑制使物,而以观感化物者也。神则无形者也。不见天之使四时,而四时不忒;不见圣人使百姓,而百姓自服也。"⑥不以"刑制使物",以"观感化物"是儒家以礼乐教化民众的核心观点,可参看《论语·为政》:"道之以政,齐之以刑,民免而无耻;道之以德,齐之以礼,有耻且格。"⑦同时这种"不使百姓,百姓自服"的观点也可以与《老子》第五十七章相互参看,"我无为而民自化,我好静而民自正,我无事而民自富,我无欲而民自朴"⑧。至于观卦六爻中,九五爻辞曰:"观我生,君子无咎。"王弼此处注释则儒家思想更为强烈,王弼注曰:"居于尊位,为观之主,宣弘大化,光于四表,观之极者也。上之化下,犹风之靡草,故观民之俗,以察己道。百姓有

---

① 纪昀等:《四库全书总目提要》,海口:海南出版社,1999年,第13页。
② 老庄之学与黄老之学虽同为战国道学的不同流派,但就其区别而言,未必界限极为清晰,《庄子·天下篇》有学者认为出自庄子后学中黄老之人手笔。
③ 王弼著,楼宇烈校释:《王弼集校释》,第609页。
④ 同上。
⑤ 杨伯峻:《论语译注》,北京:中华书局,2006年,第144页。
⑥ 王弼著,楼宇烈校释:《王弼集校释》,第315页。
⑦ 杨伯峻:《论语译注》,第12页。
⑧ 陈鼓应:《老子今注今译》,第280页。

罪，在予一人，君子风著，己乃无咎。上为化主，将欲自观，乃观民也。"①王弼对于君主观民俗教化百姓且以身作则的要求，鲜明地彰显了儒家学说的本色。

单以儒家思想注解《周易》的现象在王弼《周易注》中也比比皆是。单以师卦为例，师卦曰："贞丈人，吉，无咎。"王弼此处注："丈人，严庄之称也。为师之正，丈人乃吉也……故吉乃无咎也。"②师出有名则无往不胜。这种强调出师的正义性的观点则可参《孟子·尽心下》："尽信《书》，则不如无《书》。吾于《武成》，取二三策而已矣。仁人无敌于天下，以至仁伐至不仁，而何其血之流杵也？"③

事实上，从文献的源流和学术的传承角度来说，王弼注《周易》很有可能受汉代古文经学的影响，"儒学的核心是经学"，"易学则为经学冠冕"。④王弼的祖先王璨便与以推崇古文经学著称的荆州学派有着极为密切的关系，且有学者认为王弼易学思想源自费氏易，⑤虽有学者不采此说，可王弼与古文经学的关系在其注释《周易》的风格上则是显而易见的。王弼摒弃繁复的象数而推崇义理的注《易》风格，鲜明地表现出古文经学的重要特点。

综上所述，我们可以认为王弼援"老"入易之"老"，并非简单的"黄老之学"，其有战国黄老道学也有老庄之学的主张，更融汇了儒墨多家流派思想，甚至可以说是儒道交融的产物。在其复杂的"老"学思想渊源中，我们往往忽略了《老子》思想本身对于王弼《周易注》的重要影响，如本文前文所言，《老子》书中所言"谦退""辞让"等观念都与《周易》义理颇为契合。其实《老子》一书原本就是有着浓厚的周代礼学背景的，这一点可谓与儒家有共通之处。其所提出的思想本身，如"不争""无为"等观念是在周代礼学观念影响下，针对当时的社会状况提出的主张。与儒家产生的礼学背景甚至都是有千丝万缕相通之处的。因此，王弼杂取诸家的复杂"老"学思想渊源完全可以追溯至《老子》本身，我们甚至可以认为《老子》一书所言"辞让""谦退"等观念与《周易》义理的相通，为王弼《周易注》能够扫除过分繁复象数的影响，实现《周易》向义理层面的回归提供了有效的方法。

---

① 王弼著，楼宇烈校释：《王弼集校释》，第317页。
② 王弼著，楼宇烈校释：《王弼集校释》，第256页。
③ 杨伯峻：《孟子译注》，北京：中华书局，1960年，第255页。
④ 李学勤：《国学的主流是儒学，儒学的核心是经学》，《中华读书报》2010年8月4日，第15版；李学勤：《经学的冠冕是易学》，《光明日报》2014年8月5日，第16版。
⑤ 《四库全书总目·经部·易类一》："弼之说《易》，源出费直。直《易》今不可见，然荀爽《易》即费氏学，李鼎祚书尚颇载其遗说。大抵究爻位之上下，辨卦德之刚柔，已与弼注略近，但弼全废象数，又变本加厉耳。"

三

因为《老子》自身在流传和演变的过程中呈现出多元化的状态，因此王弼所见《老子》版本便是一个值得关注的问题。学界通常称王弼《老子注》中所见之"经"为"王弼本"，但王弼本的"经"与"注"之间也颇有不同，①经过学界不断地研究发现，今本王弼《老子道德经注》的注文在郭店楚简、马王堆帛书以及北大汉简中均可找到相关语句进行参看。有学者认为今本王弼所注《老子》之"经"与河上公本《老子》最为接近，并不能反映王弼所见《老子》本来面貌。②不过无论如何，王弼注《老子》当是吸收了《老子》一书流传中各个版本的诸多内容，则是毋庸置疑的。

就《老子》一书的成书而言，综合学界各种看法并结合现有的传世和出土文献来看，《老子》一书成书于春秋及其以前应该是较为可信的。③且将《老子》一书放在春秋时期的社会环境下进行考察，可以看到老子思想有浓郁的礼学背景。《老子》一书中的"辞让""处下""不争""无为""退守"等观念都与周代礼学观念相一致。近年来，宁镇疆、谢扬举、张松辉、梅珍生等人都撰有专文对此进行过讨论，相关论述普遍认为《老子》一书并不是彻底反对"礼"学的，关于《老子》反对"礼"学的认识很大程度上是因为其第三十八章："夫礼者，忠信之薄而乱之首。"④除此之外，别无旁证。《老子》一书所反之"礼"只是针对并没有实际社会作用、徒有其表

---

① 参见：马叙伦：《老子校诂》，北京：古籍出版社，1956 年，第 6—7 页；王弼著，楼宇烈校释：《老子道德经校释》，北京：中华书局，2008 年，第 1 页。

② 参见党圣元、陈民镇：《王弼注述的性质及其思想来源的再审视》，《中原文化研究》2017 年第 5 期，第 67—73 页。

③ 关于《老子》的成书问题疑古派如冯友兰、顾颉刚等人认为其为战国中后期，甚至晚于《墨子》成书，一个重要的原因就是《老子》一书中提倡"不尚贤"，很有可能是对墨家"尚贤"的一个批判。对此观点，早期就有唐兰、黄方刚二人提出过批判，晚近以来，随着郭店楚简和马王堆帛书《老子》的面世，现如今看来，将《老子》的成书定义在春秋及其以前是较为可信的。如李学勤所言："《老子》、帛书《黄帝书》、《文子》、《淮南子》之间的沿袭递嬗顺序。"参见：顾颉刚：《从〈吕氏春秋〉推测〈老子〉之成书年代》及《论诗经经历及老子与道家书》；唐兰：《老聃的姓名和年代考》；黄方刚：《老子年代之考证》，《古史辨》第四册，上海：上海古籍出版社，1982 年，第 225、239、308 页。李学勤：《申论老子年代》，《古文献丛论》，上海：上海远东出版社，1996 年，第 140 页。

④ 陈鼓应：《老子今注今译》，北京：商务印书馆，2005 年，第 215 页。

的繁文缛节之"礼"。对于"礼"的精髓与内涵是并不反对反而支持的。[①] 如《老子》第三十一章:"吉事尚左,凶事尚右。偏将军居左,上将军居右。言以丧礼处之。杀人之众,以悲哀莅之,战胜以丧礼处之。"[②]《老子》对于能"致哀"的丧礼还是极为重视的。事实上《老子》一书面对的是"礼崩乐坏"的社会状况,在这样的社会状况下《老子》一书所提倡的"无为"很显然在更多层面上是在现实社会状况下有感而发,而不是引向玄学思辨的。

周代"礼"学中"辞让""谦逊""退守"的观念处处皆是。这与《老子》的"处下""低调""无为"等观念契合度极高。《左传·僖公十二年》记载:"管仲受下卿之礼而还。君子曰:'管氏之世祀也宜哉!让不忘其上。'"[③] 管仲甘心让周襄王的上卿之礼,得到了时人极高赞许。再如《左传·宣公十二年》:"随季曰:'楚师方壮,若萃于我,吾师必尽,不如收而去之。分谤生民,不亦可乎?'"[④] 邲之战中晋军上军主帅为人沉稳即便是整场战争没有自己的丝毫过失,也想着"分谤生民",如此低调谦逊做事,为其在晋国赢得了极高的威望。《左传·襄公二十四年》记载:"贵而知惧,惧而思降,乃得其阶,下人而已,又何问焉?且夫既登而求降阶者,知人也。"[⑤] 此处直接表明了"贵在知惧""贵能下人"的主张,《左传》此处所言乃是然明对于晋国大夫程郑的评语,然明对于程郑的评语是很不友好的,但然明心目中的睿智之人,乃是能"自求降阶"之人,可见周礼之中对于"辞让"的重视。《左传·襄公二十七年》:"文子曰:'其余皆数世之主也,子展其后亡者也,在上不忘降。印氏其次也,乐而不荒。'"[⑥]《左传》记载文子所言更是将兴衰成败之礼归结为是否懂得有所节制与适当的低调。这种"礼"的精髓在郭店楚简《成之闻之》一篇中我们也可有所观照。

---

① 参见宁镇疆、赵争:《周代礼学:〈老子〉思想最基础的知识背景》,《商丘师范学院学报》2015年第10期,第1—7页;此文后又以《论周代礼学是〈老子〉思想最基础的知识背景》为题,收入廖名春主编:《显微阐幽——古典文献的探故与求新》,汕头:汕头大学出版社,2016年,第101页。宁镇疆:《老子"无为""袭常"与西周之礼》,《学术月刊》1999年第7期,第29—32页;宁镇疆:《由郭店楚简〈成之闻之〉篇申说〈老子〉思想的礼学背景》,《古典学新视野:中西早期经典研究工作坊会议论文集》,2019年6月;谢扬举:《老子论士的修养与古礼》,《孔子研究》1997年第3期,第85—91页;梅珍生:《论老子的礼学思想》,《江汉论坛》2003年9月;张松辉:《论老子礼学思想》,《中国哲学史》2005年第2期,第25—30页。
② 陈鼓应:《老子今注今译》,北京:商务印书馆,2005年,第195页。
③ 杨伯峻:《春秋左传注》(第一册),北京:中华书局,2009年,第342页。
④ 杨伯峻:《春秋左传注》(第二册),北京:中华书局,2009年,第741页。
⑤ 杨伯峻:《春秋左传注》(第三册),北京:中华书局,2009年,第1093页。
⑥ 杨伯峻:《春秋左传注》(第三册),第1135页。

《成之闻之》一篇被公认为是儒家思孟一系的作品,①其与"礼"学有关的论述曰:"富之大也。贵而能让,则民欲其贵之上也。反此道也,民必因此厚也。"又曰:"君子衽席之上,让而爱幼;朝廷之位,让而处贱。所度(宅)不远矣。"②总的来说,凡能"让"则必有利好的情形。可见"辞让""处下"实则为"礼"重要精髓。

这种"辞让"与"低调""无为"的观点与《老子》可参照:

是以圣人处无为之事,行不言之教,万物作焉而不辞,生而不有,为而不恃,功成而弗居。夫唯弗居,是以不去。(第二章)

功成身退,天之道。(第九章)

不自见故明,不自是故彰,不自伐故有功,不自矜故长。夫唯不争,故天下莫能与之争。(第二十二章)

唯有道者。是以圣人为而不恃(帛书乙本作"有"),功成而不处,其不欲见贤。"(第七十七章)③

由此可见,《老子》一书其思想与西周乃至春秋时期的礼学观念,契合度极高。周礼中这种"无为"与"辞让"的观念在先秦时期对于《周易》义理的理解层面也得到了充分的表现。《周易》中《谦》卦《象传》所言:"天道亏盈而益谦,地道变盈而流谦,鬼神害盈而福谦,人道恶盈而好谦。谦,尊而光,卑而不可逾,君子之终也。"这种切忌"满盈",谦卑低调的思想与老子"无为""不争"的哲学便极其吻合。马王堆帛书《易传·缪和》篇在讨论《嗛》卦初六爻时,先生对庄但有言:"夫多尊显者,元心又不足者也。君子不然,眕焉不自明也,耻也不自尊,故能高世。"④这种不自明与自尊则与老子"守中"等哲学观念是极为相似的。另外值得注意的是《周易》中谦卦六爻爻辞均"吉"。可见于《周易》来说对于谦虚与退守是极为推崇的。

---

① 李学勤、李存山、李景林等学者认为郭店楚简中《缁衣》《五行》《性自命出》《成之闻之》《尊德义》《六德》六篇,当属《子思子》的作品,另有陈来等学者坚持认为郭店楚简中《缁衣》《五行》等篇目,不能全部归入《子思子》。不过郭店楚简除《老子》《太一生水》《语丛四》之外,大多为战国儒家文献则可以肯定。参见李存山:《先秦儒家的政治伦理教科书——读楚简〈忠信之道〉及其他》,《中国文化研究》1998年冬之卷总第22期,第20—26页;李景林:《从郭店看思孟学派的性与天道论——兼谈郭店简儒家类著作的学派归属问题》,《郭店楚简国际学术研讨会论文汇编》,武汉:武汉大学,1999年;陈来:《儒家系谱之重建与史料困境么突破》,《郭店楚简国际学术研讨会论文集》,武汉:湖北人民出版社,2000年。

② 《成之闻之》一篇自公布以来字句释读与编联等问题争议较大,所引郭店楚简《成之闻之》内容释文与校注参见单育辰:《郭店〈尊德义〉〈成之闻之〉〈六德〉三篇整理与研究》,北京:科学出版社,2015年。

③ 陈鼓应:《老子今注今译》,第80、105、161、336页。

④ 黄寿祺、张善文:《周易译注》,上海:上海古籍出版社,2001年,第137页。

这种主张"谦逊""退守"的一卦也是"礼"的重要来源,以至于《系辞传》中明确说:"《谦》以制礼。"虽说学界对此句理解略有不同,[①]但无可否认的是"谦虚""退守"实则"礼"之核心要素之一。而这种"礼"之核心与《老子》一书所言之"无为"与"退守"极为相似。

因此我们可以看到,《老子》一书所言"辞让""处下"等观念是在周代礼学背景下依据当时社会状况所提出的,与儒学产生的"礼"学背景颇有相通之处。"辞让""谦逊"等观念又与《周易》部分义理极为契合。因此,王弼通过"援老入易"来实现《周易》从繁复的象数向义理的回归则是顺理成章的事情。王弼"援老入易"之"老",不仅可以追溯到战国黄老之学,更可以追溯至《老子》一书思想本身,王弼《周易注》中儒道交融的现象,不仅仅源自黄老道学杂取儒墨诸家之要,更多的则源自儒家与《老子》共同的礼学背景。

结　语

综上所述,王弼《周易注》中"援老入易"之"老",不仅可以追溯至战国中后期乃至西汉初年的黄老之学,更多的还可以溯源至《老子》一书思想本身。事实上王弼《周易注》之所以能杂取诸家以实现从繁复的象数到推崇义理的回归,其原因除了以黄老道学为本,吸收了大量儒家等各个流派的经世致用思想以为己用之外,更为重要的还在于其所引《老子》一书,本身就有着浓郁的周代礼学背景,甚至与儒家思想的礼学背景有许多相通之处,《老子》所言"辞让""谦恭""无为"之理,本就与《周易》义理有极为明显的重合之处。王弼注《周易》中的"老学"思想更多乃为《老子》一书原本思想,其援引《老子》注《周易》来阐发《周易》义理也是极为恰当的。

[①]《系辞》中"《谦》以制礼"一句,孔颖达《周易正义》解为:"性能谦顺,可以裁制于礼。"其意为谦顺的人能更好地被"礼"所裁制。此言有待商榷,笔者采黄寿祺、张善文《周易译注》之说:"制,犹言'控制',指《谦》卦之用,可以控制礼节,谦虚待物。"也就是说,谦顺之人可以更好地控制和驾驭礼节,按照"礼"的要求行事。参见黄寿祺、张善文:《周易译注》,上海:上海古籍出版社,2001年,第596页。

老子哲学范畴研究

从道物关系新解老子"自化"思想

高文心[*]

内容提要："自化"体现了老子所构想的和谐、自然的社会状态，是老子政治哲学中不可或缺的组成部分。但在历代学者对万物或民之"自化"的注解中，却存在着"变化"与"教化"两种不同的阐释思路。与《老子》中其他"自X"用语相比，"自化"之"化"作为万物的基本存在状态，具有普遍必然性，并与"道"之"常"相对，构成道物关系中的一对重要范畴。同时，在"物"之"化"与"道"之"常"的互动中，"自化"背后的"以道化之"之意得以显现。统治者以"道"化育民众，民众不知其化，是谓"自化"。

关键词： 老子　化　常　无为　道物关系

"化"是道家哲学中的一个重要观念。从庄子的"物化"到郭象的"独化"，"化"的内涵不断丰富，"化"所具有的普遍性、无限性等特点，日益受到关注。同时，《易传》中的变化观，也常常被视为传统辩证法思想的主要来源，而成为许多讨论中的焦点。相比之下，《老子》同属"三玄"，关于其中"化"的研究，尽管学界时有提及，或有注家加以解释，却仍然存在着不少问题，值得深究。

一、《老子》中的"化"与"自化"

《老子》中出现了三次"化"字，分别在第三十七章（两次）和第五十七章（一次），其中两次与"自"字连用。

---

[*] 高文心，中国人民大学哲学院博士研究生，主要研究道家哲学、道家伦理学。

> 道常无为而无不为。侯王若能守之，万物将自化。化而欲作，吾将镇之以无名之朴。（第三十七章）
> 故圣人云："我无为，而民自化；我好静，而民自正；我无事，而民自富；我无欲，而民自朴。"（第五十七章）①

按《说文解字》，"化，教行也"，段玉裁注曰："教行于上，则化成于下……篆不入人部而入匕部者，不主谓匕于人者。主谓匕人者也。今以化为变匕字矣"②，并援引《老子》中"我无为而民自化"一句，作为例证。可见，"化"首先与人之"教"相关，而"教"的过程中有主语、宾语之分，即上、下之分，"化"又更强调在上位者的影响，即"匕人"而非"匕于人"。但从甲骨文、金文中"化"字的字形来看，"教行""教化"似乎为"化"的引申义，王中江指出，"'化'的本义，是指活人倒下死去而发生的这一变化"③。

事实上，在许多先秦文献中，"化"字既有"教化"之意，又可以用来表示人们常说的"变化"，如《尚书·周书·泰誓中》有"淫酗肆虐，臣下化之"；《国语·晋语》有"胜败若化""化为黄熊"等。对此，后世在注解《老子》中的"化"与"自化"时，也出现了"教化"与"变化"两种不同的理解方式。

以"变化"解释"万物将自化"或"民自化"的注家，如林希逸将"化"解释为"万物之变"④；白玉蟾将"万物将自化"解释为"万化自然"，并在"化"中赋予"神"独特作用，强调"心无为而神自化""神之所化，性之所正"⑤。又如顾欢所引

---

① 本文所引《老子》原文按陈鼓应注译：《老子今注今译》，北京：商务印书馆，2003年。引用时仅标注章节。
② 许慎撰、段玉裁注：《说文解字注》，上海：上海古籍出版社，1981年，第384页。
③ 王中江：《道家学说的观念史研究》，北京：中华书局，2015年，第188页。
④ 林希逸：《道德真经口义》，熊铁基、陈红星主编：《老子集成》第4卷，北京：宗教文化出版社，2011年，第510页。
⑤ 白玉蟾：《道德宝章》，《老子集成》第4卷，第533、532、536页。

"守自然则元气流行"[1]、吴澄所释"自然而化"[2]、蒋锡昌所言"自生自长"[3]等[4]。在这些注解与翻译中,"自化"往往与"自然""化育""生长"等联系起来,用来描述万物或民在侯王或圣人持守"无为"时的自然状态。

与之相较,更强调"化"之"教化"意义的注家,多是从"感化""顺化""归化"等角度入手,来解释"自化"。如顾欢在《道德真经注疏》中引鸠摩罗什《内解》曰:"心得一空,资用不失,万物从化,伏邪归正。"[5]唐玄宗及其大臣将"万物将自化"释为"万物将自感化,君之善教而淳朴矣。"[6]成玄英云:"主上虚淡无为,下民自化,改恶从善。"[7]徐大椿言:"自化于善。"[8]此外,今有学者指出,郭店竹简《老子》甲本中"我亡为而民自化"中的"化"实为"𠂹"字,"有教化的意思",如《诗·关雎·序》"风,风也,教也。风以动之,教以化之"、《战国策·秦策一》"山东之国,从风而服"等[9]。

同时,以"感化""顺化"等含义把握"自化",也与个体之修身、德性等密切相关,并带有更为鲜明的政治色彩。宋代陈景元在《道德真经藏室纂微篇》中,除了以"自从其化""其俗自化"来解释老子的"自化"外,还在注文中多次用到"自化"一词,如"反朴守淳、恍然自化""率性清廉,使物自化"等[10]。这些都是在说明统治者的个人修养能够带来的示范效用,唐代赵志坚所注"无为言上政,自化明下益"[11],也正是如此。

---

[1] 顾欢编纂:《道德真经注疏》,董建国点校,南京:凤凰出版社,2016年,第68页。
[2] 吴澄:《道德真经吴澄注》,黄曙辉点校,上海:华东师范大学出版社,2010年,第82页。
[3] 蒋锡昌编著:《老子校诂》,成都:成都古籍书店,1988年影印本,第241页。
[4] 近代以来,学者大多从"变化"出发,结合老子的相关思想,对"自化"进行意译,如张默生将其译为"万物将各顺其性以自生自息"(张默生编著:《老子章句新释》,成都:成都古籍书店,1988年影印本,第47页);高亨译为"自己生长变化"(高亨:《老子注译》,华钟彦校,郑州:河南人民出版社,1980年,第85页);马荫良译为"一顺万物之自然,故万物亦自然而化合为一"(马荫良:《老子新诂》,《老子集成》第15卷,第271页);张松如译为"自然变化"(张松如:《老子说解》,济南:齐鲁书社,1987年,第241页);陈鼓应译为"自我化育、自生自长"(陈鼓应注译:《老子今注今译》,第213、281页);许抗生译为"自行化育"(许抗生:《帛书老子注译与研究》,杭州:浙江人民出版社,1985年,第130页);黄克剑译为"自会化育生长""自然成化"(黄克剑:《老子疏解》,北京:中华书局,2017年,第371、542页)等。
[5] 顾欢编纂:《道德真经注疏》,第42页。
[6] 杜光庭述:《道德真经广圣义校理》下册,周作明校理,北京:中华书局,2020年,第464页。
[7] 成玄英:《老子道德经开题序诀义疏》,《老子集成》第1卷,第331页。
[8] 徐大椿:《道德经注》,《老子集成》第9卷,第688页。
[9] 武汉大学陈伟认为:"传世本及帛书本《老子》对应语句此字作'化',与竹书用字不同而意义相通。"参见陈伟:《读郭店竹书〈老子〉札记(四则)》,《江汉论坛》1999年第10期,第12页。
[10] 陈景元:《道德真经藏室纂微篇》,张永路校注,北京:华夏出版社,2016年,第108、158、29、161页。
[11] 赵志坚:《道德真经疏义》,《老子集成》第1卷,第404页。

但在以"教化"释"自化"的诸多古注当中，一些基本问题却并未形成共识。如唐玄宗在解释"自化"时提及"君之善教"，对此，杜光庭却又区分出"教而后化"与"不教而化"，认为前者"是从而化"，体现"无不为"，后者"是自化"，意味着"无为而自臻于化"，进而将"我无为而民自化"解为"政清事简，而人不待教令而化于善也"①。宋代范应元则指出："化者虽有气质昏隔、躁动多欲者，亦将不待教令，自然变而化成虚静恬淡矣。"②可见，他们虽然都将老子之"化"看作"教化"之"化"，但在民或万物的"自化"有无"教"在先这一问题上，却并没有给出一致的回答。

又如"自化"的目标或方向问题。《老子》三十七章中的"侯王若能守之，万物将自化"与三十二章中的"侯王若能守之，万物将自宾"两句，仅有一字之差，故而常被历代学者拿来相互阐发，如徐大椿在注解时便曾直言，"（万物将自化）即三十二章万物将自宾之义"③。而"宾"有"宾服""归从"之意④，"自宾"本身就存在着宾服于"道"，还是宾服于"统治者"的争议⑤。在此基础上，以"宾"或"顺化""归化"等含义来解读"自化"，也就同样面临着归化于谁、归化于什么的疑题。据上文所引，"善""善教""虚静恬淡"，都是可能的答案；而从老子的整体思想来看，"自然""朴"等概念，亦不失为一种合理的回应。

由此，老子之"自化"不仅存在着"变化"与"教化"上的不同理解，如若在强调其"教化"内涵的情况下，还需要对"自化"与"教"之间的关系问题、"自化"的方向性问题等做出一些回应。

二、"自化"与"自X"

从语词的结构来看，《老子》中有不少"自X"式的用语，其中的"X"多为动词，并被赋予了鲜明的思想倾向。如"自见、自是、自伐、自矜"等，皆与老子所提倡的"明、彰、功、长"（第二十二章、二十四章）等相违，是行为主体应当摒弃的、否定的。而在使用它们时，老子也会在前面加上"不"字，表示反对。又如"自

---

① 杜光庭述：《道德真经广圣义校理》下册，第464、664页。
② 范应元集注：《宋本老子道德经》，北京：国家图书馆出版社，2017年，第149—150页。
③ 徐大椿：《道德经注》，《老子集成》第9卷，第680页。
④ 陈鼓应：《老子今注今译》，第199、200页。
⑤ 对于"自宾"一词的理解，陈鼓应明确表示，"自宾"指的是"自将宾服于'道'"（陈鼓应：《老子今注今译》，第199页），这一观点极具代表性，但与不少注家的阐释有别。如河上公注"从于德化"（河上公：《道德真经注》，《老子集成》第1卷，第153页），强调为君治国中教化的重要作用。至唐代，成玄英疏曰，"殊方异域，自来宾服而归化也"（成玄英：《老子道德经开题序诀义疏》，《老子集成》第1卷，第311页）；杜光庭解为，"外国顺化，谓之宾服"（杜光庭述：《道德真经广圣义校理》下册，第426页），则重在彰显统治者个人的影响。

宾、自均、自知、自胜、自定"，及与"自化"一同出现的"自正、自富、自朴"等，则展现了符合"道"、符合"自然"的行为或状态，故为老子所认同。

这种被老子及后世道家常用的"自+X"构词法，引起了诸多学者的注意。王中江认为，"其中的'自'强调的是事物自身的'自发性''自主性'和'自为性'"，并在文章中借助这些"自X"来理解更为抽象的"自然"概念[1]。曹峰亦通过对"自生"一词的分析指出，《老子》"强调万物自动、自发、自主、自觉、自我管理、自我完善的重要性"[2]。宋德刚则概括《老子》中的"自"类语词"呈现'道'、天地、万物这些自体在独立、动态、主动的存在过程中自身的种种存在状态"[3]。

但这只是就其中的共性而言，在具体的文本中，每一个"自X"都是各有所指的。如"自宾"指的是百姓、万物的归附；"自定"则是就社会、天下的稳定来说的；"自富"又是从生活、精神上的富足而言。因此，"自化"首先不等于"自宾""自生""自长"等其他"自X"。尤其是"自生自长"这一常见的翻译，实则是从后世道家思想来反观老子思想的一种误读。一方面，"化"并不仅仅是一个生长的过程，另一方面，老子亦从未提及"自生、自长"。相反，他还以"不自生"来解释"天长地久"（第七章），《老子》中的"道生之，德蓄之……生而不有，为而不恃，长而不宰"（第五十一章）、"万物恃之而生"（第三十四章）、"万物得一以生"（第三十九章）这些观点，虽然意在尊重万物的自主生长，但却从未在生成论上直接否定"生"[4]。

其次，"自化"与"自然"及"自然变化"，也不甚相同。刘笑敢曾将"自化"视为"关于自然的其他表述"，认为"自化即自然的生化过程"[5]。对此，宋德刚重新考察了"自化"与"自然"之间的关系，在他看来，"自化"是中性的，或者说是双重性的，包含着本真性的"化"与非本真性的"化"，而"自然"则规定了一种符合本真的存在状态[6]。然而，宋德刚的区分并不够严谨，他一方面将除"自然"外的"自X"都归结为"自化"，不论其所具有的是肯定还是否定的价值；另一方面，又不得不承认，老子对万物的"自化"实际上也持一定的价值立场[7]。

---

[1] 王中江：《道与事物的自然：老子"道法自然"实义考论》，《哲学研究》2010年第8期，第41页。关于"自然"与"自X"之间的关系问题，包括池田知久、刘笑敢、王博、罗安宪、尹志华、叶树勋、萧无陂等在内的不少学者均有提及，此处不再赘述。

[2] 曹峰：《"自生"观念的发生与演变：以〈恒先〉为契机》，《中国哲学史》2016年第2期，第22页。

[3] 宋德刚：《〈老子〉"自"类语词哲学范畴释要》，《哲学评论》2018年第2期，第158页。

[4] 曹峰：《"自生"观念的发生与演变：以〈恒先〉为契机》，第24页。

[5] 刘笑敢：《试论老子哲学的中心价值》，《中州学刊》1995年第2期，第70页。

[6] 宋德刚：《老庄"自"类语词的哲学意蕴》，《中国哲学史》2021年第6期，第15页。所谓"一定的价值立场"，在文中是模糊的。

[7] 宋德刚：《〈老子〉"自"类语词哲学范畴释要》，第152页。

事实上，这种矛盾的价值判断是由于理解上的偏差所造成的。对于"自见、自是、自伐、自矜"等表否定的"自X"，"自"通常意味着一种盲目性地"自以为"；但在"自宾、自均、自正、自富"等表肯定的"自X"中，"自"却往往被人们理解为一种"自然"的过程，而在无形中被赋予了"自然"的含义①。这两种情况下的"自"，虽然看起来都作为一种自主的选择，而指向主体自身，但实际含义并不相通。因此，按照"自+X"的构词法及"自然"就是"自己如此"的语词义解释②，"自化"是指"自己变化"，而非"自然变化"。

三、"物"之"化"与"道"之"常"

按"自己变化"，来看《老子》第五十七章，"我无为而民自化，我好静而民自正，我无事而民自富，我无欲而民自朴"，则"自化"与"自正、自富、自朴"似乎同处并列位置。但正如"无为"作为老子思想中的主要观点，并不止于"好静""无事"之类的字面含义，亦与"无欲"在其思想体系中发挥着不同的作用，与之相应的"自化"，也表现出一定的特殊价值。③

这种特殊价值，在于"化"的普遍必然性。宋德刚在从"物的内部"阐释"自化"一语时，提出了本性之"动"，认为"'动'是万物所普遍具有的本性，'自化'正是'动'的体现"④。不过，不仅仅是"动"，《老子》中的不少地方，都体现出对于"变"、对于"化"的重视与关注，《老子》中虽未见"变"字，却多次出现"反""复""为""作"等相关概念。根据这些概念的使用及其所在的章节内容，可以从万物、道体与道物关系三个角度入手，考察老子的"变化"思想：

（一）从物的角度而言，物始终呈现出"化"的状态。这种"化"又表现在三个方面。从正面来看，万物处于不断的活动变化之中，"万物并作，吾以观复。夫物芸

---

① 老子的"自然"含义丰富，具有高度的概括性与抽象性，但这并不是说，《老子》中的"自"都可以被直接地解释为"自然"。从老子的整体思想来看，"自宾"（自己宾服）、"自定"（自己安定）、"自富"（自己富足）、"自朴"（自己淳朴）等表述可以被看作"自然"的表现或具体内容，亦可以说是由效法"自然"而形成的结果，但却不能从一开始就以"自然"视之，否则，"自伐、自矜"等也可以被解为"自然"地夸耀或矜持自我。

② 刘笑敢、曹峰、赖锡三、莫加南、陈晓妍、李志桓：《〈老子〉"我无为而民自化"的"自发秩序"之道》，《商丘师范学院学报》2021年第11期，第21页。

③ 《老子》中两次提及"自化"，均与"无为"相照应，从因果关系的角度，可认为是"无为"的结果之一。就其重要性而言，《史记》中即有"李耳无为自化，清静自正"之说（《史记·老子韩非列传》）；清代陈宝琛亦曾高度评价《老子故》，"合于无为自化、清静自正之旨"（陈宝琛：《老子故序》，《老子集成》第12卷，第432页）；欧阳修则总结，"道家者流，本清虚，去健羡，泊然自守，故曰我无为而民自化"（欧阳修：《欧阳修集编年笺注》第7册，李之亮笺注，成都：巴蜀书社，2007年，第86页）。

④ 宋德刚、孙功进：《〈老子〉的万物"自化"观念探微》，《南昌大学学报》（人文社会科学版）2017年第2期，第42页。

芸，各复归其根"（第十六章），便描述了这样一幅无限运作的整体图景[①]；从反面来讲，万事万物中没有能够长久不变的，无论是自然界的"飘风不终朝，骤雨不终日"（第二十三章）还是社会生活中的"金玉满堂，莫之能守"（第九章），都是如此；从正反两面相互转化的角度来讲，"有无相生，难易相成"（第二章），各种各样存在状态之间的转化，时时刻刻都有可能发生。

（二）从"道"的角度而言，"道"既是变化的，又是不变的，兼具"化"与"常"两种特性。其中，"道"之"化"的一个重要表现，便在于它能够"周行而不殆"（第二十五章）。这里的"周"，有"周遍、周普"的意思[②]，故"周行"不仅展现了"道"的动态变化过程，还暗示着"道"遍及宇宙，无所不至。因此，"周行"的"道"创生万物，又能够成全、包容万物自身之"德"、自身之"性"。它没有固定的、已成的形、象、状、物，而是顺任世界的变化、自然地流行，"圆中则圆，方中则方，拥之则止，决之则行"[③]。正如王弼所言，"可道之盛，未足以官天地；有形之极，未足以府万物"[④]，无论是老子所描述的"夷、希、微"（第十四章），还是后世所列举的"玄、深、大、远、微"[⑤]，都不能用来限定"道"。

"道"之"常"即恒常不变之意，其理解可就"道"而言，亦可就"常"而言。就"道"而言，一方面，"道"的存在超越时空、超越天地，"道乃久，没身不殆"（第十六章）；作为天地之根，"谷神不死"（第六章）；且用之不竭，"虚而不屈"（第五章）。另一方面，"道"的规律可以把握、可以持守，"执古之道，以御今之有。能知古始，是谓道纪"（第十四章）；"有国之母，可以长久"（第五十九章）；"圣人执一为天下式"（第二十二章），以"道"应对世事变幻。就"常"而言，《老子》中的"常"可以是一个概念："复命曰常，知常曰明"（第十六章）、"知和曰常，知常曰明"（第五十五章）、"用其光，复归其明，无遗身殃；是为袭常"（第五十二章）；也可以用来修饰"德"："常德不离、常德乃足"（第二十八章）；还可以作为副词使用："取天下常以无事"（第四十八章）、"夫莫之命而常自然"（第五十一章）。但无论是以何种形式出现的，"常"所指称、所形容的对象，都与"道"相关。如，"知常曰明"或"袭常"中的"常"，简单地讲，指世界中的永恒规律；"常德"作为"道"的体现，

[①] "万物并作"体现了一个"变易"的过程，更体现了世界存在之生生不息。参见杨晖：《试论〈老子〉的"变易"观念》，《理论月刊》2011年第7期，第79页。

[②] 关于这句话中"周"与"殆"的含义，李若晖已有过详尽的考察。参见李若晖：《中国哲学之真实建立——以〈老子〉第25章"周行而不殆"为核心论老子之道物》，《清华大学学报》（哲学社会科学版）2013年第5期，第83页。

[③] 河上公：《道德真经注》第七十八章，《老子集成》第1卷，第174页。

[④] 王弼注：《老子道德经注校释》，楼宇烈校释，北京：中华书局，2008年，第195—196页。

[⑤] 参见王弼注：《老子道德经注校释》，第196页。

意味着"复归于婴儿、复归于朴"的状态;"常以无事""常自然"则是将"道"用于政治领域的结果。这些都标示着"常"在"道"之诸多特性中的重要地位。

(三)从道物关系的角度而言,"物"之"化"与"道"之"常"正构成中国哲学中的一对基本范畴[1],且在老子这里,"道"之"常"对"物"之"化"显露出一定的指导意义。先来说道物关系,"道"虽兼具"化"与"常"的双重特性,但在与"物"对言时,"道"作为"天地之始、万物之母",却是一个不化之"常"者[2]。因此,沿着生成论的路径继续追问,着重表现为"道生物""道成物"[3]的道物关系中,"常"与"化"之间的互动,亦构成了不可或缺的一部分。正如陈鼓应对于道物关系的系统论述,《老》书别章中,在道、物关系的理论架构下,还论及道器、体用、常变、动静等相关的思想观念",同时,他还指出,万物的运行最终都将回归"道体之根本"[4]。而这正意味着,老子对于万物所"动"、所"化"的方向性规定,及其中"静"的状态、"常"的作用的强调。

由此可见,在《老》书诸多具有积极意义的"自X"中,"自化"具有除"自然"以外、更高层级的独特性,因为"自化"之"化"是万物存在的必然方式与必然选择。在此基础上,宋德刚构建出老子"自"类语词中的逻辑链条,由"道"的"不自为大"出发,经涵盖了各种"自X"的万物"自化"观念,最后进入老子的"自然"概念[5]。但这一逻辑链条的基本出发点,是一种"存在论"的立场,是对于物之"化"的单方面关注,以道物关系的视角重新考量老子的"自化",却有不同。

四、是"自化"还是"以道化之"

在第三十七章中,老子提出,"道常无为而无不为",这是全书唯一一次直接、

---

[1] 张岱年主编的《中国哲学大辞典》中,将"常变"作为"中国哲学史的一对范畴"收录于"基本范畴"内,并解释"常,指'常道',固定不变的原则;变,指变革,具体措施等的改变",而在"变化"词条中,亦以"化"字表述老子的相关思想。参见张岱年主编:《中国哲学大辞典》,上海:上海辞书出版社,2014年,第32页。

[2] 王中江认为,庄子强调了"道"的不变性,其后的《淮南子》《列子》中更是对"不化者"有明确的肯定,而这些都始于老子的形而上学观。总之,《老子》中的"道"作为一"生生者""化化者",具有不同于万物的、"独立不改"(第二十五章)的永恒特质。参见王中江:《道家学说的观念史研究》,第191—192页。

[3] 林光华:《道在物中:再论〈老子〉的道物关系》,《杭州师范大学学报》(社会科学版)2015年第3期,第28—30页。

[4] 陈鼓应:《论道与物关系问题(上)——中国哲学史上的一条主线》,《哲学动态》2005年第7期,第56—57、61页。

[5] 宋德刚:《〈老子〉"自"类语词哲学范畴释要》,第155—157页。

明确地以"无为"来描述"道"①。其中,"无为"说的是"道"之清静湛然、寂尔不动;"无不为"说的是万物之由"道"创生、由"道"化成,万物不能脱离"道"而存在,"道"对万物亦"感而必应""感而遂通"②。转换至政治视角,"侯王若能守之"即"侯王若能无为",其结果也必然是"无不为",而这一"无不为"的现实表现,又是"万物将自化"。据此,则"自化"内含于"无不为"中。

但侯王之"无为"与"道"之"无为"又有不同。正如形上之"道"与形下之"道"、本体之"道"与政治之"道"皆有体用之分,"道常无为而无不为"作为对道之本体的描述,展现的是一个更为直接的过程。而侯王无论是守"道",还是顺"自然"之原则③,都有"道"作为中介或桥梁,在"无为"至"无不为"的实现中发挥作用。换句话说,侯王"无为"意味着侯王遵循"道"或"自然"的规律,"道"或"自然"的规律又带来"无不为"的结果,即"万物将自化"。

反之,"万物将自化"也并不意味着万物纯粹自由、毫无约束地"自己变化"。万物不能脱离道体而存在、生长、活动、演化,万物之"自化"亦必须在"道"之"常"与"物"之"化"的互动中才有意义,这便需要发挥道物关系中"道"的指导作用,即所谓的"化而欲作,吾将镇之以无名之朴"。然而,无论是"无不为"还是"镇之以无名之朴",其与"自"之间都存在着一条无可逾越的鸿沟。

对此,宋徽宗的注解或可提供一关键思路。宋徽宗及其大臣是从"不知其化"的角度来阐释"自化"的,"侯王守道以御世……化贷万物,而万物化之,若性之自为,而不知为之者,故曰自化";"我以道化万物,而万物化其道而莫知其为之者,故曰自化"④。这种理解看似与"自化"本意不合,实则取材于《老子》内部:"太上,下知有之;其次,亲而誉之;其次,畏之;其次,侮之……悠兮其贵言。功成事遂,百姓皆谓:'我自然。'"(第十七章)可见,老子言"自",并非全无他者,"自然"也并非不为,并非对万事万物的发展毫无贡献、毫无影响,而是使百姓不知其所为,是"为而不恃,功成而弗居"(第二章)。对此,刘笑敢曾给出解释:"历来的注家大

---

① 陈鼓应区分了老子在使用"无为"一词时的不同语境,"其他《老子》书上凡是谈到'无为'的地方,都是从政治的立场而发的"。参见陈鼓应:《中国哲学创始者——老子新论》,北京:中华书局,2015年,第153页。
② 杜光庭述:《道德真经广圣义校理》下册,第463页。
③ 关于"道"与"自然"的关系问题,历来便有颇多争议,但这并非本文要处理的内容。按当今学界较有影响力的观点之一,"道法自然"意谓"道"体现自然而然的原则[刘笑敢:《老子哲学的思想体系:一种模拟性重构》,《南京大学学报》(哲学·人文科学·社会科学版),2018年第2期,第92—93页];在此种意义上,"自然"作为原则,而非实体,不会影响"道"的终极性(尹志华:《"道法自然"的理论困境与诠释取向》,《哲学动态》2019年第12期,第49—50页)。
④ 赵佶注、章安解义:《宋徽宗道德真经解义》,万曼璐点校,上海:华东师范大学出版社,2017年,第117—118页。

多指出,'自然'并非没有君主的作用,只是君主的作用是潜移默化的,是百姓不自觉的,或者是自然而然地接受的……只要外力的作用不引起人们的直接感觉就可以算作自然"[1],因而,他在后来提出以"人文自然"解读老子思想,并将"自然"的含义界定为"外无压迫、内无冲突"[2]。

至此,老子所言"侯王若能守之,万物将自化""我无为而民自化",可得一解。即统治者守无为之道,这里的"无为",要求统治者在不直接影响万物自身存在的情况下而"为",通过"道"或"自然"的方式实现"无不为",因而又是以"道"化育民众、化育万物,使他们依道、依自然变化,又未有所察觉,而认为是"自己变化"。同时,这一理解又涉及统治者与民众、道与万物之间的关系,并包含着以下几点内容:

1. 统治者以"道"的方式实现"无不为",以"道"化育万物,则"自化"之"化"也不再是简单的"变化"之意,而有了"教化""顺化"的色彩。从万物"不知其化"的角度而言,"自化"是"自己变化",从圣人"以道化之"的角度而言,"自化"中亦有"不言之教"。

2. 在"教"与"化"的关系上,"教"具有逻辑优先性,因而是"教而后化";然民众不知有此"不言之教",故曰"不待教令而化",二者并不矛盾。

3. 在"化"的方向上,"道"之"常"通过"镇之以无名之朴"等方式,引导"物"之"化",使其以"万物并作"为始,以"各复归其根"为终。故"万物将自化"指向的是"道"本身,亦指向着"道"在多种情形下可能表现出的不同方面、不同特性,如"常""静""朴""明"等。具体至现实的政治社会中,"自化"还象征着"甘其食,美其服,安其居,乐其俗"(第八十章)的美好生活。杨树达曾引《淮南子·道应训》中的"彼皆乐其业,供其情,昭昭而道冥冥"[3]来描绘这一场景;刘笑敢等人则将其概括为文明社会中的"自发秩序"[4]。这便是"万物将自化"或"我无为而民自化"的理想状态。

五、结语

《老子》一书中的"自化",究竟意味着"教化"还是"变化",历代注家各有主

---

[1] 刘笑敢:《试论老子哲学的中心价值》,第68—69页。
[2] 刘笑敢:《〈老子〉之自然的独特性——多元视角的思考与发现》,《哲学研究》2022年第1期,第55页。
[3] 杨树达:《周易古义 老子古义》,上海:上海古籍出版社,1991年,第41页。
[4] 刘笑敢、曹峰、赖锡三、莫加南、陈晓妍、李志桓:《〈老子〉"我无为而民自化"的"自发秩序"之道》,《商丘师范学院学报》2021年第11期,第20—40页。

张。在"教化"的意义上,"化"的过程需要借助外在的统治者,故"万物将自化"与"我无为而民自化",强调的是政治论上的引导价值,但这似乎有违于"自"的前提;在"变化"的意义上,"自化"强调的是万物或民众的"自己变化",但将之与其他"自X"式的语词进行对比,"自化"的独特性亦得以显现,而不能按"自己变化"做简单理解。

"自化"不同于抽象的"自然",但却因"化"这一万物存在的基本形态,与"道"之"常"相对。在"道"与"物"的互动关系中,"自化"不再仅仅局限于"物"的"自己变化",而成为"道"之"无为、无不为"的显现。从这个角度来看,"自化"实则意味着"以道化之",但在"以道化之"的过程中,万物、民众又"不知其化",所以说是"自化"。

唐初道士李荣曾对"自化"之"化"给出过明确的解释——"付自然之运曰化"[①]。这一定义既暗含着统治者的"为无为",即"付";又彰显了"物"之"自化"实则需要"道"或"自然"的作用,即"自然之运"。

要之,对于"自化"一词的理解,既要从"化"出发,看到"化"作为万物的基本存在状态而有着"自己变化"的可能;又要反思老子思想中"自"的深层意涵,将其放在道物关系中重新审视,由此,则万物或民之"自化",实为"以道化之"而"不知其化"。

---

① 李荣:《道德真经注》,《老子集成》第1卷,第378页。

《道德经》中关于"活"的范畴和命题

张思齐[*]

内容提要：在当代中国道学和国际道学的话语体系中，来源于老子的"生活道"占有极其重要的位置。老子著《道德经》，尽管没有直接言说"生活道"，但是他用较多的篇幅讨论了与之相关一系列范畴和命题。其中，"活"是在《道德经》中得到了充分论述的一个范畴。依据其主要含义，这里讨论了七组涉及"活"的范畴。在《道德经》中还有不少命题围绕着"活"这一范畴而展开，这里讨论了其中的主要命题。"活"范畴和"活"命题在《太清中黄真经》中得到了展开，这种展开给我们七个方面的启迪。《道德经》产生于轴心期的中国。随着中国的发展和昌盛，《道德经》日渐具有辐射至全世界的影响力。《圣经》产生于轴心期的基督宗教正典，也具有广泛的世界影响。在广阔的国际比较视域中研究《道德经》中的活范畴和活命题给我们带来许多启迪。

关键词：道德经　生活道　"活"范畴　"活"命题

人类的语言林林总总，它们所反映的是人类早期的思维方式。不同的民族操不同的语言，任何一种语言所反映的都是那个民族早期的思维方式。在汉语中有"生活"一词，却没有"活生"的说法。汉民族在远古时期的祖先，首先观察到的是动植物的生，然后才去观察它们怎样活。有一些非生物的存在，比如巨石、洞穴、河流、月亮、太阳等，也受到我们祖先的关注。我们的祖先也由他们熟悉的动植物来

---

[*] 张思齐（1950—），1982年毕业于重庆师范大学外语系，获学士学位。1987年毕业于四川大学外文系，获硕士学位（朱文振先生指导）。1992年毕业于复旦大学中文系，获博士学位（顾易生先生指导）。1996—1997年在剑桥大学东方学部访学，主攻唐代文史。2003—2004年在哈佛大学东亚语言与文明系访学，主攻宋以来的中国历史文化，系武汉大学文学院教授、博士生导师。现任四川大学老子研究院客座教授、中华续道藏监修委员。

体认这些非生物的存在。他们会说，某块巨石"生"在某处，某个洞穴是天"生"的，天地"生"出了一条河流，月亮和星星"生"在一起，太阳"生"在天上。后来，他们慢慢认识到，巨石居然是"活"的而有时候会动，洞穴里面有"活"的石钟乳，河流中的水是"活"水，月亮上有"活"的桂花树，还有"活"的小白兔，太阳肯定是"活"的，你看它奔跃上天衢。由此可知，"活"是从"生"之中衍生出来的一个概念。"活"的基本含义就是"存活"，亦即生命的留存。在老子《道德经》中，有这样一部分论述，虽然它们围绕"生"之范畴而展开，但是它们关涉的是"活"之话题。在老子《道德经》中，围绕范畴"生"而展开的对于话题"活"的讨论，一共有七章。以下按照各章出现的先后，依次对它们进行考察。

其一，《道德经》七章："天长地久。天地所以能长且久者，以其不自生，故能长生。是以圣人后其身而身先，外其身而身存。非以其无私邪？故能成其私。"① 天地长久存在。因为它们活着不是为了自己，所以能久地活着。因此，圣人站在群众的后头，反而领导群众朝前走。他们将自己的生死置之度外，反而保全了自己。这不就是无私吗？因为无私，他们反而成就了自己的事业。老子所云，的确是我们在生活中常常看到的情形。《宋诗钞》范成大《石湖诗钞》录《南塘冬夜唱和》诗："燃箕烘暖夜窗幽，时有新诗趋唱酬。为问灞桥风雪里，何如田舍火炉头。寒釭欲暗吟方苦，冻笔难驱字更遒。绝笑儿痴生活淡，略无岁晚稻粱谋。"② 范成大是事功卓著的人物，他于绍兴年间中进士。孝宗初，范成大知处州，修复通济堰，民众得灌溉之利。乾道六年（1170）范成大出使金国，他不畏强暴，险些被杀。范成大后来帅蜀，位高权重。范成大官至参知政事（副宰相），后来因病退居其故里江苏吴县的石湖。范成大颇得老子《道德经》的要旨，他笑自己生活淡。在一个寒冬的夜里，他手冻，他的毛笔亦凝冻，然而写出来的字却更加遒劲。

其二，《道德经》五十章："出生入死。生之徒，十有三；死之徒，十有三；人之生，动之死地，亦十有三。夫何故？以其生之厚。盖闻善摄生者，陆行不遇兕虎，入军不被甲兵。兕无所投其角，虎无所措其爪，兵无所容其刃。夫何故？以其无死地。"③ 人从出生到死去情况是这样的：长寿者有三分之一；短命者有三分之一；作为不当而死去者也有三分之一。为什么呢？因为贪得无厌。据说，善于养护生命的人在地上行走不会遇到犀牛和老虎，进入阵地不为兵器所伤害。犀牛对他的身体无处戳角，老虎对他的身体无处伸爪，兵器对他的身体无处插刃。为什么呢？圣人的身体没有可以致死之处。老子所云，的确是我们在生活中常常看到的情形。《宋诗钞》

---

① 王弼注，楼宇烈校释：《老子道德经注》，北京：中华书局，2011年，第21页。
② 吴之振等辑：《宋诗钞·宋诗钞补》，上海：上海三联书店，1988年，第315页。
③ 王弼注，楼宇烈校释：《老子道德经注》，第139页。

孙觌《鸿庆集钞》录《送智海上人二首》之一："大师兴趣在江湖，拄杖扶行稳当车。苦要诗翁淡生活，穿云涉水到西徐。"① 孙觌（1081—1169），北宋常州晋陵（今江苏常州）人，字仲益，大观年间中进士。孙觌一生，其特点有二：其一，孙觌官当得大。在中央，孙觌历任国子司业、侍御史、翰林学士、中书舍人、户部尚书、徽猷阁待制。在地方，孙觌知温州、知平江府、知临安府，这几处全是富庶地，全是大肥缺。其二，孙觌命活得长，活了差不多九十岁。虽然孙觌一生污迹不少，但是他还是知道要过一种淡生活。

其三，《道德经》五十五章："含德之厚，比于赤子，毒虫不螫，猛兽不据，攫鸟不搏。骨弱筋柔而握固。未知牝牡之合而全作，精之至也。终日号而不嗄，和之至也。知和曰常，知常曰明，益生曰祥，心使气曰强。物壮则老，谓之不道，不道早已。"② 含德深厚者好比初生儿，毒虫不刺他，猛兽不抓他，猛禽不叼他，他筋骨柔弱但是把东西抓得很紧。他不知道男女交合之事，但是他的小鸡鸡却经常勃起。这是因为他精气旺盛。他整天哭叫，但是嗓子并不沙哑。这是因为他元气淳和。知道元气淳和叫作常，知道常叫作明，增加生活的享受叫作祥。因私心而恣意妄为就是逞强。强盛到了顶点就走向衰老，这就是不合乎道。不合乎道，很快就死了。老子所云，的确是我们在生活中常常看到的情形。宋代张耒（1054—1141）《张耒集》卷十三《次韵君复七兄见赠》诗："老知山林等朝市，扁舟谁能问行止。长淮十日浪吹沙，春风正搅骊龙睡。幽人软语破永日，冲泥携手林间寺。坐中知兄病当已，眉宇氤氲有佳气。华池神酒不用醒，人生和畅自忘形。扶持阴德鬼神在，洗除世缘烦恼轻。东来自惭双鬓改，相逢独觉两眼明。论诗尚爱淡生活，学道久叹闲名声。嗟我尘埃费昏旦，补刖自怜闻道晚。还丹欲问仆仆仙，一庵更伴腾腾睡。春阴夜薄月朦胧，剧谈烛尽樽亦空。他日重逢庞处士，可能犹与世人同。"③ 张耒是北宋楚州淮阴（今属江苏）人，字文潜，号柯山，张耒文章写得好，年轻时就受知于苏轼和苏辙。熙宁年间，张耒中进士。绍圣初，张耒以直龙图阁而出知润州。因坐元祐党籍，张耒遭到贬谪。徽宗即位，起张耒为黄州通判，旋即知兖州，入为太常少卿，后又出知颍州和汝州。崇宁初，张耒为他的老师苏轼举哀行服，于是他再贬房州别驾，黄州安置。张耒工诗赋散文，与黄庭坚、晁补之、秦观一道合称苏门四学士。"论诗尚爱淡生活"，这句话道出了张耒经世致用的文学批评观。同时，这句话道出了张耒诗歌的特色。张耒的诗歌，受白居易和张籍的影响，从内容上看多关怀现实、同情劳动人民之作。张耒的诗歌，从风格上看，大都自然晓畅，平易浅近，质朴无华。张

---

① 王弼注，楼宇烈校释：《老子道德经注》，第265页。
② 王弼注，楼宇烈校释：《老子道德经注》，第149页。
③ 张耒撰，李逸安、孙通海、傅信点校：《张耒集》，北京：中华书局，1998年，第256页。

耒所谓淡生活，就是劳动人民普通的日常生活。由于张耒一生遭到两次重大的打击，他在贬谪地较多地了解到大众的心声。"学道久叹闲名声"，这句话告诉我们，张耒之所以诗名满天下，与他平日里践行"生活道"一事大有关系。

其四，《道德经》五十九章："治人事天，莫若啬。夫为啬，是谓早服，早服谓之重积德。重积德则无不克。无不克则莫知其极。莫知其极，可以有国。有国之母，可以长久。是谓深根固柢，长生久视之道。"①治理国家，养护身心，最好的办法就是不要过度而为。爱惜精力，早做准备，重视积德。重视积德者，攻无不克。攻无不克者，其力量无法估计。力量穷者，可以治国。了解国家的基础者，掌权长久。这样的树，根深蒂固。这样的人，长生久视。老子所云，的确是我们在生活中常常看到的情形。《苏轼诗集合注》卷十三《游庐山次韵章传道》诗："尘容已似服辕驹，野性犹同纵壑鱼。出入岩峦千仞表，较量筋力十年初。虽无窈窕驱前马，还有鸥夷挂后车。莫笑吟诗淡生活，当令阿买为君书。"②章传，福建人，名传，字传道，苏轼的朋友。苏轼一向喜欢自由自在地游览山川名胜。当他游览庐山的时候也是如此，他不像大多数官员那样驾车游览，前呼后拥。一人独自游览，就可以像鱼儿在山谷里的溪流中一样自由。壁立千仞的峰岩难不倒他，他筋骨强健，力量充沛，还跟十年前一样英姿勃勃。有的官员乘车游览时，车前有一群美女招摇导引，车后悬挂着盛美酒的大皮囊。苏轼不追求这样的生活，他过恬淡地生活，他作美好的诗篇。苏轼见有人用楷隶抄录他的诗篇，心里高兴万分。生活经验告诉我们，一个人在饱腹之后往往变得昏昏沉沉，哪里能够写出好诗来呢？爱惜人力物力，不事奢靡，这是苏轼的人生态度。

其五，《道德经》七十二章："民不畏威，则大威至。无狎其所居，无厌其所生。夫唯不厌，是以不厌。是以圣人自知不自见，自爱不自贵。故去彼取此。"③人民不畏惧威慑，则更大的祸乱就要发生。不要使人民居处狭窄，不要压缩人们的生活空间。因为你不压迫人民，所以人民不厌恶你。因此，圣人只求认识自我，而不求表现自我；圣人只求自爱，而不求自贵。所以，圣人舍弃后者（自见、自贵）而采取前者（自知、自爱）。老子所云，的确是我们在生活中常常看到的情形。《剑南诗稿》卷十八《登北榭》诗："绕城山作翠涛倾，底事文书日有程。无溷我为挥吏散，独登楼去看云生。香浮鼻观煎茶熟，喜动眉间炼句成。莫笑衰翁淡生活，它年犹得配玄英。"④

---

① 王弼注，楼宇烈校释：《老子道德经注》，第160页。
② 苏轼著，冯应榴辑注，黄任轲、朱怀春校点：《苏轼诗集合注》第二册，上海：上海古籍出版社，2001年，第590页。
③ 王弼注，楼宇烈校释：《老子道德经注》，第187页。
④ 陆游：《陆放翁全集》中册，北京：中国书店，1986年，第311页。

大诗人陆游（1125—1210），始生两岁，便不得不随父南逃，以躲避金军的锋刃，从而历尽丧乱之苦。绍兴二十三年（1153），陆游二十九岁，他参加锁厅试，为第一。次年，陆游参加礼部试，名列秦桧的孙子之前。此事触怒了秦桧，他竟然将陆游黜落。淳熙五年（1178），陆游提举福建、江西常平仓。时遇灾荒，陆游独自决定打开义仓，以大米赈济饥民。为此，陆游被弹劾，丢了官，闲居长达六年之久。陆游一生吃了许多苦头，他深知民间疾苦，懂得为官绝不能压迫人民的生存空间之道理。陆游喜欢冲淡的生活，他的诗句有不少构思于行军途中。陆游的儿子也喜欢作诗，陆游就在《示子遹》篇中告诉他："汝果欲学诗，工夫在诗外。"① 陆游希望，他的儿子懂得啬的道理，爱惜民力，关心民瘼，不做空头文学家。

其六，《道德经》七十五章："民之饥，以其上食税之多，是以饥。民之难治，以其上之有为，是以不治。民之轻死，以其上求生之厚，是以轻死。夫唯无以生为者，是贤于贵生。"② 人民饥饿，乃是因为统治者征收赋税太多。人民难于治理，乃是因为统治者强作妄为。人民不怕死，乃是因为统治者追求奢靡。过简约生活的人，反而比保养过度的人高明。老子所云，的确是我们在生活中常常看到的情形。陈与义《诸公和渊明止酒诗因同赋》诗："爱河漂一世，既溺不能止。不如淡生活，吟诗北窗里。肺肝亦何罪，困此毛锥子。不如友曲生，是子差可喜。三杯取径醉，万绪散莫起。奈何刘伶妇，苦语见料理。不如一觉睡，浩然忘彼已。三十六策中，此策信高矣。政使江变酒，誓不涉其涘。尚须学王通，艺黍供祭祀。"③ 陈与义（1090—1138），宋洛阳（今属河南）人，字去非，号简斋。政和三年（1113）陈与义荣登进士甲科。之后，陈与义历任府学教授、太学博士等官。金兵攻陷汴京，陈与义避乱南下，于绍兴元年（1131）到达行都绍兴（今属浙江），历官中书舍人、翰林学士、参知政事等。陈与义工诗。陈与义的诗歌创作，前期受黄庭坚、陈师道的影响，后期主要学习杜甫。陈与义目睹亡国惨祸，经历过辗转流离的艰苦生活，他伤时念乱，用诗歌抒写家国之感。陈与义的诗歌，其风格悲壮苍凉，多感愤沉郁之音。陶渊明《止酒》诗："居止次城邑，逍遥自闲止。坐止高荫下，步止荜门里。好味止园葵，大欢止稚子。平生不止酒，止酒情无喜。暮止不安寝，晨止不能起。日日欲止之，荣卫止不理。徒知止不乐，未知止利己。始觉止为善，今朝真止矣。从此一止去，将止扶桑涘。清颜止宿容，奚止千万祀。"④ 止酒，停止饮酒，戒酒。陶渊明《止酒》诗，五言十韵，错落使用二十个"止"字。这是陶渊明《止酒》诗艺术上的奇妙之处。陶渊

---

① 朱东润选注：《陆游诗选》，上海：上海古籍出版社，1979年，第177页。
② 王弼注，楼宇烈校释：《老子道德经注》，第192页。
③ 陈与义撰，白敦仁校笺：《陈与义集校笺》，上海：上海古籍出版社，1990年，第222页。
④ 陶潜著，龚斌校笺：《陶渊明集校笺》，上海：上海古籍出版社，1990年，第252页。

明性喜饮酒，戒酒对他来说十分困难。尽管如此，陶渊明还是决意戒酒。其实，陶渊明所戒除的并非仅为饮酒，还有其他种种超越简约生活的习惯。从《止酒》是可以看出，陶渊明多追求的不是别的，就是淡生活。陈与义见几位朋友和陶渊明《止酒》诗后，自己也做了一首和诗，表明他追求"淡生活"。适当饮酒，有利于身体健康。嗜酒如命，则不是良好的生活习惯。酒用粮食酿成，在国家艰难的时候，士人自觉戒酒，这值得提倡。再有，患有某些疾病的人，也不适宜饮酒。绍圣四年丁丑（1097），苏东坡于前往海南岛贬所的途中，曾经在滕州与贬雷州的弟弟苏辙相遇，于是他们结伴前行。那时，苏轼痔疮发作，彻夜难眠，他也决心戒酒，也做过《和陶止酒》（亦作《止酒》《和渊明止酒》）诗，其尾联云："从今东坡室，不立杜康祀。"①苏轼和苏辙兄弟认为，陶渊明真心真意戒酒。

其七，《道德经》七十六章："人之生也柔弱，其死也坚强。草木之生也柔脆，其死也枯槁。故坚强者死之徒，柔弱者生之徒。是以兵强则灭，木强则折。强大居下，柔弱居上。"②活人身体柔软，死人身体僵硬。活着的草木脆弱，死了的草木干枯。强硬是死的表征，柔弱是生的特点。用兵去逞强，遭受灭亡；强壮的大树，容易折断。表面强大者，其实居下位；看似柔弱者，反而占上风。老子所云，的确是我们在生活中常常看到的情形。《宋诗钞》范成大《石湖诗钞》录《赏雪骑鲸轩，子文夜归酒渴，侍儿荐茗饮蜜浆，明日以诧，同游戏为书事，邀宗伟同作》诗："溪山四时佳，今夕更奇绝。天公妙庄严，施此一川雪。飞花潎如海，眩转寒空阔。水西万株树，玉塔照银阙。碧汉不受冻，长滩泻清咽。渔舟晚犹泛，樵担寒未歇。悬知画不到，未省诗能说。归来强搜句，冰砚冷于铁。不如严夫子，迎门生暖热。梅香不可耐，但觉酒肠渴。蜜融花气动，茶泛乳膏发。宁辞春笋寒，为暖花瓷滑。薆腾画屏暖，唤起眼余缬。唤我独何事，作此淡生活。想象高唐赋，何如径排闷！"③范成大事功卓著，完全有过奢华生活的条件，尽管如此，他有过"淡生活"的决心，其意志不容怀疑。这首诗道意浓郁，有不少涉及道教的意象。天公，即天帝，《李太白集注》卷五《短歌行》："白日何短短，百年苦易满。苍穹浩茫茫，万劫太极长。麻姑垂两鬓，一半已成霜。天公见玉女，大笑亿千场。吾欲揽六龙，回车挂扶桑。北斗酌美酒，劝龙各一觞。富贵非所愿，为人驻颓光。"④相传有一天，天公与玉女一起玩耍。他们在玩一种叫作投壶的游戏，轮流将一支支筹，投向壶口，比赛谁投进去

---

① 苏轼著，冯应榴辑注，黄任轲、朱怀春校点：《苏轼诗集合注》第五册，上海：上海古籍出版社，2001年，第2107页。
② 王弼注，楼宇烈校释：《老子道德经注》，第193页。
③ 吴之振等辑：《宋诗钞·宋诗钞补》，上海：上海三联书店，1988年，第315页。
④ 李白撰，王琦注：《李太白集注》，上海：上海古籍出版社，1977年，第126页。

得多一些。当玉女投掷的时候,天公使了法,玉女没有投得进去。这时苍天为之大笑不已。苍天每一次开口笑,就有一道亮光流出来,这就是闪电的来历。至今福建和台湾一带,民间仍然称玉皇大帝为天公。玉塔,用美玉砌成的塔。玉是一种贵重的矿物,质地坚细而有光泽。玉有各种颜色,以白色为多。用玉砌成的建筑物,熠熠生辉。玉半透明而温润,有延年益寿的功效。在天帝和神仙所居的地方,建筑物大多用玉为原料来建造,故而有玉堂、玉楼、玉阙等。银阙,银色的宫阙,也就是用白玉砌成的宫阙,为天地和神仙的所在。碧汉,镶嵌在湛蓝的天幕上的银河。碧,即青绿色;汉,即河汉,指天河、银河。严夫子,即西汉蜀都(治今四川成都)人严遵。汉成帝时,严遵长于占卜,经常在成都的街市为人占卜。日得百钱,严遵即闭门讲授《老子》,著书十万余言。严遵是高洁之士,他一生不愿做官,为当时著名文学家扬雄所敬重。严遵的著作有《道德真经指归》(又作《老子指归》)十一卷,今存七卷。《高唐赋》是楚国人宋玉的代表作。《高唐赋》描写楚怀王在梦中遇巫山高唐神女,并与之相爱的故事。《高唐赋》以描写巫山地区的自然景观见长,道意浓郁。

啬,这是老子《道德经》五十九章的中心思想。啬,本义爱惜,派生义为节俭,亦可引申为简约。啬,啬俭,懂得老子关于"啬"的思想者,必定生活朴素而节俭。啬,啬简,懂得老子关于"啬"的思想者,必定喜欢简约的生活。奢,奢侈,奢靡,不节俭,这是与啬对立的生活态度。治人事天,莫若啬。《吕氏春秋·先己》:"凡事之本,必先治身,啬其大宝。用其新,弃其陈,腠理遂通。精气日新,邪气尽去,及其天年。此之谓真人。"[①] 吕不韦(?—前235)令宾客辑合百家九流之说,编成《吕氏春秋》一书。《吕氏春秋》的天人一体观与道家的身国共治学说相通。这里讲的是治身的道理,推广开来也可用于治国。在社会生活中,要爱惜人力民力。在改造自然的同时,要爱护自然环境。啬,这是老子生态观的基石。老子《道德经》中关于"啬"的思想在今天尤其值得我们重视。人工过度作用于自然,必然会破坏自然界中万物的平衡。生物是万物中的一类,而病毒是一种没有细胞结构的特殊生物。各种病毒是客观的存在,它们以其他生物为宿主共同处于大自然之中。一旦大自然中的平衡被打破,那么各种病毒就会兴风作浪,导致疫疠的发生。优秀的中华民族几千年来积累了与疫疠做斗争的丰富经验,中华医学的名家大都是道家,他们明白人与大自然必须和谐共处这一根本的道理。与疫疠做斗争是人类的一项长期的工作,而处理这一工作的关键就是维系亿万种生物之间的平衡,学会与病毒共处,将病毒的作用力控制在不毁损人类健康的范围之内。

[①] 上海古籍出版社编:《二十二子》,上海:上海古籍出版社,1986年,第637页。

以下研究老子《道德经》直接围绕"活"这一范畴而展开的讨论

活，这是与生息息相关的一个范畴。尽管如此，在老子《道德经》中，"活"的用例仅仅出现一次：

> 勇于敢，则杀，勇于不敢，则活。（七十三章）。

在这里，"活"的基本含义就是"存活"，亦即生命的留存。果敢地凭刚强行事就会死去，果敢地凭柔弱行事才能够活下来。这是老子仔细观察生活而总结出来的道理，它含有丰富的辩证法因素。前一种情况，看似勇敢，其实仅仅是匹夫之勇。后一种情况，看似柔弱，其实贯彻了灵活机动的战略战术。真正的勇士懂得，只有保存自己，才能消灭敌人。

在基督宗教的神学中有七种美德（seven virtues）之说。此指教徒应当具备的七种精神品质，它们是信（faith）、望（hope）、爱（charity）、义（justice）、勇（fortitude）、智（prudence）、节（temperance）。七种美德的前三种，即信、望、爱，系根本的美德，它们关乎人的信仰，称为神学的美德。七种美德的后四种，即义、勇、智、节，系从属于信仰的必备之美德，称为伦理的美德。如果没有神学的美德，那么伦理的美德便会失去崇高的旨归。如果没有伦理的美德，那么神学的美德便很难臻于完备，从而得不到落实。基督宗教的各个教派对信徒在精神品质上的要求基本一致。行为的主体当须成活自己，方能成就其真正的勇敢之美德。对此道家有丰富的论述。《云笈七籤》卷十三《太清中黄真经》：

> 《中黄真经》者，九仙君撰，中黄真人注，亦号曰《胎藏论》。《胎藏论》者，盖九仙君兼真人之所集也。真人常观察，元气浩然，凝结成质。育之以五藏，法五行以相应。明之以七窍，象七曜以昭晰。其识潜萌，其神布行，安魂带魄，神足而生。形神相托，神形相成。口受外味以亡识，身受内役以丧情。神离形以散坏，形离神以去生。殊不知皮肉相应，筋骨乃成。肝合筋，其外爪。心合脉，其外色。脾合肉，其外唇。肺合皮，其外毛。肾合骨，其外发。咸伤筋，苦伤骨，甘伤肉，辛伤气，酸伤血。故圣人曰：先除欲以养精，后禁食以存命。是知食胎气，饮灵元，不死之道，返童还年。此盖圣人之所重也。且夫一士专志。下学而上达、一夫有心，睹天道之不远。学而无志，谓之愚。不学不知，谓之蒙。[1]

---

[1] 张君房编：《云笈七籤》，北京：书目文献出版社，1992年，第104页。

《太清中黄真经》二卷，属于道藏中"洞神部方法类"的经典，简称《中黄真经》或《中黄经》，题"九仙君撰，中黄真人注"。前面数句为释题，声称《中黄经》又叫作《胎藏论》。《胎藏论》为九仙君和中黄真人共同辑录。《抱朴子·遐览篇》著录《九仙经》和《中黄经》。《云笈七籖》卷十三载《中黄经》的经文，分作十八章，具体名称如下。内养形神章第一、食气玄微章第二、五芽恶草章第三、烟霞静志章第四、百窍关连章第五、长存之道章第六、咸淡辛酸章第七、谷食精华章第八、三虫宅居章第九、九仙真炁章第十、胎息真仙章第十一、五脏真气章第十二、太极真功章第十三、九炁真仙章第十四、太征玄功章第十五、九行空门章第十六、六腑万神章第十七、勿泄天机章第十八。所有各章都指向一个目标，即保养人的元气，亦即原初的生命力。在道教看来，初生儿的元气最为充足。随着一个人的成长，其元气就渐渐耗散掉了。由此而观之，保养元气的过程，并非消极地保之养之，而是积极地增之强之。换言之，保养元气的过程也就是增强元气的过程，养生即强生。在《中黄经》的各章下面有注文。《中黄经》的经文大概出自六朝时期，注文当撰写于北宋，或更早。以上引文包括了《中黄经》的要义，主要有以下七点：

第一，人的身体具有物质性。物质性的本然之气，凝结而成天地间的万物。人体运行的原理，与天地颇为类似。人欲五脏健康，怎么做才好呢？让它们像五行那样运转就好。人欲七窍健康，怎么做才好呢？让它们保持七曜的明亮状态就好。

第二，肉体和精神相辅相成。人的精神一直在悄然无声地运行，魂魄安静的人，精气神就很充足。精神和肉体处于相辅相成的关系中。贪吃的人大多愚钝，心眼多反倒丧失情理。精神离开肉体就会散坏，肉体离开精神就成了死尸一堆。

第三，组织和器官相互配合。如果皮肤与肌肉相互配合而双方多寡恰当，那么筋骨就坚固。如果肝脏与肌腱相互配合，那么四肢就强壮而灵活。如果心脏与脉象相互配合，那么人的脸上就容光焕发。如果脾脏与肌肉相互配合，那么人的嘴唇就湿润而皱纹清晰。如果肺脏与皮肤相互配合，那么人的体毛就柔顺而有光泽。如果肾脏与骨骼相互配合，那么人的头发就浓密而油亮。

第四，佐料必要但不能太多。有了佐料，食物才好吃。尽管如此，再好再香的佐料，也不能添加太多。食物太咸，损伤肌腱。食物太苦，损伤骨骼。食物太甜，损伤肌肉。食物太辛辣，伤气，即损伤那驱使人体内各种器官运转的原动力。食物太酸，伤血液。人们常说，油盐酱醋。在古代，佐料的种类相当少。在现代，佐料的种类越来越多。除了传统的作料，还有各种精，各种酱，各种汁。不同名目的作料在启导人们的食欲的时候，也将许多不利于健康的物质送入人的口服之中。

第五，去欲养神，节食存命。上面所说的那些事情，都可以在日常生活中得到验证。因此，圣人教导我们：去除欲望以护养精神，节制饮食以存活性命。一个人欲望多了便会焦躁，而长期的焦躁自然影响身体健康。古代的道士，讲究辟谷。所谓辟谷，又称绝粒，但是辟谷不等同于不吃东西。实践证明，每餐尤其是晚餐，控制谷物类的摄取量还是必要的。晚餐分量过大，势必造成腹腔内脂肪堆积，久而久之就导致肥胖。肥胖，不仅仅是身体的外在表征，而且是一种病症。肥胖使心脏负担过重，从而引发种种疾病。再有，肥胖的人容易疲倦，工作效率低下。

第六，吞食胎气以实行道术。食胎气，或曰吞食胎气，这是道教的养生术之一，它便于操作，人人均可实行。食胎气，又叫作服玉泉、食甘露。具体的操作方法是：漱津咽唾。自然闭上嘴唇，自行鼓漱口腔，鼓漱若干次之后，口中就有了津液亦即唾液，然后分作数次，将这些唾液吞下去。道教认为，津液为人身中之宝，常吞咽可令无疾且增寿。口中津液的重要性，可以从汉字"活"的构成上见出来。舌头上有水，就是活。舌头干涩，必有疾病。如果一个人，其舌头长期干涩，且舌尖发红，舌苔发黑，那么就是绝症的征兆，那个人距离死亡也就不远了。在《中黄经》中，将"食胎气"和"饮灵元"连在一起申说，可知二者含义相同。"灵元"是一个偏正结构的复合词。灵，生命意志。元，根本。灵元，本义生命意志的根本，这里用来比喻口中津液之重要性。

第七，任何道术都可以操作。道术有多种，有的容易操作，有的难于操作。一般说来，那些需要设立道场的道术，由于程序复杂，因而一般人难于操作，它们由职业道士来操作。复杂的道术，具有很强的表演性，而且大多有音乐伴奏，在香烟缭绕中进行。这是道教颇为吸引人的地方，为民众喜闻乐见。以养生为目的之道术，大都简单易行，稍加指导，人人均可操作。这样的道术，可谓样态古朴的体操。只要一个人专心致志地学习，各种名目的养生术都是可以学会的。道教的养生术，因为残生于古代，它们的名称是微妙的，难于用现代的语汇来替代。其实，这也没有什么不好，这反而更加吸引人们去施行。一个人只要有恒心，就一定有洞见各种养生术的奥秘的机会。这样一来，距离天道就不远了。想学而无意志力坚持，这是愚蠢。既不想学习又不去了解，这是蒙昧。

《太清中黄真经》二卷，的确是论据充分而又简单易行的健身法术。

那么，我们不禁要追问一句：活的主体是什么呢？活的主体不是别的什么，就是生命，而生命与生活是不少语境中所指相同的。陆游《剑南诗稿》卷三十《梦范参政》："梦中不知何岁月，长亭惨淡天飞雪。酒肉如山鼓吹喧，车马结束有行色。我起持公不得语，但道不料今遽别。平生故人端有几，长号顿足泪迸血。生存相别尚如此，何况一旦泉壤隔。欲怀鸡黍病为重，千里关河阻临穴。速死从公尚何憾，眼中宁复见此杰。青灯耿耿山雨寒，援笔诗成心欲裂。"[1] 陆游此诗作于绍熙甲寅年（1194）秋，时年七十岁。诗题《梦范参政》，所梦的对象为范成大。陆游乾道六年（1170）为夔州通判。八年，陆游入四川宣抚使幕，从军至南郑。南郑即今陕西省汉中市。汉中南界大巴山，与今四川的广元市、巴中市毗连。范成大对陆游有知遇之恩。范成大帅蜀，陆游在四川制置使司任参议官。陆游梦见范成大，乃是很自然的事情。在《梦范参政》诗中，陆游回顾了他亲自参加抗金斗争的情形。陆游戎马倥偬，经常奔走在火线。这是艰苦的人生，也是快意的人生。生存相别尚如此，当范成大还活着的时候，陆游与他分别竟如此艰难。而今，范成大已经去世一年了，陆游又在梦中见到自己的恩人，这或许是上天的感召吧。于是，陆游马上披衣起床，在青灯下提笔写诗，他要记住这个梦境。当诗篇写成的时候，陆游的心都要碎了。陆游《梦范参政》诗的入世倾向很强，陆游一生尽管几起几落，他依然有浓郁的功名心。尽管如此，在陆游的心田底部却潜藏着挥之不去的道家情结。《剑南诗稿》卷三十《读易》："揖逊干戈两不知，巢居穴处各熙熙。无端凿破乾坤秘，祸始羲皇一画时。"[2] 陆游《读易》诗生动地诠释了他的道家情结。可以说,中国古代的文人大都有道家的情怀。即使是那些儒家倾向甚为突出的古代文人，也还是如此。他们之间的区别仅仅在于道家情怀在其心绪总体中所占的比例有高有下而已。

（本文系《从〈道德经〉看生活道的发展历程与当代实践》之一部分）

---

[1] 陆游:《陆放翁全集》中册，北京：中国书店，1986年，第483页。
[2] 陆游:《陆放翁全集》中册，第479页。

论老子的"无为"

徐洪伟[*]

内容提要：老子的思想是以深奥的哲理来呈现，"无为"又是其思想的重要内容之一，因此"无为"的诠释，将直接影响我们对老子思想的认知。当今主流的观点认为，"无为"就是顺其自然、不妄为，然而这样解释从逻辑上分析却有些牵强。本文通过推理论证认为：老子的"无为"，是为之于未有的前瞻性"为"，是未雨绸缪的一种行为方式，属于哲学范畴。

关键词：老子　无为　无　有

由于《老子》哲理深奥以及历史文化的变迁，对我们准确掌握老子的思想造成了不小的影响，而"无为"作为其思想的核心，以精练的言语，赋予哲理的表达，就更容易造成人们的曲解。对"无为"的不同理解，就形成不同的思想，诠释《老子》之作也就变成了诠释自我的思想。然而本真的老子具有唯一性，"无为"的最合理解释也唯有一个——既符合老子的思想又符合自然与科学，这就需要我们对《老子》进行梳理分析，去伪存真加以甄别，才能正本清源得出正确合理的结论。

我们要弄清楚老子的思想，就必须明白"无为"之意，因此有必要先理顺一下我们与老子以及"无为"的逻辑关系。我们不是老子，因此我们对"无为"之意的诠释也不是老子之意，就像"子非鱼，安知鱼之乐"。我们所认知的"无为"，是通过对《老子》文义的理解而得出的，老子的"无为"，是通过观察分析天地万物的自然变化而得出的，故我们要想对老子的"无为"做出合乎逻辑的解释，就必须从《老子》的词句以及天地万物变化所遵循的自然规律中，探寻出科学合理的答案。

老子的"无为"若是合理的，那么《老子》文中一定有大量的证据来支撑这一

---

[*] 徐洪伟（1964—），山东省青州市徐洪伟口腔诊所，主要研究方向：老庄思想。

观点，并且这些证据也是合理的；若"无为"的观点，在文中没有充足的证据来支撑，或者证据不合乎自然规律，则老子的观点也是错误的；若我们诠释的"无为"之意，得不到文中章句的支撑，甚至与文中的证据冲突，且不符合自然规律，则一定不是老子的观点，是我们错误的解读；若我们对"无为"做出的解释，从逻辑上能够自圆其说，并且符合自然规律，《老子》文中又有大量证据来支持这一观点，那么这个观点就符合老子本意，就是科学合理的诠释。下面我们依据此理，对"无为"展开分析、论证，推理出合乎逻辑的解释。

一、探寻"无为"中"无"的指向

自古至今对老子"无为"的诠释虽然很多，但通过逻辑分析发现都不甚合理。如有些学者依据字意释成不为、无所为等，这些解释明显有悖常理。当今主流的观点是作引申，释成"顺其自然、不妄为"。然而这样解释，不管从逻辑还是哲理上讲都有些牵强，这是把人的基本行为准则当作行为方式。分析原因，可能是我们对"无"的指向理解得不够明晰，将以"无"来修饰"为"，或者说以"无"来界定或限制"为"的一个偏正词组，看作是怎样"为"的特定用语，使文字的表意与老子的本意之间出现了偏颇。关于文字、词意与本意三者之间的关系，《孟子》说："故说诗者，不以文害辞，不以辞害志。以意逆志，是为得之。"[1] 因此，有必要对"无"进行梳理，分析它的应用范围以及老子的指向，探寻"无为"产生歧义的症结所在。

"无"是相对于"有"而来的，《说文解字》："无，亡也，从亡无声。"[2] 老子"无为"的"无"，也是与"有"关联，与作为副词的"不"没有任何关联，因为不为没有任何实际意义，唯有弄清楚"无"与"有"的关系，才有可能准确地解释"无为"之意。我们看具体事物，是以"无"或"有"的形式描述事物本体的状态，"无"指形体不存在或没有，"有"指形体存在或存在着，故我们用"无"或"有"对事物形体的存在与否进行表述。从三维空间来说，我们习惯以空间的空为"无"，一切存在为"有"，"有"皆在"无"的空间包围之中，"有"是以"无"呈现其存在，"无"是以"有"衬托其浩瀚。即"无"的空间是"有"得以存在和运动的前提，"有"的存在才能彰显"无"的价值，"无"与"有"相辅相成。从事物的发展过程来说，事物都是遵循从"无"到"有"或从"有"到"无"的规律变化，若将变化看作一个过程，那么"有"展示的是事物变化的过程，"无"是事物变化的开始与终结，由"无"与"有"两者共同来表达事物从发生到消灭的整个过程。若将变化走向看作发

---

[1] 杨伯峻译注：《孟子译注》，北京：中华书局，2019年，第237页。
[2] 许慎撰，徐铉校定：《说文解字》，北京：中华书局，2013年，第268页。

生与消灭两种趋势，变化过程就分为两个阶段，那么事物就处在"无"与"有"之间呈动态变化，正如黑格尔所说："没有什么东西不是在有与无之间的中间状态。"①以历史的眼光看，过去的"有"，已成了历史，是现在的"无"，现在的"有"，正在书写历史，将成为未来的"无"，故历史是由多层次、无数个"无"与"有"来谱写完成。

将这些表达事物形象或变化的"无"与"有"放在历史长河中，以历史的眼光审视，那么事物的变化过程就是某一时空段的展示，事物的呈现就是某一时空点的三维空间展示，事物的存在就是某一时空点的三维空间中形体的展示。至此，历史将变化的事物串联起来，平常看似简单明了、泾渭分明的"无"与"有"，此时却因为对事物表达的不同，则有了不同的内涵，形成了三个层次，并呈现复杂的关联。第一个层次的"无"与"有"，只是简单地判定事物存在与否；第二个层次的"无"与"有"，是静态展示事物的形象以及所处的空间位置；第三个层次的"无"与"有"，是以时间为主轴，动态展示事物发生、发展、变化的整个过程。我豁然明白了庄子为什么说："孰能以无为首，以生为脊，以死为尻；孰知死生存亡之一体者：我与之友也！"②

《老子》中的"无"，若是第一层次，则与"有"相对，可以理解为不存在或没有；若是第二层次，以空间的空为"无"，那么一切存在的"有"皆在这个"无"之中，因此任何存在之物都必须通过空间的"无"才能获取；若是第三层次，是时间线上空间中的"无"，那么时间线上空间中的"无"是形成空间中"有"的始端，若在未形成"有"的这一"无"的时间段，改变形成"有"的条件，就能做到防止"有"的发生。

二、《老子》对"无"的运用

我们分析一下，《老子》文中含"无"的句子。属于第一层次的"无"如第一章（以王弼本章节）的"无名天地之始；有名万物之母。故恒无欲也，以观其妙；恒有欲也，以观其徼"③，是言以"名"的"无"或"有"，来判断事物所处的发展时期；以"欲"的"有"或"无"来看待事物，则有不同的结果。"名"是具体存在之物的展示，也就是说物因展示其存在才得以有"名"。《管子·心术上》："物固有形，形固有名。"④物的变化是以时间来记录，时间是以物的变化来表达，故"无名""有名"

---

① 黑格尔著：《逻辑学》，杨一之译，北京：商务印书馆，2013年，第96页。
② 郭象注，成玄英疏：《庄子注疏》，曹础基、黄兰发点校，北京：中华书局，2011年，第142页。
③ 高明：《帛书老子校注》，北京：中华书局，2013年，第223—224页。
④ 李山译注：《管子》，北京：中华书局，2009年，第193页。

是用"名"的存在与否来表达对应的时期。人的贪"欲"是祸乱之源，对于同一事物，因"欲"的不同而有不同的期望，"无欲"则知足，知足则以欣赏的眼光看待万物，因此看到的是形体的美妙，"有欲"则不知足，不知足则以贪婪的眼光看待万物，因此看到的是形体的不足，可见因"欲"的"无"或"有"而看到物"妙"或"徼"的不同结果。第八章的"夫唯不争，故无尤"，由于不争，所以没有过错。六十九章的"行无行，攘无臂，执无兵，乃无敌"（译为：行动却不彰显行动的踪迹，奋力出击却不彰显臂的行动，已排兵布阵却不彰显兵卒的存在，这样才是真正的无敌于天下）。前三个"无"不是指没有，而是刻意隐藏不被对方发现，呈隐蔽的"有"展现为"无"，最后一个"无"，才是没有之意。

属于第二层次的"无"，是静态的展示与"有"的关系。如第二章"有无之相生"，是说"无"与"有"的关系同下文的难与易、长与短、高与下一样，都是展示在空间中两者相对而存在。第十一章"三十辐共一毂，当其无，有车之用；埏埴以为器，当其无，有器之用；凿户牖以为室，当其无，有室之用。故有之以为利，无之以为用"是老子对"无"与"有"运用的阐述。"当其无"的"无"，是以"有"为界形成的专属于"有"的空间——"无"，也就是因为"有"的存在，"无"的空间才能得到应用，即"有"是应用的基础，"无"是应用的主体，或者说利用的是"有"的空间（无），而不是"有"本身，"无"与"有"两者缺一不可，故老子说："有之以为利，无之以为用。"

属于第三层次的"无"，在时间主轴上，事物由此时开始变化，从而形成空间中的"有"，是动态的展示"无"与"有"的变化关系。如四十章"天下万物生于有，有生于无"中的"无"，是绝对的、独一无二的"无"，是一切"有"的开始，一切变化的总源头，即《易》的太极。当形成天地万物的变化开始了，这个"无"就失去了功能，只剩象征开始的意义。当变化开始后，空间中虽然仍为"无"，但却是含"有"的"无"，由此"无"形成"有"，故我们所面对的"无"与"有"都不是纯粹的，是"无"中含"有"，"有"中含"无"，相对存在而又相互转化。四十八章"取天下常以无事，及其有事，不足以取天下"。"无事"是有事之始，若木已成舟即事情已经发生了，也就变成有事了，等发生了动乱再去治理乱象，怎么能治理好呢？因此，老子提出"取天下常以无事"，是为于事情发生之前的"无"中，才能防止事情的发生，从而做到"事无事"。

三、《老子》对"无为"的运用

《老子》的"无为"之意，我们不能以字面之意去揣摩或猜测，或先入为主地认定应该怎样做,而是先弄明白"无为"的"无"属于哪一个层次,并在文中寻找出证据,依据此"无"的内涵做出合理的诠释。

　　老子是依据四十三章"天下之至柔,驰骋天下之至坚,无有入于无间"得出"吾是以知无为之有益"的结论。原文意为:天下最柔弱的东西,驰骋于天下最坚硬东西的周围,而没有可能"有"进入"无"的间隙之中,我由此得出"无为"的益处。"无有入于无间"是对前句的补充,"无间"是"无"的间隙,而没有"无"的空间是不存在的,也就是说一切存在的"有"皆在"无"中。虽然我的解释与众多注家的解释有较大的出入,但不能否定老子这是阐述空间中"无"与"有"的关系,由此得出"无为"的事实。空间的"无"包括一切存在的"有",为于"有"必须通过"无"才能做到,这是亘古不变的自然规律,所以为"有"必须从"无"中为,这是唯一的行为方式,没有其他方式可以替代,从逻辑上讲这种行为方式是最合理的,以此判断老子的"无为"就是"无中为"。

　　然而,老子通过存在之物与所处空间的关系,得出"无为"的结论,却没有任何实际意义,因为这是天地规则,是不可改变的规律,每一个人都是这么做的,只是许多人没有意识到而已。老子运用"无为"的目的,就是将其拓展运用到时间空间事物的发展变化之中,由于事物的发生、发展、变化都是从"无"到"有",因此在未形成"有"之前的时间段,改变形成"有"的条件,就能做到防止"有"的出现。这样,才真正展现出"无为"的价值。

　　老子认为"闻道者",就能运用"无为"的方式处事。四十八章"为学者日益,闻道者日损。损之又损,以至于无为,无为而无以为"(严遵本作"无为而无以为",其余通行本多作"无为而无不为",我认为严遵本是合理的,将在后面进行论证)译为:做学问的人追求知识的积累日渐增加;以道而行的人追求问题的发生日渐减少,减少又减少,直至最后都将问题消灭于无形之中。将问题消灭于无形之中就没有自恃而为的过错。在事物变化之前的"无"时,防止出现"有"之事,完全能够做到使问题的发生减少,这样做也完全符合事物变化的规律,故老子"损"的是问题的发生。许多注家认为"损"的是巧智或私欲,然而巧智是随着知识或能力的增加而增加,岂有减少之理?私欲是自身对需求的追求,没有制约怎能自我限制追求的减少?有些人认为把巧智或私欲隐藏起来不显现是"损",其实这是将"巧智"发挥到极致的大智若愚,更不能说是"损"。

　　老子的"无为"之意,在第六十四章论述得清清楚楚——"为之于未有,治之于未乱",这是前瞻性的"为",是说在危机尚在萌芽之时就将其消灭,从而阻止危机的发生,与《黄帝内经》"是以圣人不治已病治未病,不治已乱治未乱,此之谓也。

夫病已成而后药之，乱已成而后治之，譬犹渴而穿井，斗而铸兵，不亦晚乎？"[1] 不谋而合。为什么要前瞻性地"为"呢？老子认为："其安易持，其未兆易谋，其脆易泮，其微易散。"《吕氏春秋》说："治乱存亡，其始若秋毫，察其秋毫，则大物不过矣。"[2] 事物都是遵循从无到有、由小变大的原则发展，如"合抱之木，生于毫末；九层之台，起于累土；千里之行，始于足下"。若等事情形成了再去解决，需要付出巨大的代价，且很难妥善处理，如同《庄子》所说："天下莫大于秋毫之末，而太山为小。"[3] 因此，处事才"以辅万物之自然而不敢为"（译为：运用万物变化的自然规律做事，而不敢改变规律）。我们处理问题遵循的原则，是先了解问题发生的原因，再从易到难加以解决。如第六十三章"图难于其易，为大于其细。天下难事，必作于易；天下大事，作于细"。可见，"无为"是最理想的处事方式，所以老子才提出"为无为，事无事，味无味"（译为：作为要从时间上、空间中无时开始去为，做事要从无事之时做防患于未然之事，做美味要从无味开始做纯正之味）。

　　老子是以怎样的理念运用"无为"的方式治国的呢？四十九章云："圣人恒无心，以百姓之心为心。善者吾善之，不善者吾亦善之，德善；信者吾信之，不信者吾亦信之，德信。圣人在天下歙歙焉，为天下浑其心。"十三章："故贵以身为天下，若可寄天下；爱以身为天下，若可托天下。"（释为：能够像珍重自己的身体一样对待天下的人，才能够将天下寄托给他；能够像关爱自己的身体一样关爱天下的人，才能够将天下委托给他。）运用"无为"处事，呈现什么状况呢？二十七章："善行无辙迹；善言无瑕疵；善数不用筹策；善闭无关楗而不可开；善结无绳约而不可解。"以"无为"处事，达到什么结果呢？六十六章："是以天下乐推而不厌。以其不争，故天下莫能与之争。"三十七章"天下将自正"与《吕氏春秋》的"圣人南面而立，以爱利民为心，号令未出，而天下皆延颈举踵矣，则精通乎民也"[4] 一致。

　　老子以"无为"的方式治国，就能够"以无事取天下"，这一治国理念贯穿全文，例句在文中比比皆是。如五十七章："以正治国，以奇用兵，以无事取天下。吾何以知其然哉？天下多忌讳，而民弥贫；民多利器，国家滋昏；民多伎巧，奇物滋起；法物滋章，盗贼多有。是以圣人云：'我无为，而民自化；我好静，而民自正；我无事，而民自富；我欲不欲，而民自朴。'"六十六章："是以圣人欲上民，必以言下之；欲先民，必以身后之。是以圣人处上而民不重，处前而民不害，是以天下乐推而不厌。以其不争，故天下莫能与之争。"七十五章："民之饥，以其上食税之多，是以饥；百

---

[1] 姚春鹏译注：《黄帝内经·四气调神大论篇》，北京：中华书局，2010年，第32页。
[2] 许维遹：《吕氏春秋集释》，北京：中华书局，2009年，第418页。
[3] 郭象注，成玄英疏：《庄子注疏》，曹础基、黄兰发点校，北京：中华书局，2011年，第44页。
[4] 许维遹：《吕氏春秋集释》，北京：中华书局，2009年，第212页。

姓之不治，以其上之有以为，是以不治；民之轻死，以其上求生之厚，是以轻死。"七十八章："受国之垢，是为社稷主；受国不祥，是为天下王。"三十七章："不欲以静，天下将自正。"

可见，老子的"无为"，是从获得空间存在之物的方式中得到启迪，并将其运用到时间空间中，从时间上还没有发生"有"之前的"无"中，去做防患于出现"有"之事，是未雨绸缪的前瞻性"为"。以这样的方式处理问题，容易做、代价小，且不容易出现弊端，是最好的处理事务方式，故被老子所推崇。

四、各家论"无为"

"无为"一词最早出自《诗经·王风·兔爰》的"我生之初，尚无为，我生之后，逢此百罹"[①]和《诗经·陈风·泽陂》的"寤寐无为，涕泗滂沱""寤寐无为，中心悁悁""寤寐无为，辗转伏枕"。[②]张松辉认为《兔爰》中的"无为"，是太平安定、清静无事的意思。《泽陂》中的"无为"，古人解释为"无所为"，即无所事事。[③]

老子的弟子文子在《文子·自然》中，对"无为"有比较清晰的解释：老子曰："'所为无为者，非谓其引之不来，推之不去，迫而不应，感而不动，坚滞不留，卷握而不散。谓其私志不入于公道，嗜欲不枉正术，循理而举事，因资而立功，推自然之势，曲故不得容，事成而身不伐，功立而名不有……夏渎冬陂，因高为山，因下为池，非吾所为也。圣人不耻身之贱，恶道之不行也；不忧命之短，忧百姓之穷也。'"[④]

《淮南子·修务训》也对"无为"有明晰的解释："或曰：'无为者，寂然无声，漠然不动，引之不来，推之不往，如此者，乃得道之像。'吾以为不然……盖闻传书曰：'神农憔悴，尧瘦臞，禹胼胝。'由此观之，则圣人之忧劳百姓甚矣。故自天子以下至于庶人，四肢不动，思虑不用，事治求澹者，未之闻也。夫地势水东流，人必事焉，然后水潦得谷行；禾稼春生，人必加功焉，故五谷得遂长……吾所为无为者，私志不得入公道，嗜欲不得枉正术，循理而举事，因资而立权自然之势，而曲故不得容者。"[⑤]

孔子也提倡"无为"，《论语·卫灵公》"子曰：'无为而治者，其舜也与？夫何为

---

① 阮元：《十三经注疏·毛诗正义》，北京：中华书局，1979年，第332页。
② 阮元：《十三经注疏·毛诗正义》，北京：中华书局，1979年，第378页。
③ 张松辉著：《老子研究》，北京：人民出版社，第156页。
④ 王利器撰：《文子疏义》，北京：中华书局，2000年，第368—369页。
⑤ 何宁撰：《淮南子集释》，北京：中华书局，1998年，第1311—1322页。

哉？恭己正南面而已矣'"，朱熹解释说："圣人德盛而民化，不待其有所作为也。"[1]古今许多学者支持这一观点，使孔子的"无为而治"就变成了如今我们通常所理解的那样——无所作为而当好君王，这样解释从逻辑上分析是有问题的。我们要弄清楚孔子的"无为而治"之意，就必须清楚舜是怎么做的，才能明白"恭己正南面而已矣"究竟说的是什么。《尚书》说："舜让于德弗嗣。正月上日，受终于文祖。在璇玑玉衡以齐七政。肆类于上帝，禋于六宗，望于山川，遍于群神，辑五瑞。既月乃日，觐四岳群牧，班瑞于群后……五载一巡守，群后四朝。敷奏以言，明试以功，车服以庸。肇十有二州，封十有二山，浚川。象以典刑，流宥五刑，鞭作官刑，扑作教刑，金作赎刑。眚灾肆赦，怙终贼刑。钦哉！钦哉！惟刑之恤哉！流共工于幽洲，放欢兜于崇山，窜三苗于三危，殛鲧于羽山，四罪而天下咸服。"[2]《史记》不仅也如此记载舜帝，并且还说："践帝位三十九年，南巡狩，崩于苍梧之野。"[3]由此可见，舜帝的一生都是为天下苍生而兢兢业业、任劳任怨，至死都不敢有所懈怠，请问如此的"无为"，怎么是无所事事？所以，孔子的"恭"是敬畏，"正南面"是天下百姓，舜对天下百姓怀有敬畏之心，一切行为都是为了天下万民，这样的治理国家何患之有？这才是孔子"无为而治"的真正含义。孔子的"恭己正南面"与老子的"以百姓心为心"何其相似？舜的作为不正是范仲淹所倡导的"先天下之忧而忧，后天下之乐而乐"的真实写照吗？不是孙文所提倡的"天下为公"吗？可见，孔子的"无为而治"与老子以"无为"的方式治国其理念是相通的，所依据的理都是相同的。

老子与孔子的思想中，组成、用法、功能都相同的"无为"，含义也应相同，然而自古至今将两者刻意区分之人大有人在。如朱子说："老子所谓无为只是简忽。圣人所谓无为却是付之当然之理。如曰：'无为而治者，其舜也与！夫何为哉？恭己正南面而已。'这是什么样本领！岂可与老氏同日而语！"[4]由于曲解了老子的思想，从字义又不能合理解释孔子的"无为而治"，却又不想因为孔子与老子有相同的概念而影响儒家的思想，则将孔子与老子武断地撇清关系，以树立孔子圣人的形象。这是对孔子的曲解，对老子的不公和偏见！

五、对老子"无为"的辩证分析

通过分析发现，古代对"无为"的理解，并不像一些后人仅从字面所理解的那样"不为"或"无所事事"。"无为"的"无"是修饰"为"的，是对"为"的界定，

---

[1] 朱熹：《四书章句集注》，北京：中华书局，2011年，第152页。
[2] 王世舜，王翠叶译注：《尚书》，北京：中华书局，2012年，第15—21页。
[3] 司马迁：《史记·五帝本纪》，中华书局，1972年，第44页。
[4] 黄士毅编：《朱子语类》，徐时仪、杨艳汇校，上海：上海古籍出版社，2014年，第1218页。

而不是对"为"的否定,《淮南子》与《文子》中不仅否定了"不为",反而处处存在着有为的痕迹,楚简《老子》作"亡为"也佐证了这一观点。

老子提倡的"无为",并不是与"有为"对立,反对有为。其证据如下:一、(三十八章)"上仁为之而无以为",是说上仁之君行王道施仁政之为,不会自恃之能而施暴政,则天下百姓安居乐业。二、(四十一章)"上士闻道,勤而行之",是说上等修为之人明道之理,努力地参悟从而以道而为。三、(第二章)"是以圣人处无为之事",是说圣人是以"无为"的方式处事。四、(第二章)"为而不恃",是说做事不是凭借自恃之能而为,是顺应天道之理而为。五、(八十一章)"圣人之道,为而不争",是说圣人的处世原则,是做利于天下百姓之事而不是与百姓争利。

我们对"无为"产生歧义或误解的原因有二:

其一,是对《老子》文意的曲解造成的。如:一、(四十三章)"不言之教,无为之益,天下希及之",用天地自然的规则来教化,用无中"为"的方式处事,这样做的好处天下没有比得上的。"言"是人的说教,"不言"是指天地以行为来说教。有些学者将"不言"释为不言语,并与"无为"混为一谈,从逻辑上讲不通,前文是阐述自然现象,与人的言语有何关联?"不言"是天地的特性,是天地用自然的规则来教化,比人用空洞的言语更有说服力。二、(四十七章)"不为而成"。千万不要误认为:不必去作为就会成功,这从逻辑上是讲不通的,也是不可能的。"不为而成"与"不行而知""不见而明"是排比句,其语法相同,释为:圣人不用出行就能知事物的变化,不用观看就能明万物变化之理,不用行为就能成自然之事。"不为""不行""不见",是指不用亲身行为,事物都以自然之理而变化,正合老子的"上德不德"。老子是不让我们去做拔苗助长之为,而不是不去作为。三、(六十四章)"以辅万物之自然而不敢为",是说人要依据万物变化的规律,可做改变自然状态之事,而不敢有违天道而改变自然规律。"不敢为"是因"行于大道,唯施是畏。大道甚夷,而人好径"(五十三章),因此才对"为"做了理性的限制,不能理解成不敢有所作为。四、(六十四章)"为之者败之,执之者失之。是以圣人无为故无败,无执故无失"释为:违背自然而为的人必然失败,违背自然而执持的人必然失去。由于圣人没有违背自然之为就不会失败,没有违背自然的执持就不会失去。老子的"为之者"与"执之者",并不是指有为者与执持者,而是违背客观规律而为的人,一定会失败。五、(六十七章)"不敢为天下先。"君王的处事原则是"欲上民,必以言下之;欲先民,必以身后之"(六十六章),因此不敢争天下万民之先。"不敢为"是不敢与万民争利益,而不是不敢作为。六、(七十五章)"民之难治,以其上之有以为,是以难治"释为:百姓之所以管治,是由于统治者凭借自恃之能而为,所以百姓才不服从管治。"有以为"并不是指有所作为,而是凭借自恃之能而做违背天道的事。

七、(七十三章)"天之道,不争而善胜",容易将"为"与"争"混于一谈,造成不争而作不为的曲解。

其二,是我们的主观意识造成的。人们看到老子提倡"无为",想当然地就认为反对"有为",形成这种观念的原因,是源于人们对"有"与"无"认知的对立——有则非无,无则非有,因此也将"无为"与"有为"对立,以否定或肯定的思维来判断,并将"无为"与不为联系起来,才有"无为而无不为"之说。若将"无为"理解成"不为",那《老子》就没有任何意义了,所有对"不为"的辩解都苍白无力,站在科学的角度上也讲不通;若理解成"有所为有所不为",则没有了准则,也就没有任何实际用处;若理解成"无所不为",那是违背人性、违背科学。一些版本中出现的"无不为",可能是作者曲解"无为"之意,对否定有为的论点产生了疑问,从而做出的修正或补充。熊铁基认为"无不为","如果理解为一种'无为'的结果,即实际上'什么事情都做成了',那就仍然是顺其自然而成功了"[1],则又回归到了曲解的"不为而成";如果将其理解为"表面不为而背后无所不为",则是阴谋权术,与老子的思想相去甚远——"以智治国国之贼"。陈鼓应先生则把人的行为准则以行为方式来对待,将"无为"释为顺其自然、不妄为,认为"不妄为,就没有什么事情做不成的。'无为'乃是一种处事的态度和方法,'无不为'乃是指'无为'(不妄为)所产生的效果"[2]。其实顺其自然、不妄为,是人的基本行为准则,是原则性的论述,与少时出门老人叮嘱的"注意安全"是同样的效用,仅做到如此离成功还相去甚远。可见,我们若以惯性的思维,用"有""无"对立的观点看待老子的"无为",不管怎样用"无不为"修正,都不可能做出合理的解释。帛书、北大简《老子》中都没有"无为而无不为"这句话,故郑良树说:"老子谈'无为',谈'无以为',老子不谈'无不为'。"[3]

通过以上分析看出,老子"无为"的本意,与《易·系辞上》"是以君子将有为也,将有行也"[4],以及《象》"天行健,君子以自强不息"[5]等传统文化所倡导的有为,不但没有冲突,而且还是最科学合理的行为方式。事物的形成发展,都是遵循从"无"到"有"的规律发展变化,而变化的过程是以空间来展示、以时间来记录,因此在空间尚未呈现有事,却有成事可能的这一时间段,依据事物变化的规律去改变成事的条件,使变化朝向有利于自己的方向发展,也就阻止不利的事情发生或促

---

[1] 熊铁基:《中国老学史》,福州:福建人民出版社,1997年,第36页。
[2] 陈鼓应:《老子今注今译》(修订版),北京:商务印书馆,2012年,第53页。
[3] 郑良树著:《竹简帛书论文集》,北京:中华书局,1982年,第7页。
[4] 阮元校刻:《十三经注疏·周易正义》,北京:中华书局,1980年,第81页。
[5] 阮元校刻:《十三经注疏·周易正义》,北京:中华书局,1980年,第14页。

使有利的事情生成，从而形成理想的结果。所以，老子的"无为"，就是在尚未出事的时间段去做未雨绸缪之事，就如《黄帝内经》行"不治已病治未病，不治已乱治未乱"之为，才有"圣人为无为之事，乐恬憺之能，从欲快志于虚无之守，故寿命无穷，与天地终"①的结果。老子将实践中得到的"无为"这一行为方式，拓展运用到一切变化的事物之中，由实践经验蜕变为抽象理论，成为原则性的行为方式，上升到了哲学范畴，故《吕氏春秋》说："至言去言，至为无为。"②

六、"无为"引发的思考

本文对老子"无为"之意推论的结果，与我们的传统观念大相径庭，颠覆了我们所传承的思想认知，原因值得我们沉思和探究。

为什么两千多年都没有对老子的"无为"做出符合逻辑的诠释？是历史文化影响了"无为"的释义，还是"无为"的释义影响了历史文化的发展？我们对"无为"是否像海德格尔那样做出过"为什么在者在而无反倒不在"③的追问？我们真的读懂《老子》了吗？

我仅阐述自己粗浅的一些看法。

老子的"无为"，是通过对存在之物的发展变化做出理性分析之后，探寻的一种符合客观规律的最佳行为方式，它受人的意识，对事物的认知、变化的判断，世界观等多种因素的影响。老子的思想贯穿全文，若我们仅是依字句的表意去诠释"无为"，与盲人摸象何异？若我们不是依据科学的逻辑推理《老子》，仅凭借自己对章句的见解做诠释，就好像用自己的钥匙开他人的锁！正因如此，才将顺其自然不妄为这一行为准则，作为行为方式来理解。准则是指导性的策略，方式是具体的措施，两者不是一个层次。

我们若持谨慎的态度对待经典文化，就应用逻辑推理这些知识是否符合自然规律，以客观自然来检验知识，这样就最大程度地屏蔽自我意识，由自然来对知识做出正确与否的判断；若我们以传统文化的经典为标尺，围绕经典而展开研究，注解是为了经典的合理而辩解，那么我们就处在经典之中，也就限制了视野的范围，就成了站在自己的角度去分析判断经典的合理性，就像身在山中而观山，结果就会因人的不同而千变万化。我联想起小时候逗蚂蚁的一个游戏。将蚂蚁放在一块小木板上，将木板顺着蚂蚁前进的方向轻轻转动，蚂蚁就在木板上绕圈；当停止转动，蚂

---

① 姚春鹏译注：《黄帝内经·四气调神大论篇》，北京：中华书局，2010年，第64页。
② 许维遹：《吕氏春秋集释》，北京：中华书局，2009年，第484页。
③ 海德格尔著：《形而上学导论》，熊伟、王庆节译，北京：商务印书馆，2012年，第3页。

蚁很快就能从木板上爬下来。若我们将自己处于经典之中，是否也会走蚂蚁的路？传统文化是社会发展的枷锁还是助力，不在传统文化本身，而在于对传统文化的认知和运用，对待知识的方式不同结果也不同。

我们至今对"无为"的诠释，仍停留在争论"怎样为"的层次，还没有真正地深入哲学的范畴，不知是否也步入了蚂蚁的后尘，走进了蚂蚁怪圈？我们的哲学起步较早，发展的速度却很慢，就像身陷泥潭之中，现在与西方哲学相比已相对滞后，不知是否也与蚂蚁怪圈有关？若我们传承的"无为"，不是为与不为的争论，而是未雨绸缪的一种前瞻性理念，当这种理念注入我们的身心化作智慧的力量，东方的巨龙就会抬起高傲的头颅，发出撼天动地的龙吟，翱翔于天地之间，今天的历史就是书写巨龙的腾飞！

试论老子哲学的唯物辩证性质

王建中*

内容提要：哲学术语来自日本，其根子却在老子。老子为人类完整地整体研究世界的第一人，形成较完整的唯物辩证宇宙观（世界观），为人类奉献出具有中国气派中国智慧的道家哲学。判定其哲学性质，关键在于厘清"可为天下母……字之曰道，强为之名曰大"中的"大"与"字"的含义。大，读音为太，指天地混沌未分的元气；而字，表义于名、从属于名，表明"道"为元气的本质属性。元气与道为本源实体与本源属性关系。道，作为元气运行轨迹、规律、规则，显示出对立统一、矛盾的本质，表明"道"即对立统一规律、矛盾法则的古代用语，老子哲学实为古代朴素的辩证唯物论。老子辩证法不同于黑格尔辩证法，有理智形态与理性形态之别。老子理智辩证法没有也无须范畴的逻辑推演，而是在行不言之教（指向大自然学习，以万物为师。自然万物就是不言的教材）中，经由直觉和体悟后转识成智，形成经世致用的关于宇宙（自然和社会）的理智辩证法。笔者初步整理出六十六条，并具体说明理解理智辩证法的四个具有原理意义的基本要点。

关键词：老子哲学　整体研究　字道名大　朴素的辩证唯物论　理智辩证法

《道德经》（《老子》）究竟是一本什么性质的著作？古往今来，"横看成岭侧成峰，远近高低各不同"——或曰天书，或曰神书，或曰圣书，或曰玄书，或曰兵书，或曰养生术……仁者见仁，智者见智。而愚以为，它应被判定为一部哲学巨著，而且是天下第一之唯物辩证哲学巨著。唯哲学，可以其思维的抽象性、普遍性而以简驭繁、包罗万象，一统天、神、圣、玄、兵、养生者也。谓予不信，拙试论之。

---

* 王建中（1947—），男，安徽合肥人，安徽广播电视大学滁州分校（现已更名为滁州开放大学）原校长，副教授，研究方向：老子哲学形成、主旨和价值。

一、老子哲学天下第一

古代中国本没有"哲学"这一术语。哲学作为特定的概念和学科出现在中国，那还是近代的事。"哲学"源自古希腊，引进英语为 philosophia，意即"热爱智慧"。据记载最早由古希腊哲学家毕达哥拉斯使用。我们现在所理解和使用的"哲学"这个概念是一个舶来品。一位名叫西周的日本哲学家将 philosophia 转译为汉字"哲学"，于 1874 年在《百一新论》上首先使用。约 1896 年前后，康有为等将西周的译称介绍到中国（另一说为黄遵宪所介），逐渐为中国学者所接受和使用。随着当时科学在中国兴起，哲学一词亦开始在书报上使用，并取代玄学、形而上学等不准确的名词而成为通用术语。

西周是一位学贯中西的学者，出身士族，自幼饱学"四书"等接受儒学教育，又学习荷兰文和英文。由于在幕府的翻译机构工作，他接触到西方自然科学和社会科学知识，后被派遣留学荷兰，更深切地体会到西方的人文智慧，特别是当时流行在荷兰的法国人孔德的实用主义和英国人密尔的功利主义。所以当他一开始翻译 phliosophia 这个词的译法时，很自然地试图在他接触到的东方文化传统中，特别是儒家文化中找到它的对应物。开始，他将 phliosophia 译作"西洋理性之学"，因为他感觉 phliosophia 既包含了对世界本源的讨论，又包含了对于人生的讨论，跟中国宋代学者"理性之学"有很多共通之处，故在前面加上"西洋"二字，指代从西方传入的关于理性的学问。但是 phliosophia 的希腊语本义是"爱智慧"，上述译法实质是意译而非直译，后又将其译为"希腊学"，含有"希求贤哲的学问"。此后还借助音译为"菲卤苏比"。但是经过多次推敲、比较，最后决定译为汉字"哲学"。因为"哲"字就有智慧的意思，如中国古代的字典《尔雅》就有"哲，智也"。另如《说文》有"哲，知也"。还有"孔门十哲""古代先哲"等用词。"哲"或"哲人"专指那些善于思辨、学问精深者，即近似西方哲学家或思想家。此外，"主观""客观""悟性""现象""实在""归纳""演绎"等用汉字表达的西方哲学用语，也都是西周苦心精译的成果。在介绍西方哲学时，西周还涉及了哲学的各个方面，将其分为逻辑学、心理学、伦理学、政治学、美学，以及本体论、哲学史。西周对于哲学在东方的普及和传播做出了极大的贡献，对于促进中国古代社会科学的分化和独立，起到了卤水点豆腐的神奇功效。[①] 然而始料未及的是，尽管"打倒孔家店"之后，诞生了冯友兰和胡适分别撰著的中国哲学史，诞生了伟人毛泽东撰著的两部哲学巨著——《实践论》和《矛盾论》。但是后来学界仍然先后出现了"言必称希腊"和"中国无

[①] 清贫寒士：《汉语"哲学"一词的由来》，http://www.360doc.com/content/13/0628/22/2610986_296229086.shtml，2021 年 11 月 5 日。

哲学"的杂音，表现出令人扼腕的妄自菲薄和自信缺失。

古希腊时期，哲学与其他各门具体科学并未分化开来。古希腊哲学家大多同时是自然和社会科学家。爱好智慧、追求智慧不只是哲学所特有的永恒本质，也是其他各门社会和自然科学的永恒本质。西方伴随着工业文明的兴起，科学特别是实验科学的大踏步前进，推动了科学的分化，哲学开始从各门具体科学中独立出来，成为高踞于其他各门具体科学之上的社会意识形态，与其他各门具体科学的区别日渐鲜明——哲学是以世界（宇宙）的整体为研究对象，揭示世界（自然和社会）最一般最普遍的规律，而各门具体的自然科学和其他的社会科学，则是以自然和社会的某个特定领域为研究对象，揭示某个特定领域的特殊规律。正如黑格尔所说，哲学是整体地研究世界，而不是整个地研究世界。① 整个地研究世界是各门具体科学（自然的和哲学以外的社会科学）的事。了解中西哲学史的人应该能明白，古往今来、古今中外，完整地整体研究世界第一人，不是古希腊哲学家，而是古代中国的老子。

说老子整体研究了世界的根据在于，他明确地指出："道大，天大，地大，人亦大。域中有四大，人居其一焉。人法地，地法天，天法道，道法自然。"整体地看，客观世界（宇宙）可不就是包括这四个方面吗？而且人作为认识和实践主体，首先必须顺应和取法于大地（周边自然环境），而大地又取法于天，天又取法于道（宇宙的根本规律），道则以自在自为、自然而然为法则。

说老子是整体研究世界的第一人的根据在于，老子是古代中国春秋末期人，约生卒于公元前570—前481年，稍晚于古希腊第一哲人泰勒斯（公元前640—前546年）。泰勒斯以"世界起源于水"的命题开创了哲学本体论而著称。泰勒斯的弟子中，阿拉克西曼德（公元前610—前545年）主张世界起源于无限定（未定的混沌物）；阿拉克西米尼（阿拉克西曼德的学生，生卒年不详，鼎盛期公元前546年）主张世界起源于气；而毕达哥拉斯（公元前580—前500年或前490年）则主张世界的本源是数。阿拉克西曼德和阿拉克西米尼约属于老子同时代人，毕达哥拉斯则曾经到过巴比伦和印度追随老子的"浮屠邦"大业，为老子的外籍弟子。②

说老子完整地整体研究了世界的根据在于，他全面而完整地构建了哲学本体论，第一个运用哲学的抽象思维，言简意赅地揭示了宇宙的生成和演化：1. 无名，天地之始。有名，万物之母（《道德经》第一章）；③2. 有物混成，先天地生。寂兮寥兮，独立不改，周行而不殆，可以为天下母。吾不知其名，字之曰道，强为之名曰大。大曰逝，逝曰远，远曰反（第二十五章）；3. 道生一，一生二，二生三，三生万物。

---

① 阿尔森·古留加：《黑格尔小传》，北京：商务印书馆，1978年，第74页。
② 罗尚贤：《和生论》，广州：广东人民出版社，2012年，第142页。
③ 楼宇烈：《老子道德经注校释》，北京：中华书局，2008年。其后引文凡注明某章者皆出自该书。

万物负阴而抱阳，冲气以为和（第四十二章）。第一个揭示了宇宙的最普遍最一般规律：1.有无相生，难易相成，高下相倾，声音相和，前后相随（第二章）；2.反者道之动（第四十章）。老子上述这些关于本体论（宇宙观）的论述，较之泰勒斯为首的米利都学派哲学家的本体论思想，显然要全面而完整、深刻而丰富。

不难看出，老子关于本体论的阐述，具有鲜明的思辨色彩。这一特色在西方辩证法大师黑格尔评价老子不同于孔子时业已指明："孔子只是一个实际的世间智者，在他那里思辨的哲学是一点也没有的。""中国哲学中另有个特异的宗派，这派是以思辨作为它的特性……孔子的哲学就是国家哲学，构成中国人教育、文化和实际活动的基础。但中国人尚另有一特异的宗派叫做道家……这派哲学和与哲学密切联系的生活方式的发挥者……是老子。"[①] 老子目炬苍穹、心包宇宙，以思辨的色彩完整地研究了世界，为人类奉献出具有中国气派中国智慧的道家哲学，天下第一，当之无愧。英国著名历史学家阿诺德·汤恩比在《人类与大地母亲》一书中对老子做过高度评价。他说："在人类生存的任何地方，道家都是最早的一种哲学。"[②]

顺便一说，笔者如此推崇老子，意在坚挺中国人的文化自信，无意于要由"言必称希腊"转而贬低古希腊。文明、文化有东西之分，却无优劣之别。毕竟古希腊到科学之集大成者、百科全书式的大思想家亚里士多德（公元前384—前322年）时，又耸立起一座高峰。尤其是他创立了形式逻辑学，就使与之同时代的古代中国以惠施（公元前370—前318年）、公孙龙（公元前325或前315—前250年）为代表的名家和后期墨家，因对形式逻辑探究的流产中断成为绝学而大为逊色。古代中、希科学上的建树，两两比较，可谓"梅须让雪三分白，雪却输梅一段香"，各有所长、各美其美。

二、老子哲学是古代朴素辩证唯物论

老子哲学究竟是唯物论还唯心论，20世纪五六十年代我国哲学界曾形成过大讨论，论辩双方势均力敌，各持己见而莫衷一是。这种窘态从任老继愈主编的《中国哲学史》[③] 既有主编者所持唯物论的观点，又附录有主张唯心论的文章，便可窥见一斑。笔者作为后生后学，今读《道德经》，愿就老子哲学的唯物性质，另辟蹊径而论之，聊发一己之言。

应当说，对老子"道"做唯心主义、神秘主义的误解，不在于古往今来、古今

---

① 黑格尔：《哲学史讲演录》第一卷，北京：商务印书馆，1959年，第119、125、126页。
② 阿诺德·汤恩比：《人类与大地母亲》，上海：上海人民出版社，2016年，第216页。
③ 任继愈主编：《中国哲学史》第一册，北京：人民出版社，1979年，第44、251页。

中外的学者、大家们所举证《道德经》中某些确有点神秘色彩且近乎怪异、易生歧义而误解的原文，而在于本最不该被忽视却恰恰被严重疏忽、忽视的至关重要一段话。这段话出自《道德经》第二十五章："有物混成，先天地生。寂兮寥兮，独立不改，周行而不殆，可以为天下母。吾不知其名，字之曰道，强为之名曰大。"这段话，王弼本、河上公本完全一致。而郭店楚本、马王堆帛本（甲、乙）在个别地方虽稍有出入，却在本义上亦与王弼本、河上公本完全一致。[①]据此，可以较为可信地对其进行翻译：有种物体（有译为物质，有译为东西）在混沌中演化，先于天地就生存着。它不依靠任何外力在寂静寥廓无声无息中卓然自立，从不改变，曰逝曰远曰返地周行不停永不衰竭，可以认定为天下万物之母（本源、本体）。我不知它名叫什么，不妨取字曰道，强为之取名曰大。

老子十分鲜明地肯定先于天地而生存着，且可以为天下万物之本源者，不是上帝，不是精灵（理或理念等精神），而是混成一体取字曰道取名曰大的物体。要理解并弄懂上面那段文字，关键就在于要仔细推敲取字曰道取名曰大中的"字"和"大"的含义。

首先说一说"大"。有人往往望文生义，直接将"大"理解为广延性的大，认为道弥漫一切，无处不在。但是照此理解，就很难弄通紧接上面那段文字后面的"道大，天大，地大，人亦大。域中有四大，人居其一焉"。难道天地人能与道等量齐观？难道天地人也与道一样其大无外其小无内？显然说不通。经查阅《辞源》与《辞海》可知："大，读音为太，道家用语，意指天地混沌未分的元气。混沌未分为一，又称太一、太极，简称为太。"[②③]据此，可以立判，元气才是先天地而生可为天下母之物，是天下万物的根本、本源。《辞源》《辞海》的解释，我们从1993年湖北荆门郭店一号楚墓出土的《太一生水》后对其研究的学术文章中，获得印证。关于大与太，有一专著，书名即为《关尹其人暨〈大一生水〉研究》，书中明言：大与太"不仅是同源字，也是古今字"，"'大'的今字为'太'"。[④]而太一缘何而来？有篇《从文本篇章到义理脉络:〈太一生水〉的构成和概念层次再证》[⑤]的观点可供参考："老子首先将普通数字的'一'哲学化了，提出了'一'的概念，并使之成为与道类似的概念，此外他还强调'大'的概念。老子思想在之后的演变中，人们继承了作为本根的'道'的概念，也继承了作为本根的'一'的概念，而且将老子的'一'与

[①] 汪致正：《汪注老子》，北京：人民出版社，2016年版，第116—117页。
[②] 《辞源》、《辞海》，北京：商务印书馆，1979年版，第650页。
[③] 《辞海》，北京：商务印书馆，1979年版，第1422页。
[④] 李水海：《关尹其人暨〈大一生水〉研究》，西安：陕西人民出版社，2016年，第116、16页。
[⑤] 王中江：《从文本篇章到义理脉络:〈太一生水〉的构成和概念层次再证》，《船山学刊》，2015年第1期，第56—65页。

'大'结合起来而新立了也是作为本根的'太一'的概念。一、太一等都成了道的近义词,也成了道家的标志性概念……'太一'是与道并行的最高的概念。它们自然是处于最高的同一层次上的概念和术语。"古时的大即太,已为当今学者所共识。不同的是对太一(大一)的理解上,有理解为混沌未分的元气,却同时又不加分析地理解为"道"。如另有一篇《〈太一生水〉辨》中,干脆直接认为:"所谓'太一''道',均是为了便于表述而'强为之名'。它们是元气的某种符号……总之,是一种无形状的类如水气之属,故亦名'混沌'……《太一生水》中之'太一',正是指'道'。"[①] 笔者认为,将太一或太(大)理解为混沌未分的元气较为妥帖。这不仅印证了《辞源》《辞海》的解释,更重要的是,《道德经》中"道大,天大,地大,人亦大。域中有四大,人居其一"这段经文的文意,便可读顺读通读懂,即道、天、地、人都与混沌未分的元气密切关联,都是元气的造化,都以元气为本源。而若将太一或太(大)理解为道,无非是要将道确立为宇宙的本源,这虽是善意,其实大可商榷。笔者注意到,做此理解的学者和文章实在不少,大有不确立起道为宇宙的本源,则不足以显示道的至高无上的高深与尊贵。殊不知,做此理解,则与之相关而又令人质疑的问题便会随之而起。其一,若将道与太(大)即元气等同,那么老子为何不直接说"吾不知其名,强为之名曰道",而却说成"吾不知其名,字之曰道,强为之名曰大"?须知,在古代,人的名与字是既有联系又有区别的不同指称,那么,道与太(大)也理当是既有联系又有区别的不同概念,二者可以近义而并重但不应等同;其二,若将道与太(大)等同,那么老子经文中的"道大,天大,地大,人亦大"就难以读顺读通读懂,"道大"就成了"道道"。如何理解?费解。强理解为道本源于道如何?这是玄之又玄的同义反复,只能让人无语、无解;其三,若将道理解为宇宙的本源,势必避免不了会与又将"道"视为规律而发生自相矛盾。这种自相矛盾古已有之。据任老继愈主编的《中国哲学史》所述:"宋、尹继承了老子的唯物主义思想并有所发展。老子已经有了'道'即是'气'的思想,但是,'道'和'气'的关系还没有讲得十分明确。宋、尹明确地讲'道'就是'气'……在宋、尹把'道'作为物质实体看时,是把'道'看成和'气'是同一个东西。但在宋、尹的思想中'道'也还有规律的意思……他们说:'天之道,虚其无形','天之道虚,地之道静'(《白心》)。这进一步说明,'道'作为规律,它是天地万物的规律,不是一个独立的抽象的实体。"[②] 这段引文中的宋、尹,指的是战国中期稷下道家学派著名人物宋钘(公元前360—前290年,或370—前291年)和尹文(公元前360—前280年,

---

[①] 罗炽:《〈太一生水〉辨》,《湖北大学学报》(哲学社会科学版),2004年第6期,第658—664页。

[②] 任继愈主编:《中国哲学史》第一册,北京:人民出版社,1979年,第114、116页。

或前350—前270年）。他们创立的"元气论"思想上承老子下启荀子和韩非子，在战国时代起着承前启后的作用，乃至影响后世思想家如东汉的王充、明末清初的王夫之等，前后长达近两千年。但是，他们在对道的认知上的自相矛盾，却影响至今。当今学术界在对道的认知上的自相矛盾的观点，可说是比比皆是。然而，规律是实体性事物运动轨迹中显现出来的固有的本质的稳定的必然的联系。这种联系是非实体的。"道"怎么可能既是和宇宙的本源——元气等同的物质实体，同时又是并非实体的规律？这种明显违反形式逻辑同一律的自相矛盾，是时候该予以破解和澄清了。而要破解这种自相矛盾的出路，就有必要进而谈谈可为天下母"字之曰道"中的"字"的含义和妙用。

在古代，人的名和字分开而起，是很有些讲究的。查阅《辞源》中"字"可知，从远古起就形成孩子出生后先取名后取字的习俗。当男孩满二十女孩满十六行成人礼后方才取字。如孔子之子孔鲤取字伯鲤，诸葛亮名亮字孔明，就是老子本人也是姓李名耳字伯阳（另谥曰聃）。字，或形声或指代或转义于名，从属于名，以补充表达其名之深义。[①]明乎此，字之曰道，确实不能等同于名之曰大（太）。因而，道，并非可为天下母元气（宇宙本源）的本身，似只应看作最能反映元气名之曰大（太）本性、本质的一种属性。简言之，道当是反映元气本质的属性。如是，老子举重若轻地以字与名既联系又区别的从属关系，明确地表达了道与大（太）即元气的从属关系，堪称妙用、神来之笔。

元气本质属性为何字之曰道？这是因为取名曰大（即太），仅反映元气是（太）极、是（本）源这一面，而要全面把握元气的本性、本质，就需另取"字"进一步补充说明之。于是，"道"呼之而出。道，本义为路、道路，亦可指称为运行轨迹，引申而为规则、规律等。如同寻觅蛛丝马迹便可洞察事物的内在端倪一样，字之曰"道"，似有从元气曰逝曰远曰反地周行不殆地运行轨迹上天才地猜测（直觉、洞察）出其规律性规则性的本性、本质之意。故此，元气（太一、太极、太初）为宇宙本源性的物质实体，而道则是本源性物质实体元气的本质性属性。

笔者针砭出"道"并非宇宙本源，丝毫没有要贬低和亵渎"道"的意味。"道"是神圣的，也是可知的，但不是神秘的。毕竟"道"还是宇宙本源实体元气的本质属性。这可不是一般的属性，而是与本源实体元气直接相关，因而是宇宙间具有本源意义的最根本最普遍的属性，某种意义上无妨称之为本源属性（注意，不是本源实体）。以此，期以辟出一条能科学认知"道"的路径，避免将"道"唯心化、神秘化，特别是避免将"道"与"气"等同为实体，又将"道"视为并非实体的规律而

---

① 《辞源》，北京：商务印书馆，1915年，第一部寅集子部第7页。另可参阅1979年版。

发生认知上的自相矛盾。而且，明确"道"与"气"为本源属性与本源实体的关系，也就较为简明易懂而为世人所易知易行。须知，认识一事物本身，只能从该事物自身的运动状态中，或与其他事物的相互联系相互作用所显示出来的属性开始。事物的属性是认识该事物的重要向导和基础。把握事物的属性，尤其是本质属性，也就等于把握了事物的本身。诚然，老子在《道德经》中对宇宙本源——元气本身着墨不多，更不是着眼于元气的物理属性、化学属性，而是抓住其运行轨迹之道这一本质属性，处无为之事，行不言之教（指向大自然学习，以万物为师。大自然和万物就是不言的教材）[①]，做了尽情阐述和发挥，揭示元气因道的"一无一有""负阴而抱阳""反者道之动"等，具有使宇宙生成和演化的根源与动力之无限伟力，以及其衣养万物而不为主，为而不恃、生而不有、功成身退、利而不害、为而不争的无私成私的"上善"品格。尽管老子在阐述"道"的行文中，出现了一些容易引起歧义和误解的章句，如"道生一"（第四十二章）、"道生之，德畜之"（第五十一章）、"道冲，而用之或不盈。渊兮，似万物之宗"（第四章），给人造成"道"是先天地生的宇宙本源、天下之母的错觉。但是，在我们认清可为天下母其字道名大的真实含义后，是应该能够保持清醒和定力，以跳出对"道"的理解和认知上的唯心主义、神秘主义、宗教神化，甚至不可知论的窠臼。让我们不妨列举一个也许不太妥帖的例子：近代中国历史上的伟人毛泽东撰著了《矛盾论》光辉巨著，就是抓住物质的矛盾性（对立统一）这一本质属性，对其进行了深刻精辟的论述。其著名的论断是"没有矛盾就没有世界"。对于这句著名论断，理所当然应当准确理解为没有物质的矛盾性便没有世界。而我们总不能拘泥于这句文字可能会引起歧义而不把握文章的主旨和要义，就认为矛盾是世界的本源，或本源实体吧？

那么，"道"反映出元气是何轨迹，是何本质？换言之，"道"这一核心概念的内涵是什么？我们知道，《周易》有"一阴一阳之谓道"；春秋前期《左传》庄公四年邓曼说过"盈而荡，天之道也"；《左传》哀公十一年伍子胥说过"盈必毁，天之道也"[②] 一阴一阳、盈而荡、盈必毁这些话，所表达的实质性思想含义，不就是对立统一、矛盾法则、物极必反吗？换句话说，对立统一、矛盾即为道，道即是我们今天已成常识的对立统一、矛盾概念的古典用语。诚然，老子时代还抽象不出对立统一、（辩证）矛盾概念。然而，对立统一、矛盾的运行轨迹等自然和社会现象，却是宇宙（无极）中客观存在的，它必然能为人类在实践中所感觉、所把握、所思考和认识。它自《周易》以来政治思想家们口笔相传逐步深化，乃至于为老子集其大成

---

① 百度百科：《行不言之教》，2021年11月5日，https://baike.baidu.com/item/%E8%A1%8C%E4%B8%8D%E8%A8%80%E4%B9%8B%E6%95%99/9953143?fr=aladdin。

② 任继愈主编：《中国哲学史》第一册，北京：人民出版社，1979年，第32页。

而感悟，完全是顺理成章的事。"道"的含义，即对立统一、矛盾，由《道德经》中无与有"同出而异名""反者道之动"，以及"有无相生，难易相成，高下相倾，声音相和，前后相随"、祸福相依、"道生一，一生二，二生三，三生万物。万物负阴抱阳，冲气以为和"等广泛体现自然和社会现象中的辩证法，可予以印证、足证之。而且，《道德经》中仅只有一处还提及阴与阳，已频繁地使用无与有这对基本概念以取而代之，形成"一无一有之谓道"。无与有，既是宇宙的历史起点，又是对宇宙终极之问的逻辑起点，因而成为古典哲学形态的经典范畴。如是，老子以其非凡的哲商，揭示了宇宙本源——元气赋有对立统一、矛盾（道）的辩证本性、本质，以及元气（即物质一种朴素的特定形态）运动化生万物的根源与动力，从而在人类历史上第一个揭示了物质世界（自然和社会）对立统一根本规律和矛盾法则。老子哲学，理应是气一元论的朴素辩证唯物论。

三、老子哲学是理智形态的唯物辩证法

理智辩证法是相对于黑格尔的理性辩证法而言的。老子理智辩证法与相隔两千多年黑格尔的理性辩证法之间，是既有联系又有区别的。

相联系的一面在于，老子本人虽未抽象出对立统一、矛盾概念或术语，而是字之曰道，并且明确了"道大，天大，地大，人亦大。域中有四大，人居其一焉。人法地，地法天，天法道，道法自然"（第二十五章），即道、天、地、人这四者都与元气（大、太）密切相关，都是元气的造化。这四个方面虽都与元气相关，却又都法于道、遵从道（对立统一规律）。由于天地人同（本）源又同（规）律，所以天人必合一。因而，在"道"的统摄下，老子行不言之教，挥洒天地之间，思接人伦社会，举凡天文地理人伦无不道贵德，说是天书也好，神书也罢，还是圣书、玄书、兵书、养生术等，无不闪现着理智辩证法的光辉。《道德经》传入欧洲后，对德国古典哲学尤其是黑格尔哲学影响巨大。青年黑格尔的哲学灵感就来自"万物如一"。"万物如一"直接源自古代中国庄子的"万物齐一"，间接源自老子的天人合一思想。黑格尔在撰著《逻辑学》及其构建庞大的唯心主义思想体系过程中，其有差异的同一、对立统一、矛盾法则等思想，以及正—反—合公式，无不受到老子道的精神——辩证法思想的影响，并予以借鉴和利用。黑格尔辩证法思想的一些原理、规律，都可以在《道德经》中找到它的原生态（例如量变质变、否定之否定。不过在老子那儿应是肯定之肯定，负阴抱阳冲气以为和，即从肯定出发，经过否定而回复到新的肯定。这是以追求和实现"和"为目的而自我完善自我发展之新的肯定。如此，其中

的"否定"就不是任意否定，而是被规定被制约而有目的之否定）。① 黑格尔借此消化和整饬了古希腊以来欧洲哲学成就，建构出范畴王国形式的逻辑学和庞大的客观唯心主义体系，同时在客观上也将老子的辩证法彰显了出来。

相区别的一面则在于，老子的辩证法是直觉体悟下的理智辩证法，没有范畴王国的建构和逻辑演绎，直接、简洁和便捷，转识成智，经世而致用。正如老子所直白："吾言甚易知，甚易行。"而黑格尔的辩证法是逻辑思辨下的理性辩证法，构建出逻辑演绎的庞大范畴王国，间接、烦琐甚至教条，是书斋哲学。老子辩证法与黑格尔辩证法的区别，典型地反映和代表东西方文化的差异。这种差异似有一比，犹如中医之于西医。

老子所处的时代，当如人类的童年，哲学思想尚不丰富，哲学形态尚在形成中，不可能提供能够构建范畴王国的应有的概念和范畴。老子以非凡的哲商，处无为之事，行不言之教，以大自然为师，观天察地，洞悉人伦世事，向自然和社会的万物学习，苦修勤悟，从其时的时代之问到对宇宙的终极之问，为天地立心，为生民立命，继往世之绝学，开万世之太平，以理智辩证法构建了具有较强内在逻辑的天人合一思想体系。②

老子的理智辩证法，经初步整理和提炼，试奉呈于下，期以就教于方家。

（1）无与有同出而异名（第一章）；（2）有无相生，难易相成，高下相倾，声音相和，前后相随（第二章）；（3）生而不有，为而不恃（第二章）；（4）无私成私（第二、七章）；（5）挫锐解纷，和光同尘（第四章）；（6）上善若水（第八章）；（7）功遂身退（第九章）；（8）用无利有（有之以为利，无之以为用，第十一章）；（9）执古御今（第十四章）；（10）虚怀若谷（第十五章）；（11）大智若愚（第十五章）；（12）归根知常（第十六章）；（13）见素抱朴，少私寡欲（第十九章）；（14）曲则为全（第二十二章）；（15）不自见故明，不自是故彰，不自伐故长（第二十二章）；（16）企者不立，跨者不行（第二十四章）；（17）道法自然（第二十五章）；（18）守静戒躁（第二十六章）；（19）知雄守雌，知白守黑，知荣守辱（第二十八章）；（20）去甚去奢去泰（第二十九章）；（21）物壮则老（第三十章）；（22）慎武恬淡（第三十一章）；（23）海纳百川（第三十二、六十六章）；（24）知止不殆（第三十二章）；（25）知人者智，自知者明（第三十三章）；（26）胜人者力，自胜者强（第三十三章）；（27）死而不亡者寿（第三十三章）；（28）不自大而成其大（第三十四章）；

---

① 王建中：《老子：一无一有之谓道》，《中华老学·第2辑》，北京：九州出版社，2020年，第134—138页。

② 王建中：《终极追问时代之问下的鸿篇巨制——试析〈道德经〉天人合一体系》，《广西职业技术学院学报》2020年第1期，第49页。

（29）欲歙先张，欲弱先强，欲废先兴，欲夺先予（第三十六章）；（30）柔弱胜刚强（第三十六章）；（31）处厚去薄，处实去华（第三十八章）；（32）贵以贱为本，高以下为基（第三十九章）；（33）反者道之动，弱者道之用（第四十章）；（34）明道若昧，进道若退（第四十一章）；（35）三生万物，负阴抱阳，冲气和生（四十二章）；（36）损之而益，益之而损（第四十二章）；（37）知足不辱（第四十四章）；（38）大成若缺，大盈若冲，大直若屈，大巧若拙，大辩若讷（第四十五章）；（39）知足常足（第四十六章）；（40）为学日益，为道日损（第四十八章）；（41）道生德畜，遵道贵德（第五十一章）；（42）见小曰明，守柔曰强（第五十二章）；（43）知和曰常，知常曰明（第五十五章）；（44）知者不言，言者不知（第五十六章）；（45）无为自化，好静自正，无事自富，无欲自扑（第五十七章）；（46）以正治国，以奇用兵（第五十七章）；（47）祸福相依（第五十八章）；（48）方而不割，廉而不刿，直而不肆，光而不耀（第五十八章）；（49）尚啬慈俭，深根固柢（第五十九章）；（50）治大国若烹小鲜（第六十章）；（51）友邻善下（第六十一章）；（52）报怨以德（六十三章）；（53）天下难事必作于易，天下大事必作于细（第六十三章）；（54）为之于未有，治之于未乱（第六十三章）；（55）合抱之木，生于毫末；九层之台，起于累土；千里之行，始于足下（第六十四章）；（56）慎终如始（第六十四章）；（57）善战不怒，善胜不与（第六十八章）；（58）哀兵必胜（第六十九章）；（59）被褐怀玉（第七十章）；（60）知不知，上；不知知，病（第七十一章）；（61）不争善胜（第七十三章）；（62）兵强不胜，木强则折（第七十六章）；（63）强大处下，柔弱处上（第七十六章）；（64）张弓之举，损余补弱（第七十七章）；（65）正言若反（第七十八章）；（66）利而不害，为而不争（第八十一章）。

以上各条，广泛涉猎天文、地理和人文，其辩证法的光辉无疑是鲜明的，本文限于篇幅，恕不展开做具体的分析。然而，为理解老子的理智辩证法，需要就把握和理解老子辩证思维的几个具有原理意义的基本要点做一说明：一是无与有"同出而异名"。同出而异名的含义，表明无与有是有差异的同一。差异在于：无名，天地之始；有名，万物之母。如此，无是无，有是有，无不是有，有也不是无，二者区别显明。但是，无不是绝对的无，不是子虚乌有，而是无中有有（恍恍惚惚中有象有物有精），是孕育着的有、隐性而潜在着尚无形的有，故无亦是有。而有则是由无转化出来的有形的显在，有即是有形而显在的无，故有亦是无。二者的同一也是显明的。无形隐在的有为无，有形显在的无为有，同出而异名。道的非常之名，即既可名之为无，又可名之为有，却又既不是无也不是有，而是无与有同出而异名，是二者有差异的同一，即无与有相互联结相互依存和转化的对立统一，此即"一无一有之谓道"。① 其实，不仅无与有，而且难与易、高与下、声与音、前与后、美与丑、善与恶，乃至左与右、大与小、深与浅、强与弱、生与死、祸与福、远与近等等凡对立的双方，都是同出而异名，即有差异的同一。把握有差异的同一，是把握辩证法的基本功。无与有，是老子哲学的最高抽象，体现了历史和逻辑的统一，可普遍适用于宇宙间的一切事物。宇宙间一切事物的变化，皆可视为无与有的辩证运动。无与有这对范畴是老子哲学大厦的基石，也是理解和把握理智辩证法的基础和钥匙。略举例以示：生而不有，为而不恃——"生""为"可视为有，不有、不恃则为无；功成身退——功成可视为有，身退则为无。又如，利而不害，为而不争——"利"与"为"可视为有，不害与不争则为无，等等。"有之以为利，无之以为用"，用无利有而为（无为），是老子奉献出的哲学大智慧。② 二是"相"。"相"者，相互、相向。有差异的同一物必相：相互发生关系、相互联结、相互依存又在一定条件下相互转化。如果不同一，则对立双方无以联结和依存；而如果不具差异，则对立双方无以转化。三是"反"。"反"，既可作名词相反、反面用，又通返，可作动词返转、返回用。即既可理解为互为对立面，又可理解为向着对立面即反面直接转化，或向着对立面（反面）间接（经过中介做圆圈运动）转化（周行而返）。因而，"反"就应具有经否定而达于肯定之意涵，是表达辩证运动的极为重要的概念。有无相生是反，祸福相依是反，功成身退是反，三生万物、负阴抱阳、冲气和生是反……曰逝曰远曰反亦是反。四是"道法自然"。道法自然是指以自然而然为法则、准则。这里的自然，原义是自己的样子，进而可理解成自在自为、自然而然，正如王弼所解的在方法方、在圆法圆。其哲学深层含义还可理解为一切以时间地点条件为转移，具体情况具体对待，方才自在自为、自然而然。因而，道法自然这个命题，就确立起辩证法一条"法自然"的极为重要原则。以上四点，当是老子理智辩证法的精髓，亦是对立统一规律的精义所在。

《道德经》如此丰富、博大精深，传入欧洲后曾引起英法德哲学家、思想家们的极大兴趣和好评。德国哲学家尼采为之惊叹："老子思想的集大成者——《道德经》，像一个永不枯竭的井泉，满载宝藏，放下汲桶，唾手可得。"③ 老子哲学为中华民族源远流长而生生不息，提供了卓越的哲学智慧和精神的坚实而强大的支撑。

---

① 王建中：《老子：一无一有之谓道》，《中华老学》第 2 辑，北京：九州出版社，北京，2020 年，第 122 页。
② 王建中：《刍议老子知无用无大智慧》，《中华老学》第 7 辑，北京：九州出版社，北京，2022 年，第 230 页。
③ 草堂主人：《尼采眼中的老子〈道德经〉》，2021 年 11 月 5 日，https://page.om.qq.com/page/O26oKO5LeXVIBbl0QJefmuhw0。

丝纪之端

——老子"道纪"思想探析

张翎羽*

内容提要："道纪"是老子"道"之哲学概念中的重要组成部分,"纪"从丝义,"道"如抽丝剥茧的丝线一般涵括宇宙万物,以细微幽深的力量浸染自然界万事万物。"纪"是丝线线头,把握"纪"之端头便可以此来感悟"道","道纪"即可解释为体悟常道的路径。"道"是无名无状,不可捉摸之物,但同时其也是不分古今的存在,具有超越时间的性质。由此,"道纪"两条路径即效法自然与效法圣人。"道"与"自然"的概念相伴而生,是其本质属性。老子强调古今贯通,圣人是自然得道之人,其特质是与生俱来,具有自然本真之意。通过效法圣人、自古及今也能体悟常道。

关键词：道　道纪　道法自然　圣人

引　言

老子以"道"作为宇宙间运行的根本法则,其囊括宇业,一切自然法则与社会运转规律都根据"道"来生成并运转。在老子哲学中,"道"是不可知的,但同时"道"亦化身于万事万物,那么如何通过这些介质来感悟"道"是非常重要的。在此基础上,老子在《道德经》第十四章提出"道纪"的概念,如何对"道纪"进行理解即关系到通过什么途径能够体悟和感知"道"。老子以"道纪"的概念来阐发深刻的思想,学术界对"道纪"的研究有所涉及[①],但却鲜有以"道纪"二字进行专题研

---

* 张翎羽（1998—）,女,河南新郑人,青海师范大学历史学院硕士研究生,研究方向：先秦史。

① 与"道纪"相关的论文可具体参见刘志荣：《论〈老子〉中的"执古之道"与"执今之道"》,《杭州师范大学学报（社会科学版）》2018年第3期；季磊：《黄老对老庄"道"之意涵的转变——从"道纪""道枢"到"道之要"》,《中华老学》2021年第6辑；孙征：《老子"道纪之人"的思想内涵及其当代启示——基于对〈道德经〉的解读》,《许昌学院学报》2014年第1期；张晓征：《古今之诤——论〈老子〉"执古之道"》,硕士学位论文,海南大学哲学系,2014年等。

究，故其尚具有一定的学术研究空间和较为重要的学术研究价值。第十四章中亦有"执古御今"之言以期对新时代如何正确把握历史规律有所启发。有鉴于此，不揣谫陋，特撰斯文，以求教于方家。

一、《道德经》第十四章文本分析

在对老子"道纪"思想进行分析之前，有必要对其所涉文献情况进行系统分析。本文以王弼本为主要版本，参考马王堆帛书以及北大汉简等传世文献和出土文献[①]，试对《道德经》第十四章进行文本分析与对照。

王弼本《道德经》第十四章内容如下：

> 视之不见名曰夷，听之不闻名曰希，搏之不得名曰微。此三者不可致诘，故混而为一。其上不皦，其下不昧，绳绳不可名，复归于无物，是谓无状之状，无物之象。是谓惚恍。迎之不见其首，随之不见其后。执古之道，以御今之有，能知古始，是谓道纪。[②]

王弼本："视之不见名曰夷，听之不闻名曰希，搏之不得名曰微。"河上公本、傅奕本、汉简等各版本与王弼本基本相同。与王弼本不同的是帛书甲、乙本。帛书甲、乙本与王弼本的不同之处为互换了句中微与夷的前后位置，内容绝大部分都相一致。"视之不见曰夷，听之不闻曰希，搏之不得曰微。"老子将"视之不见、听之不闻、搏之不得"的事物称之为"夷、微、希"。"此三者不可致诘，故混而为一。"此三者，指的是"夷、微、希"，这三者看不见、听不着、摸不到却又无法诘问。诘问是认知的意思，"夷、微、希"是无法认知的，此所体现在哲学的范畴里意指不可知论。"故混而为一"，此句句式可整合为"马叙伦曰：'孙盛老子疑问反讯引作"三者不可致诘混然为一。"'"[③]蒋锡昌将"一"释作"道"，其释曰："泰初时期，天地未辟，既无声色，也无形质，此种境界，不可致诘，亦不可思议。老子以为此即为最高之道无以名之，姑名之曰'一'也。"[④]故"夷、微、希"混而为一是为"道"。"其上不皦，其下不昧"，传世本作"皦"，北大本作杲，帛书甲本作攸，乙本作谬。"昧"，想尔注

[①] 所用《老子》之文本主要以"王弼本"（王弼注、楼宇烈校释：《老子道德经注校释》，北京：中华书局，2008年版）为主，其他所用"马王堆帛书本"以高明《帛书老子校注》（北京：中华书局，1996年版）为主；所用北大汉简《老子》引自北京大学出土文献研究所《北京大学藏西汉竹简》（二）（上海：上海古籍出版社，2012年版）等出土文献作为参考。后文所引相关内容不再列举具体出处。

[②] 王弼注，楼宇烈校释：《老子道德经注校释》，第31—32页。

[③] 蒋锡昌：《老子校诂》，上海：商务印书馆，1937年，第78页。

[④] 蒋锡昌：《老子校诂》，第78页。

本、遂州本作忽，帛书甲乙本作"惚"，指的是道的不可推演、数算的性质即常道是不可捉摸、无法认知的。蒋锡昌注为："此言道之为物，不皦不昧，乃超然绝对不可以他物比拟，亦不可以任何言语形容也。"①

"绳绳不可名，复归于无物。"北大本、帛书甲乙本作"计"，或为"诘"的借字。"混"字传世本均作"混"，北大本作"圂"，帛书甲本作圂，帛书乙本作緄，均可视作"混"的借字。《诗经·螽斯》载："螽斯羽，薨薨兮。宜尔子孙，绳绳兮。"②"绳绳"谓之"不绝貌"。《诗经·抑》载"子孙绳绳"③释为"戒慎"④。"绳绳"之意应取绵绵，即为延绵不绝，无穷无尽之意。蒋锡昌认为《道德经》第十六章"夫物芸芸，各复归其根"与此文相近，注曰："'绳绳'犹'芸芸'，谓道生万物，纷纭不绝也。"⑤"不可名"与第一章"无名，天地之始"⑥相对应。顾欢注"绳绳，运动之貌，言至道运转天地，陶铸生灵，而视听莫寻，故不可名也。复归者，还源也。无物者，妙本也。夫应机降迹，即可见可闻；复本归根，即无名无相，故言'复归于无物'。"⑦"是谓无状之状，无物之象。是谓惚恍"可对应《道德经》第二十一章："道之为物，惟恍惟惚。惚兮恍兮，其中有象；恍兮惚兮，其中有物。"⑧"恍、惚""物、象"皆是相对而言。王弼注曰："欲言无邪，而物由以成；欲言有邪，而不见其形。故曰：'无状之状，无物之象'也。"⑨"迎之不见其首，随之不见其后"，顾欢注："道无始，故迎之不见其首；道无终，故随之不见其后。"⑩成玄英疏："迎不见其首，明道非古无始也；随不见其后，明道非今无终也。"⑪故此，可看出道是无始无终，无古无今之存在，其存在超越时间。

"执古之道，以御今之有。能知古始，是为道纪"，此句其他版本多与王弼本相同，唯帛书甲乙本作"执今之道"⑫王弼注曰："虽古今不同，时移俗易，故莫不由乎此以成其治者也。故可执古之道以御今之有。上古虽远，其道存焉，故虽在今可以知古始也。"⑬道不分古今，成疏："'古始即为无名之道也。''能知古始，是谓道纪'

---

① 蒋锡昌：《老子校诂》，第79页。
② 周振甫：《诗经译注》，北京：中华书局，2002年，第8-9页。
③ 周振甫：《诗经译注》，第456页。
④ 周振甫：《诗经译注》，第459页。
⑤ 蒋锡昌：《老子校诂》，第80页。
⑥ 王弼注，楼宇烈校释：《老子道德经注校释》，第1页。
⑦ 顾欢纂、董建国点校：《道德真经注释》，江苏：凤凰出版社，2016年，第14页。
⑧ 王弼注，楼宇烈校释：《老子道德经注校释》，第52页。
⑨ 蒋锡昌：《老子校诂》，第81页。
⑩ 顾欢纂、董建国点校：《道德真经注释》，第15页。
⑪ 高明：《帛书老子校注》，第288页。
⑫ 高明：《帛书老子校注》，第288页。
⑬ 王弼注，楼宇烈校释：《老子道德经注校释》，第32页。

谓圣人能知泰初无名之道，是谓得道之总要也。"[1]道超越时空，古今贯通，能知"古始"无名之道是谓"道纪"。

"能知古始，是为道纪"，"道纪"作为本文的核心词汇，有必要对其进行剖析与释义。"道纪"在文献记载中多有体现，"道纪者，纪者纲纪，言道之流行于日用间，所以纲纪万事者也。即道即纪，故曰'道纪'。"[2]马王堆帛书《老子》乙本前所附黄老之书载："当者有□，极而反，盛而衰，天地之道，人之李（理）也。逆顺同道而异理，审知逆顺，是胃（谓）道纪。"[3]《文子·微明》载："故随时而不成，无更其刑；顺时而不成，无更其理。时将复起，是谓道纪。"[4]此三则文献中的"道纪"含义类似，都是类似于纲要、道理和需要遵守的准则等意涵。诸多学者也对于"道纪"如何释义结合大量文献进行过多角度的深入分析。刘志荣认为在先秦两汉的子书中，"道""纪"有别，"道"为"始"，"纪"则"是非"之辨也，"守始"与"治纪"自有其别，"纪"可释为"理"，且本义为动词，则所谓"道纪"者，犹"以道来治理"。后世词义发生改变，将"道纪"多解释为"纲纪"等意。[5]季磊归纳了"道纪"在前人注疏之中的两类意涵"道之纲纪"和"以道为纲纪"。他认为此两种释义产生分歧的关键在于"道"与"纪"的关系是"道之纪"还是"道即纪"。他指出近现代学者多用第一种释义，并进一步引申为"道的规律"，但其认为应取第二种含义即"道即纪"，因为"道"能纲纪万物。[6]孙征认为"道纪"是"道纪之人"应该遵守的规律。[7]张晓征通过对"执古之道，以御今之有，能知古始，是谓道纪"此句句式的逻辑分析认为"道纪"之意在句式是平行关系时是指"道生一、一生二，二生三，三生万物"这样一个创生过程，从无到有，从有到大有。在句式是从属关系时"道纪"之意是既有顺即生生不息的创生活动，又有逆即归根复命的长生久视之道。[8]

对于"道纪"的释义亦可从其文字本意进行解读。《说文解字》载："纪，别丝也。"[9]段玉裁注："别丝者，一丝必有其首，别之是为纪，众丝皆得其首，是为统。统

---

[1] 蒋锡昌：《老子校诂》，第85页。
[2] 熊十力：《十力语要》，上海：上海书店出版社，2007年，第137页。
[3] 国家文物局古文献研究室：《马王堆汉墓帛书》，北京：文物出版社，1980年，第51页。
[4] 王利器《文子疏义》本，北京：中华书局，2000年，第336页。
[5] 刘志荣：《论〈老子〉中的"执古之道"与"执今之道"》，《杭州师范大学学报（社会科学版）》2018年第3期。
[6] 季磊：《黄老对老庄"道"之意涵的转变——从"道纪""道枢"到"道之要"》，《中华老学》2021年第6辑。
[7] 孙征：《老子"道纪之人"的思想内涵及其当代启示——基于对〈道德经〉的解读》，《许昌学院学报》2014年第1期。
[8] 张晓征：《古今之争——论〈老子〉"执古之道"》，硕士学位论文，海南大学哲学系，2014年5月，第27—28页。
[9] 许慎撰，段玉裁注：《说文解字注》，上海：上海古籍出版社，1981年10月，第645页。

与纪义互相足也。"①《墨子·尚同上》"譬若丝缕之有纪",孙诒注:"纪,本义为丝别,引申之,丝之统总亦为纪。"②由《说文解字》可知,"纪"之本意为丝也,即丝线之意。这是从纪的偏旁部首以及其引申义来解释。与丝相关且同时老子相关的还有玄,据《说文解字》载:"玄,⟨字⟩,幽远也。"③段玉裁注也提及:"老子曰:玄之又玄,众妙之门。"④现代学者从古文字造字本义对"玄"字提出另外的解释。王蕴智认为这一字形的源头如⟨字⟩,均像丝束之形。吴文文认为"玄"字字型源自上古中国人日常生活中从蚕茧抽取细丝这一客观意象,抽取的蚕丝具有"细微、不易察觉"的特点,相应地,"玄"字也具有"细微""不易察觉"的义项。⑤老子用"玄"来形容道,那道同样也具有不易察觉、以润物细无声的方式作用于世间万物的特质。《韩非子集解》亦载:"物从道生,故曰'始';是非因道彰,故曰'纪'。得其始,其源可知也;得其纪,其端可知也。"⑥把握住"纪"即可知端首,得其端首便有路径探索其源头。如果说"道"是如同蚕丝一般细密的丝线,那么"纪"就是丝线的头,故"道纪"即可解释为体悟常道的方法和路径。"道纪"为开端,"道"是不可捉摸但可通过把握"道"的本质属性来通过"道纪"体悟"道"。

二、以效法自然循"道纪"

在前文对十四章文本进行释读和分析之后可知"道"是"不可致诘",是"无状之状,无物之象"之存在,其存在为不可以形数推也,是不可为世人所认知的。同时,其又可以超越时间、执古御今,具有恒常性。"道纪"即为体悟常道的方法和路径,故而以何作为体悟常道的路径和方法亦可从"道"本身的性质为切入点进行剖析。前文提到,老子以"玄"来形容"道","玄"从蚕丝之抽丝剥茧之意象,"道"如抽取的蚕丝般以润物细无声之细微无形地包裹宇宙万物。"道"作为一种细微幽隐的基本力量,从时间层面看,时时刻刻运行着,从空间层面看,这种力量作用于宇宙间每一个角落,作用于万事万物。因此,微观地看,"道"作为法则,亦可以理解为内在于万事万物的客观规律。⑦故而"道"可作为宇宙万物运行的自然法则。

《道德经》第二十五章载:

---

① 许慎撰,段玉裁注:《说文解字注》,第645页。
② 孙诒让:《墨子间诂》,北京:中华书局,2001年,第78页。
③ 许慎撰,段玉裁注:《说文解字注》,第159页。
④ 许慎撰,段玉裁注:《说文解字注》,第159页。
⑤ 吴文文:《"玄"字造字理据的考察与〈老子〉中"玄"的内涵》,《中国文字学报》2019年刊。
⑥ 王先慎:《韩非子集解》,钟哲点校,北京:中华书局,1998年,第26页。
⑦ 吴文文:《〈老子〉之道的四重内涵》,《闽南师范大学学报(哲学社会科学版)》2020年第4期。

> 有物混成，先天地生，寂兮寥兮，独立不改，周行而不殆，可以为天下母。吾不知其名，字之曰道，强为之名曰大。大曰逝，逝曰远，远曰反。故道大，天大，地大，王亦大。域中有四大，而王居其一焉。人法地，地法天，天法道，道法自然。①

"道"和"自然"是老子哲学中的核心概念，"自然"及其与"自然"相关的词句在《道德经》中出现的频率很高，如"希言自然"（第二十三章）、"以辅万物之自然，而不敢为"（第六十四章）、"天地不仁，以万物为刍狗"（第五章）、"天地所以能长且久者"（第七章）、"上善若水"（第八章）等。同样，"自然"作为本章的核心词汇也作为体悟常道的路径，有必要对其进行剖析。历来对"道法自然"的解读都存在分歧。一种解释参照河上公注："道性自然，无所法也。"②其认为"自然"是"道"的元属性。另一种解释为"道"取法"自然"③。冯友兰认为："自然，只是形容道生万物的无目的性、无意识的程序。"④此句中的"自然"被视作形容词。关于"自然"，学术界所形成的一个相对集中的观点认为：自然，即自己如此、自然而然，强调一种无目的性与无意识。⑤王中江梳理现代学者的研究成果，发现多数学者认为老子的"道法自然"是"道本身如此""道没有效法的东西"⑥。"自然"与"道"相联结，"道"之意涵包罗万象，世间万物都可作为"道"的表现实体，若把"自然"作为最浅显之层面来理解，虽然"道"是不可捉摸、不可知的，但天、地、水等自然界的万物都是"道"存在的痕迹，故其都可作为体悟常道的路径。体现了"道"与万物相生相息、创生变化的全过程。

王弼注曰："道者，物之所由也；德者，物之所得也。"⑦从更深层次来看，"德"与"道"的关系紧密相伴，"道"与"德"常常写作"道德"而一体使用。即"德"是得之于道、具之于物的，所以在"道—物"关系的结构中，"德"可视作道、物之间的过渡，是进行形上层面由外而内、由上而下的转化的一个必不可少的环节，而此过程，不外乎"自然"二字。⑧

---

① 王弼注，楼宇烈校释：《老子道德经注校释》，第62—64页。
② 王卡：《老子道德经河上公章句》，北京：中华书局，1993年，第103页。
③ 王玉彬：《论〈老子〉自然观念的两种诠释进路》，《人文杂志》2021年第9期。
④ 冯友兰：《中国哲学史新编试稿》，《三松堂全集》：第7卷，郑州：河南人民出版社，2000年，第254页。
⑤ 张婉婷：《〈老子〉"自然"的概念探析——基于"道法自然"章》，《中华老学》2021年第6辑。
⑥ 王中江：《道与事物的自然：老子"道法自然"实义考论》，《哲学研究》2010年第8期。
⑦ 王弼注，楼宇烈校释：《老子道德经注校释》，第137页。
⑧ 张婉婷：《〈老子〉"自然"的概念探析——基于"道法自然"章》，《中华老学》2021年第3辑。

《道德经》第五十一章载：

  道生之，德畜之，物形之，势成之；是以万物莫不尊道而贵德。道之尊，德之贵，夫莫之命而常自然。①

蒋锡昌注曰："按此言道之所以尊，德之所以贵，即在于不命令或者干涉万物而任其自化自成也。"②蒋锡昌认为之所以尊道贵德在于遵守了"道"之"自然"的本质属性。《庄子·天地篇》载："物得以生，谓之德。"③此之谓"德"突出的是其由"道"而来的自然属性，万物相化相生、相克相息都谓之"德"。"德者，得于道者也。得于道而为物之根本者，即物之性也。"罗安宪将老子的"德"训为后来所说的"性"。④陈鼓应将"道"和"德"区分为："'道'是指未经渗入一丝一毫人为的自然状态，'德'是指参与了人为的因素而仍然返回到自然的状态。"⑤对于"道法自然"此句的解读，唐代李约在《道德真经新注》标点此句与传统读法不同，将其读作："王法地地，法天天，法道道，法自然。"李约注："'道大，天大，地大，王亦大'，是谓'域中四大'。盖王者'法地''法天''法道'之三自然而理天下也。天下得之而安，故谓之'德'。"⑥这也指出了"德"与人为实践相关的联系。

  如果说人们可以从自然界物质运行变换中体悟到"道纪"，那么"德"即是人们在寻求大道运行的痕迹时，在实践中所体悟的"道纪"。王国维在《殷周制度论》中认为："周之制度典礼，实指为道德而设……周之制度典礼，乃道德之器械。"⑦安乐哲认为巫觋文化的衰落使得祭祀文化转变成了礼乐文化，出现了所谓的"祛魅化"的文明进程，以及周革殷命时导致的道德意识的兴起。⑧周代以"德"作为整个国家运转的柔性统治规则以期来维护政权的稳定性和合法性。《左传·昭公二年》载："周礼尽在鲁矣，吾乃今知周公之德与周公之所以王也。"⑨此句指出称王的考量是要看统治者的德行。进入东周之后，诸侯崛起，周王室统治风雨飘摇，但仍在楚庄王问鼎之

---

① 王弼注，楼宇烈校释：《老子道德经注校释》，第136—137页。
② 蒋锡昌：《老子校诂》，第317页。
③ 王先谦：《庄子集解内篇补正》，北京：中华书局，1987年，第103页。
④ 罗安宪：《虚静与逍遥：道家心性论研究》，北京：人民出版社，2005年，第92页。
⑤ 陈鼓应：《老庄新论》，上海：上海古籍出版社，1992年，第13页。
⑥ 高明：《帛书老子校注》，第353—354页。
⑦ 王国维：《观堂集林》，石家庄：河北教育出版社，2003年，第242页。
⑧ 张佩蓉："道法自然"之刍议——重释〈老子〉第二十五章，《吉林师范大学学报（人文社会科学版）》2021年第2期。
⑨ 杨伯峻：《春秋左传注》，北京：中华书局，1981年，第1227页。

时能以"在德不在鼎""周德虽衰,天命未改,鼎之轻重,未可问也"①之语使得楚庄王退去,可见"德"在周代对人们思想细微幽深的浸染。

侯外庐认为:"老子的自然的天道观与人类的道德律是相应的……老子把西周以来的'礼'——一种实体性的自由,作为'国家的事物'的道德,退回到更广泛的一个统一体,那就是'道法自然'的普遍的一,从普遍的一,再降至人性的主观。"②人类存在于自然之中,依托自然界作为物质生产资料而存在,包含于"道"的运行法则之中。詹剑锋认为老子所说之"德"有三,一是道之德。二是物之德。三是人之德。此三德,虽有三义,然而都是自然的。③此也对应了陈鼓应的解释,即"德"是参与了人为因素却仍然返回自然的状态。张岱年认为:"天人相通的学说,认为天之根本性德,即含于人之心性中;天道与人道,实一以贯之。"④"道纪"不只可在自然界中,在天、地、水等自然之物间寻找"道"之迹,其亦可在寻求大道运行之迹与道德实践之中体悟到同属自然范畴中的具有超越性的天性之德。《国语·越语》载范蠡曰:"天因人,圣人因天;人自生之,天地形之,圣人因而成之。"⑤"圣人"作为"道"的人格体现,其亦是探寻道纪的路径。

三、以效法圣贤循"道纪"

与王弼本"执古之道,以御今之有,能知古始,是谓道纪"最为不同的是帛书甲乙本,帛书甲乙本均作"执今之道",高明注曰:"'今''古'一字之差,则意义迥然有别。按托古御今是儒家的思想,法家重视现实,反对托古。"⑥《太史公自序》言:"有法无法,因时为业;有度无度,因物与合。故曰:'圣人不朽,时变是守。虚者道之常也,因者君之纲'也。"⑦可见经文多从帛书甲乙本作"执今之道"。若执意讨论古、今之辨,那就有对"道"本身性质的思考,即"道"是否有古、今之分。据本章可知"道"乃"绳绳"兮,"迎之不见其首,随之不见其后",这就说明了道是具有恒常性且是超越时间的。老子强调古今贯通,以古作例在《道德经》中的其他章节也经常出现。"古之所以贵此道者何?"(第六十二章)、"是谓配天古之极"(第六十八章)等。故结合文义,此句应从王弼本作"执古之道"。此外,对此句本身的释

---

① 杨伯峻:《春秋左传注》,第 672 页。
② 张岂之:《侯外庐著作与思想研究》第 9 卷,长春:长春出版社,2015 年,第 289—290 页。
③ 詹剑峰:《老子其人其书及其道论》,武汉:华中师范大学出版社,2006 年,第 261 页。
④ 张岱年:《中国哲学大纲》,北京:中国社会科学出版社,1982 年,第 173 页。
⑤ 徐元诰:《国语集解》,北京:中华书局,2002 年,第 579 页。
⑥ 高明:《帛书老子校注》,第 289 页。
⑦ 司马迁:《史记》,北京:中华书局,1959 年,第 3292 页。

读来看,陈鼓应将其释为"把握着早已存在的道,来驾驭现在的具体事务"[①]。张松如释为"把握亘古即存的道,用来驾驭现实存在"[②]。朱谦之注曰:"而'执古之道,以语今之有',则是言古而有验于今。"[③] 其都没有刻意强调古今之对立,更有一种自古及今之意味,可见"道"无古今之别。《道德经》第二十一章也强调了古今贯通之意。"自今及古,其名不去,以阅众甫。"[④] 与此后句"能知古始"形成连贯之意,故王弼本更符合文义。此则"能知古始,是谓道纪"乃"道纪"的另一种途径,便是把握古今贯通之"道"以"执古御今"。《道德经》中对"执古御今"之人称为"善为道者"。对其记载如下:

《道德经》第十五章载:

古之善为道者,微妙玄通,深不可识。[⑤]

高明注:"范、易州、罗卷、臧疏、张之象并作'士',成疏曰:'故援昔善修道之士以轨则圣人。'"[⑥]

《道德经》第六十五章载:

古之善为道者,非以明民,将以愚之。[⑦]

蒋锡昌按河上注:"谓古之善以道治身即治国者,不以道教民明智奸巧也,将以道德教民使质朴不诈伪也。"[⑧] 由此两则注解可知"善为道者"是"得道之人","是以圣人抱一,为天下式"[⑨]。帛书甲乙本作"以为天下牧"。《韩非子·扬权篇》:"圣人执一以静,使名自命,令事自定。"[⑩]"上士闻道,勤而行之。"(第四十一章)[⑪] 老子将人分为"上士""中士""下士","上士"是闻道之人,可称为"圣人"。"圣人抱一","一"是"道",故"圣人"以"道"来治天下。"善为修道之士"即得道之人亦可称

---

① 陈鼓应:《老子今注今译》,北京:商务印书馆,2003年,第127页。
② 张松如:《老子说解》,济南:齐鲁书社,1998年,第82页。
③ 朱谦之:《老子校释》,北京:中华书局,2000年,第55页。
④ 高明:《帛书老子校注》,第232页。
⑤ 王弼注,楼宇烈校释:《老子道德经注校释》,第33页。
⑥ 高明:《帛书老子校注》,第290页。
⑦ 王弼注,楼宇烈校释:《老子道德经注校释》,第167页。
⑧ 蒋锡昌:《老子校诂》,第396页。
⑨ 王弼注,楼宇烈校释:《老子道德经注校释》,第56页。
⑩ 王先慎撰,钟哲点校:《韩非子集解》,北京:中华书局,2003年,第45页。
⑪ 王弼注,楼宇烈校释:《老子道德经注校释》,第111页。

为"圣人"。"圣人"在《道德经》（从王弼本）八十一章中出现章节如下：

1. 是以圣人处无为之事，行不言之教。（第二章）
2. 是以圣人之治，虚其心，实其腹。（第三章）
3. 圣人不仁，以百姓为刍狗。（第五章）
4. 是以圣人后其身而身先；外其身而身存。（第七章）
5. 是以圣人为腹不为目，故去彼取此。（第十二章）
6. 是以圣人抱一为天下式。（第二十二章）
7. 是以圣人终日行不离辎重。（第二十六章）
8. 是以圣人常善救人，故无弃人。（第二十七章）
9. 朴散则为器，圣人用之，则为官长。（第二十八章）
10. 是以圣人去甚，去奢，去泰。（第二十九章）
11. 是以圣人不行而知，不见而名。（第四十七章）
12. 圣人无常心，以百姓心为心。（第四十九章）
13. 圣人在，天下歙歙，为天下浑其心，百姓皆注其耳目。（第四十九章）
14. 圣人皆孩之。（第四十九章）
15. 故圣人云："我无为而民自化，……我无欲则民自朴。"（第五十七章）
16. 非其神不伤人，圣人亦不伤人。（第六十章）
17. 是以圣人终不为大，故能成其大。（第六十三章）
18. 是以圣人犹难之，故终无难矣。（第六十三章）
19. 是以圣人无为故无败，无执故无失。（第六十四章）
20. 是以圣人欲不欲，不贵难得之货。（第六十四章）
21. 是以圣人处上而民不重，处前而民不害。（第六十六章）
22. 是以圣人被褐怀玉。（第七十章）
23. 圣人不病，以其病病，是以不病。（第七十一章）
24. 是以圣人自知不自见；自爱不自贵。（第七十二章）
25. 是以圣人犹难之。（第七十三章）
26. 是以圣人为而不恃，功成而不处，其不欲见贤。（第七十七章）
27. 是以圣人云："受国之垢，是谓社稷主；受国不祥，是为天下王。"（第七十八章）
28. 是以圣人执左契，而不责于人。（第七十九章）
29. 圣人之道，为而不争。（第八十一章）
30. 圣人不积，既以为人己愈有，既以与人己愈多。（第八十一章）

由此统计可直观清晰地看出老子使用"圣人"的频率是极高的，章节中"圣人"出现凡此三十次。从字源解释，许慎《说文解字》中将"圣"解为"圣，通也，从耳。同声。"①郭沫若在《两周金文辞大系》中认为"圣"从"耳口会意"，与古"声"字相通。②顾颉刚认为"圣"就是声音出于口而入于耳，是古代的聪字，故"圣"有耳聪目明之意。③

先秦儒家都对圣人观有各自的叙述，儒家把"圣人"的地位推崇至最高，提倡"内圣外王""圣王合一"。有学者做过相关统计，《论语》中提到"圣"有8次，"圣人"有4次。④"圣人"的观念从殷周到春秋战国时期发生了显著变化，由于春秋战国时期政局动荡，战争频繁，"圣人"被赋予了结束战乱、开创新局面的光环。《左传·桓公六年》载："夫民，神之主也。是以圣王先成民而后致力于神。"⑤因此刘泽华认为中国传统思想文化观念，以春秋战国为界，此前以崇拜上帝、上天为主；其后，以崇圣为主。⑥

日本学者白川静认为"圣"与古代祭祀有关，其"口"是祭祀用的器皿。⑦王卫东亦认为圣从耳口从壬，耳为听觉器官口为祝咒之咒，故圣字的本义指巫祭仪式上巫对神祝咒、聆听神的旨意的活动。⑧陈云雷认为先秦儒家所说的圣人则天、知天与殷代的通天之圣有关，是巫文化逐渐淡化后理性上升时期的产物，是圣人对宇宙以及人类社会运行的终极原理和依据的把握。圣人与德的关联主要与周代重德文化传统有关。西周圣人之德主要在政治技艺层面强调能力，春秋继承西周但更强调内在人格的道德因素在政治事务中的作用。⑨

郭店竹简《成之闻之》中第26至第28简记载了孔子对"圣人之性"的探讨。简文如下：

圣人之性与中人之性，其生而未有非之节于而也，则犹是也。唯（虽）其于善道也亦非有译娄以多也。及其专长而厚大也，则圣人不可由与墠之。此以民

---

① 许慎撰，（清）段玉裁注：《说文解字注》，第592页。
② 郭沫若：《两周金文辞大系图录考释》，北京：科学出版社，1957年，第27页。
③ 顾颉刚：《"圣"、"贤"观念和字义的演变》，《中国哲学》1979年第1期。
④ 毛春力：《先秦儒道圣人观的比较研究》，硕士学位论文，西南交通大学，2021年，第11页。
⑤ 杨伯峻：《春秋左传注》，第111页。
⑥ 刘泽华：《王、圣相对二分与合而为一——中国传统社会与思想特点的考察之一》，《天津社会科学》1998年第5期。
⑦ 白川静：《字统》，东京：平凡社，2004年，第336页。
⑧ 王卫东：《"圣"之原型考——兼论中国古代的圣人观》，《楚雄师范学院学报》2006年第11期。
⑨ 陈云雷：《殷周文化传统与先秦儒家圣人内涵的政治维度》，《史学月刊》2007年第10期。

皆有性，而圣人不可莫也。①

李学勤将本章大意释读为圣人之性与中人之性生来是没有差异的，善道也不是特别宏大的力量从而使之改变，到了性发挥博大的时候，圣人就不是中人能效仿追随的了。②故孔子认为的"圣人之性"并不是浑然天成的，与常人的差异是后天逐渐形成的，这与老子所描述的"圣人"是自然得道者不同。梁涛亦认为《成之闻之》对"圣人之性"的讨论包括了以下几点：一是圣人与常人之性本来没有差别，其实际表现也是如此。二是圣人与常人的差别在于其不同的选择，选择的标准是"善道"。三是圣人与常人的差别是在后天逐渐形成的，但差别一旦形成，则圣人与常人有根本的区别，圣人是常人无法企及的。③孔子的圣人观也更多地侧重常人、君主本身和社会政治层面，以外在"博施于民而能济众"而内在修身成仁可作为普通人成圣的途径。

再回到文献本身来看，三十个章句中老子对"圣人"的描写皆侧重为描述性的话语，其并不在描写成为"圣人"应该如何而是直接将"圣人"的特质描述出来，即可谓"本是"而不是"应是"，突出了"圣人"自然得道的天然属性。高亨先生曾指出"老子之言皆为侯王而发，其书言'圣人'者凡三十许处，皆有位之圣人，而非无位之圣人也。言'我''吾'者凡十许处，皆侯王之自称，而非平民之自称也。所谓'上善、上德、下德、上仁、上义、上礼、善为道者'等等，皆侯王之别称，而非平民之别称也。所谓'为天下溪，为天下谷，为天下贞'等等，皆侯王之口吻，而非平民之口吻也。故《老子》书实侯王之宝典，《老子》哲学实侯王之哲学也。"④"圣人"生而自然掌握"道"，是"道"的人格体现。"道"无古今，故"道纪"的另一途径便是法圣人、先贤，以古今贯通来感知"道"。

综上所述，老子认为人们感悟道可从两条路径出发：第一条是法自然即通过感悟自然界，通过感悟宇宙间生成变换之规律，感悟山川河流、斗转星移来体悟"道纪"。另一条路径是效法圣人、先贤来体悟"道纪"。这两条路径究其根本，其阐发于老子的原初身份，即史官。《史记·老子韩非列传》载："老子者，周守藏室之史也。"⑤藏室即是典藏书籍的藏府。掌管书籍是太史的职责，故老子为太史之职属。《左传·昭公二年》载"观书于大史氏"⑥可证。朱熹曾说："盖老聃周之史官，掌国之典

---

① 荆门市博物馆：《郭店楚墓竹简》，北京：文物出版社，1998年，第168页。
② 李学勤：《试说郭店简〈成之闻之〉两章》，《烟台大学学报（哲学社会科学版）》2000年第4期。
③ 梁涛：《郭店简〈成之闻之〉新探》，《孔子研究》，2021年第4期。
④ 高亨：《老子正诂》，北京：中国书店，1998年影印开明书店本，第62页。
⑤ 司马迁：《史记》，第2139页。
⑥ 杨伯峻：《春秋左传注》，第1226页。

籍、三皇五帝书，故能述古事而信好之。"① 傅斯年也曾指出："史官之职，可成就些多识前言往行，深明世故精微之人。一因当时高文典册多在官府，业史官者可以看到；二因他们为朝廷作记录，很可了彻些世事。所以把世故人情看得最深刻的老聃出于史官，本是一件自然的事。"②

史出于巫，其善于观察大自然，从山川河流、日月星辰到鸟兽鱼虫，故老子哲学概念中"自然"是其核心概念，与"道"密切相关。庄大钧认为直到春秋时期，史与巫的职司仍多相类、相通之处。随着史官的产生和发展，史官文化逐渐形成自己的传统和特色，它包括史官所特有的思维和行动方式、精神生产能力和精神产品，它决定着史官精神生活和心理活动的基本特点。③ 其又指出："史官文化上承巫文化，从一开始便以考察'天人关系'为中心内容，并从而建立起天人合一的思维和理论模式。"④ 后世随着社会文明的发展，巫祝文化的神秘主义色彩逐渐式微，到老子时期，这种思想倾向是对传统天道观进行改造，剔除其神意内容和神秘色彩，生发出天道自然的思想。⑤ 老子即有"道法自然"之言。老子是掌管典籍书库的史官，在其本身博览群书的同时，史官的重要职责是记录君王的言行，向君王进献典籍，以古喻今来劝谏君王。《汉书·艺文志》载："古之王者世有史官，君举必书，所以慎言行，昭法式也。"⑥ 故老子有古今贯通之思想，通过对"圣人"之描述性的书写，号召人们效法先贤圣人，得之古始，博古通今，是为"道纪"。

结　语

老子在《道德经》第十四章阐发了"道纪"的概念，通过《说文解字》对"纪"的解读可知"道纪"可理解为体悟常道的路径与方法。"道"是不可知的，其亦不分古、今，具有超越性。由"道"的本身性质可阐发出"道纪"的两条路径即法自然和法圣人。"道法自然"，"道"与"自然"本身就是不可分割，处在同一哲学范畴的概念。"道"蕴藏着世间万物相生相克的自然法则，通过法自然来体悟常道是法自然的其中之一个层面。还可通过大道运行之痕迹即"德"来体悟常道，人包含在自然界中，"德"是掺杂了人为因素的实践，但其最终又还复到自然的范畴，此所谓是法自然的一条路径。"道纪"的另一条路径即为效法圣人、先贤，"圣人"在《道德经》

---

① 王萍：《老子与中国早期史官》，《文史哲》2000年第2期。
② 傅斯年：《史料论略及其他》，沈阳：辽宁教育出版社，1997年，第105页。
③ 庄大钧：《简论〈老子〉与史官文化之关系》，《山东师大学报（社会科学版）》，1994年第5期。
④ 庄大钧：《简论〈老子〉与史官文化之关系》。
⑤ 王萍：《老子与中国早期史官》，《文史哲》2000年第2期。
⑥ 班固撰，颜师古注：《汉书》，北京：中华书局，1962年，第1715页。

中出现的次数凡三十次,通过与儒家孔子圣人观的对比,老子对"圣人"的书写多是描述性的描写,是自然得道者,还原其圣人本身自然之特质,提倡通过效仿先贤来体悟"道纪"。归根溯源,老子之"道纪"的两条路径与其本身的史官身份有自然的关联,影响了老子阐发"道纪"的逻辑方式。习总书记曾提道:"历史是一面镜子,从历史中,我们能够更好看清世界、参透生活、认识自己;历史也是一位智者,同历史对话,我们能够更好认识过去、把握当下、面向未来。"[①] 第十四章中"执古御今"的古今贯通之思想与习近平总书记所强调的历史思维有机碰撞与结合,从而焕发老子思想在新时代新的时代光辉。

---

① 习近平:《在中国文联十大、中国作协九大开幕式上的讲话》,《党建》2016 年第 12 期。

老子政治思想研究

《道德经》中的治道思想及其史鉴意义

商晓辉　田晓妍[*]

内容提要：老子所著《道德经》思想内涵深刻，蕴含丰富的治道思想与治理经验。其对国家治理的总原则、国家治理的内在要求以及国家治理者的道德修养都有相关的详细论述。"治大国若烹小鲜"要求治理者不能依据个人的主观好恶而对国家大政方针施以不必要的举措和干涉，政策的出发点要以多方调查研究、深入基层为前提。"我无为而民自化"要求治理者在充分调查研究的基础上采取果断措施，做不妄为之事，切实解决百姓的现实问题。"治人事天莫若啬"要求治理者降低对物质欲望的追求，削减不必要的享乐和喜好，一切以百姓的福祉为最终的目的和归宿。本文从以上三方面对《道德经》文本体现的内在思想进行深入剖析，以期能够为国家治理体系与治理能力现代化提供宝贵的历史经验和智慧，为优秀传统文化在当代的创造性转化和创新性发展做出重要理论贡献。

关键词：《道德经》　治道史鉴意义　优秀传统文化

基金项目：陕西省教育科学十四五规划青年项目（SGH22Q191）；西北农林科技大学中央高校基本科研业务费党风廉政建设研究专项项目（2022LZZD04）；2022年西北农林科技大学马克思主义学院研究生教育教学研究项目（MY202207）

一、引言

早在先秦时期《尚书》《诗经》《左传》等文献就记载了早期国家制度和治理思

---

[*] 商晓辉（1990—），天津市河北区人。博士毕业于西北大学中国思想文化研究所，获中国史博士学位，导师为谢阳举教授，现为西北农林科技大学马克思主义学院副教授，硕士生导师。兼任中国先秦史学会法家研究会理事、中华孔子学会老子学研究会理事、陕西省老子学会理事。主要研究方向为黄老道家、先秦法家，尤其关注稷下学者慎到和宋钘等人的思想。田晓妍（1999—），陕西省西安人，西北农林科技大学马克思主义学院22级硕士研究生。

想及经验。由秦汉而下、中经隋唐、下至明清,我国关于国家制度和国家治理的丰富思想历经2000余年而不衰。因此,对中华优秀传统文化,当代人要不遗余力地加以保护和传承,让其焕发出新的时代价值和意义。"中华优秀传统制度文化是中华优秀传统文化的重要组成部分,不仅包含丰富的道德资源,而且包含丰富的制度和治理思想,是涵养制度意识、法治精神的重要源泉。中华优秀传统制度文化具有因革损益、与时偕行的特质。社会的合理构成和有序运转,离不开健康的社会关系作为纽带,而健康社会关系的形成和维系离不开制度的保障。"①我国古代的治国理念虽然并非现代政治观念,但对于我们今天全面深化改革创新仍然具有一定的历史借鉴意义。

老子,姓李名耳,字聃,春秋末年人,是我国古代著名思想家、道家学派创始人,与庄子并称"老庄"。老子的哲学思想和由他创立的道家学派,不但是我国古代思想文化的重要组成部分,而且对我国的历史文化产生了深远的影响。《道德经》是老子的作品,又称《老子》,全书共八十一章。上篇三十七章称《道经》,下篇四十四章称《德经》,合称《道德经》。《道德经》集中反映了老子的哲学思想,其善于运用具体的形象表现抽象的哲理,文句精练简短,大多三言两语,且整齐押韵,多为警句格言,在诸子百家中可谓独树一帜。因此,本文打算以《道德经》为文献依据和出发点,拟从"治大国若烹小鲜""我无为而民自化""治人事天莫若啬"三方面提纲挈领地阐述《道德经》中所蕴含的治道思想的相关内容,梳理其内在脉络,以期总结宝贵而丰富的治理经验和治理智慧,为我们今天国家治理提供现实的借鉴意义,展现优秀传统文化的时代价值和内涵。从另一个层面看这也是优秀传统文化当中遗留给我们的宝贵精神财富,如有不当还请相关同仁指正。

二、"治大国若烹小鲜"——治道思想的总原则

著名学者高亨先生曾经指出:"老子之言皆为侯王而发,其书曰'圣人'者凡三十许处,皆有位之圣人,而非无位之圣人也。'我'言者凡十许处,皆侯王之自称,而非平民之别称也。所谓为天下谷为天下贞等等,皆侯王之口吻,而非平民之口吻也。故《老子》书皆侯王之宝典,《老子》哲学实侯王之哲学也。"②从高亨先生的论述可以看出其认为《道德经》中的"圣人"和"侯王"均指现实政治生活中的治理者。考诸全书的内容包括后世许多学者甚至如唐玄宗、明太祖包括清圣祖康熙都对其进行注释,也是看到其对于有资于政道的价值所在。因此书中很多方面的内容的

---

① 郭齐勇:《中华优秀传统制度文化的特质》,《人民日报》2021年4月22日,第4版。
② 高亨:《老子正诂》,北京:中国书店,1988年,第62页。

确能够为国家治理提供历史经验和借鉴也就毫不奇怪。经过通篇考查此言的确不虚。而笔者认为其中"治大国若烹小鲜一句"(《道德经·第六十章》)可说是《道德经》关于治道思想的总原则和总依据。小鲜就是小鱼的意思,制作小鱼我们依据常识都知道不能随意拨弄和翻转,否则小鱼没有做熟便已经碎烂而无法食用。对于此句,韩非的解释是:"烹小鲜而数扰之,则贼其泽。治大国而数变法,则民苦之。"(《韩非子·解老》)韩非依据个人对法的认可,将烹小鲜与制定法律规范相对照,制作小鱼和制定法律在本质上是一致的。其首先认为君主治理国家应该有法可循,有外在客观的标准,绝对不能依据个人主观的好恶,否则那样便会陷入无所适从的局面。同时任何人在法面前都要一视同仁,都要严格守法,遵纪守法,"不得释法而不禁,此之谓明法"(《韩非子·南面》)。"明法"指的是君主手下的一切臣僚,不管他的才智多高,也不管他忠信的美名多么响亮,都必须守法。[1] 与此同时韩非子也认识到法具有稳定性的一面,不能随意变动。这其实就是上面引用的韩非对"烹小鲜"的解释,法不能万古不变,也不能经常随意变动,要保持一定的稳定性,"数变法则民苦之"(《韩非子·解老》),最恰当的境界或许如韩非自己所说就是"法与时转则治,治与世宜则有功"(《韩非子·心度》)。

与韩非子不同,另一个对《道德经》有深入研究的学者河上公对"烹小鲜"的解释是"烹小鱼不去肠,不去鳞,不敢挠,恐其糜也"。这里河上公直接将治理大国与制作小鱼相互类比,深层内涵则是认为治理国家也绝不能依据个人的主观好恶而对国家大政方针施以不必要的举措和干涉。对于当代治理者而言,政策的出发点要以多方调查研究、深入基层为前提。结合《道德经》五十七章所说的能够更为明晰地看出其中的深层次信息,其认为:"天下多忌讳,而民弥贫;人多利器,国家滋昏;人多伎巧,奇物滋起;法令滋彰,盗贼多有。"(《道德经·第五十七章》)按照老子的说法,天下的禁忌和法令太多也就是国家不必要不恰当的治理和干预过多,形象地说也就是制作小鱼随意翻动,人们就会无所适从。因而不能安心工作,最终生活也会陷入贫困不堪,这其实是对"治大国若烹小鲜"总原则的进一步解释和详细说明。同时河上公对小国寡民的解释与"治大国若烹小鲜"的思路是一致的,其对小国寡民理解为"圣人虽治大国,犹以为小,俭约不奢泰。民虽众,犹若寡少,不敢劳之也。"这其实是接续"烹小鲜"的思路,在他看来虽然《道德经》表面上提倡小国寡民,实质上说的却不是现实层面的人众稀少,国土狭小,而是说要遵循不奢泰,不劳之的原则来处理国内政务,就像治理很小的国家非常轻松自如一样,这才是小国寡民的真正内涵。综上,这就给当代国家治理提出启示,做任何决策都需要把握好

---

[1] 谷方:《韩非子与中国文化》,贵阳:贵州人民出版社,1996年,第89页。

度的原则，不能朝令夕改，而需要遵从社会发展的客观秩序和规律，解民生之所需。

与此同时国家治理应当牢记"圣人无恒心，以百姓之心为心。善者善之，不善者亦善之，德善也。信者信之，不信者亦信之，德信也"（《道德经·第四十九章》）。国家治理不能以个人的主观意志强加于百姓，更不能以牺牲百姓的利益以谋取自身的利益；而要以百姓的心愿为心愿，以百姓的利益为利益。以百姓的心愿和利益为政策的出发点和落脚点。但现实中百姓的意愿和利益可以说是千差万别的，彼此之间还可能由于身份地位和受教育程度的高低以及职业的差别而产生冲突，这要求治理者要善于抓主要矛盾，着力解决好百姓最为关心的关涉国计民生的突出问题。对于特殊原因造成的特殊情况可以给予特殊的照顾和应对。"以百姓心为心"归根结底就是强调以民心作为国家治理者的行动依归。正所谓"民为邦本，本固邦宁"（《尚书·五子之歌》）是也。

三、"我无为而民自化"——治道思想的内在要求

正如上节提到的"治大国若烹小鲜"的国家治理总原则背后其实体现了无为的深刻内涵。可以说老子思想的核心就是自然与无为，自然的对象是包括百姓在内的万物，而无为的对象则是圣人和侯王。无为是老子《道德经》中与自然相对应的核心思想，也是《道德经》对治理者治理国家提出的内在要求。

通过分析文本可知，《道德经》无为的施行者全都是在上位的圣人和侯王，也就是说无为其实针对的是在上者而言的。①《道德经》认为治理者治理国家要遵循无为的原则："我无为，而民自化；我好静，而民自正；我无事，而民自富；我无欲，而民自朴。"（《道德经·第五十七章》）很多人没有明白这句话的深刻含义，传统上认为这里说的是治理者治理国家要遵循清静无为，尽量不要干预人民的生活。而百姓完全了解自己的喜好和现实需要，其完全能够做到自足和自适。治理国家尽量减少干预和治理，百姓可以自然而然地生活富足。这样的理解未尝不可，也是很多人的观点。但现实生活中所面对的问题错综复杂，如果没有国家和政府的介入单靠百姓的话是不可想象的。真如果那样的话只会坠入无政府状态，所带来的只能是混乱和无序。老子小国寡民的理想不能说没有任何价值，其最大的价值可能就是对理想国度的不懈追求激励着现实的人不断地奋斗。但现实生活之中小国寡民的愿景却是不切实际的乌托邦，不可能实现。所以笔者认为无为的准确解读绝不是什么也不做即

---

① 对于"自然"与"无为"二者的归属问题，自古以来聚讼不已。很多人将"自然"视为"道"的属性，其依据是河上公对"道法自然"即"道性自然，无所法也"的解释。笔者在这里将"自然"视为万物的属性，落实到政治层面就是百姓（民）的属性。详见王中江：《道与事物的自然：老子"道法自然"实义考论》，《哲学研究》2010年第8期。

顺应社会或百姓自然的意思。无为与积极有为二者并不是截然对立的。相反无为应该是积极有为，积极做事。但前提却是要在充分调查研究的基础上采取果断的行动和措施，也就是不妄为的意思，最后的落脚点还应该是在"为"字上。调查研究不是最终目的，最终目的是要解决百姓中存在的现实问题和困难。无为所蕴含的不妄为也就是在充分调查研究的基础上去解决现实中的民生问题，而政策的出发点和依据却不是依靠治理者的个人偏好或者主观臆断，更不是为了个人利益的获得所做的政绩工程。"在老子的政治思想体系中，侯王不仅要为，而且为的领域与范围还颇为广泛，涉及国内治理、军事策略及外交智慧等诸方面。"① 这正如《道德经》中所说的"为无为，则无不治"（《道德经·第三章》），在充分调查研究的基础上采取果断措施，做不妄为之事，切实解决民众的现实问题。这其实是无为的正解，也是对治理者国家治理的建议和忠告。

另一方面，从《道德经》文本自身出发，也可以推导出无为不是治理者完全顺其自然、毫不发挥主观能动性之意。"道常无为，而无不为。侯王若能守之，万物将自化。"（《道德经·第三十七章》）老子还有"是以圣人居无为之事，行不言之教"的说法。治理者采取"无为"之态势其实是效法"道"的结果，'道'以'无为'的方式，顺任万物'自然'；作为得道者的圣王也以'无为'的方式，顺任万物'自然'；此等原则落实到政治关系，则是圣王以'无为'的方式，顺任百姓'自然'。以此类推，治理国家也依据道也就是社会发展的客观规律和百姓所需来制定和颁布政策，因此才能做到无不为。无为是手段，无不为也就是解决百姓的现实所需才是最终的目的。解决百姓的生活困难，需要治理者高瞻远瞩，同时又立足当下。从现实出发，不好高骛远。力求做到辅万物之自然而不敢为，正如刘笑敢先生所说："道家之圣人能够无为而无不为的关键是创造万物自然发展的条件和环境，万物有了好的发展条件，能够健康发展，就自然达到了'无不为'的效果。"② 试问假如什么事情都采取消极被动的态度，怎么能够创造合适的条件和环境呢？落实到现实层面，就是创造一切条件来满足百姓之所需，解百姓之所急，最大程度地创造条件来满足百姓的合理需求。

四、"治人事天莫若啬"——治道思想的道德修养

上节集中讨论的是治理者"治大国若烹小鲜"要采取无为的原则，也就是充分调查研究了解现实情况的前提下，采取积极有为的举措，解决百姓所急和所需。这

---

① 宋洪兵：《如何建构一种以谦让与宽容为内涵的政治秩序》，《哲学研究》2021年第6期。
② 刘笑敢：《老子古今》，北京：中国社会科学出版社，2006年，第484页。

里的关键是只有治理者首先做到无为,而后才能达到百姓的自然。怎样才能让治理国家做到无为以期达到预想的效果呢?《道德经》中对此有很多论述,涉及治理者个人的道德品德和修养。是以"圣人去甚、去奢、去泰"(《道德经·第二十九章》),要求治理者当摒弃极端的、过分的、奢侈的私欲。正所谓"五色令人目盲,五音令人耳聋,五味令人口爽,驰骋畋猎令人心发狂,难得之货令人行妨。是以圣人为腹不为目"(《道德经·第十二章》)。现实中的诱惑实在太多,治理者也是常人,也具有基本的人性,也会有吃穿住行的基本生理需求。如果是普通人的话过分放纵自己的物欲可能只会对自身产生有害的影响。但是治理者因为身处高位,位高权重,因此不经意的举措可能会影响成千上万人的命运。也正因此之故,更应该做到"见素抱朴,少私寡欲"(《道德经·第十九章》),降低个人的主观好恶,摒弃过多的物质欲望甚至贪欲,否则极有可能对个人甚至国家产生不可估量的危害,走上违法犯罪的道路。这里要说明的是《道德经》并没有要求治理者无欲无求,而是充分肯定治理者合理的欲望需求。只是不要做物质欲望的奴隶,沉沦于物欲之中而不能自拔,迷失方向和理想信念。《道德经》无疑对此深有体会:"我恒有三宝,持而宝之:一曰慈,二曰俭,三曰不敢为天下先。夫慈故能勇,俭故能广,不敢为天下先,故能为成器长。"(《道德经·第六十七章》)这里的慈指的是慈爱,简指的是简朴朴素。二者针对的都是治理者要降低对物质欲望的追求,削减不必要的追求和喜好,免得授人以把柄,使他人投自己所好。"治人事天,莫若啬。夫唯啬,是以早服;早服谓之重积德;重积德则无不克;无不克则莫知其极;莫知其极,可以有国;有国之母,可以长久。是谓深根固柢、长生久视之道。"(《道德经·第五十九章》)治人指的是治理国家之道,事天指的是养生延年之道。认为不管是治身还是治国根本都在于啬。啬指的就是俭即俭朴的意思。如果能做到减少对物质欲望的追求,物质生活节俭的话,终能实现长生久视。这里针对的对象显然是执掌现实权力的治理者,而并不是普通人。

后世封建社会的很多统治者也都提倡勤俭之道,认为骄奢淫逸终会导致腐败亡国,这其中最典型的莫过于汉文帝和唐太宗。据《资治通鉴》记载:"孝文帝即位二十三年,宫室、苑囿、狗马、服御无所增益,有不便,辄弛以利民。尝欲作露台,召匠计之,直百金。上曰:'百金中民十家之产,吾奉先帝宫室。常恐羞之,何以台为!'上常身衣绨衣,所幸慎夫人,令衣不得曳地,帏帐不得文绣,以示敦朴,为天下先。治霸陵皆以瓦器不得以金银铜锡为饰,因其山,不治坟。是以海内安宁,家给人足,后世鲜能及之。"文帝在位二十三年,宫室、园林、狗马、服饰、车驾等,什么都没有增加。但凡有对百姓不便的事情,就予以废止,以便利民众。平时穿的是质地粗厚的丝织衣服,所用的帏帐不准绣彩色花纹,以此来表示俭朴,为天下人做出榜样。建造他的陵墓霸陵,一律用瓦器,不准用金银铜锡等金属做装饰,利用山陵形势，不另兴建高大的坟堆。所以，国家安宁，百姓富裕，后世很少能做到这一点，因此开创文景之治的盛世局面。而在唐太宗所做的《帝范》之中也说过类似的话："夫君者，俭以养性，静以修身。俭则人不劳，静则下不扰。人劳则怨起，下扰则政乖。人主好奇技淫声、鸷鸟猛兽，游幸无度，田猎不时。如此则徭役烦，徭役烦则人力竭，人力竭则农桑废焉。人主好高台深池，雕琢刻镂，珠玉珍玩，黼黻絺绤。如此则赋敛重，赋敛重则人才遗，人才遗则饥寒之患生焉。乱世之君，极其骄奢，恣其嗜欲。土木衣缇绣，而人裋褐不全；犬马厌刍豢，而人糟糠不足。故人神怨愤，上下乖离，佚乐未终，倾危已至。此骄奢之忌也。"以上这些都是对于老子"去甚、去奢、去泰"最好的详解。

《道德经》对现实政治生活中的治理者所提出的道德修养和理想人格对今天国家治理也具有重要启示作用。国家治理不能因为手握权力而忘乎所以。"祸莫大于不知足，咎莫大于欲得。"（《道德经·第四十六章》）"正所谓不自见，故明；不自是，故彰；不自伐，故有功；不自矜，故长。夫唯不争，故天下莫能与之争。"（《道德经·第二十三章》）一切要以百姓的福祉为最终的目的和追求。党员领导干部更要在树立理想人格的过程中提升和磨炼自身的道德修养，换句话说就是修好新时代共产党人的"心学"。而共产党人的"心学"，就是"不忘初心"之学，这涉及共产党人的世界观、人生观、价值观问题，决定共产党人的理想、信仰、信念，就是要通过个人修养达到身心合一的人格塑造，在共产主义理想、社会主义信念引领下的全心全意为人民服务。这也是党员对信仰的真诚、信诺和对事业的凝心聚力和求真务实。习近平总书记在讲话中指出："为政之道，修身为本。"加强党性修养，"不自见""不自是""不自伐""不自矜"，继续修好共产党人的"心学"，在知行合一的基础上审视自己、要求自己、检查自己。

五、总结

据《史记》记载，作为周朝守藏史的老子可谓对往古的历史甚为熟悉。"历记成败存亡祸福古今之道"（《史记·老子韩非列传》）"老子为周守藏室史，其所得之古学或视仲尼为更古旧。老子既得纵览载籍，深察史实，则于世传溢美饰病善之言，必洞悉诬枉，别有灼见。"[①] 基于对历史脉络和社会发展规律的深刻把握，老子《道德经》中对国家治理的原则、方法以及道德修养都有详细且深刻的描述。一方面对其所处的春秋战国的政治现实开出了救世良方和解决办法，恢复了国家政治秩序的稳定。另一方面其思想的深邃性对当代国家治理体系与治理能力现代化能够提供宝贵

---
① 萧公权：《中国政治思想史》，北京：商务印书馆，2011年，第387页。

的历史经验和智慧,广泛挖掘其文本所蕴含的治理思想和道德思想,也是对传统文化在当代创新性发展的一个重要尝试。全面推进国家治理体系和治理能力现代化,是发展社会主义民主政治的必然要求,是全面建成社会主义现代化强国、实现中华民族伟大复兴中国梦的坚强保证。因此以老子《道德经》思想为例深入挖掘其中的宝贵思想,可以为我们今后的国家治理提供现实参照和指导。

先秦共同富裕思想资源

——以《道德经》为中心

黎在珣*

内容提要：共同富裕是《道德经》"损有余而补不足""有余以奉天下"等思想的当代表达和发展。《道德经》反对贫富两极分化，有共同富裕的思想资源，而且这种共同富裕不仅指向横向俱富，还主张节用裕民，指向上下俱富，是具有全体性、层次性、阶段性、多维度和有序等特征的差序富裕。从中可以提炼出这样的理念：在个体成员的自立、自主、自为、自强的基础上建构互敬、互学、互助、互惠、共生的关系模式。而其中所蕴含的责任担当、平等意识等精神财富更是超越时空，历久弥新。按照老子思路，推进社会全方位共同富裕不仅有助于帮助社会弱势群体，而且有助于形成一种与和谐社会相称的社会伦理规范。推进共同富裕，要顺道顺势顺时而为，既要尽力而为，又要量力而行；要有限"有为"，避免追求抽象的所谓公平而出现仇富、抑富、杀富的现象；富裕和自律可以并行不悖，懂得适可而止也是精神富裕的一种体现。

关键词：共同富裕　《道德经》　节用裕民　有限"有为"

一、当代语境下的共同富裕

共同富裕虽然是人们耳熟能详的一个词，也是政府和百姓心中的一个愿景，但又是很难说清，很难定义的一个概念。借助于这一命名以及关于这一命名的解说，重建社会治理的意义，也是近些年政府执政的一个重要内容。

共同富裕这一理念并非近些年才出现。20世纪80年代，邓小平就多次提到共同

---

* 黎在珣（1964—）男，安徽宿松人，1987年文学学士，安徽省宿松中学高级教师，安徽省安庆市文艺评论家协会副主席；安庆市禅宗文化研究会理事，宿松县乡贤文化研究会常务理事，研究方向：中国哲学。

富裕这一愿景。1985年,在全国科技工作会议上,邓小平提出:"社会主义的目的就是要全体人民共同富裕,不是两极分化。"① 同年,在中国共产党全国代表会议上,邓小平强调共同富裕是社会主义必须坚持的根本原则之一②。1990年,邓小平明确:"社会主义最大的优越性就是共同富裕,这是体现社会主义本质的一个东西。"③1992年初,邓小平又指出:"社会主义的本质,是解放生产力,发展生产力,消灭剥削,消除两极分化,最终达到共同富裕。"④ 从这些论断中可以看出,邓小平主张共同富裕是社会主义的一大愿景。在此基础上,共同富裕在学理上被定为社会主义的本质要求,推进共同富裕也就成为当今政府执政的重要内容。

随着改革开放后中国经济的持续高速发展,中国成为世界上第二大经济体,改善民生福利的条件愈来愈好,政府财政将愈来愈多的资金投入教育、医疗、社会保障等民生工程,共同富裕工程愈来愈受重视。如今,共同富裕已经不只是一个构想、一个愿景,还变成了政府日常行政的一部分,换言之,共同富裕既是政府努力为人民服务的一大目标,又成为政府促进社会公平正义的重要现实途径。

2021年,习近平主持召开的中央财经委员会第十次会议强调:"共同富裕是全体人民的富裕,是人民群众物质生活和精神生活都富裕,不是少数人的富裕,也不是整齐划一的平均主义,要分阶段促进共同富裕。"⑤ 这就意味着:共同富裕不是部分人的富裕,而是全体中国人民的富裕;不只是物质生活、物质条件的富裕,还包括精神生活和精神环境的富裕;既不是同等富裕,也不是同步富裕,而是存在一定差距的分阶段有步骤的富裕。在推进共同富裕的过程中,"要尽力而为量力而行,建立科学的公共政策体系,形成人人享有的合理分配格局,同时统筹需要和可能,把保障和改善民生建立在经济发展和财力可持续的基础之上,重点加强基础性、普惠性、兜底性民生保障建设。要坚持循序渐进,对共同富裕的长期性、艰巨性、复杂性有充分估计,鼓励各地因地制宜探索有效路径,总结经验,逐步推开"⑥。这一阐述意味着在具体实施过程中共同富裕有以下特征:阶段性和发展性,亦即在保障和改善民生基础上的"逐步共富";全体性,全体人民共创共享发展成果;全面性,不只是物质富裕富足,还包括就业、医疗、教育、养老等全方位的保障,亦即"全面富裕"。

---

① 《邓小平文选》第3卷,北京:人民出版社,1993年,第110—111页。
② 1985年9月,在中国共产党全国代表会议上,邓小平强调:"在改革中,我们始终坚持两条根本原则,一是以社会主义公有制经济为主体,一是共同富裕。"《邓小平文选》第3卷,第142页。
③ 《邓小平文选》第3卷,第364页。
④ 《邓小平文选》第3卷,第373页。
⑤ 《习近平主持召开中央财经委员会第十次会议》,2021年8月17日,http://www.gov.cn/xinwen/2021-08/17/content_5631780.htm,2022年12月23日。
⑥ 《习近平主持召开中央财经委员会第十次会议》,2022年12月23日。

简而言之，阶段性、发展性、地域性、全体性、全面性和全方位等都是共同富裕所具有的特征。

共同富裕不只指物质富裕，还指精神富裕。什么是精神生活富裕？我们可以参照精神健康的定义。世界卫生组织的宪章里说，每个人都有权享有可以达到的最高水平的健康，这当然也包括精神健康。在2021年10月10日世界精神卫生日，WHO提出了"人人享有精神健康（Mental Health For All）"的口号。世界卫生组织认为精神健康代表了"一种完好的状态，在这种状态里，个体能够实现他或她自己的能力，能够应对生活中的正常压力，能够卓有成效地工作，能够为他或她的社会做出贡献"[1]。这些能力以及能力的实现还不是精神富裕，只是精神健康，由此不难看出，共同富裕绝不意味着有人可以躺平，坐享其成。共同富裕需要所有社会成员都行动起来，努力用自己的聪明情智实现自身的人生价值，包括为他人，为社会，为人类做出力所能及的贡献。

如此看来，共同富裕有赖于社会所有个体成员的自主、自为、自强，共同富裕的社会应该有蕴含互敬、互学、互助、互惠等和谐共生特征的关系模式。互敬是共同富裕的情感基础。它要求各个体要尊重共同富裕的他者，不把对方视为手段，而是视为如自己一样的目的性主体。共同富裕是建立在互学基础之上的富裕。在这个日新月异的时代，我们需要保持学习的习惯；在这个不同维度不同层面各种关联日趋紧密的时代，我们需要开放自己，才能提升自身的生存、发展能力。通过学习他人，不断反思、发现并重构更好的自己，提升自己富裕的能力。

考察国家领导人和相关文件有关共同富裕的阐述，有学者将共同富裕做如下概括："全体人民通过辛勤劳动和相互帮助，普遍达到生活富裕富足、精神自信自强、环境宜居宜业、社会和谐和睦、公共服务普及普惠，实现人的全面发展和社会全面进步，共享改革发展成果和幸福美好生活的一种社会状态。"[2]

二、对话《道德经》共同富裕思想

自古至今，人都要吃喝拉撒，都逃不过生老病死，免不了喜怒哀乐，所以"太阳底下无新鲜事"这一说法才那么受认可。千百年来，人类生产、生活的内容虽然日渐细分、具体、丰富、新鲜，犹如遍布全身的毛细血管，密密麻麻，也不过是长江黄河数不胜数的支流而已。换句话说，当代的现代化大生产、日益自动化的日常

---

[1] 新闻晨报·周到：《解读"天才翻译家"的躁狂抑郁症，我们对精神疾病患者的了解太少了》，2022年1月24日，https://view.inews.qq.com/a/20220124A04VCP00，2022年12月23日。

[2] 邓泽球、李开明：《共同富裕的实现路径》，《光明日报》2021年9月16日，第6版。

生活只不过古人生产、生活方式的延伸而已，其生存、生活和发展的内容以及与之相应的原则大同小异。比如说，目前正在实施的共同富裕工程固然是对之前不够公正公平的分配机制的修复或者说拨正，也可以看作《道德经》第七十七章"损有余而补不足""有余以奉天下"[①]这一思想的当代表达和发展；还可以说，共同富裕是生产力和社会发展到一定阶段的结果，是人类社会早期就以互助共生、协作发展的方式长期存在发展秩序的演进。因此，我们有必要回眸过往、回溯历史、对话经典。回溯和对话是传承和发展优秀传统文化的基础和前提，是推动优秀传统文化创造性转化与创新性发展的必经之路。

共同富裕的思想在我国有着久远的渊源。先秦《道德经》中"小国寡民"、《礼记》中"天下为公"和儒家"大同"理想，还有《墨子·尚贤》中"助人""分人""教人"等思想资源都含有丰富的共同富裕元素。"理论旅行"这一说法正时尚着，在人们的惯性思维里，"旅行"更多侧重于横向空间，而我在这里来一次侧重于纵向时间维度的"思想穿越"：褪去抽象思维的面纱，代之以"思想"在历史空间穿越式延伸的可感体验。作为一个阅读者的我，从正在轰轰烈烈进行共同富裕社会实践的 21 世纪，穿越时空隧道，来到领受自然奥秘的老子面前，没有什么违和感，因为"道"是常数，没有荣枯，是常青的。在一切都是那么熟悉的环境里，展开与老子的对话，能够感到精神的净化，境界的提升。下面重点对《道德经》中与共同富裕相关的元素做个简要的阐说。

天之道，其犹张弓与？高者抑下，下者举之，有余者损之，不足者补之。天之道，损有余而补不足。人之道，则不然，损不足以奉有余。孰能有余以奉天下，唯有道者。是以圣人为而不恃，功成而不处，其不欲见贤。（七十七章）

从这里可以看出，《道德经》反对贫富两极分化，与世人剥夺不足者之物来供奉用之有余者不一样，老子眼里的有道者或称得道者会以"有余以奉天下"。我们或许可以用两个问句来解读《道德经》的这一思想：如果我们自己不努力，有谁能替我们做我们该做的？如果我们的努力只是为了自己，那我们成了什么？后者包含了圣人为什么要以"有余以奉天下"的答案：

圣人不积，既以为人己愈有，既以与人己愈多。天之道，利而不害；人之

[①] 本文《道德经》中引文及部分解读来自：陈鼓应《老子今注今译》，北京：商务印书馆，2003 年。

道，为而不争。（八十一章）

这里的"为人""与人""为而不争"用现代的话来说，是一种有效应对生存、发展压力，实现自身的能力，亦包含为他人为社会贡献自己的行为。这就很好地说明了《道德经》里"无为"不是躺平，不作为，而是指不妄为，亦即是一种有限之为，有条件之为，该为则为，当为则为。这是现在语境里精神健康的一种表现。《道德经》已经认识到健全心智、健康精神的重要，所以说："是以圣人之治，虚其心，实其腹，弱其志，强其骨，常使民无知无欲。"（三章）只有心胸开阔，意志柔韧，身体强健，才有可能真正具有"为人""与人"的意识，才有可能在日常中去践行"为人""与人"，真正做到"为而不争"，实现"甘美食，美其服，安其居，乐其俗"的美好理想。

一个有理想有抱负的人（如圣人），立足于此世，其理想信念却不能局限于此世，要能向超验根基敞开，这也是柏拉图语境中 periagoge（心灵的转向与皈依）的超越内涵。《道德经》里就有不少类似这种心灵皈依的理想性元素，比如，将上面的阐释和"利万物而不争"（八章），"衣养万物而不为主"（三十四章），"不自见（不自我彰显）"、"不自是"（不自以为是）、"不自伐"（不自我夸耀）、"不自矜"（不自我矜持）（二十二章），"不有"（不据为己有）、"不恃"（不自恃己能）、"弗居"（不自我夸耀）（二章）等表达联系在一起，我们可以看到《道德经》主张抑制甚至消解一己的占有冲动或贪欲，倡导一种"为而不争"的奉献精神，一种与他人平等共享成果的共同富裕的理念。这些包含奉献的理念不能仅仅理解为发展后对发展成果的共享，应该蕴含发展过程中全程共享之意，因而这里的共同富裕思想资源具有过程性特征。

隐含在《道德经》字里行间的许多理念有着积极的现实意义。尽管《道德经》倡导的"为人""与人""为而不争"客观上有利于自身——"己愈有""己愈多"，但和"损有余而补不足""有余以奉天下"一样，都是主动助人济困的作为，彰显的是道义和担当，抒写的是情怀和热望，具有超越时空的普遍价值。后来，不仅主张自度、自利，还主张利他度人的大乘佛教之所以在中国落地生根，开花结果，一个重要原因是老学中利人思想的接引，所以人们经常说"佛道"。历史上自唐代成玄英借佛教义理阐释《庄子》为滥觞，嗣后日众。当然，这种思想资源不只中国文化里有，东方文化里有，西方文化里也有，比如希伯来语慈善（Tzedakah）和正义（tzedek）是同根词；Bible 有这样的律法规定："在你们的地收割庄稼，不可割尽田角，也不可拾取所遗落的；要留给穷人和寄居的。"（《旧约·利未记》）《大众塔木德》里提醒人们："人不应独来独往，而应作为社会的成员去生活。作为人类整体的一员，人在自己的同胞相处方面担负着许多的责任。"①

需要注意的是,《道德经》不一定主张平均主义,不一定意味着要财富均等。在《道德经》中,"道"有多重含义。"道"有"生一""生万物"之总"道",亦即宇宙万物的本源:"道生一,一生二,二生三,三生万物。"(四十二章)此混沌之道具有普遍性、单一性。"道"还指生万物之分"道",亦即万物之本性以及宇宙万物顺应自然之性各自生存、生长、发展的规律、途径,这些"道"具有独特性、多元性。宇宙万有、自然万物各行其"道",并生共存,正是总"道"的核心内容。总"道"意味着"差别共存与相互尊重",亦即多样性的统一。而这种多样性的统一状态并不是一成不变的,因为一方面"万物负阴而抱阳,冲气以为和"(四十二章),另一方面万物又在"和"的状态中互依互存,共同发展:"有无相生,难易相成,长短相形,高下相盈,音声相和,前后相随。"(二章)

依据这一思路,以"有余以奉天下"所蕴含的共同富裕思想就不会是同步富裕、同等富裕,而只能是在保障和改善民生基础上的差别富裕,因为不同区域不同人群实现富裕的基础和条件会有差异,因此,共同富裕肯定存在时间差别、程度差异和内容差异等,是具有全体性、阶段性、多样性、层次性和有序等特征的差序富裕。

春秋战国时期,在齐鲁大地及周边地域出现了儒家、道家、墨家、法家等学派争鸣的局面。各派大师在相互辩驳和申述自己主张的过程中相互影响,从而形成一些共识。我们可以从孔子的相关主张中得到印证。

在引孔子"不患贫而患不均"之后,董仲舒阐释道:"故有所积重,则有所空虚矣。大富则骄,大贫则忧;忧则为盗,骄则为暴,此众人之情也。圣者则于众人之情,见乱之所从生。故其制人道而差上下也,使富者足以示贵而不至于骄,贫者足以养生而不至于忧,以此为度,而调均之。是以财不遗,而上下相安,故易治也。"②在董仲舒看来,如同"有所积重,则有所空虚",有大富就有大贫,而大富大贫会引起严重后果。③因此,要用合法合理的"人道"来协调以达均衡,以使贫者财物不匮乏,而使上下相安。当然,这里的"调均"并非整齐划一的平均主义,而是有一定差距的("差上下")。引孔子《论语·季氏》后,朱熹将"均"解释为"各得其分"④。在朱熹看来,孔子所言之"均"是指依据不同人的身份地位各得其所应得亦即差序,而非同时同等同样的平均。

---

① 亚伯拉罕·柯恩:《大众塔木德》,盖逊 译,济南:山东大学出版社,1998年,第290页。
② 董仲舒:《春秋繁露》,北京图书馆古籍出版编辑组编:《北京图书馆古籍珍本丛刊》第2册,北京:书目文献出版社,1988年,第550页。
③ 威廉·邓宁在《政治学说史》中也认为,极贫极富是社会万恶之源:极富则易生骄,骄就不受命;极贫则流于贱,贱就不能令。
④ 朱熹:《四书章句集注》,北京:中华书局,1983年,第170页。

在当前的语境里,"得其应得"亦即个体获得其应得的往往被视为正义,或者正义的基本内涵。不过,对个体权利的无限维护、强化,容易导致个体之间的疏离,集体功能的弱化。由于我国现时整体生产力还不够发达,目前推进的共同富裕工程很大程度上还停留在"保障和改善民生"的阶段,更加注重向弱势群体倾斜,"让发展成果更多更公平惠及全体人民"这个层面。"得其需得"就成为目前共同富裕的重要内容,当然,这不能成为无视"得其应得"的理由。因此,"得其应得"和"得其需得"需要兼顾,要有一个合理的度,才能调动所有民众推动社会发展的积极性、主动性,创造更多的物质财富,积聚更多的精神食粮,从而有效地保障和改善弱势群体的民生,使之逐步实现物质富裕、精神丰盈、心灵美好的全面富足,为实现"甘美食,美其服,安其居,乐其俗"美好愿景提供更多的可能。

"不为主"(三十四章),"不自见"、"不自是"、"不自伐"、"不自矜"(二十二章),"不恃"、"弗居"(二章)这些表达意味着仅仅以"有余"来保障和改善民生还不够,还不能自恃己能,居功自傲,摆出一副居高临下、盛气凌人等着别人来感谢感恩的臭德行。有道者"损有余而补不足""为人""与人"并不抽象,而表现为不断显现和生成、不断超越实践的鲜活过程。如果转化成当代表达,它们包括相互联系的两个方面:一是个体和群体(地区)通过努力实现富裕,以及不断外溢,实现富裕的普遍化;一是在不断外溢帮助他人他地富裕的过程中,在平等尊重他人("不为主""不自是""不自伐""不自矜"等)的过程中壮大自身,强大自身。按照老子的这一思路,推进社会全体共同富裕不仅有助于帮助社会弱势群体,而且有助于形成一种与和谐社会相称的社会伦理规范。

共同富裕是关涉政府和民众共同参与的社会实践。在推进共同富裕工程时,不论是民众还是政府都不能眼睛只是盯着富者,盯住发展得好的企业和地区,一味强调他们的责任。《道德经》早在两千多年前就看到了繁重的赋税是致使百姓贫困的原因:"民之饥,以其上食税之多,是以饥。"(七十五章)百姓之所以衣不蔽体,食不果腹,是因为繁重的苛捐杂税所致。这里含有君王和官府不应与民争利,要让利于民之理念。这一历久弥新的执政理念在先秦诸子并不少见。孟子主张"薄其税敛",让老百姓富裕[①]。《荀子·富国》主张:"节用裕民,而善臧其余。节用以礼,裕民以政。彼裕民,故多余;裕民,则民富。"[②] 不仅不与民争利,还通过各种节用让利于民。"节用裕民"应该含有上下俱富的朴素理念。这种上下俱富的差序富裕的理念,弥足珍贵,时至今日,还是那样鲜活。荀子在考察禹汤遭遇长期严重自然灾害时百姓能

[①] 杨伯峻:《孟子译注》,北京:中华书局,2008年,第242页。
[②] 张觉:《荀子译注》,上海:上海古籍出版社,1995年,第181页。

够不饥不寒，而后仅用十年便让国富民足这段历史时，发现夏禹商汤节用之时还能开其财源："明主必谨养其和，节其流，开其源，而时斟酌焉，潢然使天下必有余而上不忧不足。如是，则上下俱富，交无所藏之，是知国计之极也。"① 君主和政府要在尽可能节约开支的同时，还能不断引导民众和社会解放思想，打开思路，发展经济，创造财富，增加收入。

这就警示人们和政府，在避免出现"富者累巨万，而贫者食糟糠""富者田连阡陌，贫者无立锥之地"这些贫富过分悬殊的现象时，不能只看到富者，只是强调要民间、社会以"有余以奉天下"，各级政府和所有部门都应该开源节流，廉洁行政。中国政府行政成本之高是众所周知的，如何在提高执政效率的基础上不断节省行政开支、降低虚高的行政成本是推进共同富裕应有之义。

正如前面所论，上下皆富不等于上下等富，而是上下差序富裕。《荀子·富国》曰："礼者，贵贱有等，长幼有差，贫富轻重皆有称者也。"② 这种让社会成员都满意的差序富裕在今天仍有很强的现实意义。

从上面的引文，我们可以读出《道德经》反对贫富两极分化、有共同富裕的思想资源，而且这种共同富裕不仅指向横向俱富，还主张节用裕民，指向上下俱富，因而具有全体性。而目前官方所论及的共同富裕还没有涉及政府税收等方面的内容。从"奉""为"等动词不难读出扶贫济困，助力共同富裕的自觉担当，以及这一过程所隐含的阶段性和层次性等特征。而"圣人为而不恃，功成而不处，其不欲见贤"所蕴含的责任担当、平等意识不见一丝指手画脚的恶习，这种富足的精神财富更是需要我们学习、借鉴的。

三、怎样推进共同富裕？

朱载堉在《六代小舞谱·序》说，"古人学舞以转之一字为众妙之门"③，今人推进共同富裕，关键也是一个字："为"。如果不为，焉有"甘美食，美其服，安其居，乐其俗"（80 章）？如果不是全社会全体成员人人参与，大家齐心协力，共同建设，焉有共享之成果？2015 年，习近平指出："我们必须坚持发展为了人民、发展依靠人民、发展成果由人民共享，作出更有效的制度安排，使全体人民朝着共同富裕方向稳步前进，绝不能出现'富者累巨万，而贫者食糟糠'的现象。"④ 这就说明，共同富

---

① 张觉：《荀子译注》，第 203 页。
② 张觉：《荀子译注》，第 183 页。
③ 王克芬：《中国舞蹈通史（明清卷）》，上海：上海音乐出版社，2010 年，第 140 页。
④ 习近平：《共同富裕是社会主义的本质要求，是中国式现代化的重要特征》，2021 年 8 月 22 日，http://www.fzsx.gov.cn/sx/cyjh/48176.htm，2022 年 12 月 23 日。

裕是一个目标、一个理想，是我们不断努力以期实现的一个愿景；共同富裕需要全体人民共建，因而具有全员参与性和积极主动的自主性特征。

《道德经》的"无为"犹如"道冲而用之或不盈。渊兮，似万物之宗"（四章）中的"道"和"渊"，其用趋向无限。《道德经》中的"无为"是有条件，有情境的，亦即相对的，"无为"的真实内涵是有限的有为，其中含有这样的意蕴：治理者或管理者要严格守住自己的边界，不越俎代庖，赋予下属和民众以更大更多的自主权和自治权力。因此，《道德经》里不仅有"无为"思想，还有"有为"思想。"为"之一字，众妙之门。在这里，"无为""有为"可以近似转换为今人所言以出世之心行入世之事。

前面提到的"为人""为而不争"之"为"，"万物将自化"之"化"，"生而不有，为而不恃，长而不宰"中的"生""为""长"（五十一章），以及"自化""自正""自富""自朴"（五十七章）等大量的阐述都指向有为，顺道顺势顺时而为。因此，《道德经》提倡"无为"，不是主张躺平，不作为，而是主张不乱为，要适当作为，顺性顺势顺时而为，"万物作而不为始"（二章），要合乎人、物、事各自逻辑各自规律合情合理合法地作为。这就是"为无事，事无事"（第六十三章），亦即以无为的态度去有为，以不搅扰的方式去做事。所谓"无为而无不为"就是："我无为而民自化，我好静而民自正，我无事而民自富，我无欲而民自朴。"（五十七章）孟子曾通过举例通俗说明这一道理："不违农时，谷不可胜食也；数罟不入洿池，鱼鳖不可胜食也；斧斤以时入山林，材木不可胜用也。"[①] 正是因为上下都远离自认为是，杜绝越俎代庖，能顺道顺性顺势而为，所以就有了《道德经》第八十章所描绘的那样物质富裕、生活安逸、精神富足的社会生活。

"万物作焉而不辞，生而不有，为而不恃，功成而弗居"（二章）和"万物将自化"（三十七章）等表述中的"万物"都表明"为"指向的是全体。因此，个体要努力提升自身的生存、发展能力，顺道顺势顺时而为。整个社会，一个国家乃至世界的共同富裕端赖于所有个体成员的自立、自主、自为、自强；在此基础上建构互敬、互学、互助、互惠、共生的关系模式。下面从四个方面做个简说。

一是循序渐进。"甘美食，美其服，安其居，乐其俗"的理想愿景可以理解为《道德经》理想治理的出发点和立足点。实现这一理想，要顺道顺势顺时而为。"治大国，若烹小鲜。"（六十章）治理大国就如同烹调小鱼。而烹饪小鱼是一个涉及不同食材搭配、翻炒、火工和甘、酸、苦、辛、咸等味调和之事的系统工程，是急不得的。共同富裕是一个极其繁复的系统工程，涉及政治、经济、文化、医疗等方方

[①] 《孟子译注》，第4页。

面面，包括物质财富、理性思维、精神健康等诸多维度。推进共同富裕过程，亦如烹调小鱼，既要尽力而为，又要量力而行。《道德经》还有一句名言："上善若水。"而水到渠成，水滴达到石穿的效果不是一蹴而就的。

建设共同富裕社会，需要不断提高政府各部门的治理水平，"保障和改善"包括就业、医疗、教育、养老等条件，努力多渠道多层次脚踏实地地推进"满足人民对美好生活的新期待"的措施。要充分地科学地评估其实施过程中的艰巨性和复杂性，任何一个方面一个地区一个部门的"短板"，都会影响全体人民共同富裕的推进速度和质量，因此，需要努力协调好政治、经济、文化以及其他方方面面的协和发展，其最佳境界就是"万物并育而不相害，道并行而不相悖"。

二是有限"有为"。在现实生活中，任何共同富裕都是有条件的，而不是无条件的；都是有限的，而不是无限的；都是不均等的，而不是均等的。心理学上的"认知冲突"理论认为，人会自觉不自觉地追求逻辑一致性，但是历史的经验和现实的教训又在不断提醒我们，面对权利和福利、平等和效率、自由和安全等多项选择时，人们常常在特定时空亦即特定情形中因时而异、因地而异地选择。而不同的选择有不同的代价，因此，在推进共同富裕的过程中，涉及各方要学会妥协与平衡。《道德经》提倡"啬"："治人事天，莫若啬。……是谓深根固柢，长生久视之道。"（五十九章）陈鼓应认为"啬"并非专指财物，更重在或曰特指精神。在他看来，"啬"指培蓄能量，厚藏根基，充实生命力。①无论是治理，还是养生，都要爱惜精力，培蓄能量，厚藏根基，这样才能根深蒂固，长生久立。在推进含有"得其需得"的共同富裕工程的过程中，要有限"有为"，不能无限作为，一定要避免标语化思维，追求抽象的所谓公平而出现仇富、抑富、杀富的现象。如果引导得当，行政合法合理，富人就可能积极主动地帮助穷人，如扩大就业面，为更多的人解决生存、生活乃至发展问题，缴纳更多的税转化成公共财政用于各种建设，做慈善包括给慈善机构和环保组织无偿捐款等。

三是自律。富裕和知足自律可以并行不悖。懂得适可而止也是精神富裕的一种体现。

法国卢梭认为："唯有道德的自由才使人类真正成为自己的主人；因为仅有嗜欲的冲动便是奴隶状态，而唯有服从人们自己为自己所规定的法律，才是自由。"②这就告诉我们，个人自律更能凸显出个体的主体性和道德性，也只有个体处于自律状态下才称得上真正意义上的自由。老子一再劝导世人，尤其是强者，要减少贪欲，懂

---

① 陈鼓应：《老子今注今译》，第290页。
② 卢梭：《社会契约论》，何兆武译，北京：商务印书馆，2003年，第26页。

得自律，养成与他人分享自身财富共享发展成果的习惯。《庄子·逍遥游》里说："鹪鹩巢于深林，不过一枝；偃鼠饮河，不过满腹。"越富有，越要知足，努力进入通达境界。巨富、隆名固然可以理解为对当事人能力的肯定，是世间受人尊敬的一种生活状态，但是，在老子看来，"名与身孰亲？身与货孰多？得与亡孰病？甚爱必大费，多藏必厚亡"（第四十四章）。名与身、得与失暗含着矛盾转化的条件，"甚爱必大费，多藏必厚亡"。只有明白"知止不殆"的道理，言行自律，进退有度，才能一生安康快乐。

在老子看来，无止境的欲望会让人迷失自我，是非常可怕的："五色令人目盲；五音令人耳聋；五味令人口爽，驰骋畋猎，令人心发狂；难得之货，令人行防。"（十二章）正因为放纵欲望是很可怕的，所以古人一再警诫自己和他人，要充分认识到不知足的严重后果："是故五色乱目，使目不明；五声哗耳，使耳不聪；五味乱口，使口爽伤；趣舍滑心，使行飞扬。"①《道德经》通过"塞其兑，闭其门，终身不勤；开其兑，济其事，终身不救"（五十二章）的对比，希望人们尤其是执政者一定要警醒，努力"为腹不为目"，"去彼取此"（十二章）。

富有者固然要有适可而止的意识，贫穷者也要须知："祸莫大于不知足，咎莫大于欲得。故知足之足，常足矣。"（第四十六章）要保持素朴，减少私欲："见素抱朴，少思寡欲"（十九章），避免因为人性的不知足和欲得之本能驱使人们去做于他人不利的事："知足不辱，知止不殆，可以长久。"（第四十四章）知戒常成，知止则安，知足则久。无数历史教训和现实经验告诉人们，一味强调同等富裕往往会让出工不出力的人占便宜，产生"破窗效应"，陷入共同落后、共同贫穷的泥潭。

人只有在自身与他者共在的关系理性中才能实现自身。而在事的世界里，存在（to be）只能由做事（to do）去定义，存在即是有为，选择即是创造。②人类自古以来的无数社会实践"操作建构"累积起经验合理性，这种合理性的延伸与拓展便是"度"③。无论是平民，还是治理者，既要努力恰当有为，又要有知足知止意识，努力知足知止。

四是法治。我们知道，仅仅依赖人们——治理者或民众的自觉是不可靠的，还得有配套的法律制度和能够落到实处的执行力。为共同富裕保驾护航的制度虽然关涉治理权力，但必须为全体人民而不是部分人服务，法律不能只是为某些部门或部分人看家护院，否则其合法性就会受到质疑。不仅如此，这种制度从经济的角度均

---

① 何宁：《新编诸子集成本：淮南子集释》，北京：中华书局，1998年，第514页。
② 周楠：《行以度立：当"共在"遇见"历史"》，澎湃新闻2022年5月30日，https://www.thepaper.cn/newsDetail_forward_18329585，2022年8月15日。
③ 李泽厚：《李泽厚对话集·中国哲学登场》，北京：中华书局，2014年，第171页。

衡协调与效率，从社会的角度则平衡平等和自由。持续保护所有人所有群体合法权益，不断满足人民对美好社会追求的法治是不断有效推进共同富裕的必要保障。

《道德经》言："天地相合，以降甘露，人莫之令而自均。始制有名，名亦既有，夫亦将知止，知止可以不殆。"（三十二章）如果天地间阴阳之气相合，那么，降下的甘霖自然润泽均匀。这个比喻蕴含着这样的理念：治理者和民众皆依法行事，就会社会和谐，河清海晏。这也是今天政府推进共同富裕的目标之一。

四、结语

综上所论，《道德经》可以说蕴含着推进共同富裕的总纲领、总框架。这些诞生在两千多年前的宝贵思想资源有可能被后来者——包括今天的人们所不知，或忘却，甚至虚无，因而我们需要不断重读、对话包括《道德经》在内的元典，复活那些矗立在历史深处矢志不渝、熠熠生辉的理想，照亮我们前行的方向。当然，相对思想源泉、理论建构来说，具体社会实践会有与其一致的地方，也会有丰富发展亦即创造性转化与创新性发展的地方。后者构成后人对文明的贡献，也是思想不竭活力的体现。梁漱溟先生说过：中国民族精神找回来的时候"一定是一个再生的，是一个重新认识的，而不是因袭的、传统的"[①]。

换言之，《道德经》内涵再丰富，既不是我们从事推进共同富裕等创新实践的出发点，更不是我们进行这些创新实践的归宿，而只是我们今天进行包括推进共同富裕在内的政治、经济、文化等创新的思想资源。为了应对现实提出的各种挑战，解决现实生活中出现和可能出现的各种问题，我们才需要发掘、开发和有效利用包括《道德经》在内的一切优秀思想资源，使之服务于当代包括推进共同富裕在内的政治、经济、文化等创新实践。

---

① 梁漱溟:《精神陶炼要旨》,《梁漱溟全集》第五卷，济南：山东人民出版社，1992年，第509页。

老子教育思想的现代价值

《道德经明意》教育思想研究

王 硕[*]

内容提要:《道德经明意》是温海明"意本论"哲学思想的奠基之作,对"意学"的建立与发展具有导向作用。从教育学的角度看,《道德经明意》教育思想内容丰富,在教育目的和教育方法等方面都有参考价值。在教育目的方面,《道德经明意》主要培养人们的"自然之意",塑造人们的自由精神;同时,《道德经明意》也重视培养人们慈爱万物的品德、淡泊名利的品格、居安思危的意识、踏实苦干的精神。在教育方法方面,《道德经明意》提出修养心灵、夯实基础、不言之教、辩证施教等教育方法。《道德经明意》认为社会层面应该形成尊师重教的氛围,而教师应当具有公平意识、包容心、淡泊名利等优良品德。《道德经明意》教育思想注重人的精神世界,同时这一思想也具有显著的时代性和批判性特点。

关键词:《道德经明意》 温海明 意本论 教育思想

《道德经明意》是当代道家哲学的重要著作,它立足于当代社会的时代特点,继承发展了《道德经》的思想,具有重要的哲学价值。从教育学的视角分析《道德经明意》,可以看到《道德经明意》的教育思想内涵丰富,在为谁培养人、培养什么样的人、如何培养人三个方面都有自己的回答,在教育目的、教育方法等方面都提出了自己的看法。《道德经明意》的教育思想辩证吸收了古人的教育理念,又发展出了顺应时代的内容,对当前的教育思想、教育工作具有重要的参考价值。

---

[*] 王硕,安徽省亳州市涡阳县人,湖南师范大学哲学硕士,研究方向为中国哲学。

一、教育目的

《道德经明意》教育思想的主要教育目的是引导人们追求自由。《道德经明意》培养自由精神的教育思想来自"自然之意"概念,而"自然之意"是《道德经明意》最核心的概念,因此引导人们追求自由就成了《道德经明意》教育思想最主要的内容。

首先,"自然之意"是《道德经明意》最主要的概念。关于"自然之意"在《道德经明意》中的重要地位,温海明在书中多次进行说明。"这部书的哲学意义在于,它是自然之意的哲学言说。作为意哲学的奠基之作,《道德经明意》将阐述老子自然之意的哲学,以意本论为根基展开系统化建构。"[1] 在《道德经明意》这本书的导论部分,温海明以"自然之意"为主题进行论述,并且在第一段就说明这部书不是解读《道德经》的哲学史作品,而是借用《道德经》来构建"意本论"之"自然之意"的哲学。从温海明对《道德经》文本的态度上也可以看到"自然之意"在《道德经明意》中的核心地位。"本书在通行本的基础上,结合新出土文献和最新研究成果,从哲学的角度对《道德经》的文本加以调整和取舍,如从陈鼓应、刘笑敢等对文本的比较出发,根据自然之意哲学的内在逻辑来对文本做出合理取舍。可以说,文本的存在形态(从原文到译解)本来就应该是为了哲学思想系统服务的。历史上流传的和已出土的文献当中,哪些文本的表达方式能够最接近老子自然之意的意本论哲学系统,就合理地取用哪种表达方式。"[2] 让哲学经典文本为"自然之意"的哲学思想服务,从这里也可以看出"自然之意"在《道德经明意》中的地位。

其次,"自然之意"概念是《道德经明意》培养自由精神的教育思想的根源。"自然之意"是《道德经明意》的核心概念,这一概念是对《道德经》"自然"概念的继承和发展。"自然"是《道德经》的核心概念,它是个合成词,由"自"与"然"这两个单纯词组成。于省吾认为"自"的甲骨文字形像鼻子,并且甲骨文中的"自"有三种含义,一是鼻子,二是自己,三是引申为"由""从"。[3] 刘兴隆认为在甲骨文中"自"与"鼻"同字。[4] 《尔雅》关于"自"的解读是"遹、遵、率、循、由、从,自也。"[5] 《尔雅》讲的是"自"的第三种含义。《说文解字》注释"自"为"鼻也,象

---

[1] 温海明:《道德经明意》,北京:中国社会科学出版社,2019年,第1页。
[2] 温海明:《道德经明意》,第1页。
[3] 于省吾:《甲骨文字诂林》,北京:中华书局,1996年,第673页。
[4] 刘兴隆:《新编甲骨文字典》,北京:国际文化出版公司,2005年,第207页。
[5] 十三经注疏整理委员会:《尔雅注疏》,北京:北京大学出版社,2000年,第16页。

鼻形,凡自之属皆从自。"①《尔雅》关于"然"的解读是"俞、畣,然也"②。这里"然"的含义是表示肯定的回答。《说文解字》注释"然"为"烧也"③。这里是把"然"当作"燃"的本字。段玉裁注之曰:"通假为语词,训为如此,尔之转语也。"④段玉裁在这里认为"如此"也是"然"的含义。"自然"在《道德经》中的含义是"自己如此",取用的是"自"的"自己"和"然"的"如此"。"自然"概念强调主体自己决定自己的行动,推崇个人人格的独立性。《道德经》之"自然"概念在中华文明发展史上影响深远,在中华民族的人格塑造方面发挥了重要作用。"自然之意"基本继承了《道德经》"自然"概念的内涵,同时在其基础上更加强调"意"的重要性。"自然之意"的"意"是今天讲的意念、意识、意志的意思,结合《道德经》"自然"概念之内涵,可以看出"自然之意"的意思是自己做决定的意志、实现自由的意志。由此可见,在《道德经明意》的"自然之意"思想中蕴含了培养自由精神的教育思想。

培养自由独立精神是《道德经明意》教育思想的主要目的,作为思想丰富的哲学著作,《道德经明意》教育思想也重视培养人们慈爱万物的品德、淡泊名利的品格、居安思危的意识、踏实苦干的精神。

(一)《道德经明意》注重培养人们慈爱万物的品德。在《道德经明意》第六十七章,温海明说:"三宝之中,慈爱最重要,用慈爱之心来征战就能够胜利,用来防守就能巩固。天要救助一个人,会赋予他慈善的德性,好像得到天的佑护。"⑤慈爱是人的情感,用慈爱之心征战则无往不胜,用慈爱之心防守则不可攻破,具备慈爱之心的人就像得到上天帮助一样。在资本主义的今天,人与人之间、国与国之间为了争夺生存空间而冲突不断,如果能帮助人们培养出慈爱之心,那么世界上就会少很多争斗,人类社会就会变得更加和平稳定。"慈爱体现在念念之中。心意发动,皆充满慈爱为理想状态。此处,天意通于自然之意,通于慈仁之心意,是自助者天助之意。人的慈心和慈善的行为能够感天动地,于是遇到绝境的时候,让他的心意充满慈爱,从而不仅能够自助,天也会来护佑他,救助他。"⑥在温海明对第六十四章"报怨以德"文本做出的解释中也可以看出《道德经明意》对慈爱仁德等美好品质的认同:"本章强调人的主观动因,不依他人的怨仇而改变内在给出仁德的力量,能够以仁德之心回报仇怨之人,则其心给出仁德的力量才真正强固,至于社会公共性的影

---

① 段玉裁:《说文解字注》,北京:中华书局,2013年,第138页。
② 十三经注疏整理委员会:《尔雅注疏》,第65页。
③ 段玉裁:《说文解字注》,第485页。
④ 段玉裁:《说文解字注》,第485页。
⑤ 温海明:《道德经明意》,第317页。
⑥ 温海明:《道德经明意》,第318—319页。

响,他人是否可以学习和模仿,并不是老子在意的,所以也可以说老子在意的是一个人给予仁德、关爱他人的动机性力量。"①

(二)《道德经明意》注重培养人们淡泊名利的品格。淡泊名利有两种内涵,一是不居功自傲,二是不争名夺利。在《道德经明意》第二章,圣人教化万物而不自居有功,这就符合淡泊名利的内涵。"圣人以无为的态度来做事,推行不言的教化:任万物自己生发而不干涉,生养万物而不占有,化育万物而不自恃己能,成就万物而不自居有功。"②不占有、不居功的圣人可谓社会模范,在这里,温海明通过树立圣人形象来引导人们培养淡泊名利的品质。在《道德经明意》第三十四章,温海明说:"万物依赖道而生化,道为万物所领会,从不推辞;帮助万物生长,也从未主宰,更未居功。自然之意成就万物,却没有一个适应的名称。它供养万物生长发育,却从来不试图主宰它……自然之意不会自居盛大,不会主宰自己的创生之物,所以能够成就万物,也就成就了大道自身的伟大。"③大道虽然创生了万物,但是从来不认为自己应该去主宰万物的命运,也从来不认为自己有功劳,这就是大道的伟大之处。大道对待万物的这种不居功、不占有的精神符合淡泊名利的内涵。《道德经》把这种不占有万物的品格归类为"玄德",温海明也对"玄德"进行了解读:"生长万物而不强加己意,兴作万物而不逞自意之能,长养万物而不意图主宰,这就是幽深玄妙的德。"④《道德经明意》对淡泊名利的第二种内涵也有解读:"随顺自然之意会很自然地采取谦柔居下的姿态,也因为如江海在百川之下谦逊柔顺,所以才能成为百川之王,好像统御众流一般。"⑤这里认为江海之所以能容纳百川,是因为江海谦虚处下,不与百川争高低。此处的江海形象符合淡泊名利的第二种内涵。

(三)《道德经明意》注重培养人们居安思危的意识。在《道德经明意》第六十四章,温海明指出了这种居安思危、防患于未然的意识的重要性,"所以对自然之意有所意会的人,要在自然之意该显未显的几微状态去处理与谋划,用于治国成事,就是于未乱的状态中及早处理,使之不会偏离意念的想象与掌控"⑥。当代国际社会大环境相对稳定,人类生活质量较高,但是这种和平稳定的环境也催生了纸醉金迷、纵情声色的恶劣现象,掩盖了人们的危机意识,不利于人类社会的长久发展。在和平稳定环境中保持危机意识,在祸患刚起时就去处理,这种居安思危的思想值得人们学习。在《道德经明意》第六十三章,温海明也表达了防微杜渐、未雨绸缪的思

---

① 温海明:《道德经明意》,第307页。
② 温海明:《道德经明意》,第66页。
③ 温海明:《道德经明意》,第199页。
④ 温海明:《道德经明意》,第262页。
⑤ 温海明:《道德经明意》,第316页。
⑥ 温海明:《道德经明意》,第311页。

想。"做那些别人还没有察觉到,但你觉得应该做的工作;办那些还没有发生事故之前,但你觉得应该办的事情;感知那些还没有散发出气味,但你觉得应该闻到的气味。这是把小的征兆看得很大,使少的状态逐渐增多,也就是防微杜渐、未雨绸缪的因应方式。"① "生于忧患,死于安乐",即使生活在和平稳定社会环境中,也应该引导人们培养出危机意识,为人类社会的长远发展提前做准备。

(四)《道德经明意》注重培养人们踏实苦干的精神。脚踏实地艰苦奋斗的精神在现代社会被大力推崇,《道德经明意》也希望人们能够脚踏实地地努力奋斗。在《道德经明意》第六十三章,温海明说:"圣人明白一切事情都从细小的几微变化开始,意念对现实阴阳的改变,只能一点点来,不可以操之过急。所以要自信意念改变现实世界的力量,要不断实化意念于细微之处,不要好高骛远,空谈无根……所以圣人在每个意念实化的瞬间都慎终如始,如履薄冰,知难守雌,这样才能把意念一步步实化出来,而不会有最后的难处。"② 成功来自点滴的积累,只有一步步走得坚实才能走得更远,好高骛远而不注重夯实基础则难以成功。注重基础、踏实苦干的对立面是贪功冒进、好高骛远,《道德经明意》认为这种轻浮的态度来源于人的过度的欲望,而反对欲壑难填、轻浮躁动的思想是《道德经明意》的重要内容。"可见天下的纷争与战争都来自领导者不能自我控制的欲望,因为其心意不愿随顺自然之意而知足,容易导致很多灾祸。因为总是想夺取、获得,就会造成很多罪咎和灾殃。"③ 既要在人生的旅途中脚踏实地地奋斗,也要控制自身的欲望,正反两面相互结合才能走向成功。

二、教育方法

在如何培养人方面,《道德经明意》提出修养心灵、夯实基础、不言之教、辩证施教等教育方法。

(一)《道德经明意》重视人们的内心修养,把修养心灵放到较高的地位。《道德经明意》是"意本论"哲学的奠基之作,全篇都在构建以"自然之意"为核心的"意学"思想。意指的是人的意识,是精神、心灵层面的概念,因此重视内心修养是'意学'的应有之义。《道德经明意》中关于修养工夫论的内容对教育事业具有重要启示。"意念可以控制真气流散,让人珍惜保养自己的元气,可以减缓真气与天地之间气息的交流过程,甚至可以吸风饮露,吸收天地之间的精气来重振与提升体内真阳元

---

① 温海明:《道德经明意》,第 305 页。
② 温海明:《道德经明意》,第 307 页。
③ 温海明:《道德经明意》,第 245 页。

气。"①温海明认为人的意念在修养自身的过程中，不仅可以减缓自身真气的流散，而且还可以从身体之外的天地中吸收天地精华来补充自身的精气，这充分发挥了人的意识的调控作用。对教育事业来说，发挥意识的调控作用可以帮助学生控制自身活动，促进学生专心学习减少外界事物产生的负面影响。与此同时，在教师的引导下，学生还可以把意识投入正能量的事物中，吸收外面的正向信息来促进自身成长。

（二）《道德经明意》认为教育不能一蹴而就，应该帮助学生夯实基础稳扎稳打。教育是一个漫长的过程，学生从小学、中学到大学毕业需要寒窗苦读十余载，正是在这水滴石穿的漫长过程中学生才能积累丰富的知识，去完善自己的人格并做出一番事业。"圣人明白一切事情都从细小的几微变化开始，意念对现实阴阳的改变，只能一点点来，不可以操之过急。所以要自信意念改变现实世界的力量，要不断实化意念于细微之处，不要好高骛远，空谈无根。"②有些学生大脑等身体器官发育完善得较早，所以在很小的时候就表现出过人的聪慧，成为父母口中的"别人家的孩子"；有些学生大脑等器官发育相对迟缓，需要在较大的年龄才能拥有正常的思维能力，这些学生从小就成了教师与家长眼中的"笨小孩"。身体发育速度是难以被控制的，被称为"笨小孩"的学生从小承受了太多愚昧的指责，这一切的根源实际上在于教师和父母急功近利，不愿意花费更多的时间关爱学生，反而妄想学生早日成龙成凤。实际上，如果家长和教师对教育工作能够充满耐心，帮助学生稳扎稳打建立坚实的基础，即使"笨小孩"也仍然未来可期。"人之超越有限肉体的努力，不仅在肉体本身的修炼，而在精神之能及于宇宙大化，但精神之长生久视，源于肉体根本的精气强固，方能炼精化气，炼气化神，练神返虚，上下与天地同流，与古今同寿。"③对养生练气来说，肉身是根本，肉身精气强固精神才能长生久视。对教育来说，学生只有夯实了基础，才可能在未来的道路中走得更远。

（三）《道德经明意》注重具有批判性质的不言之教在教育中的作用。教育的过程是教师对学生传授知识的过程，语言在教育中具有重要作用。语言的合理使用能够良好地传递知识，但是对语言的粗糙滥用也会带来反作用。《道德经明意》肯定语言在教育中的积极作用，但是也警惕语言的不当使用带来的问题；同时，《道德经明意》也注重非语言行为的教育作用。"话说得越多，越会有偏失而陷入困阻，不如念念持守冲虚之境。"④"聪明的人明白事理，言必有中，所言不多，而到处说长论短的

---

① 温海明：《道德经明意》，第36页。
② 温海明：《道德经明意》，第307页。
③ 温海明：《道德经明意》，第294页。
④ 温海明：《道德经明意》，第81页。

人,可以说并不聪明。"①在教育活动中,教育需要用语言引导、鼓励学生,但是要避免陷入说教的陷阱,空洞的说教不仅实现不了教育目的,反而容易起到反作用。关于非语言行为的教育方式,《道德经明意》也有很多论述。"圣人不是通过言说来教化众生,而是让自己顺天地自然之意而成事,起心动念皆自然实化而成为典范,于是大家自然跟随。"②"从自然之意的本体意味上说,自然之意是无言之意,不言之意,恬淡静寂,无言无声。"③温海明认为,圣人教化众生不是通过语言,而是顺应自然之意去做事,树立实实在在的行为典范,以此来引导众生。因此,教师在教学活动中也不能过分依赖语言,而应该努力去成为学生的好榜样,自己率先践行伦理道德与法律规范。

(四)《道德经明意》认为应该把辩证思维运用到教育活动。少年时代的学生经常会出现叛逆、网瘾、早恋等现象,现在的大部分教师和家长往往把这些事情视之为洪水猛兽,整天提心吊胆严防死守,但是效果并不理想。如何处理这些问题,《道德经明意》给出了自己的答案。"物极必反,福与祸交替转换,是道运行的正常状态,也是自然之意的本然显现状态,应该视之如通天地本然的自然之状,没有任何情绪反应为好。"④学生身上出现的不利于学习的因素,教师和家长首先要做的不是拍案而起做狮子吼,而是应该冷静下来仔细观察分析,争取找到问题出现的原因,然后去尝试解决问题。事情往往都具有两面性,重要的是如何找到事情的矛盾点,然后把不利因素转化成促进事物发展的正向力量。"通常人们迷惑于祸、福之门,而不知其循环相生之理。常人宠辱若惊,不知祸福相依转换是天道常理,而过度反应,殊为不必。"⑤学生身上出现了问题,家长和教师不必惊慌失措、茫然无对,应该以这些问题为突破口走进学生的内心世界,去了解他们所思所想,争取把不利因素转化成有利因素。把辩证思维运用到教育活动中,解构复杂的对象,尝试去变被动为主动、化不利为有利,这是《道德经明意》教育思想的重要观点。

三、教育思想的其他内容

为了保证教育事业合理有序地开展,《道德经明意》对社会和教育工作者也提出了相应的要求。

在社会层面,《道德经明意》认为全社会应该形成尊师重教的社会风气,保障教

---

① 温海明:《道德经明意》,第281页。
② 温海明:《道德经明意》,第69页。
③ 温海明:《道德经明意》,第155页。
④ 温海明:《道德经明意》,第290页。
⑤ 温海明:《道德经明意》,第290页。

师权益,重视教育事业的社会功能,促进教育事业的蓬勃发展。"如果人起心动念不知道向那些善于遵从天道的人去学习,克服邪念欲望的时候又不珍惜那些足以供其借鉴的、心念不通达于道的人,这样的人即使资历不差,也是一个自以为是的迷途之人。"[1] 教育的一个重要功能在于把人类社会几千年来积累的知识在短时间内传授给学生,教师在其中起到了关键作用,因此教师应该在社会中获得较高的社会地位和经济收入。作为教育事业的关键一环,如果教师的收入不能满足生活所需,教师在社会上得不到足够的尊重,这必然会影响到教师的工作效果,从而引发连锁式的不利反应。

在教师层面,《道德经明意》认为教师应当具有公平意识、包容心、淡泊名利等优良品德。

(一)《道德经明意》认为教师应当超越二元对立的观点看问题,公平公正地对待每一位学生。处事公平公正是教育工作者应当具有的基本品格,教师只有公平地看待每一位学生,才能得到学生发自内心的尊敬。在日常的教育工作中,很多教师偏爱成绩好的学生,对成绩一般的学生不闻不问,厌恶成绩较差的学生,这样的教师不仅人格上有问题,在教育活动中也难以取得优秀的成绩。《道德经明意》认为教师应该超越善恶等差别对待概念的束缚,平等地看待学生。"圣人超越了一切对待,不被善或不善,守信或不守信等相对状态所束缚,用无差别的善意去信任一切人一切事,不再分别计较,从而感化本来不信任他人的人。"[2] 教师的公平公正来自超越二元对立的观点看问题。"抛弃对待性的相对价值,抛弃没有自然力、自然之生意支撑的人造概念与道德说教,让人的心意回归自然之意的运作,心同于自然,就会从大自然之中重新找回生命的力量。"[3] 用无待之心看待事物,才能不被事物的表象迷惑,教师工作者如果能行此道,就会平等公正地对待学生。

(二)《道德经明意》认为教师应当具备包容心。教师面对的几乎都是心智尚未完全成熟的学生,学生对教师某些行为的不理解、鲁莽冲动而闯祸、青春期的叛逆、都可能诱发教师的负面情绪,这就要求教育工作者具备宽广的胸怀,要求教师能够"以德报怨"。"怀抱恩德之心,用施与恩德的做法对待他人的怨恨。"[4] 公平是教师应当具备的品格,而公平产生的前提应当是教师具有包容心,教师应当不以善恶对立的观点看待学生,而应当一视同仁地善待所有学生。"天下万物经过意会必有善恶,但'我'却一视同仁地善待它们,这既是一种道德本体性的善,也因为意向可以以

---

[1] 温海明:《道德经明意》,第 172 页。
[2] 温海明:《道德经明意》,第 255 页。
[3] 温海明:《道德经明意》,第 141 页。
[4] 温海明:《道德经明意》,第 305 页。

善为本，而使得一切与意展开的意境都得到善意的投射，从而成就最大的善，无论是对发出善意的自己，还是接受善意的他人，都是通乎天道自然之善的状态。"① 教师以善心善意对待学生，才能包容学生的缺点，不抛弃不放弃学生，从而公平公正地对待每一位学生。"圣人顺自然之意而救度众生，没有因为他的私心而放弃的人。"② 不公平的根源是私心，教师只有除去自己的私心私意，才能公平对待学生，才可能在教育事业中取得成绩。

（三）《道德经明意》认为教师应当淡泊名利。教师的职责是传道授业，为人类社会培养接班人，因此教师应该集中精力于教学方面，努力提升自身教学能力。现在有些教师醉心于各项量化评比，把教育事业当争名夺利的手段，忘记了教书育人的职责，危害了社会的教育事业。在《道德经明意》看来，教师应当不争名夺利，踏实做好自己的本职工作。"不能要求所有百姓都断灭妄念，也不可能都达到很高的修行境界，但可以要求他们不要对外在的事物怀有强烈占有的心意，应该让心意作用于其自然生发的境遇，而不是某些特殊的对象，否则，自然生发的意念就转化成为期待和占有外物的欲望。"③ 心中的欲望过于强烈就会诱导人生发出占有心理，从而扰乱人的正常生活，因此淡泊名利的生活态度至关重要。"人行事当以清静无为为正道，应当只求气血通畅，温饱健康，而不可纵情声色，迷失对于身意之自觉。心意本通自然之意，不可因嗜欲充塞而堵住心通万物的通道。"④ 教师一旦被外界名利诱惑，就会难以静下心来，从而导致干扰到正常的教学工作。"非淡泊无以明志，非宁静无以致远"，教师培养的是人类社会的接班人，不能淡泊名利则难以担此重任。

四、教育思想的特点

《道德经明意》的教育思想注重人的精神世界，同时这一思想也具有显著的时代性和批判性特点。

（一）《道德经明意》的教育思想注重人的精神世界。《道德经明意》是"意本论"哲学的奠基之作，"意本论"哲学的核心是"意"，因此《道德经明意》教育思想也重视人的精神世界。在教育活动中，教师和家长不仅要关注学生做了什么，还应该去分析他们为什么这样做，应该走进他们的内心世界。处于青春期的学生已经有了一定的知识积累和社会阅历，他们渴望挣脱父母的怀抱而自己去闯出一片天，因此这一阶段的学生经常行为叛逆不服管教。面对这种情况，《道德经明意》认为应该深

---

① 温海明：《道德经明意》，第 255 页。
② 温海明：《道德经明意》，第 172 页。
③ 温海明：《道德经明意》，第 73 页。
④ 温海明：《道德经明意》，第 113 页。

入学生的内心,掌握他们的心理动态,关心他们所思所想。教育活动不仅要传授给学生关于外界的各种知识,还应该传授给学生修身养性的工夫,帮助学生净化心灵从而更好地学习。"意学工夫论"是"意本论"哲学的内容之一,《道德经明意》也强调内心修养的重要性。《道德经明意》中有系统的关于"坐忘""不争""去欲"的修养思想,能够帮助教师和学生净化思想。

(二)《道德经明意》的教育思想具有显著的时代特征。《道德经明意》教育思想的时代特征表现为它要培养的不是具有救世主情节的圣人或治国安邦的政治家,而是追求自由独立的新时代自由公民。《道德经明意》哲学思想不是对《道德经》思想的复制,而是对《道德经》思想既继承又发展。《道德经》文本基本完成于春秋战国时代,诞生于征战四起的乱世,因此书中的思想具有明显的拯救乱世、平定天下的内容。在《道德经》中,多次出现的"圣人""天下"等具有政治色彩的概念也佐证了这一点。在《道德经明意》产生的当代社会,治国平天下思想已经不是社会思想主基调,文化多样性、价值多元性成了时代特征,追求自由和民主是新时代公民的普遍追求。因此,《道德经》中治国安邦的政治思想在当代社会难以成为主流思想。《道德经明意》则不然。在《道德经明意》中,核心概念是"自然之意",这是追求自然、实现自由的意志,因此追求独立自由就成了《道德经明意》思想的主基调。这种思想的产生不是偶然的,它的产生符合时代的要求,具备时代的底色。

(三)《道德经明意》的教育思想具有明显的批判特征。批判性是道家哲学的一贯特性,作为当代道家哲学的代表,《道德经明意》也具有明显的批判性特征,《道德经明意》的教育思想也是如此。《道德经》认为天下大乱的根源是君主欲望过多而妄为导致的,所以《道德经》痛斥"不知足""欲壑难填""妄动",提出了"少私寡欲""无为"等反向概念,这种批判性的思维方式被《道德经明意》继承。在《道德经明意》的教育思想中,温海明认为首先教师群体要保持自身的先进性,只有教师心正身正才能教出合格的学生,教师欲壑难填就不会全心全意进行教学活动,这必然会影响到教育的效果。其次,温海明认为不仅学生应该学习,教师群体同样需要继续学习,学生需要学习新的知识,教师也要学习新的教育理论和教育方法。最后,温海明认为学生不仅要学习书本上的知识,还应该学习心灵修养方面的知识,并且也要尝试着把学到的知识转化到实践中去。

《道德经》教学实践中学生主体意识培养路径探究

林鋆生[*]

内容提要：思维方式和行为习惯的养成，对于大学生而言至关重要。而主体意识的培养又是养成合理思维方式和行为习惯的关键所在。在《道德经》的教学过程中，可从以下六个方面着手，从而更好地培养学生的主体意识：第一，尊重自我；第二，敬畏经典；第三，勇于怀疑；第四，善于追问；第五，寓学于乐；第六，学以致用。尊重自我是前提；敬畏经典是态度；勇于怀疑、善于追问是动力和方法；寓学于乐是方向；学以致用是转化。六个方面相互影响，层层递进，分则为六，合则为一。

关键词：《道德经》 教学实践 主体意识 培养路径

基金项目：本文系宁德师范学院教改项目"'道德经原著选读'课改探索：经典传承与身心修养"（项目批准号：JG2021029）的阶段性成果。

前 言

所谓主体意识即清晰地体会到我之所以为我的理性意识。在这一意识的引导下，做任何一件事情，"我"都是在场的。喝水时，主体知道是"我"在喝水；吃饭时，主体知道是"我"在吃饭；看书时，主体知道是"我"在看书。这个"我"即《道德经》所谓"吾之所以有大患者，为吾有身，及吾无身，吾有何患"[①]之"吾"。这个"我"，使得主体发出的行为都显得清晰明了。结合"道德经原著选读"课程的教学实践，笔者以为对于大学生而言，课本学习固然重要，但更重要的是培养学生的思维方式和行为习惯。因为思维方式和行为习惯不仅会影响学生的大学生活，而且对

---

[*] 林鋆生（1987—），哲学博士，现为宁德师范学院汉语言文学系讲师。
[①] 王弼：《老子道德经注》，楼宇烈校释，北京：中华书局，2011年，第32页。

其未来的生活工作也会产生深远的影响。对于培养思维方式和行为习惯而言，笔者以为主体意识又是其中的核心要素。因为只有形成自我的主体意识之后，思维方式和行为习惯才不至于盲目。在教学实践过程中，本人深刻意识到主体意识对于学生而言是举足轻重的，因此尝试着结合《道德经》课程教学实践，提出培养学生主体意识的几条路径。概括而言，可以从以下几个方面入手：一、尊重自我；二、敬畏经典；三、勇于怀疑；四、善于追问；五、寓学于乐；六、学以致用。尊重自我是前提；敬畏经典是态度；勇于怀疑、善于追问是动力和方法；寓学于乐是方向；学以致用是转化。六个方面相互影响，相得益彰。

一、尊重自我

尊重自我是学习经典的基础。自我是生命的起点，又是生命的终点。作为生命的起点，意味着个体自我的觉醒，这个时候自我不再是一种盲目混沌的状态；作为生命的终点，则意味着个体将自我与天地万物相联结，不再执着于自我，但正是因为不执着于自我而真正实现对自我的超越，即《道德经》所谓"复归于婴儿"[1]。因此可以说，"尊重自我"是贯穿于个体生命整个过程的重要课题，是个体学习《道德经》以及其他经典，乃至于生活中其他方面的基本前提。这里的尊重自我包括两个层面：从正面来讲，即要求自我是在场的。并且，自我在面对经典时乃是作为一个独立个体而存在的；从反面来看，尊重自我意味着要防范虚假个体的出现。我们当前十分强调个性、创新、自我意识。然而如果我们没有说明大背景，没有将个体的概念放置于具体的时空之中，便很容易变成一种嚼舌根的行为，从而使得"个体"概念成为一种空泛的文字游戏。在这种情况下所强调的个体其实是一种"虚假个体"，这是需要我们格外关注的。在《道德经》教学实践之中，对于大一的学生而言，通过问卷调查显示，有65.2%的同学对主体意识缺乏理性认知。他们认为课程反正都是设置好的，按部就班上课就好，期末时正常进行考试，考试通过后这课程便结束了。这种认知对于学习《道德经》以及塑造主体意识而言是一种很大的阻碍。学习主体需要转变观念。所谓尊重自我实际上是在强调主动性思维的重要性，即一切都要由"我"发出，并且由"我"负责。在《道德经》中，可以说随处都存在这种"我"的踪迹。例如经文说"是以圣人后其身而身先，外其身而身存"[2]，又比如"知人者智，自知者明，胜人者有力，自胜者强。知足者富，强行者有志，不失其所者久，死而

---

[1] 王弼：《老子道德经注》，第75页。
[2] 王弼：《老子道德经注》，第21页。

不亡者寿"①。这些经文表面看来更多是在对某一具体人群进行描述,但我们仔细思考后就能感受到背后这个描述者,也就是这个"我"。这个"我"是学习《道德经》之初,学生便要对之有一个理性把握的概念,并且是学生在学习《道德经》以及践行《道德经》智慧的过程中所要转化的概念,即这个"我"不仅仅只是一个概念,更是需要将之内化于自我人格之中的重要对象,从而使得行为主体成为一个尊重自我、对自我负责的人,即主体对自己的言行举止有一个理性把握。这是培养学生主体意识,也是学生学习《道德经》的基本前提。

二、敬畏经典

在尊重自我的基础上,便要懂得敬畏经典。为什么要先强调尊重自我呢?如果敬畏经典缺乏主体自我,那么这种敬畏便是一种盲目的敬畏。严格说来,对于经典学习而言,盲目的敬畏便不能称其为敬畏。因为敬畏经典的一个重要内涵便是和经典形成良性互动。《礼记·学记》有所谓"教学相长"②,良性互动便是教学相长的重要条件。如果要形成良性互动,那么主体的自我意识则是必不可少的因素。因此,笔者以为当把"尊重自我"作为基本前提。敬畏经典还表现在学习经典的过程中需要脚踏实地,按照"字词训诂—章句贯通—熟记背诵—切磋问学—生活实践"的逻辑顺序,反复进行训练。这里就需要处理一个重要矛盾,即处理好自我意识和经典本义的关系。尊重个体自我意识意味着在研习经典的过程中,自我是在场的、积极主动的、意识清晰的。在此基础上,就要强调敬畏经典。对于学习《道德经》以及其他经典而言,在尊重自我的前提下,笔者以为当以"敬畏经典"作为核心,即其他各方面都要围绕这一点而展开,尤其是当前社会,生活节奏日益加快,即时性反馈成为生活常态,虚假自我日渐膨胀。这个时候很有必要着重强调"敬畏"二字。这种敬畏之心不仅是学习《道德经》的关键,同时对培养学生谦虚谨慎、奋发向上的性格也是颇有裨益的。从学习角度而言,这种敬畏之心表现为,在"字词训诂""章句贯通""熟记背诵"三个阶段都要努力以经典文本为主,不可用自己的主观判断去扭曲经典的本义。不能总是"我以为""我觉得",而要努力按照"经典是这么说的"这一表达方式来开展学习计划。尤其是在学习经典的最初阶段,更要如此。但这一阶段又是学习者的逆反心理③较为显著的阶段。所以,对于初学者而言要对这一矛盾有一个明确的认识,从而才能更好地把握自己学习的节奏以及学习过程中的情绪。

---

① 王弼:《老子道德经注》,第87页。
② 孙希旦:《礼记集解》,沈啸寰、王星贤点校,北京:中华书局,1989年,第957页。
③ 这里要区分逆反心理与批判意识。这两者是不同的。逆反心理是一种缺乏主体意识的一种盲目反对;批判意识则是在理性指导下的一种客观探索。

例如对"道可道，非常道""道法自然"①等句子的解释，学生们便需要对比帛书本与楚简本，并结合严遵、河上公、王弼等主要解释以及当代陈鼓应先生、詹石窗先生、刘笑敢先生等学者的解释，在理性梳理各个时期相关解释的基础上，选择一种自己认为最适合的解释，同时亦可结合当前时代特征，努力提出自己认为更加合理的解释。学习主体到了"切磋问学"这一阶段时，则要对经典有一个灵活的把握，需要对经典的细节进行追查探究，不能只是陷入经典文义之中。此时的"问学"已经不只是"训诂之学"，更应该指向结合自我成长以及对经典的探赜索隐。而到了"生活实践"阶段时，则进一步要求灵活应用经典本文。这是一个循序渐进的过程，同时对实践主体的要求也越来越高。

三、勇于怀疑

在敬畏经典的基础上，想要真正进入经典，还需要勇于怀疑。在经典的学习实践中，"勇于怀疑"是一个重要工具。如果学习者只是单纯地敬畏经典，那么很有可能会导致的后果便是：学习者不过是徘徊在经典大门之外。学习者要有怀疑的勇气，如此才更有可能获得打开经典大门的机会。事实上，这份勇气和执着也是打开生命之门的钥匙。在很大程度上，我们可以说勇于怀疑是进入经典之门的重要途径。而对于培养主体意识而言，我们可以直接认为，勇于怀疑是培养主体意识的必由之路。这一行为既符合本国经学传统，又体现西方的主流思维方式。经学传统实际上是在不同时期的学者，在研究前辈思想的基础之上提出自己特有的解释的过程中形成的；西方则以笛卡尔的普遍怀疑为重要标志，从而形成西方学术发展的一个新阶段。由此可见，怀疑精神对于古今中外的学习者而言都是必不可少的，是知识得以积累、智慧得以传承的重要途径，是培养学习者主体意识过程中所不可或缺的因素。从笛卡尔的《第一哲学沉思录》中可以看到，普遍怀疑是个体形成清晰明确的知识的重要工具。这一工具在我们学习《道德经》的过程中也是十分必要的。需要明确的是，这里所说的怀疑并非无中生有的胡乱怀疑，而是结合当前的具体背景以及学习者的自身情况，来思考经学传统中有哪些解释是不合理的，又有哪些是可以与时俱进的，并非单纯为了怀疑而怀疑。此处所说的怀疑，需要有理有据、有的放矢。因此，可以明确地说，怀疑是十分理性的行为，是对问题保持一种开放和包容心态的重要体现。与此同时，这里所说的"勇"乃是与"怀疑"相伴随的，两者相得益彰。如果没有勇气，怀疑便无从谈起而不过成了空中楼阁；如果不敢怀疑，勇气便无法得到锤炼而容易成为匹夫之勇。由此可见，培养个体的主动性是一个既要有勇气，又要

---

① 王弼：《老子道德经注》，第2、66页。

理性怀疑的行为。二者缺一不可。在《道德经》中最为明显的体现就在于把"道"的概念提升到一种抽象的层面，将之作为世界万物产生的第一动因，并将之视作万物生成变化的规律[①]。老子以"道"的概念为核心，来重新整合文化秩序，试图建立一种新的文化秩序和社会秩序。由此可见，《道德经》文本本身就是老子勇于怀疑的具体表现。这种行为选择显然是老子在对西周时期的礼乐文明做了深刻严肃的检讨之后而做出的极具勇气的重要选择。

四、善于追问

善于追问的能力并非一蹴而就。这一能力乃是建立在勇于怀疑的基础之上。主体如果不能够勇于怀疑，他便很难具备善于追问的能力。所以，可以说善于追问是不断训练的结果。"训练"这个概念是一个需要每一个学习者都予以重视的概念。只有在反复的训练中才能够积累出真正属于自我的执行力和思维方式。善于追问包括以下几个方面：第一，要有明确的问题导向，即所问的问题不能太过分散，要围绕《道德经》中的某一个具体问题展开，层层深入，像剥洋葱那样不断接近所要讨论问题的核心所在。第二，问题要时时挂在心中，念念不忘，若《大学》引《诗经》所言"如切如磋，如琢如磨"[②]。这里便涉及一个节奏的问题。一个学习者需要将自我沉浸于某个问题之中，如此才能将问题与自我生命相结合。问题才能真正落到实处。这样对问题的解决过程也便是学习者培养自我主体意识的过程。由此我们可以说，一个人如何能够做到善于追问，他自然是一个具有很强主体意识的人。在《道德经》中，我们可以看到老子提出了许多问题，有形而上层面的，也有形而下层面的。

> 何谓宠辱若惊？宠为下，得之若惊，失之若惊，是谓宠辱若惊。何谓贵大患若身？吾所以有大患者，为吾有身，及吾无身，吾有何患。
> 载营魄抱一，能无离乎？专气致柔，能婴儿乎？涤除玄览，能无疵乎？爱国治民，能无为乎？天门开阖，能为雌乎？明白四达，能无知乎。
> 名与身孰亲？身与货孰多？得与亡孰病？
> 是以侯王自称孤、寡、不谷。此非以贱为本邪？非乎？
> 希言自然。故飘风不终朝，骤雨不终日。孰为此者？天地。天地尚不能久，而况于人乎？
> 生之徒，十有三。死之徒，十有三。人之生，动之于死地，亦十有三。夫

---

① 关于"道"的解释可参阅陈鼓应先生的《老子注译及评介》(中华书局2009年版)。
② 朱熹:《四书章句集注》,北京:中华书局,1983年,第5页。

何故？以其生生之厚。盖闻善摄生者，陆行不遇凶虎，入军不被甲兵。凶无所投其角。虎无所用其爪。兵无所容其刃。夫何故？以其无死地。

民不畏死，奈何以死惧之？①

上述引文中，老子采用了反问、疑问、设问等方式对问题进行追问。老子运用这种形式来呈现自己的观点，提醒人们对相关问题做进一步的思考与讨论。除此之外，经文中多次使用否定式或不确定式的表达，例如"湛兮似或存，吾不知谁之子，象帝之先""天地不仁""绵绵若存"②等。正是在这种不断追问和不确定性的表达中，老子将自我的智慧通过文字表达出来。这正是老子主体意识的直接体现，是老子对生命的一种追问与反思。学生在学习《道德经》时，便可借鉴经文中的提问方式和表达方式，深入挖掘问题，将问题与自我生命发展结合起来，从而对问题以及自我形成更为深刻的认知。主体意识便形成于这不断认知的过程之中。

五、寓学于乐

寓学于乐是主体生命态度的重要表现。《系辞》言："是故君子所居而安者，易之序也；所乐而玩者，爻之辞也。是故君子居则观其象而玩其辞，动则观其变而玩其占。"③在《系辞》中将"玩"提到了十分重要的位置。"玩"便意味着乐在其中。因此，主体意识的一个重要体现是当自我在进行某一个动作时，能够从中感受到快乐与成长。对于《道德经》的教学而言，这也是笔者的一个重要目标，即要让学生在学习过程中感受到知识之美，并由感受到知识之美而心生喜悦。由此喜悦之情而引起学生更大的学习兴趣，从而形成一种良性循环。对于大学生而言，常常需要挂在心头琢磨的一件事情是，如何才能在学习中发现乐趣？或者说如何才能主动地将乐趣带到学习之中？显而易见，这是一种能力，不是生而有之，因此需要慢慢培养。如何发现这种乐趣？这里首先需要学习者对"学"有一个理性认知。也就是说对于教师而言，不能简单地直接灌输"寓学于乐"观念给学生。事实上，"乐"本应该是"学"的自然而然之结果，故《论语》开篇便说道："学而时习之，不亦说乎？"朱子注曰："既学而又时时习之，则所学者熟，而中心喜悦，其进自不能已矣。"④但由于学习者扭曲了对"学"的认知，从而使得"乐"远离了"学"。这时候，对于教师而言，很关键的一点在于让学生重新认知"学"的概念，从而努力让学生在"学"的过程中

---

① 王弼：《老子道德经注》，第32、25、125、109、60、139、191页。
② 王弼：《老子道德经注》，第12、15、18页。
③ 王弼注，孔颖达疏：《宋本周易注疏》，第348页。
④ 朱熹：《四书章句集注》，第47页。

自然而然感受到"乐"在其中,让学生晓得"乐"本来就伴随着"学"。这里的"学"不仅仅是单纯地学习知识。《说文解字》曰:"学,觉悟也。"[①]这里很清晰地定义了"学",即觉悟。因此,我们不能只是将"学"当作知识的积累,更应该从生命提升的角度来审查"学"。学习者时时刻刻将觉悟挂在心头,则自然会勤而行之,乐在其中。如此才有利于学生真正走进"学"之中,真正地将"学"与自我认识世界的能力、认识自我的能力、感受幸福的能力、为人处世的能力、从容优雅的能力等各种能力相联系,从而真心诚意地去拥抱"学",如此才能真正意义上感受到"乐"。这里所谓的"拥抱""感受"就是主体意识的重要表现。"乐"正是在这样的具有主动性的动作中被学习者觉察到。学习者的生命状态也正是在这个过程中不断提升。《道德经》有言:"甘其食,美其服,安其居,乐其俗。"[②]如果说这是个体要努力去做到的结果,倒不如认为这是个体认真实践之后,一种生命状态的自然呈现。学而能觉,觉则自然乐在其中。

六、学以致用

学以致用是学习《道德经》的重要目的,是将所学知识进行转化的自然而然的要求。以笔者的教学实践和生活实践作为参考,认为可以通过以下逻辑关系来引导学生更好地学以致用,发挥经典在具体生活中的启示意义。第一,用实用性引出主动性;第二,用主动性引出趣味性;第三,用趣味性引出实践性。所以在具体的教学过程中,当以"实用性"作为一个重要抓手。对于教师和学生而言,皆当如此。但需要明确的是,这里的"用"并非急功近利。这里的"用"主要体现在两个层面:第一,作为知识,有利于学生掌握知识以及相关历史背景,同时提升其对语言的把握能力和感受能力;第二,作为智慧,能够很好疏导学生的思想,缓解其学习生活压力,并能够很好地指导其生活实践,更好地待人接物。这两个层面的"用"都是《道德经》经文所蕴藏的重要内涵,即经文所谓"无为而无不为"[③]。这种"用"是含蓄厚重、安静和乐的。如果学习者能够很好地将《道德经》的智慧用于生活,那么他(她)的整个状态是平衡、稳重的,即主体对自我的行为有一个很好的把握,从而使得其行为富有生命的内在节奏感。《道德经》在"德经"部分着重在讲如何运用的问题。因此,学习《道德经》很重要的一点就是在于运用。学习不能只是单纯地积累知识,更重要的是要将之运用到生活实践之中,要对知识进行一种转化。如此

---

① 段玉裁:《说文解字注》,北京:中华书局,2013年,第128页。
② 王弼:《老子道德经注》,第198页。
③ 王弼:《老子道德经注》,第95页。

所学知识才能真正为我所有。但这一点恰恰是学生的弱点。笔者通过问卷调查显示，77.1%的学生认为《道德经》是一种理论学习，和生活本身相去甚远。对于大一的学生而言，这种认识无可厚非，因为多数学生受到应试思维的影响，习惯性地把知识当作获取高分的一种途径。这种思想惯性对于学生而言，是他们进入《道德经》以及其他经典的一个较大阻碍。所以在强调学以致用之前，首先需要对学生的既有认识进行纠偏，让学生确立对《道德经》的理性认知，这样才能更好地促进学生在未来的学习过程中将所学知识运用到生活学习实践之中。学生在学习《道德经》以及相关经典的过程中，需要养成的一种习惯便是要积极使用《道德经》，将之纳入自己生活、学习之中，从而在运用《道德经》智慧的过程中转化知识、学以致用。孔夫子有所谓"学而不思则罔，思而不学则殆"。这里的"学"需要在"用"中学，"思"便是在"用"中"思"。否则，所学所思便会悬空而不切实际。这种观念在学习《道德经》的过程中也同样适用。但需要注意的是，对于"用"而言，还需要明确当以"学"为前提。"用"乃是"学"的一种自然延伸，就像"齐家治国平天下"乃是"修身"的自然结果一样。一个人不能一味地强调"用"，否则很可能被物所役而陷入唯利是图的困境之中。因此，个体在运用《道德经》智慧时，可以借鉴第八十一章所说的"为而不争"[1]，将之作为具体行为的指导原则。"为"指的是根据事物发展的客观情况，尽心做自己该做的事情；"不争"指的是不执着于事情的结果，对整个事件持一种包容、虚静的态度。如此持而行之，则能学而有所得，用而不失方，从而更好地转化知识，学以致用。

结　语

《道德经》的教学实践至少有三个层面的要求：首先是知识层面，这一层面需要学生从训诂、音韵的角度对字词进行踏实的理解与学习；其次是经典层面，这一层面则要求学生不能只是单纯地把《道德经》当作普通文本，或将之看成知识的集合，而应当将之当作经典，以敬畏之心来对待之[2]；其三是实践层面，这一层面要求学生在熟悉文本的基础之上，要试着将文本所承载的智慧运用于自己的学习生活之中。这三个层面也都融化在正文所论述的六个方面之中。因此，《道德经》教学对教师和

---

[1] 王弼：《老子道德经注》，第200页。

[2] 当然，需要说明的是，这并不意味着对没有被列入经典范围的知识和相关作品就可以持一种随便的态度。这里主要强调的是对经典当持有敬畏之心。事实上，我们一个人在日常生活中，处处都要有这种敬畏之心。因为生命本来不易，举手投足看似平常，仔细思考后会发现这些动作其实都要经过非常严密精细的一系列动作才能发生。从这个角度来看，世间万物都有其独特之处，从而构成一个紧密联系之整体，一切皆是神秘的，一切皆当敬畏之。

学生都提出了很高的要求。其中，突出的一个表现便是提升自我的主体意识。教师通过提升主体意识，能够深化对《道德经》的理解，更好地把握教学节奏，从而与学生建立起良性的互动关系；学生通过提升主体意识，能够扩展自己的学术视野，提升自己的独立思考能力，从而进一步将经典与实践相结合。如此踏实行之，则或多或少可以实现《礼记·学记》中所说的"教学相长"。

以"无为"思想解单向度人之物化问题

杨婧尔[*]

内容提要：现代社会，人的主体被技术理性入侵，物化成单向度的人。而老子所推崇的"无为"理念，具有否定性的辩证特质，能从根本上扭转肯定性认知逻辑，将单向度思维转换至具备双向度理性的思维。"无为"的辩证否定理念倡导管理者减少对人的控制教化行为，尊重人的本性，以柔治人；引领个体减少欲望，为道日损。"无为"以人的主体为价值取向，引导人们复归本性，使现代人走出物化、工具化的困境。

关键词：老子　无为　马尔库塞　物化　单向度

资本主义工业文明推崇技术合理性，体现为一切物质与人的价值可量化，借此控制人们的需求、消费乃至思想文化，打造出单向度的社会。在这样的社会中，技术成了主体，而人被客体化，被前者单方面控制。人的价值被技术资本所定义，与金钱与物质等量挂钩，反而成了技术的奴隶与工具，原本的主体性被消解。在单向度的逻辑基点下，人的一切"有为"之举皆是在加深技术对自己的物化与异化的程度，最终"为者败之，执者失之"。

法兰克福学派学者马尔库塞在其著作《单向度的人》中通过层层剖析，揭示了"被物化"的单向度人产生的社会根源、发展趋势与其在不同领域所体现的具体特征，并致力于寻找解决方案，使人性得以复归。他所追求的，是具有超越性力量的否定性思维，认为这是能够给人类带来解放与发展的精神内核。数千年前，老子便倡导"无为"思想，引导人们顺应本性、拒绝单一价值向度下的"有为"，进而追寻世界

---

[*] 杨婧尔（1999—），广东外语外贸大学中国语言文化学院在读硕士，主要研究方向：道家哲学美学。

的真正本质，超越单一片面的价值体系，这有助于从思想层面解除技术极权社会给人们带来的枷锁，达到马尔库塞所期待的解放效果。

一、物化的单向度逻辑

工业革命使人类命运发生了翻天覆地的变化，科学与技术成了现代社会的主宰。诚然，人们的生活水平极大地提高，物质享受也日渐丰富，发达工业社会功不可没。但是，作为一名马克思主义左翼学者，马尔库塞敏锐地发觉了社会中暗含的精神性危机：从社会整体到单独个体，从政治领域到文化领域再到话语领域，单向度的思维正在席卷一切。单向度人被现代资本主义的技术经济机制逐渐物化，成为丧失内心批判性、自身价值被量化的技术附庸。

（一）技术入侵主体性

马尔库塞认为，前工业时期，批判理性使人类做出历史代替性选择，是社会不断进步的源泉。而在发达的工业社会，科学技术成了社会生产与分配的决定性因素，对其的追捧使得工具理性剥夺了批判的基础。技术的空前强大带来了新的控制形式，新型社会不再一味地压抑人的需求与个性，而是转向控制人的物质需求与精神思想，通过消费主义的方式塑造出被资本需要的工具人。在此模式中，技术作为主体存在，而人变成了客体对象，人与人的一切活动受到技术的单方面控制、衡量与计算。在这个过程中，人的主体能动性不断被削弱，逐渐成为机械自动化社会中被规定好的"螺丝钉"型存在，也即被物化的存在。

卢卡奇在《历史与阶级意识》中详细阐述了物化现象，他认为资本对人的物化表现为"人与人之间的关系获得物的性质"[1]，也即资本主义社会中商品形式普遍化，一切的社会价值都可以被商品的形式衡量，并被其渗透进各种社会关系中。而在马尔库塞看来，发达的工业技术是现代社会物化现象的幕后推手。"一种舒舒服服、平平稳稳、合理而又民主的不自由在发达的工业文明中流行，这是技术进步的标志。"[2]当为资本服务的技术控制了整个社会后，处于其掌控链条中的个体就被迫丧失了作为现实的人存在时本应该具有的主体性。由此，技术理性完成对人的奴役与统治。

（二）物化的单向度人

马尔库塞谈到，哲学起源于辩证法，其中包含着一种双向度的理性，它的存在

---

[1] 卢卡奇：《历史与阶级意识——关于马克思主义辩证法的研究》，杜章智、任立、燕宏远译，北京：商务印书馆，1996年，第144页。
[2] 赫伯特·马尔库塞：《单向度的人——发达工业社会意识形态研究》，刘继译，上海：上海译文出版社，2008年，第3页。

和发生表示着人们在肯定现实的同时"渗透着否定性",从而再激起追求更美好的生活的向往。拥有双向度理性的人能够"按照自然或人的本质来生活"[①],从而达到人与自然的和谐共存。

然而,技术极权社会的工业社会则相反,呈现出单向度特征。政治上,技术控制取代直接的政治控制,不同政党的追求从对立走向统一,形成封闭的单向度王国,革命与斗争的行动力量被无限削弱;文化上,工业文明消除了高层文化与大众社会的对立状态,使本应有双向度性的文化失去其批判功能,变得单一,最终服从于资本的选择,并成功迷惑人们的视线;在话语领域,技术使得权威媒体编织出强大的信息茧房,使人们失去判断与反抗的能力,只能一味顺从之,语言变成了单向度的语言,失去批判特性。

由此,拥有否定性和超越性的双向度思维被击败,人们失去了对抗矛盾的力量,形成了单向度的思维认知,麻木地安于现实、顺从现实,成为物化的单向度人。此类人极端地追求工具理性而舍弃价值理性,将人的价值等同于商业社会中的货币价值,相信生活中的一切"实然",却放弃对"应然"的追求,最终将人的自然本性和主体价值置于最末的地位。

在单向度人眼中,一切事物都可以通过金钱量化(金钱是资本商业社会最流行的工具与媒介),包括他们自己。诸如时间、劳动力、良心、身体、名誉与爱情等物质的或是情感的种种要素都可以成为明码标价的存在。当这些要素作为手段而非目的被交换换取利益时,人的一切都变成了商品,人本身的想法不再重要。

单向度人的大部分社会活动都是按照技术资本所规划好的路径行进,譬如源源不断地通过消费来获取快乐,通过物质外表来攀比身价、界定成功,这使得他们在生活中付出的努力更是在不断地强化对单一的价值维度的认同与维护。当一个人的生命陷入这种功利性的境地,毫无疑问是十分危险的。虽然物质生活水平质量相对过往得到了提高,但其精神需求却也同时被物质绑定与矮化。被物化规则所同化后,失去了精神价值追求的单向度人十分容易走向价值虚无主义,不再相信人类社会还可以在精神价值层面继续发展、超越现状,同时形成顽固的肯定性思维,失去辩证与批判的能力。

(三)肯定性思维特征

与传统形而上学相反,现代哲学与科技使得实证主义流行起来。具体地描述一个现存的事实现象,以求精确地、明晰地解决实际问题,这是单向度人所具备的肯定性思维特征。肯定性思维把语言的意义同经验事实和具体的操作等同起来,也将

---

① 赫伯特·马尔库塞:《单向度的人——发达工业社会意识形态研究》,第101页。

思想局限在与现实同一水平线上。简而言之，肯定性思维追求事实而非事因，追求描述事物所呈现的现象而非探寻其本质内核。例如，肯定性思维力图给"善""道德""自由"等词语具体的定义，通过现代人类有限的经验以命题的形式构建其内容，并希望所有人都能接受同样的思想，于是形成了单向的灌输。相反地，肯定性思维天然排斥追求一些批判的、超验的抽象理念，比如老子所言之"道"、柏拉图的"理念世界"、马克思的"共产主义"，这些理念包含了人们对于理想的憧憬，却无法用现存科学但有限的经验去具体描绘与证明。因此，肯定性的思维阻挠了人们的思考，让人们认为没被自己经验的"非存在"等于虚无，抹去了非存在中可能含有的存在的潜能。这种潜能反过来将会对存在造成威胁和破坏，而抹去它有利于对人进行统治与控制。

肯定性思维还呈现出强烈的进攻性。如果说批判是为了判断和改造，肯定性思维则是为了同化与征服而存在的。技术崇拜的人们展现了前所未有的自信，以自我利益为目标，以其他存在的事物为手段，以人类为世界的中心，并认为足够的技术强权可以战胜自然规则。他人、社会和世界都从目标沦为了手段，资本和利益成了最终的目标。

在技术对人的主体性完成入侵后，具备肯定性思维的单向度人诞生了。这是一批被物化的人，精神的个性和自由受到了全面的压制，他们的生命以"术"为目标，却忘却了生命之"道"，失去了为人的本质和真正意义。在看到单向度思维给人带来的种种困境后，马尔库塞并未消极以对，他努力地探索、寻找一条可能性道路，希望能拯救陷于单向度的现代人，希望重构一个拥有双向度理性的"大拒绝"时代，人们能够有动力去审视自己的真正需求，重获精神的自由，实现超越。

二、无为的否定性思维

"无为"是老子辩证思想的重要一环。顾名思义，"无为"指不进行行动，但老子所言的"无为"并非等同于一切都不做，而是不做无用之功。陈鼓应认为："老子的无为含有不妄为的意思。"[1] 冯友兰也说："无为的意义，实际上并不是完全无所作为，它只是要为得少些，不要违反自然的任意去为。"[2] 所谓"道常无为而无不为"[3]，是通过"无为"的手段达到"无不为"的目的。而违反了自然规律的妄为是畸形的，不仅会扭曲人的认知，也不利于社会的良性发展。

---

[1] 陈鼓应：《老子注释及其评价》，北京：中华书局，2017年，第298页。
[2] 冯友兰：《中国哲学简史》，北京：北京大学出版社，2013年，第127页。
[3] 陈鼓应：《老子注译及评介》，北京：中华书局，1984年，第209页。

"无为"的批判辩证性是相对于"有为"而言的。老子推崇"无为",是因为它能够对违反了"道"的"有为"举动进行批判否定。道是老子哲学思想的核心概念,是超验的、本质的存在,代表了自然发展的规律法则。道生万物,演化出阴阳两极,蕴含着对立统一的辩证思想,这与单向度认知所持有的同一化肯定性逻辑是相反的。德国社会学家阿多尔诺曾提出"非同一性"哲学,以批判社会思维同一化带来的严重后果。他希望"用那种不被同一性所控制的事物的观念来代替同一性原则,代替居最上位概念的至上性"[1]。这种否定的观念具备超越性的力量,是破解具备同一性思维的单向度认知的关键。而"道"正具备了非同一性,它的运动"周行而不殆"[2],它的存在则"有无相生,难易相成"[3]。由此可见,道在运动中不断变化发展,不拘于固定的现实,途中会化为万物,最后又复归之,在变幻之中走向最高级的和谐。"无为"之路即是循道之路,否定违反自然规律、泯灭人之本性的行为举动,使人能够接受在现实的同时,正视现实中的不合理要素,谨慎妄为。"无为"观念的内在逻辑是否定辩证性的,与马尔库塞所追求的双向度思想模式所契合。

技术理性所服务的资本试图构建具有思维肯定性的单向度社会,使人们接受世界万物乃至人类本体的价值都可被金钱等符号所量化的现实,以便形成单向的、逆自然的控制链条。唯有包含着否定性思维的双向度理性观念保留着高度的敏锐与怀疑,试图拒绝标榜客观可控的肯定性思维对人类思想进行的全面奴役,以摆脱单向度人被物化的命运,回归人的主体价值至上观念,实现人类社会的长久发展。老子认为,"将欲取天下而为之,吾见其不得已。天下神器,不可为也。为者败之,执者失之。"[4]试图单向控制人的技术社会做出的一系列违逆人之本性的"有为"操作,在老子看来是不可取的,最终并不会让人走向更加美好的生活,反而适得其反。而"无为"观念具有内在否定性,是一种双向度的理性思维和处事原则,有助于破除被物化的单向度人所陷入的认知藩篱。

(一)管理者的无为

实践"无为"的主体可分为管理者和普通个体。在《道德经》中,老子对统治者的政治实践多有设想,强调统治阶级在治理国家时应处"无为"之道,认为过多的干扰会对民众造成不利的影响。老子如此描绘自己理想社会的图景:"是以圣人之治,虚其心,实其腹,弱其志,强其骨,常使民无知无欲,使夫智者不敢为也。为

---

[1] 阿多尔诺:《否定的辩证法》,张峰译,重庆:重庆出版社,1993年,"序言",第2页。
[2] 陈鼓应:《老子注译及评介》,第163页。
[3] 陈鼓应:《老子注译及评介》,第64页。
[4] 陈鼓应:《老子注译及评介》,第183页。

无为，则无不治。"① 具体而言，老子认为统治者的"无为"应体现在两个方面，一是减少对百姓过多的灌输与教化，二是推崇柔文化。

首先，老子对权力使用的态度是谨慎的。他反对统治者滥用权力，过多发号施令，对民众进行过度的约束，违反了人性自然的发展，正所谓"其政闷闷，其民淳淳;其政察察，其民缺缺"②。要做到"闷闷之政"，老子认为统治者应"处无为之事，行不言之教"③。在赞同提升人民的物质生活水平的同时，老子认为统治者不可过度地向其进行教化，控制其心智与行为，这是对百姓的滋扰。对此，老子提出君王应"希言自然"④的命题。蒋锡昌对此解释："多言者，多声教法令之治，希言者，少声教法令之治。故一即有为，一即无为也。"⑤统治者实践希言，是要通过无为之治，以求自然之境。

然而，在技术极权的发达工业社会，情况往往截然相反。为了控制人们的思想与行动，管理者对话语领域进行了全面的管控，而技术的强大、实证主义的流行更增强其控制力度。语言要素成为技术、政治与商业权力一体化下的教化工具，概念与名词被明确定义，并通过无休止的重复将单一的意义嵌入听众脑子里，而意义已经被封闭在规则所给出的条件范围内，强行形成了"理性＝真理＝现实"的思维路径。"听众没有想到对名词进行根本不同的（可能是）真实的解释。"⑥于是，肯定性思维被牢牢地焊接在他们的头脑中，天性受到束缚。当语言符号与真理强制画上等号，便抹杀了事物表象下蕴含的真正存在与矛盾，也将超验性的理想主义概念从精神世界中拉扯出来，与现存的现实同化为一，这违背了事物发展的规律。管理者应警醒于这样的现象，尽量减轻技术对民众的人文思想造成的过量滋扰与管控，使民以"自化""自正"，才能构建充满活力和更多可能性的社会。

其次，老子认为君王的治理应该"贵柔"，以尊重人的本性为前提，而非一味地进行强权统治。老子极为推崇"水"的力量，"上善若水。水利万物而不争。"⑦"天下莫柔弱于水而攻坚强者莫之能胜，其无以易之。弱之胜强，柔之胜刚……"⑧在他的心目中，水最能体现大道的精神，虽然柔弱却能滋养万物、以柔克刚。柔弱如水即可以包容更广阔的世界，故具备多向度发展的可能性，蕴含着无限的潜能。相反，

---

① 陈鼓应：《老子注译及评介》，第71页。
② 陈鼓应：《老子注释及评介》，第289页。
③ 陈鼓应：《老子注译及评介》，第64页。
④ 陈鼓应：《老子注译及评介》，第157页。
⑤ 蒋锡昌：《老子校诂》，成都：成都古籍书店，1988年影印本。
⑥ 赫伯特·马尔库塞：《单向度的人——发达工业社会意识形态研究》，第73页。
⑦ 陈鼓应：《老子注译及评介》，第89页。
⑧ 陈鼓应：《老子注译及评介》，第350页。

推崇具备侵略性的技术强权统治则是不可取的。用强力所维持的统治与驯服往往不够长久，还会造成种种社会问题和伦理危机，最终自伤。推崇"贵柔"的社会文化，其实践的落脚点在于"不争"。过度的"争"是强权的傲慢，例如现代技术强权试图控制人的思想、对自然进行改造、颠覆"应然"和"实然"、掌控运行规则、发动战争等，容易物极必反，最终双输。"不争"是"无为"观念所体现的批判性智慧，跳脱出了单向度思维非黑即白的逻辑框架，符合真正使人性与天道和谐统一的准则，是顺应人之本性的发展规律的长久治理逻辑。管理者若能想清楚这一点，才能做到"不争而善胜"[1]。

（二）个体的无为

除了管理者以外，个体也可以通过无为的实践，尽量避免单向度社会对自己造成的物化后果。对个体来说，追求无欲，是达到生命之无为状态的心理前提，也是避免落入单向度思维窠臼的人生策略。老子指出："见素抱朴，少私寡欲，绝学无忧。"[2]当然，这并非意味着完全的无欲无求，而是尽量减少违反自然、超过限度的多余的欲望，回归身心的朴素。在发达工业社会时期，这样的追求十分难得。一是社会生产力空前强大，容易造成物质欲望不断膨胀；二是资本灌输下形成的消费主义思想潮流，增加了攀比之心；三是科学技术至上主义具备极强的进攻性，他人与自然则成了满足目的的手段，而这是本末倒置的。这些观念影响力愈发强大，人的认知就越单向度化，产生利益至上的价值观，将自身与物质符号捆绑在一起。而"无欲"则可以为个体改变物化价值观提供理论武器，避免被由现代技术文明所催生的没有节制限度的单向度认知所同化。

欲望通常来自对外界的依赖。人们想从自然万物中、从社会他人中汲取或是物质的，或是情绪的能量，来维持和拓宽生命。科学技术的发展又极力地放大了这样的需求。因此，人类受到了单向度的捆绑，即由外至内的欲望向度。追逐外界越多，越容易迷失自我："祸莫大于不知足，咎莫大于欲得。"[3]人人都想得到、征服与支配，拉扯之间，都是输家。

要减少欲望，要抛弃感官对现象的执念，追求事物的本质。"五色令人目盲，五音令人耳聋，五味令人口爽，驰骋田猎，令人心发狂；难得之货，令人行妨。"[4]沉溺于表面上的感官刺激，正是掉进了欲念的圈套，丧失了本性。上文指出，马尔库塞认为资本技术控制下的社会大量制造没有历史深度、浮于表面的潮流要素，试图

---

[1] 陈鼓应：《老子注译及评介》，第334页。
[2] 陈鼓应：《老子注译及评介》，第136页。
[3] 陈鼓应：《老子注译及评介》，第244页。
[4] 陈鼓应：《老子注译及评介》，第106页。

同化人们的思维与行为，泯灭个性的存在，通过强调物质享受重要性的方式侧面控制住日渐单向度化的人，这是值得警惕的。老子强调："是以圣人为腹不为目，故去彼取此。"[①] 懂得自己真正需求的人，不会将生命大量耗费在物质享受中，不会被资本宣传的虚浮概念与表象迷惑，被所谓潮流牵着鼻子走，而是坚定自己的爱好与选择，减少对外界的盲信与依赖。

如何做到呢？在老子看来，"为道日损"[②]。这是正好与欲望向度反过来的向度。真正符合大道的行为，不是向外不断索取，而是减少对外的需求，乃至日损，"损之又损，以至于无为"[③]。最终到达由内向外的向度，不再索取，反而向外输出。德国心理学家、法兰克福学派学者弗洛姆推崇创造性人格，因为他认为这样的人懂得"给予"。"对于具有创造性人格的人来说，'给予'是完全不同的意思。'给予'是潜力的最高表现。正是在'给予'行为中，我体会到自己的强大、富有、能干。这种增强的生命力和潜力的体验使我倍感快乐。我感到自己精力充沛、勇于奉献、充满活力，因此也欢欣愉悦。'给予'比接受更令人快乐，这并不是因为'给予'是丧失、舍弃，而是因为我存在的价值正在于给予的行为。"[④] 给予等同于日损，是一种由内而外的生命向度，是自己通过创造去回馈外界，此时生命力会空前的旺盛，并拥有极高的精神乐趣。人的价值回归主体，不再与物质符号画上等号。达到这个层面的个体，如同老子所推崇的水一样，善利万物，能量强大。由此可见，"无欲"是健康发展的社会中人们最终可以达到的反单向度认知的心理向度，它不代表丧失欲望、对人生没有追求，而是减少由外至内的欲望，并转变为自发的、由内至外辐射的能量。

三、无为的双向度理性

（一）无为的超越力量

马尔库塞揭露了发达工业时代以物化为终极目标的单向度社会。他试图寻找一种可行的解放道路，使现代人在精神上避免遭受技术理性的入侵与奴役，变成具备完全肯定性思维的单向度人。他将希望寄托在了艺术上，认为艺术是具备特殊的合理性的，因其能够给人带来审美想象，而想象能够超越现实，给予人们否定性的超越力量，重新获得真正的自我。但是，他并未找到具体的理论方法，只是推断艺术具备代替宗教进行精神救赎的力量，走向了乌托邦式的审美空想。

---

① 陈鼓应：《老子注译及评介》，第 106 页。
② 陈鼓应：《老子注译及评介》，第 250 页。
③ 陈鼓应：《老子注译及评介》，第 250 页。
④ 艾里希·弗洛姆：《爱的艺术》，刘福堂译，上海：上海译文出版社，2018 年，26 页。

而老子的"无为"观对单向度价值观下的"为"进行了否定之否定,强调了顺应自然规律发展的人的主体价值重要性,与马尔库塞所肯定的双向度理性智慧一样,扬弃固化的现实中所存在的不合理因素,以使人达无为而无不为的"得道"之精神自由境界,化解单一反人性的功利性价值观逻辑。

谈及"道"的力量来源,老子认为:"天下之至柔,驰骋天下之至坚。无有入无间,吾是以知无为之有益。不言之教,无为之益,天下希及之。"[1]为什么无形的道会是世间最高级、最强大的存在呢?因为道不对事物进行强制性干涉,懂得"无为"的智慧,给予天下充分的自由,才能做到超越所有强大的主体,出入无间,惠及天下。刘笑敢说:"道不是冷冰冰的道德律令,不是铁一般的必然规律,对万物的存在有柔和的辅助、支持、保障或引导作用,却没有直接、具体、严格的规定、束缚和限制。"[2]道的力量源自其对功利性的"为"之摒弃,不强求、不算计、不以成规标榜事物价值,故带来了更多的发展可能性,因此可超越一切坚硬却僵化的存在,成为自然的法则,生生不息。

(二)无为的价值追求

在被消费主义所席卷的现代工业文明中,以金钱价值衡量事物的现象却成为常态,许多活动的展开也是为了追逐利益,这便是过度且被异化的"有为",为了资本增值的目的而违反了客观的规律。人们利用先进的科学技术追求对自然和他人的掠夺,形成强人类中心主义的世界观,认为符合自己利益的东西才是有价值的,自然存在物的价值完全由人的需要和喜好来衡量。长此以往,一切事物都被标榜,最后甚至连人类自身也被物化,成为为技术资本服务的奴隶,失去了人性。老子在千年以前留下了宝贵的"无为"理念,使人们警醒单一价值观对自己形成的束缚,明白人的活动要像"道"一样,不仅需要合目的性,也要合规律性,才能成为真正强大的存在。只有这般,人才会对自己的作为有自觉,不会沦落至被物所操控。从这个意义上讲,"无为"的理念是以人为本的理念,能够符合人性的真正的需求。

美国人本主义心理学家马斯洛为人的需求划分了五个等级,其中生理需求、安全需求被归为低级需求,即维持生物本能与生存的需求。而归属与爱的需求、尊重需求和自我实现的需求则是更加高级的需求。在技术发达的单向度社会中,由于生产力的发展、社会制度的稳定,人的低级需求极好满足,而这样的社会又将这些需求无限放大,变成了多余的贪欲,以保证资本阶级能够获得源源不断的收入。而高级的需求却被单向度的认知所压抑,因为高级需求体现了人的独特自我意志,意味

---

[1] 陈鼓应:《老子注译及评介》,第237页。
[2] 刘笑敢:《老子古今》,北京:中国社会科学出版社,2006年,第357页。

着不一定与大众评价标准相契合的主体性，意味着希望改变现状的否定力量，意味着在满足基本的生理需求后还需进一步突破与超越。技术理性为了构建一个易于操控的单向度逻辑社会，对人的高级需求进行打压，消灭人的主体性。"无为"思想则要求管理者减少对民众高级需求的干涉，使后者自然地寻找人生的方向与意义；要求个体降低对低级需求的欲望，通过"日损"，避免其无限膨胀，反噬自身，以实现社会与人的健康和良性发展。

从根本上而言，老子的无为思想与马尔库塞的单向度批判有着相同的目标，即塑造一个人的本性不被异化、符合自然发展规律的人本主义社会。单向度社会使人变成程序化的工具，也因此丧失了批判与超越的可能性。人们沦为技术与物质的奴隶，失去对自身存在价值的感知，容易滑向虚无主义的深渊。"无为"所具备的双向度的辩证性思维，让人们重新审视语言灌输、强权控制、利益至上价值观的不合理性，并拒绝在单向的肯定性逻辑下继续错误地作为，使价值取向回归人的本体，充满了深厚的人道思想。

四、结语

在科学技术发达的时代，人们生活富足、物质充裕，但同时也陷入了一种新的被异化的生存方式，人们成了失去超越维度和批判维度的"单向度的人"，受控于技术理性所规定的单一思想观念中。而通过老子之"无为"理念，可循一条具备否定性力量、拥有双向度理性的道路，从不同主体角度出发，向技术社会发出的种种压制人精神需求的刻意"有为"说不，使人摆脱被"物化"的命运，得以成为身心健康发展的健全之人。

《老子》修养工夫及其现代价值考论

安世民 *

内容提要:《老子》书中关于体道、修身、治国的论述颇多,这些论述形成了老子特有的修养工夫论。体道者通过去取、静定、不争、贵身、贵柔等一系列修养实践,可以实现体道者在个体意义及群体意义上的归根复朴。这种修养工夫论构成了先秦道家工夫论的主体部分,其在个体人格提升、现代社会治理、构建"文化自信"等方面均有积极价值。

关键词:老子 工夫 修养工夫论 个体复朴 群体复朴

在先秦时代,诸子已经就当时的社会困境提出了各自的生存发展之道。这些学说既有关注社会改良的,也有重视个体发展的,更有兼具社会改良和个体修养双重使命的,后者以儒、道两家最为突出。儒家和道家的代表人物不仅专注于自身德性的建设,更通过"立说"的形式影响政治,期望各个诸侯国乃至天下都按照自己勾勒的理想社会图景持久运行下去。随着各国攻伐与兼并情况的加剧,儒、道两家政治学说的实践可能性在逐步降低,反倒是严厉苛酷的法家思想颇受统治阶层的青睐,成为一种实用的治国方略。《庄子·人间世》载:"方今之时,仅免刑焉。"[①] 可以说是当时残酷现实的写照。如何在这样的现实中存养身心,甚至求取一份个体的精神自由? 先秦道家代表人物们都给出了各自的答案,而这些答案大多是从《老子》那里相承而来。《老子》文本中,论及道体、修身、治国、兵事等主题的篇幅不一。尤以谈论个体修养的言辞居多,且这些言辞与道体、治国、兵事等主题紧密相连,构成

---

* 安世民,南京师范大学文学院中国古代文学专业博士研究生,研究方向为先秦两汉魏晋南北朝文学。

① 刘文典:《庄子补正》,北京:中华书局,2015年,第147页。

了《老子》特有的修养工夫论体系，非常值得进行系统性的考察和诠释。

一、工夫的含义及其演变

"工夫"一词，始见于西晋葛洪的《抱朴子》：

> 闻甲乙多弟子，至以百许，必当有异，便载驰竞逐，赴为相聚守之徒，妨工夫以崇重彼愚陋之人也。（《抱朴子内篇卷之十四·勤求》）[1]
>
> 既生值多难之运，乱靡有定，干戈感扬，艺文不贵，徒消工夫，苦意极思，攻微索隐，竟不能禄在其中，免于陇亩，又有损于精思，无益于年命，二毛告暮，素志衰颓，正欲反迷，以寻生道，仓卒罔极，无所趋向，若涉大川，不知攸济。（《抱朴子内篇卷之十九·遐览》）[2]

这两处的"工夫"，都是时间和精力的意思，与现在的"工夫"含义基本相同。作者在此指斥人们徒劳地花费工夫崇重鄙陋之人，感叹学术文化不被重视，徒耗精力学习，却不能获得功名和食禄。这是古代典籍中关于"工夫"一词的最早记载。这个时期的"工夫"内涵其实比较贴近于另一个词——"功夫"。而"功夫"这个词除了时间和精力的含义之外，也包含工作、本领、造诣等含义。

《三国志·魏志·郑浑传》载："遂躬率吏民，兴立功夫，一冬间皆成。"[3]这里的"功夫"就是指征调役夫进行的徭役工作。

《南齐书》曾载王僧虔谈论书法的轶事。其论书曰："宋文帝书，自云可比王子敬，时议者云'天然胜羊欣，功夫少于欣'。"[4]可见，那时的书法造诣已经可以用"天然""功夫"等概念来指称。

实际上，早在庄子的时代，就有类似"功夫"性质的语言描述。《庄子·养生主》篇中庖丁解牛一节，庖丁对文惠君解释自己的技艺时说："臣之所好者，道也，进乎技矣。"[5]，这句话准确道出了"技"与"道"的关系。庖丁的解牛活动在文惠君看来只是一种精湛的技术表演，而对庖丁自身而言，他"以无厚入有间"[6]，泯除自我与牛之间的物理隔阂，达到了物我两忘的境界。这个境界既是艺术境界，也是一种"工

---

[1] 王明：《抱朴子内篇校释》，北京：中华书局，1985年，第331页。
[2] 王明：《抱朴子内篇校释》，第257页。
[3] 陈寿：《三国志》，北京：中华书局，1959年，第511页。
[4] 萧子显：《南齐书》，北京：中华书局，1972年，第597页。
[5] 刘文典：《庄子补正》，北京：中华书局，2015年，第97页。
[6] 刘文典：《庄子补正》，第100页。

夫"境界，它与道的距离十分接近，但仍然不能等同于道。类似的"功夫"性描述，在《庄子》书中俯拾皆是，如轮扁斫轮、佝偻承蜩、匠石运斤、大马捶钩、津人操舟、梓庆削木等故事都是对"功夫"一词的寓言性表述。只是，在先秦文献中，并未直接出现"工夫"一词，但它的指称对象和意义其实早就存在。

佛教传入中土后，佛经译介者也常常使用"功夫"一词来表述佛徒修行过程中的修持手段与方法。西晋竺法护所译《生经》云："尔时有一居士……山中修行，夙夜不废，不惜身命。布施持戒，忍辱精进，一心智慧，守志不动。不得道证，心欲变悔。……时山神树神睹之，惜其功夫，方欲成就，反欲还家，志在瑕秽。"① 其中"布施持戒，忍辱精进，一心智慧，守志不动"指的就是佛门中以布施、持戒、禅定等为代表的修行法门。"功夫"的这一含义与儒、道两家修养工夫的意义已无太大差别。

而"工夫"与"功夫"的关系究竟如何，我们还需了解"工"字的本来意义。《说文》中的解释是："巧饰也。象人有规矩也。与巫同意。凡工之属皆从工。"② 可见，"工"的本义有二，一是工巧，即善其事也；二是工具，即矩。工是象形字，上下两个直角垂直相连，用来画方。规用来画圆，先民们法天象地，用这类工具来测准天地。这些工具本身即含有法则、规范的意义。《说文》又言"与巫同意"，"巫"，是早期人类中被选任出来，通过祭祀、歌舞、吟唱等非理性仪式与神明沟通并传示神旨的一种职业。巫觋时代的祭祀者们通过矩尺等工具来测知天意。矩尺可以画方，方所代表的是直、正之意，象征道德修养的纯正，所以矩尺便有了行为规范的含义。《周易》中的《坤》卦是强调德行修养的卦，其六二爻辞曰："直方大，不习无不利。"③ 王夫之解释道："直、方，其德也。""直方者，君子行地之至善也。"④ 足见，"方"由最初的测量工具义演化为规范标准义，又进一步演化为一种道德修养的境界。"方"与"工"同义，这时的"工"字也被赋予了一种德行修养的时代意义。

清人朱骏声《说文通训定声》谓："工，假借为功。"⑤ "工"与"功"二字读音相同且前者较为简明，故可假借。而"工夫"一词，直到宋代理学兴盛之时，才大为流行，最终发展成为一个被"义理化"的理学概念与范畴。

从语词内涵来看，"功夫"的含义可能更为广泛，包括时间精力之义、本领造诣之义、修养、修炼方法之义等；而"工夫"的含义则相对固定，除了一般意义上的

---

① 竺法护译；吕友祥译注：《佛说本生经》，北京：宗教文化出版社，2005年，第272页。
② 许慎撰；徐铉校定：《说文解字》，北京：中华书局，2013年，第95页。
③ 王夫之：《船山全书》，长沙：岳麓书社，1988年，第79页。
④ 王夫之：《船山全书》，第79页。
⑤ 朱骏声：《说文通训定声》，北京：中华书局，2016年，第45页。

时间精力含义,后来则被专指特定的修养方法和手段。虽然二者在修养的含义上有所重合,但具体指向却不尽相同。"功夫"所指的修养手段一般与修习者的身体机能相联系,通过修习特定的技艺方法,以达到强化身体素质或艺术造诣的目的。"工夫"所指的修养方式一般与修习者的精神领域相联系,通过特定的修持锻炼,以提升精神境界,完善自我人格。相应地,我们可以知道,功夫论即是个体关于身心修养及其技术、状态等方面的思考与讨论,这种论说或实践多数关乎个人的身体机能或其他艺术能力的进益。而工夫论则仍然与个人身体相关,但其涉及的修养领域多是思想、精神方面的,是关乎修行主体内心境界拓展的经验与理论。宋明理学家和先秦儒、道两家所倡导的个体修养方式及其理论同属于"工夫论"的范畴。

二、《老子》的修养工夫论

《老子》的修养工夫,大致可以分为"损"和"益"两大部分。书中绝大部分关于个体精神修养的论说都可以用"损"和"益"两个方法来总括,可算其修养工夫论的总纲。"损"和"益"的说法见于《老子》第四十八章:

> 为学日益,为道日损。损之又损,以至于无为。无为而无不为。取天下常以无事,及其有事,不足以取天下。[①]

老子在这里强调,进学需要靠持续性地获取新知识、新经验来提升学问境界。进道则需要靠持续性地消解个体欲望,拉近其与"道"的距离。老子实际上并不反对求取知识,只是要看这种知识是否有益于体道或进道。与体道活动相关的"为学"是老子极力提倡的,也就是追求"真知"。相反,与体道活动无关的"为学"追求的是"俗知",这一过程会让人囿于己见,积聚欲望,这是为道者最不希望看到的结果。"为道"过程正是对自我成见与欲望的消解过程,也是《老子》一书修养活动的根本。

具体来看,老子关于体道修身的方法有很多,大致可以分为去取、静定、不争、贵身、贵柔等内容,以下将结合相应文本,逐一辨说。

(一)去取的工夫

《老子》文本中多次出现"去"和"取"二字,有三章中出现"去彼取此"一词。从字面意思上看,"去"的含义是去除,"取"的含义是择取。这与前文提到的老子修养工夫论的总原则"损"和"益"的意义似乎相同。但"损"和"益"代表的是

[①] 陈鼓应:《老子注译及评介》,北京:中华书局,2009年,第243页。

一种宏观上的修养原则，并不具体指称某项价值观念；而"去"和"取"则有明确的宾语。同时，在去取的过程中，也凸显出老子特有的价值判断与价值选择。

"去彼取此"一词在《老子》全书中一共出现3次，分别是第十二章、第三十八章、第七十二章。

五色令人目盲；五音令人耳聋；五味令人口爽；驰骋畋猎，令人心发狂；难得之货，令人行妨。是以圣人为腹不为目，故去彼取此。①

第十二章列举了各种欲望给人类带来的弊害。声色犬马、珍馐异货，都会加深人的欲望，使人不得平静，举止受到妨害。圣人需要去除的正是这些以"目"为代表的，使人深陷迷幻之中的欲望，进而选择一种恬淡安饱的朴素生活，即"为腹"的生活方式。这种去取的抉择既是浊世中的生存方式，也是一种寻求宁静的修养工夫。

上德不德，是以有德；下德不失德，是以无德。上德无为而无以为，下德无为而有以为。上仁为之而无以为，上义为之而有以为。上礼为之而莫之应，则攘臂而扔之。故失道而后德，失德而后仁，失仁而后义，失义而后礼。夫礼者，忠信之薄，而乱之首。前识者，道之华，而愚之始。是以大丈夫处其厚不居其薄；处其实，不居其华。故去彼取此。②

第三十八章是老子以道来观照德、仁、义、礼等世俗规范所做的论说。老子对这几种行为规范进行了排序，最高层次乃是道，向下依次是德、仁、义、礼等。道与德相为依存，但德有上下，上德无私，下德有私；下德产生了上仁；上仁产生了上义；上义产生了上礼。而法又包含于礼，且更加苛酷。这是一种逐级倒退的道德困境。如何在征伐频仍的现实困境中建立起自我的道德基础并具体实践，这其中也包含着"去取"的工夫。

民不畏威，则大威至。无狎其所居，无厌其所生。夫唯不厌，是以不厌。是以圣人自知不自见，自爱不自贵。故去彼取此。③

第七十二章前半部分讲的是作者劝诫统治者不要逼迫和压榨人民，否则人民居

---

① 陈鼓应：《老子注译及评介》，北京：中华书局，2009年，第104页。
② 陈鼓应：《老子注译及评介》，第206页。
③ 陈鼓应：《老子注译及评介》，第319页。

无所安，食无所饱，便会铤而走险，生成更大的祸端。后半部分讲圣人懂得自知自爱，不轻易自我表现，以己为贵。圣人摒除的是自见、自贵；择取的是自知、自爱。后半部分显然是针对统治者而提出的具体为政建议。统治者一旦热衷于彰显贪欲和高贵姿态，便会对老百姓造成莫大的灾难，反之则可能获得百姓的认可和拥护。这种去取工夫，虽然是就统治者而言的，但其对于个体的精神修养亦多有裨益。

除了"去彼取此"之外，《老子》第十九章中的"绝圣弃智""绝仁弃义""绝巧弃利"等词，第二十章中的"绝学无忧"一词，第二十九章中的"去甚""去奢""去泰"等词都是去除的含义，个人或君主只有摒除后天习得的智巧和不断扩张的欲望，才能存身养性，归于真朴。

足见，老子思想中的去取工夫，去除的是人们后天熏习而得的智巧和欲望，只有舍弃多欲的后天之我，才能明心见性，回归天然之我。在这个过程中，个体的真朴即是其价值选择，也是其通过去取的修养工夫所要实现的最终目标。

（二）静定的工夫

"静"是《老子》文本中用来描述道体特征的专用词，"静"常常与"虚"组合成"虚静"一词，反映出道体虚空，冲而不盈的特性。《老子》第十六章中对"静"字下过定义，即"归根曰静，静曰复命"。这里的"归根"和"复命"都是复归本原的意思。试看第十六章的具体论述：

> 致虚极，守静笃。万物并作，吾以观其复。夫物芸芸，各复归其根。归根曰静，静曰复命，复命曰常，知常曰明。不知常，妄作凶。知常容，容乃公，公乃全，全乃天，天乃道，道乃久，没身不殆。[1]

老子在这一章里，重点谈论的是致虚和守静的工夫。"虚"和"静"皆是指人原本空明宁静的状态。万物生息是一个循环往复的过程，万物回归其本来样态的过程就是"静"。知晓并顺任万物的自性就是"明"。善用这种"明"，能够使自身避免危害。"致虚"和"守静"都是一种指向性的修养工夫，都是使体道者摒除外界干扰，归于内心宁静的静定工夫。这种"归根复命"的修养过程所要实现的终极目标便是"虚静"，所采取的手段即是静定。静定不同于体道主体的外在实践活动，它是体道者的一种内在回省工作。体道者只有在此过程中一步步明了"静"的本质并竭力推求，才有可能体证玄道，免于危殆，长久坐视。总的来看，致虚守静是要消除后天智巧和欲望障蔽下的动荡心灵状态，使其归于明澈，这种开放澄明的状态就是人的

---

[1] 陈鼓应：《老子注译及评介》，第121页。

本来状态，也是自性使然。

老子在第十五章描述体道者的精神风貌时，也提到过这种静定工夫：

> 古之善为士者，微妙玄通，深不可识。夫唯不可识，故强为之容：豫兮若冬涉川；犹兮若畏四邻；俨兮其若客；涣兮其若释；敦兮其若朴；旷兮其若谷；混兮其若浊。孰能浊以静之徐清，孰能安以动之徐生。保此道者，不欲盈。夫唯不盈，故能弊而新成。①

这段文字写出了"体道者的容态和心境：慎重、戒惕、威仪、融合、敦厚、空豁、浑朴、恬静、飘逸等人格修养的精神风貌。"②体道者能在动荡之中，静定持心，清明自若；也能在沉静之中，进行生动创造的活动，这种动极而定，静极而动的生命活动过程，体现出体道者的静定工夫和创造工夫。他们虚而自足，能在乱中取静，也能在宁静之中去故更新。此种修养工夫，不仅可以提升体道主体的精神境界，还可以拓展其生命领域，使其个体生命在乱世中得到最大程度的保全。

第二十六章中提到的"重为轻根，静为躁君"③和"轻则失根，躁则失君"④两句也是静定工夫的体现。两句重复的语词强调了"静重"这一品性的重要性。老子劝诫人们尤其是君主要持重守静，不可轻浮躁动，恣情纵意，否则便会丧失统治的根本。这种静定工夫对于君主而言，尤其关键。个体抛却静重，其不利后果只是自身人格的剥落与健康的减损；君主一旦有失静重，动摇的便是自身的统治根基。

（三）不争的工夫

"不争"一词在《老子》文本中出现过8次之多，也有许多其他的表述形式。不争是《老子》特有的精神之一，它代表一种谦退无争的态度与德行。从逻辑上看，它与第一种修养工夫——去取，在摒弃某种观念或行为这个层面上有所重合。但《老子》的不争思想亦有特殊性，不争是其思想中的重要方法论，是个体身心性命得以发展常存的重要手段。去取的工夫大多时候代表一种价值取向，不争则是一种与物相安的恬淡态度和生存哲学。这种精神的内核构成了老子思想的主要体系，也为后来的道家学派所倚重，并进一步向着养生和修仙的世俗化方向发展。

以下择其要者，运用表1-1加以对比分析。

---

① 陈鼓应：《老子注译及评介》，第116页。
② 陈鼓应：《老子注译及评介》，第119页。
③ 陈鼓应：《老子注译及评介》，第166页。
④ 陈鼓应：《老子注译及评介》，第166页。

表 1-1 《老子》中的"不争"及其替代性表述

章节	相关语句	直接表述	间接表述
三	不尚贤，使民不争	√	
八	水善利万物而不争	√	
	夫唯不争，故无尤	√	
二十二	不自见，故明；不自是，故彰；不自伐，故有功；不自矜，故能长	√	≈
	夫唯不争，故天下莫能与之争	√	≈
六十六	以其不争，故天下莫能与之争	√	
六十八	是谓不争之德	√	
七十三	天之道，不争而善胜	√	
八十一	人之道，为而不争	√	
七	是以圣人后其身而身先，外其身而身存		≈
九	功遂身退，天之道也		≈
二十四	自见者不明，自是者不彰，自伐者无功，自矜者不长		≈
二十八	知其雄，守其雌，为天下溪		≈
	知其白，守其辱，为天下谷		≈
三十九	故贵以贱为本，高以下为基。是以侯王自称孤、寡、不谷，此非以贱为本邪？		≈
四十六	咎莫大于欲得，祸莫大于不知足。故知足之足，常足矣		≈
六十七	我有三宝，持而保之：一曰慈，二曰俭，三曰不敢为天下先		≈
七十二	是以圣人自知不自见，自爱不自贵		≈
七十七	是以圣人为而不恃，功成而不处，其不欲见贤		≈

从上表中可知，《老子》书中直接写到的 8 处"不争"，其含义应为不争的本义，当无异议。剩余的 11 处则属于对"不争"一词的替代性表述。

第七章中"是以圣人后其身而身先，外其身而身存"[1]一句，说的是圣人谦退而"无容私焉"的理想人格。"后"字代表着不争先于人，"外"字代表消解私我的排除主义，是不争工夫的内在表现形式。《庄子》书中亦谈到"外天下""外物""外生"等体道活动，但其与老子所主张的"外"仍有差别。老子所主张的"外"，是"不争于人"的延续，即"不争于身"。这是一种与个体占有欲望相对立的排除主义，而庄子所说的"外"虽然也是一种排除主义，但它的对立性有所降低，排除的对象也有所拓展。老子只讲排除自身的占有欲望，且这种排除主义的功利倾向十分明显，其目的是保全个体的精神生命；庄子则主张排除物质积累、权力身份、个体生命等，

---

[1] 陈鼓应:《老子注译及评介》，第 83 页。

是"吾丧我"的具体表现形态。庄子的排除主义淡化了这种功利倾向，在个体生命的生存需求之外，还提出了对应的精神发展要求。

第九章的"功遂身退"和第七十七章的"功成不处"含义一致，都是不居功、知进退的意思。这种处事方式是不争工夫的现实表现，是对个体占有欲望的充分消解。

第二十二章中的"不自见，故明；不自是，故彰；不自伐，故有功；不自矜，故能长"①一句，是老子对人的劝警，莫要自彰其能，求全之道的要诀即是不争。第二十四章、第七十二章的句式与第二十二章类似，意义相同，兹不赘论。

第二十八章中，"知其雄，守其雌，为天下溪"②和"知其白，守其辱，为天下谷"③两句讲的都是一种对待依存的关系。雄、雌和白、辱都是相对而生的，雌是柔弱的一面，辱是暗昧的一面，溪和谷均是处下不争的自然之物。保持这种柔弱不争的状态，便可实现个体意义上的复朴。圣人顺物无为，即能实现完满的治理效果，这就是群体意义上的复朴。社会也会按照其原本的规则自然有序地运行下去，这正是老子设想的理想政治图景，也是其工夫论的最终指向。第三十九章所说的"贵以贱为本，高以下为基"同样反映的是上述对待关系，此处亦不赘论。

四十六章中，"咎莫大于欲得，祸莫大于不知足。故知足之足，常足矣"④这句话运用正反对比，表现出不知足和知足两种状态下截然相反的后果，申明了知足行为的重要性。这里的"知足"，其实就是不争的另一种表述方式。同理，六十七章提及的"不敢为天下先"，也是不争的代名词。"夫唯不争，故天下莫能与之争"⑤，正是这种不争工夫的积极效果，使体道者的个体生命得以存续，使其精神生命得到充分的涵养和扩张。

（四）贵身的工夫

道家历来重视个人身体的存养，这种思想与杨朱的"贵己重生"观念有所区别。老子所提倡的贵身思想是一种无欲或去欲前提下的贵身，杨朱的"贵己重生"则并无这种前提，甚至还充分肯定个人的利益和合理欲望。老子在第十三章重点论说了其贵身思想：

宠辱若惊，贵大患若身。何谓宠辱若惊？宠为下，得之若惊，失之若惊，

---

① 陈鼓应：《老子注译及评介》，第150页。
② 陈鼓应：《老子注译及评介》，第173页。
③ 陈鼓应：《老子注译及评介》，第173页。
④ 陈鼓应：《老子注译及评介》，第238页。
⑤ 陈鼓应：《老子注译及评介》，第150页。

是谓宠辱若惊。何谓贵大患若身？吾所以有大患者，为吾有身，及吾无身，吾有何患？故贵以身为天下，若可寄天下；爱以身为天下，若可讬天下。①

在老子看来，宠和辱都是卑下之事，己身之外的荣辱毁誉不仅是对个体人格的剥落和减损，更会让人如临大患，平添不安。老子警醒人们要像对待大患一样对待自己的身体和生命。只有爱重一己之身才可能推己及人，也只有这样的人，才可以担当天下。"及吾无身"一句，常常被后人误解为"忘身"，《庄子》书中有"吾丧我"的描述，也有"隳肢体，黜聪明"的坐忘之法。概而言之，庄子的"丧我"乃是摒除后天的成见之我，寻求本真之我；老子的"无身"，不是"忘身"，恰是对个人身体的爱重，即"贵身"，这种主张以排除世俗权力、名物对人内心的搅扰为目的，提倡的是一种"为腹不为目"的恬静生活方式。通过这种"贵身"的工夫，可以使个体逐渐回归其本来的素朴状态，不断拓展其精神生命。

值得注意的是，《老子》第三章中提到"虚其心，实其腹，弱其志，强其骨"②的圣人治理方式，也是老子贵身思想的具体实践。"心""志"是指人的精神生活，"腹""骨"指的是人的物质生活。这其中，"实其腹"解决的是基本生存问题；"强其骨"解决的是个人体魄问题；"虚其心"和"弱其志"解决的是精神意志问题。足见，在那个时代，老子已经注意到人的全面发展问题。这样的价值追求与我们现代社会的个人理想仍然有着高度重合，恰恰说明老子对人的本质问题把握得相当精准。同样，前文提及的第七章中"外其身而身存"一句，反映出老子期望通过消解个体占有欲望，存身养性的生存要旨，"存身"是"贵身"的基本要求，自然也属于"贵身"工夫的具体范畴。

此外，《老子》文本中多次提及的"婴儿""赤子""摄生""长生久视之道"等描述体道状态的词语，都反映出老子对于个体生命质朴状态与无限性的积极求索，尽管这种状态不具备实现之可能，但这种竭力寻求的过程却可以一步步拉近修养主体与"道"的距离，为体道者的"进道"实践提供丰富的思想经验，这也是"贵身"工夫的另类表述。

（五）贵柔的工夫

"贵柔"是老子在处理具有对待依存属性的事物间关系时所采取的态度。《吕氏春秋·审分览·不二篇》评述诸子治国之策时说："老聃贵柔，孔子贵仁，墨翟贵廉，

---

① 陈鼓应：《老子注译及评介》，第108页。
② 陈鼓应：《老子注译及评介》，第67页。

关尹贵清，子列子贵虚，陈骈贵齐，阳生贵己，孙膑贵势，王廖贵先，儿良贵后。"①老子这种"贵柔"思想，自《吕氏春秋》以后，广为后人认同。老子的贵柔态度常使其居于卑弱的一端，弱者往往含藏内敛，富有韧性，足以存身养性。统治者若居于弱端，与民生息，则能无为而治。相反，强者若贪欲外显，则会在纵意之中加速消亡。第三十六章对这种"贵柔"主张的动因有所揭示：

> 将欲"歙"之，必固张之；将欲弱之，必固强之；将欲废之，必固举之；将欲取之，必固与之，是谓微明。柔弱胜刚强。鱼不可脱于渊，国之利器不可以示人。②

这一章讲的是事物之间的盈虚变化。任何事物之间的兴废消长都是相对而言的，将要合起来时，必先张开，张开是闭合的一种微兆。同理，强盛也是卑弱的一种微兆。这种对立转化的状态是事物发展的普遍规律。事物发展到极限时，必然要向相反的方向运转，"反者，道之动"③就是这个道理。这种循环往复，生生不息的发展状态尤其值得重视，只有善于从相反一面把握事物发展的微妙征兆，认识到物极必反，势强必弱的规律，从而因势利导，才能形成弱胜于强的局面。第四十三章的"天下之至柔，驰骋天下之至坚"④与第七十三章"不争而善胜"都是对柔弱之功的感性表述。这种柔弱倾向的选择也是无为之政的当然效果。体道者的"贵柔"之举，可以使主体归于真朴，免受危殆；为政者的"贵柔"之举，可以达到使"民自化"的良好治理效果。

老子所谓"至柔"，其实指的就是水。这在第七十八章有集中的论述：

> 天下莫柔弱于水，而攻坚强者莫之能胜，以其无以易之。弱之胜强，柔之胜刚，天下莫不知，莫能行。是以圣人云："受国之垢，是谓社稷主；受国不祥，是谓天下王。"正言若反。⑤

水虽然柔弱卑下，却能冲击一切坚强的物体。以弱胜强的道理无人不知，却少有人能够真正实行。君主若肯承受国家的屈辱和灾祸，才配称主称王。老子这里其

---

① 许维遹：《吕氏春秋集释》，北京：中华书局，2009年，第467页。
② 陈鼓应：《老子注译及评介》，第198页。
③ 陈鼓应：《老子注译及评介》，第217页。
④ 陈鼓应：《老子注译及评介》，第232页。
⑤ 陈鼓应：《老子注译及评介》，第337页。

实是站在百姓立场上，用"正言若反"的言述方式警示统治者：君主只有减损自身威仪，勇于为民众承担不利后果，才能实现长治久安，否则便有倾覆之危。《荀子·王制篇》所言"水则载舟，水则覆舟"①亦同此理。《荀子·王制篇》还用一个譬喻来说明处于被统治阶级的庶人与处于统治阶级的君子间的关系："马骇舆则君子不安舆，庶人骇政则君子不安位。"②百姓是否安顺与君主的为政态度有着莫大关联，君主谦卑恤民，百姓自然归心；百姓惧怕君主的残暴与苛政，不得已时，自然奋起反抗，这时君主的地位便不会安稳。君主只有柔顺天下，才能久安长治。

第七十六章所言"故坚强者死之徒，柔弱者生之徒。是以兵强则不胜，木强则折"③表明刚强者显露突出，常常会招致祸患，这是老子从自然现象中思考得出的贵柔观念。此外，《老子》文本中多处可见的对于战争和兵事的反对态度也是其贵柔思想的具体体现。和庞大的国家机器相比，百姓始终处于弱势地位，老子认为"夫兵者，不祥之器"④，这正是他站在卑弱一方的立场上，向统治者提出的战争控诉和沉痛呼声。

三、《老子》修养工夫论的目标与现代价值

《老子》中的修养工夫论包括上述去取、静定、不争、贵身、贵柔等工夫进程，这些进程共同指向一个目标，即道。而道体向上升格则成为一种精神特质，与道冥合的体道者具有浑朴愚拙，飘然不群的风貌特征。就个体而言，其精神生命在肢体以外继续得以张扬，这是一种个体意义上的归根复朴。就群体而言，基于为政者无为而治的前提，社会生活中的每个人都各安其性，百姓皆谓："我自然。"⑤这便是群体意义上的归根复朴。这种回溯本然过程中的体道实践对于现代社会在个体人格提升、社会管理模式、文化自信的构建等方面均具有积极价值，值得我们从《老子》的思想智慧中不断汲取营养。

（一）《老子》修养工夫论的目标

前文已经提到，《老子》中的修养工夫论的目标是个体复朴和群体复朴。这在《老子》文本中均有对应表述。老子笔下的个体复朴状态多是对体道之士的描写，其群体复朴状态多是对圣人治下的百姓生活情状的描写，这两种表述的笔墨颇多，故仍以表1-2形式加以对比分析。

---

① 王先谦：《荀子集解》，北京，中华书局，2013年，第180页。
② 王先谦：《荀子集解》，第180页。
③ 陈鼓应：《老子注译及评介》，第330页。
④ 陈鼓应：《老子注译及评介》，第185页。
⑤ 陈鼓应：《老子注译及评介》，第128页。

表 1-2 《老子》中对个体复朴和群体复朴的描述

章节	相关语句	个体复朴 Individual	群体复朴 Communal
15	古之善为士者,微妙玄通,深不可识。夫唯不可识,故强为之容:豫兮若冬涉川……混兮其若浊	I	
20	众人熙熙,如享太牢,如春登台……而贵食母	I	
28	为天下溪,常德不离,复归于婴儿 为天下谷,常德乃足,复归于朴	I	
41	上士闻道,勤而行之……道隐无名	I	
55	含德之厚,比于赤子……终日号而不嗄,和之至也	I	
3	不尚贤,使民不争;不贵难得之货……则无不治		C
54	修之于身,其德乃真……以邦观邦,以天下观天下		C
58	其政闷闷,其民淳淳;其政察察,其民缺缺		C
65	古之善为道者,非以明民……然后乃至大顺		C
80	小国寡民……民至老死,不相往来		C

从表 1-2 可以看出,《老子》文本中关于个体复朴和群体复朴的描述章节大体相当。这种归根复朴状态的个体性和群体性只是体道工夫作用于不同主体的两种表现形式,用《庄子·天下》篇的话说,就是"内圣外王"。个体复朴强调的是体道者通过一系列修养工夫达到的与道冥合的境界,即"内圣";群体复朴则常常以君主式的人物来作为体道主体,它所要达成的境界即是老子所提倡的"其政闷闷,其人淳淳"的政治愿景,是小国寡民式的社会生活状态,也即"外王"。在这种局面下,国家的权力色彩大大消退,取而代之的是一种人民自发建立的,约定俗成的服务机构。

老子对于"内圣"和"外王"这两重体道层次的偏向究竟如何呢?"内圣"的着眼点在"修","外王"的着眼点在"治"。从文本来看,《老子》书中两类文本的数量没有太大差异,可以认为老子对于"内圣"和"外王"是兼重的,但我们还需进一步考虑《老子》一书的写作宗旨。司马迁在《报任安书》中曾直言自己的著史动机是"究天人之际,通古今之变,成一家之言"[1],这种以史为鉴,寻求兴衰变易规律的动因,在老子这里依然存在。据《史记·老子韩非列传》载,老子为周守藏室之史,他的职业使其能够阅尽天下史籍,对当时礼乐崩坏的时代情势和人民深陷征伐之苦的现状了如指掌,这在一定程度上促使老子大力思考关于生存、兴废等根源性问题,并尝试寻求解决之道。在此基础上,老子将其所思所想书之于策,希望为贵族统治者提供为政参照,因为统治者的一举一动都关乎百姓的生死存亡。

---

[1] 班固:《汉书》,北京:中华书局,1962 年,第 2735 页。

王叔岷在其《庄学管窥》中提道:"老、庄立论重点亦不同,老子偏重人事,庄子偏重天道;老子偏重外王,庄子偏重内圣。"[①]这种"偏重人事,重于外王"的推断大体符合老子学说的本旨。足见,在"内圣"与"外王"的偏重问题上,老子更倾向于后者。二者的逻辑联结点即为修养主体本身。当修养主体为底层民众时,其工夫论的实践效果表现为"民自化""民自正""民自朴"等个体的返朴状态,当修养主体是以士大夫和君主为代表的统治阶层时,其工夫论的实践效果则表现为"其政闷闷""小国寡民"等政治愿景。

也就是说,老子的修养工夫论指向的是个体复朴和群体复朴,但他更偏重于群体复朴这一目标。这与老子的贵柔思想是一致的,他也始终站在百姓的弱势立场上仗义执言。

(二)《老子》修养工夫论的现代价值

《老子》一书中的为政思想,在中国古代许多朝代初立之时,都曾受到相当程度的重视。这些为政理念中,大多都包含着老子特有的修养工夫论。无为而治,与民休息的政策在西汉初年甚至被当作官方意识形态,直到董仲舒时代,这种理念才渐渐失去了主体地位。然而一旦遇到朝代更迭,新朝建立的时期,老子思想便又焕发出新的生机与活力。如有唐一代就始终尊奉道教,至玄宗时期,崇奉道教达到顶峰。以《道德经》为首的道教典籍也成为科举考试的重要科目,时称"道举"。唐玄宗不仅对老子这位道教始祖屡加尊号,扩充庙宇,甚至还亲自为《道德经》作注并颁行于世,史称《御注道德真经》和《道德真经疏》。唐代以后,宋徽宗、明太祖、清世祖皆有《道德经》御注本刊行于世,足见,《道德经》在中国古代帝王心目中的政治地位之高。

不仅如此,老子的这些修养工夫论,在现代社会发展和国家治理方面同样拥有积极价值:

第一,个体价值。老子思想中的修养工夫论对于现代人追求人格提升和涵养身心具有重要的借鉴意义。现代社会的运行模式已经与古代农耕文明的运行方式相去甚远,但个体人格的提升在物欲充斥的今天仍然有着积极意义。现代人需要在一定程度上摆脱对商品价值的追逐,逐步培养起健全的人格,否则便可能心为物役,逐渐丧失对于未来生活的意趣,变得郁郁寡欢。现代社会人口的空前膨胀导致诸多行业都出现了残酷的内卷现象,当人们秉持着艰苦奋斗、天道酬勤等传统观念去努力工作,却依然找寻不到较好的个体出路时,很有必要读一读《老子》。它可以为我们寻求生活的本来面目和当然价值提供有效指引,这并不意味着我们要据此放弃个

[①] 王叔岷:《庄学管窥》,北京:中华书局,2007年,第6页。

体奋斗的日常努力，而是要求我们真诚地看待自身不断涌溢的各种非理性欲望，回归到一种相对恬淡自足的生活状态和精神状态。在此过程中，老子的不争精神、静定工夫、贵身主张等工夫论内涵可以帮助人们去除各种占有欲望的干扰，避免现代人跌入消费主义和享乐主义的陷阱，重新建立起现代人对于美好精神生活的向往与信心。

第二，管理价值。老子思想中的修养工夫论对于确立现代政府的服务意识、诚信意识、规律意识等方面均具有重要的指导意义。在老子所勾勒的理想政治蓝图中，国家机构的管理职能、统治职能得到充分消解，其服务功能则得到了充分扩展。这样的构想在中国古代社会无异于空想，但在现代国家的政权组织形式之下，却有可能部分实现。现代国家的权力属性和管理职能不可能消失殆尽，但其管理职能却可以向服务职能进行适当程度的转化，从而建立起智慧化的服务型政府，更加便捷地为民服务。

另外，现代政府还需要充分把握规律意识和诚信意识，才能更好地取信于民。老子所说的"信不足焉，有不信焉"[1]便是对统治阶层必须谨守信用的警示。统治者的威信是与其政令相联系的，政令合于日常规律且不频繁更易，才能真正地取信于民，获得更多的拥护与支持。这就要求政府在制定政策时要充分考虑到群众的立场和利益，而不是机械地发布行政命令，一旦有人违反就实施强力惩罚。现实社会中，各级政府的有些行政许可行为或证明行为，如"自己证明自己"等行政规定就在根本上违背了社会常识与规律，徒增百姓负累。

第三，文化价值。老子思想中的修养工夫论对于构建中国的"文化自信"具有重要参考价值。中华优秀传统文化的基础是儒家文化和道家文化。两者在治理观念和治理目标上虽然存在较大差异，但二者孜孜以求的治理效果则都具有积极意义。老子作为道家思想的源头人物，在数千年前就已认识到作为被统治阶层的底层民众与作为统治阶层的古代帝王之间存在着祸福相依的辩证关系，这是尤其可贵的。

此外，其亲民、恶兵、不争、贵柔等政治观念与我国长期秉承的独立自主的和平外交政策以及对内的社会主义核心价值观念均具有共通性。亲民思想和贵柔观念是建设现代文明与和谐社会的重要政策支撑，对于战争的审慎态度和"不称霸"的国际承诺也与老子军事思想中的"不争"观念不谋而合。这些涉及大国之间和平与发展的重要政策，都可以在以老子为代表的传统道家文化中寻找到共同的文化基因，这是构建中国特色社会主义"文化自信"的源头活水，值得我们不断地从中汲取营养。

---

[1] 陈鼓应：《老子注译及评介》，第128页。

老子"致虚守静"对强迫性思维的调适

严铤芬[*]

内容提要：现代社会大部分的人都存在或轻或重的强迫性思维。个体脑中想法的重复与对立促使了强迫性思维形成，这种思维模式反过来又给个体在精神冲突中带来痛苦与烦恼。老子"致虚守静"的美学思想可以对这种思维模式进行调整，具体呈现在三个方面：觉知想法，顺其自然；涤除玄览，化解矛盾；虚静无为，回到当下。这三种方式能够帮助人们洗去脑中困扰的想法，化解思想矛盾，回到当下。

关键词：老子　致虚守静　强迫性思维

简单来说，强迫性思维就是人们脑海中重复出现的不想要的想法，又被称为强迫观念。森田正马给强迫性思维即强迫观念下了一个定义："所谓强迫观念，是针对强迫自己不再去想非要想的事物，这种精神冲突的现象叫强迫观念。"[①]而研究表明，大多数的人都存在或轻或重的强迫性思维，研究者要求180人写下一个不想要的想法，结果是几乎每个人都写下了一个甚至多个不想要的想法。[②]

在面对强迫性思维这类问题时，选择一个正确的方案极为重要，老子的虚静美学思想便是其中一种。老子美学为心理学提供了诸多养分，如荣格的阴影理论、森田正马的"森田疗法"、杨德森的道家认知疗法等理论的提出均受到老子学说的影响。而心理学也为老子美学提供了新的阐释路径，近年来，不少学者致力于研究道家思想对西方及中国心理学的影响。如申荷永、高岚论述了中国文化尤其是道家、禅宗

---

[*] 严铤芬（1998—），广东外语外贸大学中国语言文化学院在读硕士，主要研究方向：道家美学。
[①] 森田正马：《神经衰弱和强迫观念的根治法》，臧修智译，北京：人民卫生出版社，1996年，第73页。
[②] 丹尼尔·韦格纳：《白熊实验：如何战胜强迫性思维》，武丽侠、王润晨曦、陈颖译，北京：人民邮电出版社，2018年，第9—10页。

等与荣格思想的碰撞及其对他生活和工作的影响[1]；吕锡琛结合道学与西方心理学从心理健康角度讲生命之道，并将道家道教的现代价值吸取应用到心理治疗实践中[2]；葛鲁嘉把老庄为主的道家美学应用到心理学当中，提出了道家心性心理学[3]。以上诸多研究成果均表明，老子美学中蕴涵着丰富的心理资源，对化解当下社会普遍存在的心理问题具有实际效用。

老子强调人应该"致虚极，守静笃"[4]，要回归本原、顺其自然，这样才能使自身处于安然无恙的状态。老子的这种思想能够鼓励人转换思考角度，面对心中的"怪物"，获得虚静、平和的审美体验，继而获得思想上的疗愈，对于调适强迫性思维具有启示作用。致虚守静思想对强迫性思维的调适可以从三个方面进行实践：觉知想法，顺其自然；涤除玄览，化解矛盾；虚静无为，回到当下。

一、觉知想法，顺其自然

老子认为，"有无相生，难易相成"[5]，万事万物都是相辅相成的，事物的产生与发展均有其自身原因，有生就必有亡，圣人都是顺应自然的心态去面对世事的产生与消亡，以无为的态度应对有为之事。人们要调适强迫性思维，首先就要弄清强迫性思维的实质与成因，弄清自己的强迫性思维是由于创伤造成的还是自己人为制造的，进而对自己的想法形成一个清晰的认知，避免用错误的方法进行调适。

老子的虚静思想与自然息息相关，自然并非指自然界存在的客观事物，而是指向事物发展的规律。面对心中不想要的想法时，人们应该顺其自然，不强加阻断，不勉强自己，让心灵处于虚静充实的状态。在察觉到心中某一个想法会对自己造成困扰、麻烦时，顺应其发展规律，不强加干涉；当面对可能诱发强迫性思维的因素时，不要强行停止事件的发生，或者试图阻断与它的联系，要顺其自然，顺应事物发展的规律，在此基础上接受这些事情与想法。强行去阻断可能会造成反效果，反而形成了强迫性思维的必要条件：对立。"森田疗法"和"暴露认知疗法"都建议人们在面对强迫性思维时不要强行阻断，要求人们直面它以及它造成的痛苦。正如冈田尊司所说："与其强迫自己去想，不如顺其自然。"[6]

通过顺其自然放弃对强迫性思维的强行压抑和控制，尝试用接受的心态接纳这

---

[1] 申荷永、高岚：《荣格与中国文化》，北京：首都师范大学出版社，2018年。
[2] 吕锡琛：《道学建心智慧——道学与西方心理治疗学的互动研究》，北京：中国社会科学出版社，2008年。
[3] 葛鲁嘉：《心性心理学——中国本土文化源流中的心理学》，杭州：浙江教育出版社，2019年。
[4] 陈鼓应：《老子今注今译》，北京：中华书局，2020年，第114页。
[5] 陈鼓应：《老子今注今译》，第56页。
[6] 冈田尊司：《怪癖心理学》，颜静译，长沙：湖南文艺出版社，2014年，第112页。

种思维的产生，让个体直面这种思维模式，面对心中的怪物，改变对这种思维的看法，其实就是"认知重建"，通过改变认知来改变强迫性思维的运转模式。认知重建是一种"鼓励人从不同的角度去思考产生心境的情境的方式"，[①]通过这种认知重建达到解决问题的目的。老子希望通过改变个体对万事万物的认知，获取心灵上的一种自由与解放，以此来对抗世俗对人的认知与心理的侵蚀。致虚守静的这种认知观，有助于回归本心、回归虚静的本然状态，达到认知重建的目的。

当人们在追求虚静的状态时，人们的思维实则暴露在脑海中，促使人们面对思维中存在的怪物，即人们不想要的想法。譬如某些人曾在不经意间看见过一个令人恐惧的画面，当他再次看见与它类似的事物或听到别人说的话时，这个画面会再次被想起；或者曾经因为做错了某件事或说错了某句话，在很长的一段时间内，似乎在自我惩罚一样会不断想起这个失误并涌现出愧疚、不安的情绪。人们试图扔掉这些想法，但这些想法却如影随形。丹尼尔认为："人们遭受强迫性思维的痛苦，很有可能是由于他们尝试精神控制的失败造成的。尽力不去想某件事，很有可能是使人们继续想它的主要原因。"[②]当人们产生强迫性思维并试图通过精神控制、压抑等手段去终止这种思维时，很有可能会遭遇思维的反噬，带来更大的痛苦。因而在脑中出现在这些想法时，人们首先应该做的是正视它们，而不是抵抗甚至是逃避。当人们正视这些想法时，就能分析这些想法的由来，思考它们产生在什么样的情况下、为什么人们会产生这些想法以及这些想法对生活与个体产生的影响。当对脑中不想要的想法有了清晰认知后，就能进一步去寻找调适或者解决的方案，追求虚静的审美体验，让自己的思维出于平和状态，最终改变自己的认知，达到认知重建的目的。

强迫性思维并非只会出现一次，它会在无法掌控的时机下产生并重复出现多次。当人们察觉到某个想法会带来麻烦、苦恼时，会尽力让自己放弃这种想法，但这种想法反而对自己纠缠不休，此时的强迫性思维就像"烦恼的狗，撵也撵不掉"[③]。而这种情况常见于完美主义者身上。

完美主义会强迫自己维持对某些事物的完美性，希望一切事情的发展及结果都符合自己的期待，不允许发生一点偏差。当一切符合完美主义者的预设时，完美主义者会处于一种良性状态，这时的他会成为一个积极向上的人，但是一旦这种状态被打破，某个事件没有按期待的方向开展时，其思想便会很容易失去平衡，陷入对这个事情的纠结中。但实际上完美主义者很难对某件事物完全掌控，因而当某个地方发生偏差，完美主义者便很容易陷入对自我的怀疑，进而产生强迫性思维。"所谓

---

① 丹尼尔·韦格纳：《白熊实验：如何战胜强迫性思维》，第175页。
② 丹尼尔·韦格纳：《白熊实验：如何战胜强迫性思维》，第226页。
③ 森田正马：《神经衰弱和强迫观念的根治法》，第73页。

的完美主义，在某种意义上可以说是一种超越反复冲动，向更高层次追求的升华形态，而当这种追求一旦偏离方向，其基本的强迫性冲动部分便有可能表现出来。"[1] 在这种情况下，越是纠结，就越容易陷在这个想法中，强行的排除可能会使问题更加严重。因而，在处理时，顺其自然地接受这个想法极为重要，不要和出现的症状纠结，避免逃避和痛苦，跟自己说"这也没什么""这样也挺好"，可以避免情况越来越糟糕。

二、涤除玄览，化解矛盾

"罪于纵欲，知足常乐。"[2] 人的欲望无限，但人的实际需求是有限的，当人们为了满足欲望奔波时，心志处于较为漂浮的状态，这时很容易受到外界影响，被一些事物与想法所困扰而出现思想矛盾。思想矛盾是强迫性思维的症状之一，这是由于个体的所思所想打破了精神上的平衡，进而在过度脑补与过度担忧中形成了这种矛盾的思想。民国时期著名的书法家于右任因他的胡子而得了个"髯翁"的别号，据说他对自己的胡子很是爱惜，每日都要清洁胡子保持干净，睡觉时害怕翻身弄断胡须，还特地缝制了一个布袋把胡子套上。一日有个小孩问他睡觉时胡子放在被子外还是被子内，于右任给不出答案。当晚睡觉时不知道把胡子放在被子外还是被子内的想法一直困扰着他，等到天亮也未能安睡。这个小孩子的提问带出了于右任过去未曾注意的问题，一旦开始思考这个问题便会被其困在左右不安的牢笼中，引起思想上的矛盾，强迫性思维随之形成。

老子的虚静认知观强调对自身的洗涤，即"涤除玄览"[3]，通过洗涤来驱除个体脑中不必要的想法。涤除玄览并非要完全把自己脑中的想法排除，而是排除感性认识和多余欲望，最大限度地让自己内心处于空虚状态，以一种清净的心态去直观强迫性思维，直面这种思维模式所造成的痛苦与恐惧。在经过思想洗涤后，人们身上的杂念基本得到清除，思想矛盾得到化解，这时人们就能获取到心灵的宁静，这样就不会被欲望左右而失去自我。在这个过程中，困扰人们的想法不再有能力主导思维，并逐渐失去反复的能力，个体的精神逐渐解放并得以与身体合二为一。

韩炳哲指出，21世纪已不再是福柯的规训社会，而是"功绩社会"[4]，或者说是肯定性社会，过量的肯定性代替了他者与否定性，功绩导致了神经疾病的产生，人们不再是被社会而是被自我推动，自我给自身施加的过量压力造成了神经疾病，比

---

[1] 冈田尊司：《怪癖心理学》，第10页。
[2] 陈鼓应：《老子今注今译》，第226页。
[3] 陈鼓应：《老子今注今译》，第87页。
[4] 韩炳哲：《倦怠社会》，王一力译，北京：中信出版社，2019年，第15页。

如抑郁症和强迫症。自我接收了过量的肯定性，比如"能够""你可以"等，这些都使人们对自身的期待与要求越来越高，认为自己可以做到任何事，进而造成了对自我精神的剥削，最终这些糟糕念头在心里堆砌到一定程度后因为某个契机爆发出来，最终形成了强迫、抑郁等精神疾病。这种对自身的期待与肯定背后其实指向一种获得成就的欲望。这些欲望不断加剧对自我的剥削，在日复一日的剥削中，个体的"不适阈值"[①]越来越低，抵抗外界因素的能力随之降低，很容易受到强迫性思维的入侵。

面对上面这种情况，单纯靠顺其自然很难完全挣开强迫性思维的桎梏，人们还要通过减少欲望，找寻自己真正爱好的东西，保持宁静的心境，逐渐提高自己的不适阈值。同时，人们要意识到，困扰我们的欲望不仅仅只有对金钱或功名的追求，还包括对自身容貌、身形等方面的过分执着。比如，某些女生对纤瘦的病态追求，这种行为其实已经对自身造成了伤害，但她们还是为了追求瘦而使自己陷入了日复一日的焦灼中，使自己的身体和精神都受到很大创伤。要摒弃这些过度的欲望才能让自己保持清醒，不沉迷于各种纷扰中。

老子说："见素抱朴，少私寡欲。"[②]面对复杂的现代社会，要想完全放弃欲望过于理想化，人们很难做到完全无私无欲，人们能做的其实就是相对地减少欲望，知足常乐。减少欲望并非是要失去人生的追求，欲望过大和完全丧失对人生的欲望都是对自身有害的。"少私寡欲"实际是要求人们学会节制，避免私心过重、沉迷于功名利禄而造成患得患失，这种患得患失的情绪会扰动心神，打破个体精神平衡，给思维带来主观的被强迫感和痛苦感。通过减少欲望能促使人们对自身的理性认知，摒除强迫性穷思竭虑和强迫性意向，顺应事物发展，保持豁达宽厚的胸怀，避免情志过激。同样，对身心进行洗涤不是要强行把强迫性思维从个体身上摘除，而是帮助个体在洗涤的过程中认清这种思维模式的根本特质，从而帮助个体接纳它，学会与之和谐共存，让自己在明知有强迫性思维的存在时还能保持身心愉悦。

正如森田正马所说的，要想治愈强迫性思维，"首先要根除在内心里发生的一切招惹麻烦的想法和不愉快的心情，充分享受人生的幸福"。[③]人们要把目光放在真正能让人们摆脱思维控制的事物身上，保持本性，找到自己的乐趣所在，不迷失自己，拥有自在快乐的人生，这才是调适强迫性思维的目的所在。

---

① 马克·舍恩:《你的生存本能正在杀死你》，蒋宗强译，北京：中信出版社，2014年，第16页。
② 陈鼓应:《老子今注今译》，第126页。
③ 森田正马:《神经衰弱和强迫观念的根治法》，第135页。

三、虚静无为，回到当下

人们经常试图抵抗外界对人们产生影响，但引起人们情绪与思维波动的通常是人们自身的想法与看法。对身体健康状态的焦灼、怀疑家中门窗没有锁好等诱想法，在人们企图对其进行精神控制时，反而受到反噬并导致这种想法在脑中不断重复上演，最终身陷对自我的怀疑、恐惧、担忧。埃克哈特认为，要从这种思维中解脱，就要摒弃小我，从对思维的认同中走出来，获得思想的开悟，终结思维，回归本我。这其实就是老子强调的虚静状态，这种状态更多指向主体内心的心理活动，是一种"沟通天人、实现世俗社会之自我向道性人生之道我转变的最为重要的悟解心理活动"[1]。当个体身上的多余想法与多余欲望被洗清后，更容易到达这种悟解心理活动。

虚静无为并非是要以消极态度对待强迫性思维，不能认为它无法调适而放弃，而是要以有为修无为，积极应对强迫性思维，时刻充盈内心，让自己的心态保持平稳，努力到达虚静无为的状态，这时的思维最坚固，强迫性思维自然也就找不到侵袭的入口。虚静状态是平和、自然、澄心凝神的，虚静是自然与生命的本然状态，是人的本真所在，具有无限潜能和无穷的力量。在这种状态中，心灵受到的创伤、致郁的成分、对身体的羞耻感等，无法再对思维造成影响，多余的情绪也被清除，思绪会逐渐趋于平缓。此外，在追求虚静的心理状态中，内心一直得到充盈、丰富，当内心足够强大时，任何外在事物都无法再造成影响，内心的强大也足以让个体不在乎一些敏感情绪，神思处于最平和的状态中。这种境界即老子所说的"致虚极，守静笃"[2]，在心灵到达虚静的终极状态中，就会拥有清净自守的境界，返回到本真状态。这种境界，也是埃克哈特所说的"思维空白"[3]。埃克哈特认为，强迫性思维实际就是一种"上瘾症"，特点是"你没法选择停止，它甚至比你还强大。它同样给你一种错误的乐趣，而这种乐趣会最终变成痛苦。我们为什么会对思维上瘾呢？因为你认同思考，就是说，你从思考的内容和活动中获取自我的感觉，因为你认为，如果你停止思维活动，你将不复存在"[4]。而要想从这种思维中解脱出来，就要让自己处于思维空白状态，从而回到当下。

如何才能到达虚静无为的状态，让自己回到当下？可以尝试从臣服开始。"臣服是一种顺随生命流动，而不逆流而上的简单而又深刻的智慧。……臣服就是无条

---

[1] 胡立新:《老子的虚静认知论释解》,《中国文学研究》（辑刊）2016年第2期。
[2] 陈鼓应:《老子今注今译》,第114页。
[3] 埃克哈特·托利:《当下的力量》,曹植译,北京：中信出版社,2013年,第12页。
[4] 埃克哈特·托利:《当下的力量》,第15页。

件、无保留地接受当下时刻。"[1]这并不是要求人们采取消极态度应对强迫性思维的各种症状以及痛苦,而是提醒人们要顺其自然,顺应事物发展的规律,摒弃过多的杂念,放弃用任何有色阳光去看待事物以及当下时刻。臣服鼓励人们采取积极态度面对问题并采用积极行动去解决它,真正的臣服其实就是放弃抵抗心理,放弃抵抗脑中的强迫性思维并接受它的存在。通过臣服,能够祛除干扰人们视线的浓雾,撇清多余情绪及欲望,这样"灵性力量就会来到我们这个世界"[2],此时人们就能到达虚静的状态。这种灵性力量其实就是老子所说的生命本源,是宇宙本质。生命本源并非难以触及,它存在于世界的每一处,只是人们在成长过程中受到太多事物干扰从而失去了获取这种灵性力量的途径。当人们开始臣服时,实际上为自己打开了获取灵性力量的门锁,在臣服的逐渐深入中,灵性力量会更多来到人们面前。道家也认为:"天下有大戒二:其一命也,其一义也。……无所逃于天地之间,是之谓大戒。"[3]人活在世间无法逃避生命的流动规律,我们只能坦然面对在人生路途上出现的各种问题,不断强大内心,即要"乘物以游心,托不得已以养中"[4]。在各种环境中修养心性,接受当下时刻,让自己进入虚静状态中,这时强迫性思维失去威胁个体心神的力量,问题自然随之而解。

从虚静无为回到当下的这个过程其实是认清最真实的自我的过程,包括对内在与身体的认知,让个体清晰认知到当强迫性思维发作时,自己会处于一种什么样的状态。当个体处于虚静无为的心境时,便不会纠结于过去已经发生的事情或未来即将发生的事情,摆脱对往事追悔莫及或者对未来忧心忡忡的情绪,这时的人们只会关注当下发生的事情以及当下这一刻的体验,实际是内心最为平静的时刻,能够重新与本体进行联结,进而摆脱思维的控制。当人们到达虚静境界时,思维会处于空白状态,平时反复出现在脑中的想法均被忘却,思维纠缠的无意义问题亦被放下,人真正处于心无杂念、心神合一的状态,这时强迫性思维模式已失去运转动力,其存在的基础不复存在,诱导其产生的因素亦无法再起作用,个体的思维在虚静中达到认知重建的效果,从而实现本我的回归,获得思维的解放,达到真、善、美的和谐统一。

以上三个途径层层递进、互相联结,当人们觉察到脑中形成了强迫性思维或即将形成强迫性思维时,应先顺其自然、形成对自我的清晰认知,认清自己脑中的强迫性思维。其后,在涤除玄览的作用下,人们的杂念与欲望得以减少甚至清除,并

---

[1] 埃克哈特·托利:《当下的力量》,第234页。
[2] 埃克哈特·托利:《当下的力量》,第240页。
[3] 马恒君:《庄子正宗》,北京:华夏出版社,2014年,第47页。
[4] 马恒君:《庄子正宗》,第47页。

拦截脑中对立的想法，化解思想上存在的矛盾，避免对立想法的重复上演而造成个体的痛苦。最后，在我们追求虚静境界的过程，让自己的思维回到当下，祛除对曾经发生的事物或即将发生的事情的担忧，避免让自己的思维形成冲突对立。前两个实践为人们追求虚静、忘我无己、返璞归真的境界奠定了基础，第三个在前两个实践的效应叠加下更有助于个体寻找本体，拆解强迫性思维的运转模式，这三种方式相辅相成、相互作用。

四、结语

综上所述，人的物质欲望伴随着社会发展不断得到满足，幸福度却并未随之得到提高，二者并非成正比关系，在这种情况下，反而一系列心理问题频发，强迫性思维便是其中一种。当人们遭遇强迫性思维时，切忌焦虑、恐惧等情绪，这只会加剧这种思维模式的症状。而老子的致虚守静思想能够帮助人们以一种相对温和的方式应对这种思维，避免症状加剧，使个体保持心态平和的同时不断充盈内心，强大自身，降低不适阈值，最终让强迫性思维失去影响到自身的力量。完全清除强迫性思维的存在并非是最终的目的，运用老子这种虚静观帮助人们在出现不良思维时能保持清晰认知、接受它的存在然后回到当下，让自己时刻处于身心和谐状态才是调适的目的。

老子文化传播理论的当代价值

素朴与文化的对峙

——从张东荪的"文化需要论"谈道家哲学思想

高梦楠[*]

内容提要：以"素朴"和"文化"对举是张东荪解释文化的重要途径。本文梳理了不同文本中张东荪对"素朴"与"文化"的界定，指出以"素朴"为最终理想的道家哲学，其自身是特定文化需要下的产物，并介绍了面对文化的弊病时，以理智化解欲望或许是一种可行的方法。

关键词：素朴　文化需要　理智　化欲主义

张东荪（1886—1973）是当代中国最早一批尝试建立自己哲学体系的思想家之一，对传入西方哲学有着开创性的功绩。他的思想内容庞杂，知识背景丰富，虽然其著述对道家哲学思想涉及不多，但其以中西会通的视角看待道家哲学，提出了用文化解释哲学的方式，并认为道家理论的提出实际上是基于社会文化的需要，为道家哲学提供了一种崭新的解读模式。

一、"素朴"与"文化"的对举

"文化需要论"是张东荪文化思想的重要组成部分。"文化需要论"的思想来源于英国功能主义学派的代表人物马林诺夫斯基的"文化需要"理论。马林诺夫斯基主张用文化需要说明人类文明产生的原因，而在张东荪这里，"文化需要"成为其解释一种理论的产生、发展以及其真理性的根本原因和根本方法。在讲"文化需要"之前，我们要先了解张东荪界定文化的一种重要方式，即以"素朴"和"文化"

---

[*] 高梦楠（1997—）：吉林大学硕士研究生，主要研究方向为中国哲学。本文以楼宇烈校释的《老子道德经注校释》为本。（魏）王弼注，楼宇烈校释：《老子道德经注校释》，北京：中华书局，2008年。文中凡引用《道德经》的原文，均只标明章节。

对举。

在1928年出版的《人生观ABC》中，张东荪利用以"素朴与文化对举"的解释模式对"文化是什么"进行了说明。"文化是什么？按'文'的字义是有'添上去'的意思，就是与'赤裸'正相反对。所以例如吃东西不能算文化，而如何吃东西，或用中国烹调法来烧食，或用西洋方法来煮食，这便是文化……所以文化的本义是从朴素的或赤裸的上添些上去。"①这里所理解的"素朴"就是一种原始的、自然的、本能的生活状态，"文化"就是在"素朴"之上"变化本能，使其向丰富优美和谐的方面去发挥"②。文化的作用在于调和，或引导，或节制，总之就是要改变人的天然面目，使人从"素朴"的状态变为"文化"的状态。

1929年出版的《新哲学论丛》关于人生观的部分，又提出了"素朴人"与"文化人"这对概念。"所谓素朴人即是原始人。而文化人则是经过改造后的人。"③在《道德哲学》中，亦有"故吾以为今日之'文化人'与古代之原始人（原始人或素朴人）迥异"的讲法。张东荪认为，由"素朴人"到"文化人"是理智改造后的结果。"以理智的力把人性完全改造一番，其所得的成绩即是文化人。"④

在《知识与文化》中，张东荪对"文化"进行界定时亦有类似的说法："先从最低的方面来说，文化的定义可以说就一个人而言，凡加于其素朴生活上的都是文化（关于这个人的）。换言之，在其'仅仅乎生活'以上的都属于文化之范围。"⑤但值得注意的是，这里对"文化"和"素朴"的区分只是分析的结果，目的是为文化划定一个最低的范围，"但这个仅仅乎生活只是一个限极概念而不必实有那么一回事。这原是分析的结果：就是把文化中所含的所谓'赤裸的'（即自然的）分别出来，于是所余留的便完全属于文化范围了"⑥。

将以上文本总结一下我们可以看到，以张东荪的界定方式，原始的、自然的、本能的，未经理智雕琢与变化的就是"素朴"，这样一来，追求清静无为，返朴复古的道家自然就被划到了"素朴""素朴人"的阵营。春秋末年，时局动荡、战乱不断，诸侯之间为了权力和财富相互争霸，家破国灭者不计其数。而统治者用来制约人们的礼乐规范也早已外在和僵化，成了一副桎梏人们思想的空架子。作为守藏史的老子，具有丰富的历史知识和深刻的政治洞见，他敏锐地意识到，周礼并不是一种恒常不变的、可以一直坚守的原则与规范，他说："飘风不终朝，骤雨不终日，孰

---

① 张东荪:《人生观ABC》，上海：世界书局，1928年，第82页。
② 张东荪:《人生观ABC》，第63页。
③ 张东荪:《新哲学论丛》，上海：商务印书馆，1929年，第52页。
④ 张东荪:《新哲学论丛》，第52页。
⑤ 张东荪:《知识与文化》，长沙：岳麓书舍，2011年，第3页。
⑥ 张东荪:《知识与文化》，第3页。

为此者？天地。天地尚不能久，而况于人乎？"（《老子》第二十三章）狂风刮不了一个早晨，暴雨下不了一整天。谁使它这样的呢？天地。天地的狂暴尚且不能长久，更何况是人的暴力统治呢？在周礼制约下的东周免不了走向灭亡的结局。因此，道家的理想是恢复到被文化改造前的人的自然状态，正如《老子》第八十一章中描述的景象："小国寡民，使有什伯之器而不用，使民有重死而不远徙。虽有舟舆，无所乘之；虽有甲兵，无所陈之；使民复结绳而用之。甘其食，美其服，安其居，乐其俗。邻国相望，鸡犬之声相闻，民至老死不相往来。"在小国寡民的社会中，国与国之间极端缺乏交流。虽然有车马兵器等各种器具，但人们却不怎么使用，人们都看重死亡而不远行。人民又回到了结绳而用的远古时代，这样的社会，没有剥削、没有战争，人们吃得好、穿得好，生活快乐。张东荪认为，老子提出的这种"小国寡民"的状态是文明未开化前的状态，而老子则是主张复古，返回这种素朴的、原始的、自然的情境。

二、"素朴"是一种文化需要

通过对《道德经》文本的梳理与分析，我们可以发现，道家"素朴"的状态主要表现在老子对于物欲的诱惑、心机智巧、仁义礼节的伦理道德的否定，以及对"道"的追求上。而根据张东荪的"文化需要理论"，老子提出的这些问题，恰恰表明了，如果文化之间的配合有了间隙，知识各方面起了矛盾，社会上的文化需求得不到满足，这时候就需要一种理论知识来平衡这种失调，填满文化的间隙。道家之所以主张复古，希望返回素朴的、原始的、自然的情境，是出于社会文化产生间隙急需填补的需要。老子之所以反对文明的开化，正是由于其所处在的文化境况出了问题以及文化的需求得不到满足所导致的。

首先我们从老子否定的一方面看，老子认为，人们在追逐权力、物欲的过程中，耳、目、口、心等感官在与外物接触时肆意纵欲、无所节制。人们厚自奉养、纸醉金迷，沉醉于犬马声色当中，这不仅使人们丧失了原本内心的平静与自然，甚至对于生命本身也是一种戕害。他说："五色令人目盲；五音令人耳聋；五味令人口爽；驰骋畋猎，令人心发狂；难得之货，令人行妨；是以圣人为腹不为目，故去彼取此。"（《老子》第十二章）因此，老子希望人们能够摒除物欲的诱惑，应当"见素抱朴，少私寡欲"（《老子》第十九章），以原本简单质朴的方式生活，逐渐恢复自然纯真的本性。

对于机心智巧，老子自然也是持否定的态度。他说"绝圣弃智，民利百倍；绝仁弃义，民复孝慈；绝巧弃利，盗贼无有。"（《老子》第十九章）。抛弃聪明智巧，人民可以得到百倍的好处；抛弃仁义，人民可以恢复孝慈的天性；抛弃巧诈和货利，盗贼也就没有了。又说："民之难治，以其智多。故以智治国，国之贼；不以智治国，国之福。"(《老子》第六十五章)人们之所以难以统治，乃是因为他们使用太多的智巧心机。所以用智巧心机治理国家，就必然会危害国家，不用智巧心机治理国家，才是国家的幸福。在老子这里，"智"是一个贬义词，指心机与智巧。它不是出于人的本性之自然，不符合自然的原则。老子认为正是人们的心机、智巧导致了社会的混乱，因此他提出"绝圣弃智"，使百姓顺应本性、自然而然地生活，不去追求什么巧利，只有去掉了这些，百姓才会各得其所。

在第三十八章中，老子对德、仁、义、礼做了一个层次的界定，他说："上德无为而无以为。下德无为而有以为。上仁为之而无以为。上义为之而有以为。上礼为之而莫之以应，则攘臂而扔之。故失道而后德，失德而后仁，失仁而后义，失义而后礼。"此处老子以"无为"作为衡量四者的标准，德是道的体现，是无心地、自然地流露，因此以德为上。老子讲，"大道废，有仁义"(《老子》第十八章)，只有在这个社会不再以"道"为根本原则的时候，"德""仁""义""礼"这些以制度框架形式表现出来的价值规范的作用才会显现出来。仁、义是居心所导致，已经不是自然地流露，而礼是最坏的。在礼崩乐坏的状态下，礼早已演化为繁文缛节，拘锁人心，而失去了它现实的生命力。同时在老子看来，私欲膨胀下的统治者是听不进仁义道德的说教的，用周礼的约束功能来限制奴隶主贵族更是不可能的，在更甚的情况下，他们会直接用周礼来夺权，因此"礼"便难免成为"乱之首"。因此在老子看来，尽管"周天子"被称天子，但他并不是"天命"或"天道"继承者，周王朝政治权力的运用也并不符合天道的法则。也正是在这样的社会文化现实下，老子反对追求物欲，反对建立心机智巧，更反对维护早已干涸枯萎的仁义礼节，呼吁回到素朴、原始的、自然的状态，从对有限的追求发展到对无限的追求之中。

老子明了，天地间的万事万物，无论是自然现象还是政治生活，都不是永恒不变的，它们都有生灭变化，有始有终，"道可道，非常道。名可名，非常名"。可以被言词表达的"道"，都不是恒常之"道"，可以用文字表述的名就不是恒常之"名"。但是，有这样一个东西，它在天地形成之前就已经浑然而成了。不仅如此，天地万物都由它而生。但是它无名无形，看不见、听不见也摸不着，无法为我们的感官所直接把握。"有物混成，先天地生。寂兮寥兮，独立不改，周行而不殆，可以为天下母。吾不知其名，字之曰道，强为之名曰大。"(《老子》第二十五章)"道"无形无名、无声无臭、不生不灭，所以它才能成为产生万事万物的本原，成为规定万物的普遍法则。老子认为，只有"道"才是比现实世界更为根本的，真实的存在。"自然无为"是道的特征，"自然""无为"讲的其实是一回事。"自然"是从肯定面讲，意思是自然而然，依其本性发展。"无为"是从否定面讲，意思是不妄为，不妄加干涉。《老子》第三十七章中又讲到"道常无为，而无不为"，就是说"道"遵循自然的原则，对天地万物并不妄加干涉，只是让他们按其本性自由发展，从这个角度来讲，就是"无为"。另一方面，"道生万物"，"道"作为天地万物的最初本原，万物都是由它所"生"。同时，"道"生万物是不带任何意志与情感的，它只是为万物提供了一个生长发育的境域，在这个境域中，万物都能有所成，都能按其自然本性成为自己本来的样子，从这个角度讲，"道"又是"无不为"的。到了政治领域，君主也应当效法"道"的自然无为，从而做到"无为而治"，统治者"无为"，百姓才会"无知无欲"，也即达到"我无为而民自化，我好静而民自正，我无事而民自富，我无欲而民自朴"（《老子》第五十七章）的结果，最终达到"小国寡民"的理想状态。

可以发现，现在出现了一个问题，既然老子提出的"反对理智、主张复古"的理论本身就是社会文化、社会需求的产物，那这种"反文化"的理论究竟还是否能作为一种"真理"，从而解决文化产生的问题呢？抑或它只是一种思想的退化呢？张东荪认为，如要判断一个理论能否成为真理，同样也要看其能否填补文化的缝隙，满足文化的需要。这其中包括问题、面观、境况、当事者等多方面的条件的满足。首先，真理首先是具有"问题性"的，如果没有问题就无所谓真还是假。张东荪说，问题是由矛盾产生的。"大部分的矛盾不是出于一个人自己前后所见所想不一致，乃是起于本人以外另有与我所见所想完全不同。"[1] 由此可见，真是否为真，已经不再是个人的问题，个人有问题而欲寻求解答，然其意见的形成大半是由于别人影响的结果。在交往过程中，人们产生或相同，或矛盾的知识，彼此之间相互订正，而后产生了一个共同性的认知，这样一来，真理便转而成为一个社会的产物。其次是境况。境况是"思想者"或"观察者"的环境，也就是理解和解释的"视界"，因为每个人所处的环境不同，所以对真理做出的理解和解释也自然不同。张东荪认为，境况是一个动的观念，每个人的境况都不是固定的，在社会中人总是处于文化环境的变动中的，因此人们的认知和理解也会随着文化而改变，境况实际上就等同于"文化境况"。各人在不同的环境中，从不同方面所见的对象有几种情况，就是面观。境况不是固定的，可以存在无数种境况，但是面观属于对象，对象之间的可能性是固定的四个方面，而究竟要选择哪一种面观，则是出自观察者的选择。此选择是由观察者所处的境况所决定的。因此，张东荪主张境况决定面观，在某种境况下必然选择某种面观。与境况和面观相关的必有"当事者"，"当事者"不能离开境况，境况必是当事者所在的境况，面观亦是由于当事者（观察者）选择的结果。真理对于当事

---

[1] 张东荪：《知识与文化》，第103页。

者只能是一个,倘使换了一个当事者,在同样的境况下,也会认可同样的真理。

现在我们转过头再来看,若以张东荪的文化需要论论之,老子是"当事者",他的身份是周守藏史,是东周王朝掌管图书的史官。这个职务相当于现在的图书馆馆长,他有丰富的知识背景与敏锐的思想洞见,作为当事者的老子,所处于的文化境况以及面临的最大的问题就是周文疲敝、礼崩乐坏的局面。当时的统治者试图通过礼乐规范来制约人们的物质欲望,然而这种外在的和僵化的规范性力量早已无能为力,人们各种欲望的日益膨胀,导致国与国、士大夫与士大夫以及各种势力之间的明争暗斗。另外,周朝是一个以天子为中心并根据血缘关系和功绩来分配权力的等级体系,并且权力的大小成为分配利益的凭据。因而以"亲亲之杀,尊贤之等"为总体原则的礼乐制度,本质上所维护的是这种权力和利益的分配机制。在这种情况下,周礼失去了原本的生机,成了一个空架子,因此便不可避免地走向了礼崩乐坏的结果。因此,既然以周礼为代表的文明已经失去了他的作用,在这样的境况下,老子选择的面观则是期待回到文明未开化的小国寡民状态,见素抱朴,少私寡欲,自然无为。"以文明(即开化)来医治文明所生出的弊病是不中用的。因为开化的罪恶即在开化自身。愈开化则罪恶亦必随之而进。所以只有复返于浑浑噩噩的原始状态方可以避免。因为没有了文明,当然亦可以没有文明的罪恶了。"①因此老子对于"素朴"的追求是在当时的文化境况下满足社会文化需要的一种形态,所以我们也可以说这是在特殊文化境况下老子选择的真理。

三、以"理智主义"化解"文蔽"

张东荪认为,老子主张的回到文明开化之前的状态,虽然好,但是确实无法实现的。而这一点,与老子同时代的孔子似乎已经看到了。他认为:"老子曾为周守藏室之史,大约看见过古籍,对于周朝统一以前的情形知道一些。他于是以为在兼并以前的未开化状态比较上为佳,遂主张人类必须恢复到那个浑浑噩噩的状态。所以,老子的思想是复古。"②"孔子却以为这个思想虽很好,然实际上决不能办到。于是退一步,虽仍主张复古,但却只主张恢复到封建的初期那个统一时代。所以说:'郁郁乎文哉,吾从周',乃是主张恢复到周初时代的文明状态,亦是复古。所不同的只是老子一派思想仅能变为空想,而孔子一派主张却有几分实现的可能性。"③

张东荪认为,从古至今,人们一直生活在由"素朴人"到"文化人"的改造之

---

① 张东荪:《从西洋哲学观点看老庄》,《燕京学报》1934 年第 16 期。
② 张东荪:《理性与民主》,长沙:岳麓书社,2011 年,第 212 页。
③ 张东荪:《理性与民主》,第 213 页。

中。这种改造一方面是来自祖先的道德经验的遗传,另一方面是受到社会上言语、风俗、制度等影响,此外,还有自己当下的理智的作用。在这些因素的综合影响下,人们"殆犹锡铁之入于炉中,无形而融化"[①]。因此,无论是出于自觉或不自觉的改造,我们都已经在由"素朴人"到"文化人"的路上一去不复返了。人与文化之间的关系就好像鱼游在水中。因此,老子所向往的回到未开化的状态是不可能的。老子的哲学思想是在当时的社会文化的需要之下产生的,它是文化的产物,并且,它作为一种思想,本身就是一种文化,老子提出的"圣人后其身而身先,外其身而身存"(《老子》第七章),"将欲弱之,必固强之;将欲夺之,必固予之"(《老子》第三十六章),"不自见故明,不自是故彰,不自伐故有功,不自矜故长;夫惟不争,故天下莫能与之争"(《老子》第二十二章)等,老子的这套"无为而无不为"的说法表面上看是在说明天道的本质,事实上讲的只是政治现象与社会活动。这是基于当时社会上的需要而产生的。张东荪指出:"从一方面讲,这固是万物变化的普遍法则。其实乃是做人之道,换言之,即对付人事的方法。尤其是操治人之权的人必须明白这种法则,才能得着胜利。所以被称为人君南面之术。"[②]因此否定文化,主张复古这条路是行不通的。

事实上,文化的堆积、文明的进步带来的弊端是显而易见的。林安梧在《老子道学与 21 世纪人类文明》一文中提到由"文明"而带来的"文蔽"。林安梧指出:"'文明'与'文蔽'是伴随而生的。'文'之所以'明',是人们经由话语系统,去彰显、照亮、理解、诠释、建构这世界,并在这彰显、照亮理解、诠释及建构的过程中,让世界'文''明'起来。"[③]但是,当人类的话语系统指向的是权力的获得与欲望的实现时,就会造成"文蔽"的出现,这时文化起的作用不再是"人文化成",而是"人文的异化"。

对于这种"文化的弊病"以及"人文的异化",我们应该采取何种方式来面对呢?张东荪认为,我们是无法实现文化的倒退的,因此只能利用理智的功用,让文化自身解决自身的问题。首先张东荪谈到对于礼教的看法,他认为在与西洋物质文明接触之前,中国传统的道德文化就已经失去其匡正社会人心的功能:"中国的传统道德传说早已成为具文,只是一个空壳,没有实际的力量。并且社会上所流行的风俗渐渐变得与传统的道德观念不甚相干了。"[④]而近代文明的人的理智觉醒,破坏和推翻了传统的传说和礼俗,同时也促发了自我思想的觉醒。当然,张东荪也承认理智

---

① 张东荪:《道德哲学》,上海:中华书局,1930年,第580页。
② 张东荪:《知识与文化》,第72页。
③ 林安梧:《老子道学与 21 世纪人类文明》,《河北学刊》2010年第2期。
④ 左玉河:《中国近代思想家文库 张东荪卷》,北京:中国人民大学出版社,2015年,第224—225页。

觉醒出的个人思想和个人主义等是社会进步的推动力，这是自我思想导致的积极方面的作用，同样也导致了利己主义等其消极方面的后果。

张东荪提出的解决之道，是进一步开发理智，提倡"理智主义"。张东荪认为，在宇宙这个层层进化的总架构中，人生处于较高的层次。人生所处的这一层，其所特有的就是理智和人格。理智的作用重在辨别是非，不在计较厉害，决定人的行为应当与否。因此，人生的真义就是发挥理智，构成人格。在处理理智与人欲的矛盾中，张东荪阐发了一种新的人生观，即"化欲主义的人生观"，这种人生观虽则注重理智，但亦不忽视人欲，并且不把人欲看作无足重要的。对于人欲必须有一个最妥善的解决的办法，因为无论人是如何理性，都无法摆脱欲望、冲动和本能。然而，无论是从根本上扑灭人欲的绝欲主义、放任欲望的纵欲主义，还是只是调节一下欲望，不使其泛滥的节欲主义都是不可取的。于是张东荪主张，一方面从积极方面必须把欲望移到高尚的地方去发泄，另一方面从消极方面则是使欲望得到最低限度的满足，也就是满足饮食男女等人生的基本欲望。通过化解欲望，转移欲望，把下等的本能升移到高尚方面去，从对低级欲望的追求转移到对高级欲望的追求上去，从而使其得满足。在这个过程中，文化又不断地改造，去其渣滓，人格也实现得更加圆满，达到更高的层次。

毫无疑问，道家哲学是以"素朴"对峙"文化"，这场素朴与文化的对峙，是人们对于文明带来的弊端的无奈与反抗，以及对于更高理想的追求，但总而言之，取消理智与完全复古是无法实现并且是不可取的，张东荪提出以理智化解欲望的方法或许可以为消除"文明"带来的"文蔽"起到一些作用吧。

四、结语

老子主张的返朴、复古的思想是在特定文化境况下做出的特殊面观，是时代的产物亦是文化的产物，老子对于当时的社会现状持有的态度是消极的，但我们绝不能将其看作一种退化，恰恰相反，老子提出的见素抱朴、少私寡欲、清静无为的处世之道对于如今浮躁的社会以及个人境界的修养仍起着积极的指导作用。而张东荪提出的"素朴"与"文化"对举以及其文化的真理观、化欲主义的人生观等，也为解读道家哲学提供了一种新的解读模式，为从道家哲学中挖掘出更多现代化价值拓展了新的思路。

《道德经》的继往与开来

——"有之以为利，无之以为用"的现实意义

周美华　周敏华[*]

内容提要：科技与经济的发展，虽为全球带来舒适和便利，但也全人类引发更大的精神困境——"内卷"及"躺平"。这个难题，医学上找不到解药，《道德经·第十一章》，却是化解此危机的最具体办法。

关键词：道德经　无为　内卷　躺平　庄子

基金项目：2023年度黄冈师范学院博士基金项目"对《道德经》的继往与开来"（2042023002）。"黄州东坡文化研究"（2042023001）阶段性研究成果。

前　言

物质文明与精神文明的不协调，似乎已成了现今全球极普遍的难题，尤其资本主义的影响下，更易形成为达利己目的便不择手段。"以获取巨额利润为目的的大笔投资……获取高额利润的秘密在于通过这样或那样的方式确保垄断，排斥竞争对手，并尽一切可能控制市场。"[①] 于是恶性竞争所导致的严重"内卷"，常促使竞争不过的群体，极易沦为消极的"躺平"。难道物质文明只能与精神文明对立吗？拥有超过五千年璀璨历史文明的中华民族，是否能从浩瀚的典籍里，为全球所面临的困境提供一解危良方？答案绝对是毋庸置疑。"不失其所则久，死而不亡者寿"[②]（《道德经》），八十一章所围绕的主题，全是为了将世人从迷惘导回至"安平太"的幸福与丰足。

---

[*] 周美华（1971—），黄冈师范学院副教授，研究方向：秦汉简牍、先秦诸子及先秦礼法。周敏华（1971—），黄冈师范学院副教授，研究方向：秦汉简牍、先秦诸子及先秦礼法。
① 富尔彻（Fulcher, J.）著；张罗、陆赟译，《资本主义》，南京：译林出版社，2013年，第4页。
② 《老子王弼注》第三十三章，影印武英殿聚珍版本，上卷，第35页。

因此，只需熟读《道德经》，任何文明所引发的困境，绝对都能在"反者道之动"里获得解救。这不仅是中华经典所具备的最重要价值，也是今日的中华儿女，对传统文化所当抱持的正确认知态度。为了更切中要点地指出《道德经》对"内卷"及"躺平"所具备的解救之道，本文特举《道德经·第十一章》，除了以经解经，也辅之以《庄子》寓言，使《道德经》所具备的继往与开来，能被更聚焦地开展出固有的内涵及价值。

老子在《道德经·第十一章》借生活中最常见的器物，来说明"无"和"有"的关联：

> 三十辐共一毂，当其无，有车之用。埏埴以为器，当其无，有器之用。凿户牖以为室，当其无，有室之用。故有之以为利，无之以为用。①

车毂因为有空隙，车辐和车轴才能贯穿，驾起一辆能行驶的车辆；黏土揉搓成容器形后，中间得留空，才能发挥出用途；屋室除了中空，还得再凿出门、窗，才能进入。一旦少了"无"，车、器、室就全发挥不出作用，只能是模型。

"无"的重要性非但不亚于"有"，更是促成"有"能发挥作用的源头。② 宋人范应元对此体悟极深，故其总结："凡有形之以为利者，皆无形之以为用也，不特车、器、室然尔。何以验之？吾之身有形也，其中有无形者之以为用也，岂特吾身？凡天地万物皆然也！"③ 范应元的说解，可以导出两个要点：一、天地间的一切万物，皆是因内中的"无"，才令外在之"有"能发出作用；"有"若要挥发得更彻底，就得与"无"结合得更紧密。二、由自身内在的"无"所体现出的"有"，才是最全面，也最有"用"的"有"；这个"有"，可打破一切世俗认定的局限，创造力无穷，独特而无可替代，绝不会陷入患得患失的"宠辱若惊"。

《庄子·德充符》所记载的"哀骀它"，便是在最充分地体现"无"后才能施展的最全面之"有"：

> 鲁哀公问于仲尼曰：卫有恶人焉，曰哀骀它。丈夫与之处者，思而不能去也。妇人见之，请于父母曰"与为人妻，宁为夫子妾"者，十数而未止也。未尝有闻其唱者也，常和人而已矣。无君人之位以济乎人之死，无聚禄以望人之腹，又以恶骇天下，和而不唱，知不出乎四域，且而雌雄合乎前，是必有异乎

---

① 《老子王弼注》第十一章，影印武英殿聚珍版本，上卷，第10页。
② 释德清著，尚之煜校释，《老子道德经解》，北京：中华书局，2019年。
③ 范应元集注：《宋本老子道德经·第十一章》，北京：国家图书馆出版社，2017年，第44页。

人者也。寡人召而观之，果以恶骇天下。与寡人处，不至以月数，而寡人有意乎其为人也；不至乎期年，而寡人信之。国无宰，寡人传国焉，闷然而后应，泛若辞，寡人丑乎，卒授之国。无几何也，去寡人而行，寡人恤焉若有亡也，若无与乐是国也。①

卫国的哀骀它不仅丑陋至极，还没能力倡导什么，也无权位可救人于水火，更无钱财可资助人。但男人与他相处，就离不开他；女人见了哀骀它，竟有十多人情愿屈身为妾。鲁哀公听闻后特意召他前来，与之相处不及一个月，就感到他有过人之处；不到一年，便完全信他，决定将国政全托付他。孰料哀骀它却一声不响地离去，令鲁哀公感到极度失落，几乎丧失了人生乐趣。

庄子笔下的哀骀它，完全无一丝可供世俗称许的条件，但散发的吸引力，却比常人还更突出。为何？孔子用一譬喻来诠释："丘也尝使于楚矣，适见独子食于其死母者，少焉，眴若皆弃之而走。……所爱其母者，非爱其形也，爱使其形者也。"②孔子前往楚国，见一群小猪在刚死的母猪身上吸奶，一会儿却全惊慌地逃开。因小猪爱的是母猪，不是其形体，是母猪的灵魂，才让小猪能爱之。这便说明"无"比"有"还更重要，"有"可具备意义是因为"无"；"无"一旦没了，"有"就将失去作用。哀骀它所以如此具魅力，是因其内在的"无"太全备，才令外在极平凡的"有"，也能发挥出意想不到的超越。

一、"利"与"用"在程度的差异

"利"与"用"究竟有何区别？器物一成形便能有用途，何以还要再关注"无"？其实，老子所以要分出两个层级，就是为强调两者形成的效应悬殊极大，"有之以为利"是停留在有限范畴；"无之以为用"，则是既能突破，还能超越常态。

以"有"为根基的"利"，一定会出现局限，因为所对焦的多是外部需求，不是为着自身内在的与"道"联结，如此不仅易江郎才尽，也会陷入患得患失的焦躁，很难不走到"内卷"或"躺平"。因乌台诗案而贬谪黄州的苏轼，起初多昼伏夜出，"有恨无人省"；泛舟于波澜壮阔的赤壁前，也无心观赏美景，竟频频与三国赤壁之战的曹孟德、周公瑾一较高下，遂愈发感到自身的无用和悲哀。饱读的诗书对苏大学士几乎发挥不了任何作用，直到安国寺继连长老，为婉拒皇上颁赐法号，脱口而出《道德经·第四十四章》中的"知足不辱，知止不殆"，才令苏轼将烂熟的道家思

---

① 庄周著，郭庆藩集释：《庄子集释·德充符》，北京：中华书局，2016年4月，第206页。
② 庄周著，郭庆藩集释：《庄子集释·德充符》，第209页。

想给瞬间贯通。"寺僧曰继连，为僧首七年，得赐衣。又七年，当赐号，欲谢去，其徒与父老相率留之，连笑曰：'知足不辱，知止不殆。'卒谢去。余是以愧其人。"① 为何？因继连长老是将"道"化入生命，荣辱得失对他便全诱惑不了。贬黄州前，苏轼的饱学多只为"悦人耳目"②，这是"有"；正因只看重"有"，才令苏轼太在意世俗的评价，而难以承受贬谪的失意。

因缺乏晋升之路的黄州贬抑生涯，才令苏轼能静下心而领悟："夫天地之间，物各有主，苟非吾之所有，虽一毫而莫取。惟江上之清风，与山间之明月，耳得之而为声，目遇之而成色，取之无禁，用之不竭，是造物者之无尽藏也。"③ 苏轼是在无任何人为及无利害得失的大自然里，才终于体悟了"道"的无限与超越，他的生命便能开展出与道合一后的突破，于是他不仅能欢快愉悦地写着《猪肉颂》，还能以罪官身份去影响着鄂州太守及地方豪杰，共同化解掉积习已久的鄂、岳、黄三州之溺婴劣习。④ 无论政敌如何利用他的诗文来污陷他，苏轼都能"回首向来萧瑟处，也无风雨也无晴"。正是这最浩瀚无比的"道"（无），才能将因朝堂极度内卷而深陷躺平的苏轼给完全抽离，引到阔达才能给予他的宁静和舒畅。

"无之以为用"是以"无"来带出超越和无限，才能抽离出世俗的认知及局限，这就是老子在《道德经·第五十五章》所言：

> 含德之厚，比于赤子，毒虫虺蛇不螫，猛兽不据，攫鸟不搏。骨弱筋柔而握固，未知牝牡之合而全作，精之至也。终日号而不嗄，和之至也⑤。

"赤子"是婴而未孩，是精气神皆最专一的"载营魄抱一"，处于如此状态，毒蛇、猛兽都不会来犯。赤子虽骨弱筋柔，手却能终日紧握，力道无穷。从不知男女之事，却精血旺盛，即便终日号哭，也从不声哑，因为他的身体状态始终是和谐的，故而能不见其弊。

老、庄皆共同提及"用"，但此"用"既不是"被用"，也非"求用"，乃是充分地发挥自我，使创造力能源不绝，自身的特质与价值，皆能不被时空局限，是独一无二，无人可取代的。

道家与儒家同样皆具备着积极的救世情怀，只是立论的着眼点不同。儒家是从

---

① 苏轼撰、孔凡礼点校《苏轼文集·黄州安国寺记》，北京：中华书局，1986年，第12卷，第391页。
② 苏轼撰、孔凡礼点校：《苏轼文集·胜相院经藏记》，第12卷，第388页。
③ 苏轼撰、孔凡礼点校：《苏轼文集·前赤壁赋》，第1卷，第5页。
④ 苏轼撰、孔凡礼点校：《苏轼文集·与朱鄂州书》，第49卷，第1416—1418页。
⑤ 《老子王弼注》第五十五章，影印武英殿聚珍版本，下卷，第20—21页。

修身说起，要知识分子皆成为道德与才学兼备的有志之士；道家则是要人都返回于"道"所赋予的天然，所挥发的才会是最充沛而有价值的"用"。

二、"无"的扩充工夫

哀骀它内在的"无"，人人皆有之，此即《中庸》所谓："天命之谓性，率性之谓道。"① 其实，每个人的生命都是不平凡的，全都带着天命所赋予的能力和责任；若能在"道"中认清自己的天命，便会同哀骀它一样，可以从内在不断挥洒出与生俱有的"绵绵若存，用之不勤"② 的"道"。

哀骀它内在的"道"始终都饱满，世人则多在习染中逐渐流失，流失的关键在"道之所以亏，爱之所以成"③。这个"爱"，是指不合于天道的偏私，愈往偏私追求，内在与生俱来的道（无）便愈亏损。亏损愈多，从本质体现的创造性及挥发性就愈被局限，这是导致人感到危机，以致焦躁地陷入"内卷"或"躺平"的极重要关键。

既如此，找回并谨慎持守内在的"道"（无），才是令人可恢复动力的当务之急，老子早已洞察这要领，故在第三十九章里即强调："神得一以宁。"④ 维系精神安定的最重要凭据，不是外在物质也非外在条件，而是"一"，也就是内在的"道"。少了这份安定，谁都会失去主心骨，陷入"神无以灵则恐歇"的危机。

哀骀它的精神比常人更丰沛饱满，是因他只专注于"神得一以宁"，与世俗所看重外在璆璆如玉的虚荣全然相反，故而对鲁哀公所给予的崇高禄位才会毫不动心。哀骀它所涌现的美好全来自"道"（无），使得外在看似毫无文采的他，反倒比谁都更具魅力。庄子借此就是为说明，与其顺应着世俗所追求的"天下皆知美之为美"，不如改弦易辙地采取"反者道之动"⑤。返回于"道"使心往内安住，不受外界牵动，丧失掉的动力就可被一一寻回，这是最不费劲又最能瞬间充沛精神的唯一途径。

但如何才能返回道？老子用一"反"字最是传神。"反"既是与世俗狭隘的价值观全然相反，也在破除世俗所陷入的圈套和迷惘。整部《道德经》谈的全都是"反"，"反"后便能从局限跨入无限，一切的捆锁就能全被解套，这是令哀骀它能体现"万物无足以挠吾本心"⑥，精神又可达到完全凝聚的关键。

"不动心"是古圣先哲所最歌咏的逍遥，孔子"人不知而不愠"、孟子"富贵不

---

① 《礼记·中庸》，清嘉庆二十年（1815）南昌府学刊本，卷第52，第879页。
② 《老子王弼注》第六章，影印武英殿聚珍版本，上卷，第6页。
③ 庄周著，郭庆藩集释：《庄子集释·齐物论》，第74页。
④ 《老子王弼注》第三十九章，影印武英殿聚珍版本，下卷，第4页。
⑤ 《老子王弼注》第四十章，影印武英殿聚珍版本，下卷，第5页。
⑥ 范应元集注：《宋本老子道德经·第十六章》，第60页。

能淫，贫贱不能移，威武不能屈"，及老子的"虽有荣观，燕处超然"，无不皆是"不动心"后才可有的具体展现。但问题是，世俗的尘染和吸引都太强大了，"反"谈何容易？为了让"反"能被具体落实，庄子则理出了"心斋"和"坐忘"功夫。

（一）心斋

何谓心斋？《庄子·人间世》曰：

> 若一志，无听之以耳而听之以心，无听之以心而听之以气。听止于耳，心止于符。气也者，虚而待物者也。唯道集虚，虚者，心斋也！①

想专一地凝聚精神，先得"耳根虚寂，不凝宫商"②。"道"之所以亏，多是因太纵情于感官，故而首要止息的就是对感官的倚赖。问题是，人靠感官才能接收外界讯息，岂能止息这依赖？庄子之意，是要我们止息掉一切因情欲而想听和想看的，这就是"无听之以耳"。情欲会令人丧失理智，不能做正确判断，甚至还会迷失在无谓的追求……此外，感官不过只是向外接收信息的管道，是辅佐认知的工具，不能成为认知的主体；认知的主体是"心"。因此，"反者道之动"的第一道功夫，就是将认知的主体给导正，不再让感官喧宾夺主，这便是"无听之以耳，而听之以心"。

"听之以心"虽已十分可取，但仍会有执着，必须到达"用心若镜"③，不使外物滞留于心，这便是"心止于符"。"心止于符"并不容易，唐人玄成英以为要"取此虚柔，遗之又遗，渐阶玄妙也乎！"④就是要把刚强的固执给去除，转向"毋意、毋必、毋固、毋我"的虚柔，以苟日新、日日新、又日新为目标地叮嘱自己，才可能察觉到沉淀于心中足以搅动情绪的各种念头。"能察觉"是"心斋"过程中相当重要的关卡，必须"能察觉"，才可能朝"涤除玄览，能无疵乎"⑤的目标上努力！

由此可知，要达到"心止于符"就得从"虚柔"下手，怀抱着以"天下之至柔，驰骋天下之至坚"的态度去待人接物。只有将逞强的心移除，"本心（才可能）精明如玉之无瑕疵鉴之无尘垢"⑥，所见才将是"用心若镜"的真相。

（二）坐忘

"心斋"是将认知从感官逐渐移转，直到"同于大通"，欲落实至此，还得透过

---

① 庄周著，郭庆藩集释：《庄子集释·人间世》，第147页。
② 玄成英疏，郭庆藩集释：《庄子集释·人间世》，第147页。
③ 庄周著，郭庆藩集释：《庄子集释·应帝王》，第147页。
④ 玄成英疏，郭庆藩集释：《庄子集释·人间世》，第147页。
⑤ 《老子王弼注》第十章，影印武英殿聚珍版本，上卷，第8页。
⑥ 范应元集注：《宋本老子道德经·第十章》，第38页。

"坐忘"的功夫。所谓坐忘：

> 堕肢体，黜聪明，离形去知，同于大通，此谓坐忘。①

"肢体"是会导致"宠辱若惊"的身躯（"有身"），是与浊世相交的凭据，人人皆不能无此"肢体"，否则便不能存在于世，也无法练就"同于大通"的功夫和境界。"同于大通"虽得由"肢体"来练就，但却又不能被肢体给框架，必须跳脱对肢体的执着和倚赖，才能化解"吾所以有大患者，为吾有身，及吾无身，吾有何患"②的捆锁，这便是"堕肢体"。简言之，庄子既要我们抽离对外界只以眼、目做判断，也要跳脱我们对外界评价的执着和倚赖。因为人的价值是取决于内在有无丰沛的"道"，有就能载营魄抱一，就能成为老子所标榜的"域中四大"。既已成"域中四大"，又岂是道外之人、事所能评说的。

"堕肢体"后才能从"听之以耳"转向"听之以心"，但"听之以心"最怕自作聪明，故要"黜聪明"。"黜聪明"是以"致虚极、守静笃"的功夫，让自身能走出感官所局限，才不致陷入以偏概全。《庄子·齐物》："圣人怀之，众人辩之以相示也。故曰辩也者，有不见也。"③王弼《注》说圣人是"不以辩为怀"，因圣人已同于大通，生命只全在怀抱宇宙，与"道"合为一体，已"参万岁而一成纯"④，岂需无意义地去彰显聪明！"昭昭"、"察察"不过只是为了"与物相刃相靡"⑤，若尽只在这些伤生残性的事上周旋，北冥的鲲便不可能"化而为鸟"，也无法升华为"鹏之背，不知几千里也，怒而飞，其翼若垂天之云"⑥，更别奢望能从北海而徙于南冥。

庄子笔下断了双足的王骀，从来是"立不教，坐不议"，门生却与孔子相当。何故？因他已"不知耳目之所宜，而游心乎德之和"，心只专注在与造化者同游，故而即便断失两腿，也是"物视其所一而不见其所丧"⑦。对王骀而言，双足无论是否完好，皆是"知穷之有命""知通知有时"⑧，形体不过只是精神的暂时寓所，他自然不会浪费生命在掌握不了的事上去伤神，这就是"堕肢体，黜聪明，离形去知"。

"鱼相造乎水，人相造乎道"⑨，最适性于鱼的是"水"，最适性于人的是"道"，

---

① 庄周著，郭庆藩集释：《庄子集释·大宗师》，第221页。
② 《老子王弼注》第十三章，影印武英殿聚珍版本，上卷，第11页。
③ 庄周著，郭庆藩集释：《庄子集释·齐物论》，第83页。
④ 庄周著，郭庆藩集释：《庄子集释·齐物论》，第100页。
⑤ 庄周著，郭庆藩集释：《庄子集释·齐物论》，第56页。
⑥ 庄周著，郭庆藩集释：《庄子集释·逍遥游》，第2页。
⑦ 庄周著，郭庆藩集释：《庄子集释·德充符》，第191页。
⑧ 庄周著，郭庆藩集释：《庄子集释·秋水》，第596页。
⑨ 庄周著，郭庆藩集释：《庄子集释·大宗师》，第272页。

"道"是"万岁而一成纯",故庄子曰:"唯达者知通为一。"①真正的智者只会专注在"与道合一"以"同于大通";若还执迷于"昭昭""察察",便将如朝三暮四即怒,朝四暮三才转为欣喜的猴子,终生只能劳役贪竞,还又患得患失。

三、"无"是对"有"的解放和超越

在《庄子·人间世》里有位驼背极严重的"支离疏",一眼望去,他的脸几乎已埋在肚脐下,肩都已高过额头,但替人缝洗衣物便足以度日,为人筛点米糠,也能养活十口人。朝廷征兵,非但与他无关,支离疏还能大摇大摆地行走于行伍间;国家推展赈救济贫,他也能领取三钟米和十捆柴。形体如此畸形又生于乱世的支离疏,却反倒发挥地更充分,庄子于是总结:"又况支离其德者!"②"支离其德"唐人玄成英诠释得最到位,其曰:

> 夫忘德者,智周万物而反智于愚,明并三光而归明于昧,故能成功不居,为而不恃,推功名于群才,与物冥而无迹,斯忘德者也。③

世人多专务在"求用"以证实自身的价值,于是"桂可食,故伐之;漆可用,故割之"④。愈求用就愈牺牲,一牺牲,便不可能"保身""全生""养亲"及"尽年"⑤,故而庄子总结:"唯达知通为一,为是不用而寓诸庸。"⑥人活着,更重要的是能适性地发挥出自身的能力及价值,如此才不致伤身残性,这是最终能达到保身、全生、养亲和尽年的关键。

支离疏精神完全凝聚,只专注在驼背所能完成之事,严重的畸形非但不形成障碍,还能比正常形体发挥出更大作用。支离疏和他的畸形都是"有",他的精神凝聚是"无"(道),所展现的"保身""全生""养亲",是"有之以为利,无之以为用"的最具体印证。若能体悟此理,便只需在道中随应变化,无论得时、不得时,皆只安时而处顺,任何"有"所带来的局限,都可因内在所更充沛的"无"而被逐渐消解。

惠施以"其大木拥肿而不中绳墨,其小枝卷曲而不中规矩,立之涂,匠者不顾"

---

① 庄周著,郭庆藩集释:《庄子集释·齐物论》,第70页。
② 庄周著,郭庆藩集释:《庄子集释·人间世》,第180页。
③ 庄周著,郭庆藩集释:《庄子集释·人间世》,第182页。
④ 庄周著,郭庆藩集释:《庄子集释·人间世》,第187页。
⑤ 庄周著,郭庆藩集释:《庄子集释·养生主》,第115页。
⑥ 庄周著,郭庆藩集释:《庄子集释·齐物论》,第70页。

的无用樗树，来形容庄子所言皆"大而无用"①，实是因惠施全然不解何谓"可用"。真正的可用，必须要能"保身""全生""养亲"和"尽年"；"求用"不但得丧失本真，还会将最多的精力都耗在未必有价值的事上，如此自然要"不（得）终其天年而中道夭"②。

再出类拔萃的才华，若无可尽年的形体，又岂能于时机成熟时得着适性施展！力拔山兮气盖世，打了八年硬仗却从未败北的项羽，若不荒唐地于乌江自刎，又岂能将皇帝宝座让给从未打赢过他的刘邦！项羽与生俱来的战斗力决非常人能比，但刚愎自用却使他无法发挥大用。项羽即便拥有再多的天赋异禀（有），却从不"载营魄抱一"地"专气致柔"和"涤除玄览"，纵然拥有再多的"有"，也会在"宠辱若惊"中一再耗损，以至丧失斗志地以自刎来"躺平"。

齐国曲辕有棵为社神的栎树，大到可遮盖几千头牛，不仅树干达百尺之宽，树身也高过山顶。领门徒经过的匠伯，却不肯瞧上一眼，关键就在这树从不为世间而用，故能始终免遭砍伐而享此长寿。

这类的大栎树，是惠施眼中的"大而无用"，但这"大而无用"只要"树之于无何有之乡，广漠之野"，不仅能"不夭斤斧"，还能令来往行人"逍遥乎寝卧其下"③，物、我之间皆得逍遥也皆得尽年，岂不为更超出凡俗的大用。真正的大用，绝仅为世俗的认可而发挥，乃是"和之以天倪"④，就是在天赋中适性地发挥，才能利己又利人地成就着天地间的一切造化，这便是道家所最倡导的"天人合德"。

四、"无"成就绵绵不绝之"有"

进入21世纪，人类面临的最大困境，不外乎是"内卷"和"躺平"；这两词看似对立的一动和一静，但实质却都是走出"道"外后所呈现的失衡。"内卷"是"俗人昭昭"及"俗人察察"所形成的"众人皆有余"；"躺平"虽不"昭昭、察察"，也未"闷闷、昏昏"⑤，但因看不见希望，也提不起动力，便以各种借口来逃避责任或自我放弃。"躺平"甚至还常与"躁郁"联结，这项危机远比疫情更令人棘手，也是当今全球仍未寻获良方的最大困境。

更遭的是，现今全世界多已争先恐后地陷入万事皆可"内卷"的盲目状态——"宁可累死自己，也要卷死别人"的集体无意识。"躺平"和"内卷"原都是源于一

---

① 庄周著，郭庆藩集释：《庄子集释·逍遥游》，第39页。
② 庄周著，郭庆藩集释：《庄子集释·人间世》，第172页。
③ 庄周著，郭庆藩集释：《庄子集释·逍遥游》，第40页。
④ 庄周著，郭庆藩集释：《庄子集释·齐物论》，第108页。
⑤ 《老子王弼注·第二十章》，影印武英殿聚珍版本，上卷，第19—20页。

种无法止息的焦虑，更可怕的是，一旦陷入"躺平"或"内卷"，焦虑还会加深，[1]又再形成另一股如滚雪球似的重担。

但为何全球多要陷入万事皆可"内卷"？因"内卷"会令人错觉似乎能抓到什么，这即是老子所形容"昭昭""察察"者所最津津乐道的"有余"。在《道德经·第五十三章》里还对"内卷"之徒用极贬抑的"盗夸"来形容，说他们是"服文彩，带利剑，厌饮食，财货有余"的"非道也哉"[2]。即便再"有余"，也是"物壮则老"的"不道早已"[3]，终究也仍是逃脱不了"出生入死"[4]疲惫不堪的困境。

愈陷入"内卷"，强烈焦虑所潜藏的"躺平"概率也将随之愈高。因"内卷"极易令人迷失在"天下皆知美之为美""皆知善之为善"[5]的网罗中，使人更陷入感官的判断，将自身的价值不立在"率性之谓道"的体现，反倒"宠辱若惊"地一味迎合世俗。

处在任何时代，只要脱离"道"，就一定会陷入"内卷"和"躺平"，只是在不同时期，被冠上了不同名词。20世纪70年代的美国称为"嬉皮"，90年代的日本出现"宅男""宅女"，2021年网上最有热度的语词则是"躺平"和"内卷"，无论称呼如何变化，实质却都雷同。远在两千多年前，老子便已洞察了这永远会伴随世人的困境，故而所写下的《道德经》，才会逐章逐句地罗列出"道"与"非道"的强烈对比。在第四十章里还更直截了当地昭示："反者道之动，弱者道之用，天下万物生于有，有生于无。"[6]老子将生机的源头直指向创生万物的"道"[7]，如此一来，化解"内卷"及"躺平"的良方，便极简明扼要地展现了，那便是返回于生机源头的"道"。

转回"道"后将会出现什么结果？老子在《道德经·第四十三章》里非常明确地表示：

> 天下之至柔驰骋天下之至坚，无有入于无间，吾是以知无为之有益。[8]

无论多坚硬的物质，至柔都能降伏，这便是第七十三章所言："不争而善胜，不

---

[1] 悠悠我心、枫月：《内卷与躺平背后的心理学 内卷有理？躺平无罪》，《世界博览》2022年3月6日，第59、60页。
[2] 《老子王弼注》·第五十三章，影印武英殿聚珍版本，下卷，第19页。
[3] 《老子王弼注》第五十五章，影印武英殿聚珍版本，下卷，第21页。
[4] 《老子王弼注》第五十章，影印武英殿聚珍版本，下卷，第15页。
[5] 《老子王弼注》第二章，影印武英殿聚珍版本，上卷，第2页。
[6] 《老子王弼注》第四十章，影印武英殿聚珍版本，下卷，第5-6页。
[7] 《老子王弼注》第四十二章，影印武英殿聚珍版本，下卷。
[8] 《老子王弼注》第四十三章，影印武英殿聚珍版本，下卷，第9—10页。

言而善应，不召而自来，繟然而善谋"①。在"道"里，一切都会水到渠成，当然无须"内卷"的互耗，这就是"无为而无不为"。世人只需"相造乎道"，潜能便可自然而然地充分挥洒，又岂会出现因达不到他人期望所衍生的"躺平"。

《道德经·第五十四章》："善建者不拔，善抱者不脱，子孙以祭祀不辍。"② 王弼注："固其根而后营其末，故不拔也。"根源（"道"）固守后，只顺着规则走，便能达到庄子所言："缘督以为经，可以保身，可以全生，可以养亲，可以尽年。"③ 庖丁十九年解过数千头牛，不仅刀刃"若新发于硎"，丝毫未损；解牛之欢快，还能"莫不中音，合于桑林之舞，乃中经首之会"。牛只无论多壮硕、筋骨无论多复杂，庖丁皆游刃有余，动刀甚微，即"謋然已解，如土委地"④；庖丁、刀与牛只全在"道"中"正善治、事善能、动善时"⑤，岂不正是老子所强调"为无为，则无不治"⑥的理想境界。

当代许多大学生选择"躺平"，多是为"通过降低期望来保护自尊，预防真正失败导致的受挫感"⑦。这个现象不仅存于今日，两千多年前，孔子领门生周游天下困于陈、蔡，寸步难行，与外界又无法联系，导致七日断粮，追随的弟子大多病倒，唯有孔子仍一如往常地"慷慨讲诵，弦歌不衰"。子贡和子路根本承受不了，子贡甚至提出："夫子之道至大，故天下莫能容夫子，夫子盍少贬焉？"⑧ 子贡认为是夫子的理论境界太高，世人理解不了，孔门才遭此困厄，故而盼夫子能降低些标准。但一同受困的颜渊却有不同主张，以为：

> 夫子之道至大，天下莫能容，虽然，夫子推而行之，世不我用，有国者之丑也。夫子何病焉？不容，然后见君子。⑨

颜渊也认同孔子境界异于常人的博大高深，确实是易导致世人难以认同，但孔子并不气馁，始终身体力行，不得世人认可，反倒是各统治者该反思的耻辱，夫子何需降低标准！无论环境如何艰难，夫子都不改其行道本色，这才更彰显出孔子是造次必于是、颠沛必于是的君子啊！

---

① 《老子王弼注》第七十三章，影印武英殿聚珍版本，下卷，第38页。
② 《老子王弼注》第五十四章，影印武英殿聚珍版本，下卷，第19页。
③ 庄周著，郭庆藩集释：《庄子集释·养生主》，第115页。
④ 庄周著，郭庆藩集释：《庄子集释·养生主》，第118、119页。
⑤ 《老子王弼注·第八章》，影印武英殿聚珍版本，上卷，第10页。
⑥ 《老子王弼注·第三章》，影印武英殿聚珍版本，上卷，第4页。
⑦ 张晓庆：《"丧文化"背景下的青年积极社会心态培育研究》，《中国青年研究》2019年6月，第113—118页。
⑧ 杨朝明、宋立林主编：《孔子家语通解》"在厄第二十"，济南：齐鲁书社，2016年，第245页。
⑨ 杨朝明、宋立林主编：《孔子家语通解》"在厄第二十"，第245页。

期盼通过从政以推行大道却不得天下认可的孔子，既没急躁地陷入"内卷"，也未因一再地挫败而"躺平"；不仅困于陈、蔡时如此，路过匡地，遭"宋人围之数匝"，孔子也仍是"弦歌不惙"。孔子超乎寻常的沉稳，令围困的将领开始怀疑是否围错人了？故而一着甲胄的将士进入重围，发现所困竟不是曾迫害过他们的阳虎，便急于道歉且撤除重围。

显然，危急时最能沉稳面对困境的，既非是最有财富的子贡，也不是武艺最高超的子路；反倒看似最风烛残年的孔子，"内省不穷于道，临难不失其德"，历经劫难，才测出了自身在"道"中的高度。孔子于是欢喜地说："陈蔡之隘，于丘其幸乎！"① 孔子所内观的"道"与"德"，才是支撑孔子能战胜环境的最主要凭据，这就是老子所强调的"无"。正因有此深厚的"无"，才令孔子这"有"，可始终游刃有余地安身立命，此即印证老子所提出的"有之以为利"，若想绵延不绝地持续发挥作用，就还得再系之以"无之以为用"。因此，内在的"无"（道）愈足够，"有"就愈能安时而处顺，无论环境如何，都绝不陷入无谓的"内卷"或"躺平"。

结　语

出生时人人都是"含德之厚"，与"道"同隶属于域中四大，但随着环境的习染，又被不足为道的"小成"及"荣华"所诱惑，我们便从原有的"载营魄抱一"，抽离至"宠辱若惊"后的躁动与庸俗。于是生活在这世上，便常因着得时与不得时，而陷入无法自拔的"内卷"或"躺平"。无论"内卷"或"躺平"，同样都是"出生入死"，非但找不到生机，还更易陷入寻不着突破口的困境。远在两千多年前的老子，早已独具慧眼地看到这始终牵绊人心的危机，故而提出"有之以为利，无之以为用"以告诫世人，外在的形体（有），须倚靠内在所饱含的道（无），才能精神凝聚以发挥源源不绝的创造力。只有"绵绵若存，用之不勤"的"无"，才能令万有可始终焕发生机，非但无江郎才尽的困扰，还能随着"虚而不屈，动而愈出"的"无"，一道发挥"浊以静之徐清""安以动之徐生"的"用之不足既"。

"有""无"不仅要相互配合，"无"的深厚与否，甚至还更是"有"能被彰显的程度依据。少了"有"，无以成物质；但若单只具"有"而缺少"无"，"有"也是无以流畅发挥。老子提出"有之以为利，无之以为用"，其实更多的着力点还是在"无"。因"有"是本能，是感官的自然反射；"无"则要透过学习和体悟，才能在"有"中被印证及延续发挥。"有"终有结束之日，"无"却可永续长存；"有""无"若能最适宜地结合，即便"有"已终结，"无"也还是能持续再发挥着最超越的"死而不亡者寿"。

---

① 庄周著，郭庆藩集释：《庄子集释·让王》，第982页。

"无"是永不枯竭的能源体，只有掌握住"无"，才能再也看不到匮乏，"有"便能源源不绝地挥洒；若如此，就是"内卷"和"躺平"已被终结的时期。

老子思想与西方哲学比较研究

荣格本我理论与老子道论思想相关性初探

魏周琳　唐紫钰[*]

内容提要： 荣格是瑞士著名的心理学家、分析心理学的创始人，也是人格心理学的主要创始人之一，他对于人类心灵的深层进行了深入的探究，提出了集体无意识、原型、本我、同时性等极富特色的重要理论。与荣格相同，也对内心世界进行深入内省的东方圣人老子，其道论与荣格的本我理论甚为相似，有许多可比之处。本文试图就两者进行比较，互阐互发，从而深入了解这两个向来被认为极为幽深、难懂的理论，并希望能为人类提供一个健康合道的生活处世的视角。

关键词： 荣格　老子　本我　道

一、荣格及其与道教之"道"

（一）荣格简介

卡尔·古斯塔夫·荣格（Carl Gustav Jung, 1875—1961），瑞士著名的心理学家、分析心理学的创始人。他出生于瑞士开斯威尔的一个宗教气氛十分浓厚的家庭，其父为牧师。1900年，获巴塞尔大学医学博士学位，接着到苏黎世大学精神病诊所任职。1911年在弗洛伊德的全力支持下出任国际精神分析学会第一任主席，被认为是弗洛伊德的法定继承人。但后来，因与弗洛伊德在学术观点上的分歧日大，到1914年荣格辞去国际精神分析学会主席的职务，退出该学会，两人关系破裂。此后，荣格将研究视角转向分析心理学领域，以临床精神病治疗为第一手资料，再从哲学、考古学、神话学、人类学、心理学等各个领域进行了大量广泛深入的思考与研究，对人类心理的深层领域进行了发掘与探究，提出了富有自己特色的人类心理深层的

---

[*] 魏周琳，龙虎山道教学院教师。唐紫钰，龙虎山道教学院教师。

理论，如，集体无意识、原型、本我、同时性等，从而开创了分析心理学派。荣格对人格的健康成长很是注重，也是人格心理学的重要创始人之一。荣格的心理学理论深受东方文化的启发与影响，尤其中国文化的道教"内丹"思想、功法，以及《易经》的思想。他极力推崇中国文化，曾为《太乙金华宗旨》《西藏生死书》与《大解放西藏书》作评，为《易经》作前言介绍，从分析心理学角度介绍中国的传统思想，为西方人了解中国的深层文化做了开拓性的贡献。

（二）荣格与道教之"道"

荣格与道教是怎样的一个关系呢？他深受道教文化的影响，但其理论主要是他自己体验摸索出来的，并非学习道教文化而来。其理论基本上是他自己通过对自己灵媒妹妹的试验，对精神病人的观察治疗，对早期思想家思想的学习，包括歌德、康德、叔本华、赫特曼、尼采、黑格尔等，以及对诺智派理论及中世纪炼金术的学习而得来的。弗洛依德对他的影响也很大。但道教文化对他来说确也意义重大、影响深远。荣格在《金华的秘旨》（《太乙金华宗旨》的翻译注释）第二版前言中，这样述说本书对他的意义及影响："我已故的朋友，本书的作者之一卫礼贤把这部《金华的秘旨》寄给我时，我的工作正处于一个艰难时刻。1913 年以来，我一直埋头于研究集体无意识的过程，也得出了一些结论，但其中很多地方让我感到不能肯定。……因为没有可能的旁证，我 15 年的努力成果似乎不能作为定论。……就在这时，卫礼贤给我寄来这部著作，使我从困境中摆脱出来，它正好包含了我在诺斯提教中费尽心思也找不到的东西。这部文献使我有可能发表一些基本的研究成果，至少以一种暂时的形式发表出来。"[①] 可见《金华的秘旨》这部中国道教内丹修炼功法的书籍，使荣格不太坚信的理论，得到了印证，也给他以借鉴、启发，理清了思路，从而坚定了其继续研究、公布其研究成果的信念，使他从集体无意识的困境中摆脱了出来。他在其自传中这样写道："只是读了《金花》的文本之后，对炼丹术的本质我才开始逐渐了解，而这篇中国炼丹术的样本则是理查德·威尔海姆于 1928 年寄给我的。"[②] 而后他叙说道，开始读懂中世纪的炼丹术，他恍然大悟地写道："我很快便看出来，分析性心理学以一种十分奇怪的方式而与炼丹术不谋而合。炼丹术士们的体验在一定意义上便是我的体验，而他们的世界便是我的世界。"[③] 除《金华的密旨》另一部道教内丹书籍也对他有一定的影响，它便是伍柳仙宗一系的《慧命经》。他对中国道教的理解应主要来源于这两本书。这两本内丹术书籍，都是对老子"道"论思

---

① 卫礼贤、荣格：《金华养生秘旨与分析心理学》，通山译，台北：东方出版社，1993 年，第 8 页。
② 荣格：《回忆·梦·思考——荣格自传》，刘国彬、杨德友译，沈阳：辽宁人民出版社，1988 年，第 345 页—346 页。
③ 荣格：《回忆·梦·思考——荣格自传》，第 348 页。

想在内丹术中的具体运用阐释，都是以老子"道"的思想为指导思想的。从源头来看《金华的密旨》的作者据传是"吕祖"，"吕祖"自己将其传承追述到老子的弟子"尹喜"。当然《慧命经》中也充满着佛教思想，但不影响道教思想的主导地位。卫礼贤翻译的《易经》被称为《变化》的书籍对荣格理解中国传统文化也给予了极大的帮助。那么荣格怎么认为中国的"道"呢？

荣格在《金华养生秘旨与分析心理学》一书中有他对《金华的密旨》的一篇评论，此中集中具体讲述了他认为的"道"。他结合卫礼贤对道德定义，论述"道"为："西方人的头脑中，根本没有道这个概念，'道'这个字是有'首'和'走'组成的，卫礼贤译为 Sinn（意义），也有人译为 Way（道路），Providence（天道、天命），甚至译为 God（上帝），如耶稣会士就是这样译的，由此可见翻译的难度。'首'可引申为意识，'走'可以视为沿着某条道路行进，这样'道'的含义就应该是：有意识地行进，或者是自觉的道路。'天光'（the light of the heaven）也常用作道的同义词。'天光'与'天心'一样'居于两目之间'，性命就包含于'天光'之中，根据柳华阳的说法，性命是道的精微所在。这里'光'象征着慧（意识），所以慧的性质就表达为与'光'相似的东西。"[①]他认为在对"慧"强化的同时也要对"命"进行强化，如此"慧、命"完美的结合，就可以"大道乃成"。称："除了慧以外，命也要强化。两者的结合便产生了'慧命'，由《慧命经》可知，古人已经知道了如何填充慧命间的鸿沟，如何炼出舍利子，即不朽之躯，于是'大道乃成'。"[②]他继续论述道："如果我们认为'道'是一种方法或自觉地道路，通过它，可以把被公开的元素结合起来，这时，我们可能接近了这个概念的心理学内涵。……毫无疑问，隐藏在无意识当中的对立面的呈现即'逆转'，意味着两者在生命存在的无意识法则下的重新结合。其目的在于获得'自觉的生命'（慧命），以中国人的行话来说，就叫回归于道。"[③]可见荣格认为"道"是一种途径，是有意识地走向"自觉"的道路。这种意识过程，是"慧""命"这两种最主要的对立物的结合的过程，是意识、无意识等对立物的统合的过程。将对立物完全统合了，就是"回归于道"，即得"道"了。如此来看荣格所认为的"道"就相当于其心理学中的"本我"概念。随后，按其心理学的概念逻辑，他讲到"曼陀罗"是这种对立物统合的一种象征。即，曼陀罗既是"道"的象征，也是"本我"的象征。称："这些图画（曼陀罗，作者按）是自发的产生出来的。……其二生命，全身心的投入生命，生命中就会产生对斯我（本我，作者按）

---

① 卫礼贤、荣格：《金华养生秘旨与分析心理学》，第 88—89 页。
② 卫礼贤、荣格：《金华养生秘旨与分析心理学》，第 89 页。
③ 卫礼贤、荣格：《金华养生秘旨与分析心理学》，第 89—90 页。

的直觉，也就是对个体生命存在的感知。"① 在谈到得"道"的状态时，他认为这也是实现"本我"的状态，即，"神秘互渗"的消失，意识与客体的分离。荣格称："对无意识的理解，使我们从她的控制中解脱出来，这也正是这部著作的目的。……这首描述功德圆满的诗句勾勒出一种心灵状态，这种状态若以一种恰当的方式来描述，可称之为：意识从世界中的分离，或者说，意识从现实中的隐退，以至超越。这时，意识既是空，也是非空，它不在对种种物的影像忧心忡忡，而只是映射着他们。迄今为止，一直压在意识头上的大千世界并没有因此而失去丰富和绚丽，只是它不再能主宰意识了。由于意识与世界的原初结合已经寿终正寝，世上万物对意识的奇特要求也就无以为继了。无意识不再显现出来，它与事物原初的神秘互渗也便消散一空。于是意识不再为种种难以抑制的心机殚精竭虑，而转向到冥思内视之中。对此这部中国著作讲得恰到好处。……这种超脱是我在我的工作实践中早已熟悉的东西，它正是我和我的病人共同追求的那种完美的治疗效果，即神秘互渗的消失……如果我们承认无意识和意识是相互起着决定作用的，如果我们能以这种方式来生活，即使是意识和无意识或本能需求都尽可能地得到承认，那么，全部人格的重心就会转移，它将移出仅仅是意识之中心的自我，取而代之的新位置将是一个位于意识和无意识之间的一个假想点，我称它为斯我。如果迁移能够成功，神秘互渗就会彻底绝迹。就是说，人格发展了，它在低层只是忍受压迫，而在高层次上，它异乎寻常地超越了痛苦以及欢乐。"② 由此可见，荣格是将"本我"等同于"道"的。当然荣格他没有将老子的"道"与其心理学上的"本我"做一专门的论述，只是在其评论此书《金华的秘旨》及介绍其心理学的行文中，隐隐提出。作者以为将两者展开论述是一件很有趣而且极富意义的事。可以对这两者向来以为艰深难懂理论进行互阐互发，从而更加清楚地了解两者的思想。

二、老子及其《道德经》

老子，姓李（或老），名耳，字聃。春秋末年陈国苦县赖乡曲仁里人（今河南省鹿邑县东），稍早于孔子，享年不可考（一说一百五十岁，一说两百余岁）。他曾为周王室守藏室之史，属于执掌周王室文献图书工作的官职，当为精通古代文化典籍的博学之士。他为我国古代著名的思想家、养生家，为道家学派的创始人。后人对其生平事迹亦知之甚少，主要事件有孔子向老子问礼与老子著《道德经》二事。据

---

① 卫礼贤、荣格：《金华养生秘旨与分析心理学》，第93页。
② 卫礼贤、荣格：《金华养生秘旨与分析心理学》，第113—116页。

许抗生先生考证为:孔子见到老子并不止一次,至少有三次[①]。但问礼与著《道德经》二事,大致不出《史记·老子韩非列传》所述:"孔子适周,将问礼于老子。老子曰:'子所言者,其人与骨皆已朽矣,独其言在耳。且君子得其时则驾,不得其时则蓬累而行。吾闻之,良贾深藏若虚,君子盛德,容貌若愚。去子之骄气与多欲,态色与淫志,是皆无益于子之身。吾所以告子,若是而已。'孔子去,谓弟子曰:'鸟,吾知其能飞;鱼,吾知其能游;兽,吾知其能走。走者可以为罔,游者可以为纶,飞者可以为矰。至于龙,吾不能知,其乘风云而上天?吾今日见老子,其犹龙邪!'老子修道德,其学以自隐无名为务。居周久之,见周之衰,乃遂去。至关,关令尹喜曰:'子将隐矣。强为我著书。'于是老子乃著书上下篇,言道德之意五千余言,而去,莫知其所终。"[②] 所出之关当为函谷关。

《道德经》为老子所著,战国中期有所增补[③],但其主要内容为老子所作。《道德经》分上下两篇,一篇为道经,另一篇为德经。其前后顺序各版本不一。它是我们中国传统文化思想中最伟大著作之一。但其思想抽象、幽深,注本、译本甚多,大家各持己见,从不同角度阐发诠释着这部古老而神秘的著作。其大致思想讲述"道"的理论,以及如何修道,即"德"的问题。老子所说的"道"为先天地的混成之物,它永恒存在,是世间具体万物的本源,最终具体万物都要复归于它。它也是具体万物运行变化的总规则。它弥漫于天地间,没有一物曾离开过它。它无形无状、无声无味、搏之不得,玄之又玄,无法用言语表达。老子认为只要我们向道学习,处自然,行无为之道,自然可以体道、得道,如水、似婴儿一般处下质朴、自得其乐。如此治国可以国泰民安,风尚淳朴、安居乐业。

从相关记载及《道德经》可以看出,老子是一位富有丰富的生活经验、具有广博知识的大智者。他也当是一位对自己内心有着深刻体会的内省者。也是一位通晓身心健康之道的养生家、隐士。这与荣格有很大的相似之处,尤其是在对自己内心深刻的反省方面。我们相信老子的思想绝大部分是他自己通过内省方式体验而来的。老子与荣格都走进了心灵的深处,都提出了一个普世的最高范畴"道"与"本我",而且极为相似,甚至相同,荣格本人隐约也是这样认为。下面我们将具体比较论述荣格的"本我"论及老子"道"论。

---

① 许抗生:《老子评传》,南宁:广西教育出版社,1996年,第8—9页。
② 司马迁:《老子韩非列传》,《史记》第4册,北京:光明日报出版社,2015年,817页。
③ 许抗生:《老子评传》,第15—19页。

二、本我与道

（一）从本质上讨论"本我"与"道"

荣格认为"本我"从本质上来说是属于集体无意识的，是一个原型，我们的意识无法捕捉得到的。它是通过象征的手法"本我原型意象"来被意识发现而体验到的。"为了对心灵中运作产生这个目标与模式的原型因素命名，荣格……选择了'本我'（self）这个词汇"[①]可见"本我"是心灵中运作产生目标与模式（表现为秩序与统一的普世意象）的原型。而原型为集体无意识内容的结构模式，它本身是超心灵。"人类心灵的最深层称为'集体无意识'并认为它的内容综合了普遍存在的模式与能量，分别称为'原型'与'本能'。"[②]"首先，由于我们的原型经验是通过原型意象与观念的形式出现在心灵中，所以它是心灵与心理的。但是它本身却无法象表出来，它的本质也在心灵的世界之外。"[③]在讨论到"同时性"理论时，它又明确提出原型的"逾越性"。"'虽然原型与因果过程有关或由其带出，但是却持续超越它们的参考架构——这是我称为'逾越性'的一种侵犯动作——因为原型并不只在心灵领域里发生，它们一样在非心灵的情景中发生（相当于心灵过程的外向物理过程）。'……荣格企图用所谓的逾越性来说明，发生在心灵中的模式与心灵外的模式及事件是相关的。两者的共同特色便是原型。"[④]"对荣格而言，本我是超越的，这表示它不是由心灵领域所界定，也不是被包括在其中；相反地，它不仅超越心灵领域，更重要的是它界定了心灵领域。"[⑤]在这一点上它与老子的"道"也有相似之处。老子认为"道"为不可言说，用眼睛、鼻子、肢体等感官无法直接认识的。称："道，可道也，非恒道也。名，可名也，非恒名也。"[⑥]老子认为我们要讨论的这个"道"是不可以命名、无法用语言表达的具有"恒久"属性的"道"。再如："视之而弗见，名之曰微；听之而不闻，名之曰希；捪之而不得，名曰夷。三者不可致诘，故混而为一。"[⑦]可见"道"是用眼睛看不见的，用耳朵听不见的，用身体触摸不到的。它是不能用它们来知道的，三者都不用，而"受之以静""求之以神"，可以得"一"，即可以得"道"。"河上公注：'三者为"夷""希""微"也；不可致诘者，夫无色、无声、无形，口不能言，书不能传，当受之以静，术之以神，不可诘问而能得之也。混，合也。故合

[①] Murray Stein：《荣格心灵地图》，朱侃如译，新北：立绪文化事业有限公司，1999年，第20页。
[②] Murray Stein：《荣格心灵地图》，第110页。
[③] Murray Stein：《荣格心灵地图》，第278页。
[④] Murray Stein：《荣格心灵地图》，第278页。
[⑤] Murray Stein：《荣格心灵地图》，第194页。
[⑥] 高明：《帛书老子校注》，上海：中华书局，1996年，第222页。
[⑦] 高明：《帛书老子校注》，第282—283页。

于三，名之而为一。将锡昌云：'泰初时期，天地未辟，既无声色，亦无形质，此种境界不可致诘，亦不可思议。老子以此即道之最高之道，无以名之，故名之曰'一'也。"① 老子也直接说"道"为先天地生的，即按荣格概念当为"超心灵"的。这也联系到道的"本源"意。

"道"的本源范畴。有："有物混成，先天地生。寂呵寥呵，独立而不改，可以为天地母。吾未知其名也，字之曰道。吾强为之名曰大，大曰逝，逝曰远，远曰返。"② "道生一，一生二，二生三，三生万物。万物负阴而抱阳，冲气以为和。"③ "道冲，而用之有弗盈也。渊呵，似万物之宗。挫其锐，解其纷，和其光，同其尘。湛呵似或存，吾不知其谁之子也，象帝之先。"④ 由此可见，"道"是超越心灵的，是天地万物的本源，甚至先于人们通常认为万物本源的"帝"之先。而荣格认为"本我"也有初始、本源的范畴。"荣格宣称本我是个人神话的中心。他后来把它视为是最初而首要的原型（太一），所有其他的原型与原型意象最终都源自这里。本我是荣格的心理世界的磁力中心。它的呈现使自我的指针朝向正北。"⑤ 如果考虑到"同时性"理论，"本我"则更具有宇宙本源论的意味了。

（二）"本我"与"道"在意识中的显现。

荣格认为"本我"属于原型，它本身是"超心灵"的，我们意识是无法捕捉到它的。我们之所以认识到它，是因为它透过"类心灵"区域，以象征的方法，即原型意象来间接地反映"本我"原型的。本我的象征"是无所不在而土生土长的（换言之，它们是与生俱来和自发的），而且它们是从原型本身通过原型的类灵区域，然后进入心灵中心的。超越的非心理实体——本我，在心灵系统中作用，产生全体的象征，通常是四方体或是曼陀罗（方形或圆圈）的意象。它们作为统合体或全体象征的重要性，广泛地受到历史与实体心理学的肯定。"⑥

荣格认为"本我"原型意象一般是通过梦境、幻境和其他与世界的关系及互动中呈现出来的。就其自身的经验来说他主要是在深刻的内省阶段（其中有瑜伽似的打坐冥想等），有梦境、自发的绘制曼陀罗以及发生的一些有先知特征的事件，如"门铃事件"等，使他意识到了"本我"原型。而老子在其著作中没有提到做梦、梦境，自己绘制任何图画的事情。关于先知特征之类的超常事件似乎有一句可以勉强

---

① 高明：《帛书老子校注》，第284页。
② 高明：《帛书老子校注》，第350页。
③ 高明：《帛书老子校注》，第29页。
④ 高明：《帛书老子校注》，第239—242页。
⑤ Murray Stein：《荣格心灵地图》，第203页。
⑥ Murray Stein：《荣格心灵地图》，第205页。

印证。称:"不出于户,以知天下。不窥于牖,以知天道。其出也弥远,其知弥少。是以圣人不行而知,不见而明,弗为而成。"①就"不出于户,以知天下。不窥于牖,以知天道"这句,"成玄英疏云:'户者,知觉攀缘分别等门户也。有道之人虚怀内静,不驰于世境,而天下事皆知,此以真照俗也'。……'牖,根窍也。天道自然之理,堕体忘坐,不窥根窍而真心内朗,睹见自然之道,此以智照真也'"②。"其出也弥远,其知弥少"这句,"吕氏春秋论人篇云:'太上反诸己,其次求诸人,其索之弥远者,推之弥疏,其求之弥疆者,失之弥远'"③。这种思想与荣格的理论很相近。荣格认为在"在无意识中,我们知道许多我们不知道我们知道的事。这些可以被称为无思之思,或无意识的先验知识"④。"荣格学派的心理学家有时会说,无意识里没有秘密,换言之,每个人知道所有的事。"⑤根据荣格的理论,老子的"不出户,便知天下事"的说法便很容易理解了,就是老子完全体验到了无意识,所以便可以"不出于户,以知天下。不窥于牖,以知天道"了。正如上面诸家注、疏者所言,老子能够完全体验到"无意识"是由于其"虚怀内静,不驰于世境""堕体忘坐""太上反诸己"等诸如此类深刻内省的原因成就的。这在其著作中亦有表现。如,"致虚极也,守静督也,万物并作,吾以观其复也。夫物云云,各复归于其根,曰静,静,是谓复命。复命常也,知常明也;不知常,妄,妄作,凶。知常容,容乃公,公乃王,王乃天,天乃道,道乃久,没身不殆"⑥。"致虚极也,守静督也,万物并作,吾以观其复也。"苏辙解释为:"致虚不极,则'有'未亡也;守静不笃,则'动'未亡也。……盖致虚存虚,尤未离有,守静存静,尤陷于动,而况其他呼!不极不笃,而责虚静之用,难矣。虚极静笃,以观万物之变,然后不为变之所乱,知凡作之未有不复也。"⑦可见老子不但内省自身,而且还是"虚极静笃"极为深刻的内省自身。老子多处都谈到"静"字,可见他在体道、得道的过程中对内省的强调。通过这些方式,荣格体验到了"本我"的原型意象,老子也体验到了"道"的意象。

荣格"本我"原型意象与老子"道"的意象。荣格通过梦境、幻境及其他与世界的关系中体验到的"本我"原型。它主要有:圆形、方形等集合结构,1、4及4的倍数等数字。老子是这样描述到他直感体验到的"道"的:"有物混成,先天地生。

---

① 高明:《帛书老子校注》,第50—52页。
② 高明:《帛书老子校注》,第51页。
③ 高明:《帛书老子校注》,第52页。
④ Murray Stein:《荣格心灵地图》,第272页。
⑤ Murray Stein:《荣格心灵地图》,第272页。
⑥ 高明:《帛书老子校注》,第298—302页。
⑦ 高明:《帛书老子校注》,第299页。

寂呵寥呵，独立而不改，可以为天地母。"①"道之物，唯恍唯忽。忽呵恍呵，中有象呵。恍呵忽呵，中有物呵。幽呵冥呵，其中有情呵。其情甚真，其中有信。"②所描述的"道"在这"恍惚""惚恍"之中，似乎是"混成"的，而且此物真实存在。荣格也称"本我"中包含对立物，且绘制了一幅"本我"的意象图，它有四个四方体叠成，位于最顶端的是"精神""概念"的四方体；其次阴影的四方体；再次有机物的四方体；第四层级是代表无机物的玄石阶层。这些共同构成了荣格的全体意象。③此图中我们也可以感觉到一些"混成"的意味。在数字方面，老子似乎将"一"与"道"等观。如，"道生一，一生二，二生三，三生万物"等。荣格认为："当这些存有的基本结构，在心灵中以意象的方式被感知到，它们通常会以圆圈（曼陀罗）或四方形（四方位体）出现，而一与四这两个数字与它们有关。从一（太初），通过干扰的数字二与三，到数字四（完成、全体）的运动，所象征的是从原初（不过仍然只是潜能）的统一，到全体实现状态的过程。"④可见，荣格"本我"与老子"道"在意识中的意象显现，也有一些共同之处。

（三）"本我"及"道"的实现方式。

荣格认为"本我"原型的功用就是统合对立面，从而显现出"秩序与统一的普世意象"，用来维持心理稳定，情绪的平衡。荣格认为："假如自发展现的心灵过程得以依次展开到终点，允许完整的自我表达，那么这个心灵过程的目标——显现秩序与统一的普世意象——便能够产生。"⑤"心灵的底部有一个基本的结构，而且这个结构能够对那些威胁个人心理稳定与情绪平衡的抛弃与背叛以及由此产生的震撼有所抵御。这就是对深层无意识中，心理统合与全体模式的发现。"⑥如何实现呢？荣格认为：无意识不能被吞噬也不能被压抑。当意识与无意识一方被压抑，并被对方伤害时，它们无法形成全体。两者都是生命的面向，让各自自由地发展。意识为它理性辩扬，而无意识走自己的道路。⑦从荣格自己走进无意识实现本我的经历来看，他主要也是通过让对立物自然地显现出来，不加刻意地克制；通过对梦境、梦像的长期的记录、整理、分析，以及通过绘制曼陀罗等。另外瑜伽式的静坐也被用来平静心灵。其中深刻的内省是必不可少的，荣格晚年几乎是离群索居，深刻地体验着内心的生活。

---

① 高明：《帛书老子校注》，第 348 页。
② 高明：《帛书老子校注》，第 328—331 页。
③ Murray Stein：《荣格心灵地图》，第 210—218 页。
④ Murray Stein：《荣格心灵地图》，第 274 页。
⑤ Murray Stein：《荣格心灵地图》，第 202 页。
⑥ Murray Stein：《荣格心灵地图》，第 198 页。
⑦ Murray Stein：《荣格心灵地图》，第 242 页。

《道德经》整本书可以说是在讲述"道"是什么，尤其是讲述如何得"道"的。但总括起来主要讲"自然"或者"无为"的，当然，深刻的内省是整个过程的背景。所谓"自然"或"无为"就是不以人的好恶加以干涉，让万物按其本性自由地发展。这与荣格思想是一致的。但在现实生活中具体怎么做，老子讲得很细致。他劝导我们"无争""抱朴""守素""谦卑""处下""守虚静""慈""俭""不敢为天下先"等。通过"本我"与"道"的实现途径比较，我们发现他们的主旨是一样的，可以成为"无为"或"自然"。

在荣格整个翔实的"本我"理论下，我们可以对老子思想中"美丑""善不善"等对立物有个很好的理解，老子在谈"天下皆知美之为美，恶已；皆知善，斯不善矣"①，其实也让我们不要执着于我们人为的"美丑""善恶"了，在"道"的观点下，"芸芸"万物都是平等的，都能"容纳"于其中，使它们按其本性自由发展，这也便是"自然"之道了。"万物负阴而抱阳，冲气以为和。"这句话老子也从直观上直接道出了"道"的对里面的统合作用。这也是荣格"本我"思想的核心部分。

（四）"本我"与"道"实现的状态

荣格认为"本我"的实现，将是意识与无意识的这个对立物的完全统合，"无意识不再显现出来，它与事物原初的神秘互渗也便消散一空"。"如果我们承认无意识和意识是相互起着决定作用的，如果我们能以这种方式来生活，即使意识和无意识或本能需求都尽可能地得到承认，那么，全部人格的重心就会转移，它将移出仅仅是意识之中心的自我，取而代之的新位置将是一个位于意识和无意识之间的一个假想点，我称它为斯我。如果迁移能够成功，神秘互渗就会彻底绝迹。就是说，人格发展了，它在低层只是忍受压迫，而在高层次上，它异乎寻常地超越了痛苦以及欢乐。"在同时性理论的关照下荣格也这样称：生活在"道"中。"当某个原型场域凝聚起来，而且模式在心灵与客体的非心灵世界同时浮现出来时，我们便有了生活在'道'中的体验。……进入同时性事件的原型世界，让人觉得犹如生活在神的意志中。"②

老子对得"道"的状态也有所描述。有："上善治水。水善利万物而有静。居众人之所恶，故几于道矣。居善地，心善渊，予善天，言善信，政善治，事善能，动善时。夫唯不争，故无尤。"③这在讲上善之人，即得道之人，应该像水一样，居于众人以为低下湿恶的地方，但却能善利万物、心思幽虚、利人物似天、言语诚信、行

---

① 高明：《帛书老子校注》，第229页。
② Murray Stein：《荣格心灵地图》，第281页。
③ 高明：《帛书老子校注》，第253—258。

无为之政、处无为之事、任物自然发展。只有这样，才能无所罪咎、忧虑。老子也常常将得"道"之人的状态比如赤子，称："含德之厚者，比于赤子。蜂虿虺蛇螫，攫鸟猛兽弗搏。骨弱筋柔而握固，未知牝牡之会而朘怒，精之至也。终日号而不嗄，和之至也。知和曰常，知常曰明，益生曰祥，心使气曰强。物壮即老，谓之不道，不道蚤已。"[①] 认为得"道"之人，就像婴儿一样，无私无欲，骨筋柔弱、手握坚固；精气充沛，不知男女之事而生殖器翘起；元气充和，终日号哭而嗓子不沙哑；明白阴阳相交之理，统合事物之对立面，就是合道，就能明白宇宙真理；单方面偏重"益生"是不祥而招致灾难的；偏重事物单方面的发展，是不合"道"的，不合"道"就会早亡。得"道"后，毒虫、猛禽、凶兽也不会伤害你自己。

通过两者的比较，我们可以发现，他们实现"本我""得道"后的状态，都应该是对立物得到很好的统合，摆脱痛苦与烦恼，"无私无欲""无忧无虑"。有趣的是荣格认为幼儿时期的意识状态——神秘互渗——更接近于绝对真实。而完全实现"本我"其实是在意识清醒状态下的"心""物"合一。老子也将得"道"之人比如"婴儿"。此外老子还提出了身体方面的表现，"精气充足""元气充和""骨筋柔弱而富有力量"。还讲到要善利万物等。也提到得"道"之人不为毒虫、猛禽、凶兽伤害的事。

四、结论

本文通过对荣格"本我"理论与老子"道论"的比较探析，发现老子所讲的"道"与荣格的"本我"理论极为相似。认为他们都是在深刻内省的情况下，对心理真实的发现。通过心理学的途径，我们可以对有些老子的思想做更完美的理解。也可以给心理学的研究提供一个很好的参照。相信在心理学与"道学"深入研究下，能给人们一个更加真实的世界，可以给人们带来更大的幸福。

---

① 高明：《帛书老子校注》，第89—97页。

"神人之辩"：《巴门尼德残篇》"存在"与《老子》"道"之比较研究

张 磊[*]

内容提要：老子与巴门尼德是中西方哲学史上的重要人物，二氏在构建形而上学理论过程中均采取了相同的逻辑思路去理解本体形态与构建本体理论。但在具体内容上又存在根本性差异：巴门尼德选择以"神性"作为终极支撑，构建起了全体齐整而个体隔绝的理性秩序；老子则以"人生"为主题，搭建起了泛今开放却万物融通的价值世界。尽管如此，二氏的理论作为人类智慧的结晶，为现代的我们仍留下了无尽的启示。

关键词：巴门尼德 老子 存在 道 神人之辩

基金项目：2020年湖南省社会科学规划项目"出土文献视域下的先秦道家精气神观念研究"（编号：20YBA173）

巴门尼德（约公元前515年至公元前5世纪中叶以后）是古希腊爱里亚学派的代表人物，他最先提出并运用"存在"概念，对整个西方哲学形而上学理论的发展具有先导意义。在几乎与其同时[①]的古老中国，亦出现了一位伟大的哲学家——老子，他所提出的"道"的学说，对后世传统哲学的形上思辨也起到了举足轻重的作用。细究二者之理论，便不难发现其间在运思差异的同时，亦不乏共通之处，遂今略做分疏，别之同异于下，以敬教方家。

---

[*] 张磊（1992—），字珞石，男，山东德州人，湖北大学哲学博士研究生，主要从事道家哲学研究。

[①] 按：对于老子生活之年代，早前学界颇有争议，而今渐成定论，以为老子乃春秋末期人，身历周灵王、周景王、周敬王三朝。文从此说。

一、"存在"与"道"的显现形态

巴门尼德也好，老子也罢，二者对于世界本原的理解，似乎都带有直观想象的成分。巴门尼德将"存在"的形象诉诸"浑圆的球体"，他言"（存在）从各个方向看都像是浑圆的球体，从中心到边缘各点都是相等的"①；老子则将"道"比喻为"盅""谷"，即"道冲，而用之或不盈"②，"谷神不死，是谓玄牝"（《老子·第六章》）。但是二人如此说的目的并非是着意刻画"存在"与"道"的具体形象，而是想借此表明"存在"与"道"作为世界本原的周遍性与完整性，诚如《史学理论》中所谈及的那样："古代的哲学家们都力图塑造一个完整的世界模型，建立自己感到满意的哲学体系，从而说明直观的宇宙体系。"③为实现这一目的，二者对"存在"与"道"的特征都不遗余力地进行了表述："完整，单一，不动，完满；（它）既非曾经存在，也非将要存在，因为（它）现在作为整体存在，是一体的、连续的。"（残篇八）"其上不皦，其下不昧。绳绳兮不可名，复归于物。是谓无状之状，无物之象，是谓惚恍。迎之不见其首，随之不见其后。"（《老子·第十四章》）正因为对于"整体性""周遍性"的极力追求，致使"存在"与"道"的外延不断扩大而内涵却逐渐缩小，最终使得"存在"与"道"均成了没有任何规定性，却能涵盖所有存在物的纯粹存在（Being），也即"无"。

但是，如若对"存在"与"道"的理解仅仅停留在"无"的层面，显然是违背了二氏的意志，因为巴门尼德一再强调"（它）存在，（它）不可能不存在"（残篇二）；老子也坚定地认为"惚兮恍兮，其中有象；恍兮惚兮，其中有物。窈兮冥兮，其中有精；其精甚真，其中有信"（《老子·二十一章》）。因而"存在"与"道"似乎也有"有"的一面，这在二氏的经典命题中也可略见一斑：巴门尼德说"……因为能被思考的和能存在的是在那里的同一事物"（残篇三），策勒与柏耐特曾从语言角度对存在（εστίνη/ esti）进行考证，认为巴门尼德的"存在"不是抽象的"存在"概念，而是"具体存在物"；④叶秀山也认为"这个'存在'还是没有完全脱具体的物体性，它是占有空间的，是'有限的'"⑤。"思想"（voεῖν/noein）一词在巴门尼德的

---

① 李静滢：《巴门尼德著作残篇》，大卫·盖洛普英译／评注，桂林：广西师范大学出版社，2011年，第90页。本文凡引巴门尼德《论自然》语段，且不做特殊标志者，皆出自此书，下文不再专门标注，仅间注章节。

② 按："冲"，假字也，傅奕本、楼古本均作"盅"。参阅高明：《帛书老子校释》，北京：中华书局，1996年，第239页。本文凡引老子《道德经》语段，且不做特殊标志者，皆出自此书，下文不再专门标注，仅间注章节。

③ 张艳国：《史学理论：唯物史观的视域和尺度》，北京：中国社会科学出版社，2019年，第190页。

④ 爱德华·策勒：《古希腊哲学史（第一卷）》，北京：人民出版社，2021年，第490页。

⑤ 叶秀山：《前苏格拉底哲学研究》，北京：人民出版社，1997年，第142页。

理论中也有其独特的韵味。对古希腊哲学家对表述"思想"含义语汇的用法研究显示,"nous"偏重于心灵,"logos"侧重于理性,以"phren"为词根的"思考"则侧重于用思想器官直接进行认知活动;①而巴门尼德却没有选择上述的任何一个语汇去指称他所认为的"思想",而是运用了具有"真实的印象取代虚假的印象,强调心有所见,而没有被认为是推理过程"的"noein"来进行言说,这就意味巴氏所特重的仍是基于存在者自身的"真理",而非"精神""逻辑"抑或"感觉"。后世的译作者也往往将"νοεῖν/noein"翻译为"thinking","think"在古英语中亦有延伸、延长的含义,其比喻用法是展开想象的翅膀。②可见巴门尼德的"思想"并非返思,而是更贴合于即物而思。因而,我们便可以想象巴门尼德这个著名命题的真实含义:真实存在与可被思考作为不可缺失的两方面同在一个"存在"之中。③所以"存在"并非是绝对的"空无",也不可能离物而在,它规定着存在者,又在存在者中实现存在。这显然也是契合老子之"道"的。老子言"道法自然"(《老子·二十五章》)便是对"道"此种特征的终极揭示,尽管《老子》文本中"自然"之本义为何,目前学人仍有争论,④但"自然"之"自"具有"由……始"⑤与"反身代词"两重意蕴,用以表达"原初状态""自己如此"两种含义,却已是学界之公论。⑥"原初状态"是对"道"本根性的揭示;而"自己如此"则是"道"以成物的具体原则。池田知久认为"(自然)是形容'万物''百姓'的现有状态(存在样式和运动形态)的用语,并不是意味着客观的对象 nature 的名词"⑦,同时"'自然'作为一个名词,指代的是一种行为者自身主导的状态或过程,'道'所法的这个状态或过程正是'道'自身带来的"⑧,置言之,"道法自然"便是"道"法自身,用以揭示万物自身与生俱来之特性便是自

---

① 汪子嵩、范明生、陈村富等:《希腊哲学史》第1卷,北京:人民出版社,2004年,第619页。
② 古英语 þencan 是独特的古英语动词 þyncan "出现,出现"(过去时态 þuhte,过去分词 geþuht)的因果形式,来自原始日耳曼语 *thunkjan(也是德语 dünken, däuchte 的来源)。两者都来自 PIE*tong- "去思考,去感受",这也是思想和感恩的根源。
③ 按:据海德格尔对"同一"字义的考证,认为"统一、相同、和谐"不是巴门尼德所谓"同一"的意思。而应将其理解为一种统一,这不是空洞无差别的统一,而是指"对立面同属于一体"的意思,是不可缺失的两方面同在一个东西中。故而本文由此表述。参阅汪子嵩、范明生、陈村富等:《希腊哲学史》第1卷,北京:人民出版社,2004年,第619页。
④ 按:常见的有以下几种观点:(一)自然而然,相对于物来说没有外力干涉下自我存有的状态,而对人而言则是顺物性而为的动作;(二)事物内在的本性。即事物发展的动力,也是事物保持自我存在的特性;(三)事物的应然状态。最近较为新的提法是刘笑敢将"自然"理解为"人文的自然",即万物存在的一种和谐状态。这种说法似乎更强调从与人的社会生活的角度看待。
⑤ 自,作鼻形,今俗以作始生子为鼻子,故自表"由……始"义。参阅许慎:《说文解字》,北京:中华书局,2013年,第26页。
⑥ 参阅萧平:《老庄自然观念新探》,新北:花木兰文化出版社,2015年,第40—41页。
⑦ 池田知久:《"自然"的思想》,《中国观念史》,郑州:中州古籍出版社,2005年,第43页。
⑧ 萧平:《老庄自然观念新探》,新北:花木兰文化出版社,2015年版,第79页。

身发展之准绳。而老子又云:"人法地,地法天,天法道,道法自然。"(《老子·二十五章》)因之,一方面万物之存在要将"道"作为根本依据;一方面"道"的存在又要通过万物成就自身来实现。王中江把老子的"道"理解为一种"弱作用力"的"道",① 这是中肯的。

虽然巴门尼德的"存在"与老子的"道"都是即有即无的,② 但并不意味着二者的具体形态完全相同。因为"形态"除了内具"表现形式"的"形"之外,还涵括"性质状态"的"态"。然而二氏在分别对"存在"与"道"的"性质状态"塑造上却走向了截然不同的两条路径:神性的与人文价值性的。

巴门尼德的"存在"毫无疑问是带有神性色彩的。在《论自然》的开始,"女神"的形象就出现在了哲理诗篇之中。并且在后文中,他又提到"存在者独立存在,保持不变和同一,从而稳固地留在那里;因为强大的必然"(残篇八),"存在"作为"存在者"的终极依据,所以"强大的必然"所指称的只能是"存在"。然而巴门尼德在表述"强大的必然"时所用到的却是"Ανάγκη/Ananke"——必然定数女神,我们诚然有理由相信巴门尼德是在用一种譬喻的方式强调"存在"的超越性,我们也相信巴门尼德的"存在"并不等同于"女神",因为作为必然定数女神创造出一个非己而又类己的"存在神",这实在是冗余的,也是荒谬的,但是我们却没有办法完全排除巴门尼德的"存在"具有"神谕"色彩的可能。首先,在巴门尼德以前及此后的哲学家都存在着此种思维向度。阿纳克西曼德认为"命运"是万物与本源之间的联系纽带;③ 阿那克西美尼认为"星辰具有火的性质,有一些也包含着具有土的性质的物体,这些物体都为同一运动所牵引着"④;恩培多克勒思想中的"爱"与"恨"也只是一种"必然性"⑤的力量等。尽管巴门尼德将哲学思考从宇宙论本源观转向了本体论本原观,但这并不意味着巴门尼德完全挣脱了神话的"捆绑","他的'存在'与赫拉克利特的'逻各斯'一样都是抽象思维的产物,而且都是对希腊神话进行哲学化改造的结果"⑥,即便是巴门尼德的后学"麦里梭和芝诺也认为,一或整体就是神,惟有神是永恒的、无限的"⑦。其次,这种思维向度也符合巴门尼德自身"存在"理论的确证需要。在整个残篇中,巴门尼德并未给出关于"存在"之所以存在的任何

---

① 王中江:《出土文献与先秦自然宇宙观重审》,《中国社会科学》,2013年第5期。
② 按:至于"存在"与"道"是"有"是"无",这似乎是不可被轻易裁定的。因为我们对"有"与"无"的一切判断都是基于"具体形象"这个大前提的,但是哲学理论却不止于此,哲学理论往往会因理解的角度不同而呈现出不同的"形象"。
③ 北京大学哲学系外国哲学教研室编译:《古希腊罗马哲学》,北京:商务印书馆,2021年,第7页。
④ 北京大学哲学系外国哲学教研室编译:《古希腊罗马哲学》,北京:商务印书馆,2021年,第14页。
⑤ 北京大学哲学系外国哲学教研室编译:《古希腊罗马哲学》,北京:商务印书馆,2021年,第85页。
⑥ 赵林:《论希腊哲学的神话渊源》,《学术月刊》,1999年第4期第54页。
⑦ 汪子嵩、范明生、陈村富等:《希腊哲学史》第1卷,北京:人民出版社,2004年,第794页。

说明，而是选择了一种近乎独断的方式"约束你走上那第一条探寻之路"（残篇六），这样的言说方式就势必要求巴门尼德人为地提供一个"强判断"作为其理论逻辑的前提，而在当时宗教弥漫且思维朴素的文化背景之下，可供其选择的路径其实并不多，只能借助神的本性和地位去解释自己的哲学原则。①

老子的"道"则是人文价值性的，有意消解神性的。具体表现为老子对"天""帝""神""鬼""命"等思想的自然化改造。如《老子》中的"天"凡九十二见，②且"老子的'天'都是自然意义的"③，老子肯定了"天"的自然属性，也肯定了"天"是法"道"的，取消了自殷商以来"天"作为至上神的地位；老子还通过"吾不知其谁之子也，象帝之先"（《老子·第四章》）、"以道莅天下，其鬼不神"（《老子·第六十章》）等表述，消解了"帝""神""鬼"等作为宗教神祇的优先性与神秘性，虽然老子未能完全否定它们的存在，但使其成了"道"的产物，这种思想可以概括为道一元论体系下的有神论，④是老子思想对原始神明思想的反叛，也是老子哲学的一大突破。老子除了以"消解"宗教的方式取消"道"的神性，还运用高扬理性自觉的方式去凸显"道"的人文性，这突出表现在老子对"命"的理解上。老子曰"夫物芸芸，各复归其根。归根曰静，静曰复命。复命曰常，知常曰明。"（《老子·十六章》），任继愈认为："静是万物变化的总原则，所以是常。"⑤故而"常"的前提与本质是回到本根的虚静自然本性，因此"复命"之"命"便可解作人之生命本性，"复命"即是复归人之本性、精神纯任自然。可见这老子这里"命"也完全没有了消极、被主宰的命定意味，完全是自然的、自主的、自由的、与"道"互系不分的。从而老子的"命"就俨然成了人依从本性自然发展的"常"，而这"常"又含于自然之道的大趋势之中，由是"道"就成了命之为命、"常"之为"常"的内在依据，从而将人从"命论"中解放出来，赋予了人以主体性。

---

① 汪子嵩等先生认为："古代希腊哲学一产生，哲学家们就用自己的哲学原则去解释神的本性和地位。"但我觉得这是一个相互的过程，古希腊哲学家的使命就是不断模仿、对抗进而消解古希腊神学，从而带领人们从一种神话观念走向一种自然观念乃至科学观念，在这一过程中对神话的利用借鉴与对抗都是当时的主题。参阅汪子嵩、范明生、陈村富等：《希腊哲学史》第2卷，北京：人民出版社，2004年，第187页。

② 按：《老子》书中所出现"天"的形式分为三类：单言之"天"；与"地"对言之"天"；名名定中复合词中之"天"（包括"天之道"）。通过分析，这三类"天"均属自然之天。参阅拙作《先秦道家神明观念研究》，硕士学位论文，湖南师范大学，2019年，第60—65页。

③ 陈鼓应：《老子与孔子思想比较研究》，《二十世纪儒道研究大系（第九卷）：儒道比较研究》，北京：中华书局，2003年，第203页。

④ 按：尽管巴门尼德与老子的思想都未能完全摆脱原始宗教，但是由于二人采取的方式不同，而使得思想展现出不同的具体形态：巴门尼德是以宗教来反宗教，其思想的主流仍是宗教的；老子是以人文自然来反宗教，其结果必然是人文的。

⑤ 任继愈：《老子绎读》，北京：北京图书馆出版社，2006年，第35页。

二、"存在"与"道"的秩序建构

尽管巴门尼德和老子在分别塑造"存在"与"道"的具体形态时有"神性"与"人文性"之别,但这都不会影响他们具有相同的目标,即建构秩序。并且二氏在秩序建构的过程中,都展现出了相同的方法——拒斥感官的世界。巴门尼德对感官带有极度的"不信任",将其称为"毫无目标的眼睛,鸣响的耳朵和舌头"(残篇七),认为由感官和经验所建立的只能是"欺骗性秩序"(残篇八),在这种秩序下的世界所呈现的只能是"独立的黑夜,形体浓密沉重"(残篇八)。老子对待感官世界的态度与巴门尼德如出一辙,他直言"五色令人目盲;五音令人耳聋;五味令人口爽;驰骋畋猎,令人心发狂;难得之货,令人行妨"(《老子·二十一章》),认为圣人应该"致虚极,守静笃"。

二者在秩序建构的过程中,除了展现出相同的方法之外,其建构逻辑也展现出了极大的相似之处。巴门尼德和老子的理论虽然分别以"存在"和"道"为核心,但其最终的旨趣却始终不在核心概念自身。老子的目的是要通过"道"("自然")展现"无为",从逻辑关系上而言,"自然"是道体之逻辑前提,即前文所述的"道法自然",老子将"自然"与道体视为统一,就意味着道体在作为存在本体的同时,也具有了价值本体的意义,成了"无为"理论的必要理论基础。但这也并不代表着"自然"本身所具有的内容可以涵摄"无为",因为"自然"作为道体常态,它所能指涉的往往是"自在的自然"[①]或言"绝对之自然",而无法对在自觉理性意识指引下的、主动进行自我筹划与作为的"自为的自然"提供可靠的人文关怀,因之需要"无为"的原则去排除"人为"干涉与控制,使人归返于人与物"一体"之"自然"的整体和谐状态,从而实现"自然无为、万物自宾"的崇高秩序。再结合老子对"道"人文价值性的凸显,便不难发现"无为"才是道体理论的逻辑归宿。如同老子是要通过"自然"来展现对"无为"追求的模式一样,巴门尼德的"存在"最终目的也是要标榜"思维"("理性")的权威。巴门尼德的"存在"是存在者存在的依据,但同样也可以被理解为"理性的客观本质化",因为巴门尼德一再强调"真理之路"和"存在"是同一的,"那能够被谈论、被思考的必定是存在者,因为它就在那里存在"(残篇六),由此理性的地位被抬高到了与"存在"同等的地位,同样具有了神性的光辉。既然"神"("存在")与理性是混同的,那么追求理性,便具有了崇高性与必然性,理性秩序便从神话系统中脱胎了出来。我们诚然会怀疑"神"与"理性"间的悖谬与对立,就如同我们纠结于"自然"与"无为"之间的纠葛一样,但正是这

---

① 罗祥相:《论老子"自然"思想的逻辑展开》,《中国哲学》2020 年第 2 期。

种冲突的存在,让思想的张力得以释放,让人类的理性与自觉得以绽开。

即便二氏在秩序建构过程中展示出这样或那样的暗合,但巴门尼德与老子最终追求的"秩序"终归是不同的:一个是要建立理性秩序,文德尔班在评价巴门尼德时说:"他的存在论是一种完全自觉的理性主义,他拒斥一切经验能力,并且否认一切经验内容。"[①]事实上也确实如此,巴门尼德所着力区分的"真理世界"与"意见世界",实际上代表了两种不同的思维方式,"真理世界"相对应的是理性的逻辑思维,"意见世界"所对应的是感性的辩证思维。巴门尼德为了保证理性的绝对地位,不惜将一切东西(包括物质的东西和精神的东西)的特殊性都抽象掉,让存在者("万事万物")所构成的客观世界变成一个点状的、空洞的、僵死的、缺乏内容的概念般的世界,不过在某种程度上言,他也确实完成了他的目标——将理智和感觉分割开来,并突出理智的作用,开辟了实证科学的道路。一个则要建立人生秩序,方东美把老子道家的形上学称之为"超越形上学"与"内在形上学"的统一。所谓"超越形上学"是指老子的哲学境界虽然由经验与现实出发,但却不为经验与现实所限制,还能突破一切现实的缺点,超脱到理想的境界;但是这种理想的境界并不是断线的风筝,这种高度价值又可以回到人间的现实世界中落实,逐渐使理想成为现实,现实成就之后,又可以激发新的理想。所谓"内在形上学",是说老子道家的形上学可以拿到现实的世界、现实的社会与现实的人生里,同人性配合起来、以人的努力使它一步步实现,在这种情形下,形上学从不与有形世界或现实世界脱节,也绝不与现实人生脱节,而在现实人生中可以完全实现,一切理想价值都内在于世界的实现、人生的实现。[②]应该说,方东美的这种观点是合乎老子思想主旨的。

也正因为两个秩序所建立的基础和所追求目标的差异性,也使得两种秩序所呈现的样态显现出云泥之别——全体齐整而个体隔绝与泛分开放却万物融通。巴门尼德的"存在"是神性的,也就意味着从本质上而言"存在"是凌驾于经验世界之上,纷杂的现实世界"收束"于"存在"这个超迈的"一"之中,于是经验世界获得统一。但是,由于巴门尼德对理性的追求,他又必须强调所有的单个存在者必须是有序的、有条不紊的、不可运动的,即"把(它)牢牢束缚在界限的锁链内,锁链围绕着它"(残篇八),因为只有以绝对的必然为前提,理性的作用才能被最大限度地发挥,而任何偶然的可能都会使理性丧失其价值。然而这样做法(即"对绝对必然的强调")也致使存在者只能孤零零地存在着,"(它)在任何一个地方都不能再大,也不能再小"(残篇八),甚至不能"改变位置,以及变化色彩"(残篇八),由是使

---

① 文德尔班:《古代哲学史》,上海:上海三联书店,2009年,第56—57页。
② 参阅许春华:《天人合道——老子哲学研究》,北京:人民出版社,2013年,第230—231页。

得各个存在者之间的联系与交互只能交由"命运"驱使,"自为"成为一种不可能。所以巴门尼德所建立的世界是一个全体齐整而个体隔绝的理性世界。

而老子的"道"在一开始便充满人文价值色彩,"道"虽然在品位上、时序上都具有优先性,但它并非是以"人格神"的形象高悬于穹顶之上主导万物,进而以实现世界外在统一的,而是用一种"'道'内在万物"①的方式,实现了内在的"齐一"。"道"生万物,而后又"长之育之;亭之毒之;养之覆之"(《老子·五十一章》),说明"道"作为一种潜藏力,作用于事物发展的每一个过程,同时又能坚持"生而弗有,为而弗恃,功成而不居"(《老子·二章》)的原则"以天地万物为刍狗"(《老子·五章》),完全做到了一视同仁、公平公正地尊重事物之本性,使现实世界变成了一个充满生机的生生世界。这个世界的生机还体现在万物变化与融通上,"有无相生,难易相成,长短相形,高下相盈,音声相和,前后相随"(《老子·二章》),整个世界并不存在绝对孤立的存在者,彼此都在反复交变,在不断运动中体现着万物的"鸢飞鱼跃",哪怕是"万物并作,各复归其根",也是"周行而不殆"的生物流变的盎然体现。因此不难发现,老子所建构的世界是一个万物融通且洋溢活力的世界,在洋溢活力的过程中甚至淡化了整个宇宙的边界(即"道作为本根对万物的限制力"),如老子所云"大道泛兮,其可左右"(《老子·三十四章》)。当然这并不全然意味着老子认为"道"放弃了对万物的约束,而是言"道"不会主动设置客观界限去"捆缚"万物,而是选择顺从的态度,依随万物蔓延的边界为边界,即"衣养万物而不为主……以其终不自为大,故能成其大"(《老子·三十四章》),所以老子所要建立的秩序又是泛兮开放的。

三 "存在"与"道"的价值重估

二氏思想所展出的特质除了上述所提及的之外,尚有很多,诸如对语言的重视,王太庆曾围绕此种路径对巴门尼德的"它是,它不能不是"做出过分析,"这里的'它'指研究对象,'是'指'起作用',兼为系词'是'和'存在'的基础"②,"是"包含"系词"和"存在"两层含义,就意味着它和"言说"具有了密切联系。虽然老子言"道可道,非常道"(《老子·一章》),认为"道"不能被纳入语言分析的脉络中,但是"道隐无名"这一命题的提出,本身就暗含着"道"与"语言"关系的思考。只是"语言"在此时虽未被巴门尼德所特重,但一直在西方哲学领域中草蛇灰

---

① 陈鼓应:《老子今注今译》,北京:中华书局,2016年,第27页。
② 王太庆:《我们怎样认识西方人的"是"?》,《学人》第4辑,南京:江苏文艺出版社,1993年,第428页。

线,待至近代语言相关学说的出现,其地位便日趋彰显;而在中国传统思想中,"语言"似乎一直处于被附属或被贬抑的状态之中,"名实之辩"如此,"言意之辩"亦如此,都没有展露其应有的价值,又或言它以另外一种方式一直发挥着作用。

总体而言,巴门尼德与老子作为各自文化系统中"哲学突破"的标志,开始将人们从经验世界引入形上世界,将哲学家的思考维度从"有"的世界转向"无"的世界,其影响毫无疑问是巨大的。黑格尔评价巴门尼德说"真正的哲学思想从巴门尼德起始了,在这里面可以看见哲学被提到思想的领域"[1],雅斯贝尔斯认为老子是具有原创性的形而上学家。[2] 随着历史的视域不断拉长,我们更能清晰且直观地审视巴门尼德与老子"存在"与"道"的思想,进而分析其意蕴、唤醒其时代价值。

巴门尼德通过"神性"确立起了"存在"的绝对地位,并以"存在"为理论基础,导向"理性"维度,最终设想构建起一个以理性为准则、不断求真且秩序井然的理性社会,并且他也一度将自己的所思运用于现实世界——为埃利亚人制定了法律。但是巴门尼德在理论设计之初便带有极其强烈的拒斥感性、贬损表象的倾向,这种"倾向"所带来的直接后果是导致理性至上,从而引发人感性与理性自我内部关系的紧张。感性作为人之本能,实际上它所展现出来的是一种"关系",这种"关系"通过人与客观事物之间的主观体验作为媒介,可以连接人与人、人与自然,乃至人与万物,进而实现人与事物之间的双向互通。而巴门尼德对感性的贬抑使得这一"关系"的建立变得异常困难,人再也无法真正地投身于对象物之中——没有感性的注入,再多的实践也变得徒劳,人只能外在地以理性为工具去认识某物,像一个"坐在舞台之前的一个旁观者"[3],而无法与之共鸣与融通。这样的世界看似"铁板"般的"一",实际上却是割裂的、无法凝聚的,人置身其中更无法体味到真正的安定与快乐。

老子对"道"地位的确立却不主要依赖原始宗教,[4] 而是来"据于人生的需要逐步上推而获得的'副产物'"[5]。他以"自然"这个超越善恶对待的绝对的"真"作为理论前提,同时又围绕"无为"创立了以内心境界为核心的人生实践学说,力图将世界恢复成"见素抱朴、少私寡欲"(《老子·十九章》)而又涵容一切的道德之境。

---

[1] 黑格尔:《哲学史讲演录》第1卷,贺麟、王太庆译,北京:商务印书馆,1996年,第267页。
[2] 卡尔·雅斯贝尔斯:《大哲学家》,李雪涛、李秋零等,北京:社会科学文献出版社,2010年,第752—780页。
[3] H.P.Rickmann,*Wilhelm:Pioneer of the Human studies*,University of California Press,1979,p.113.
[4] "道"观念的形成并不能完全脱离原始宗教的影响,这是必然的,如童书业先生在《先秦七子研究》中便提出过老子的"道"是从春秋以来的具有泛神论意义的"命"的观念发展而来的,但是根据对"道"所承载的内容及所展现出来的特征看来,"道"应该更来源于对经验社会的观察把握。参阅童书业:《先秦七子研究》,济南:齐鲁书社,1982年,第114—115页。
[5] 徐复观:《先秦人性论史·先秦篇》,上海:上海三联书店,2001年,第287页。

这一理论的初衷就决定了其思想是以呵护人生为大前提，他关注人的感性心理和自然情态，细致分析情、欲、理、性等一切与人之感性心理相关的东西，并进行筛选和培养，试图通过内证体悟等方式使"欲不欲"转化为理性自觉，进而在"若昏""若愚"的状态下实现"悦神"的效果。这种视野是宏大的，也是渺小的，他将世界的开显完全寄托于个体在欲和无欲的神秘中所进行的左右逢源，这使得其学说注定只能局限于广阔而又狭隘的精神领域，无法真正落实于实际，也注定了"玄德"只能是一种"玄思"。

斯科特·奥斯汀言："古代思想传给我们的最早的遗迹远不是原始的。它们并不是在黑暗中——只为片刻的清晰所照亮——摸索那些在后来的哲学发展史中才明亮可见的观念和区分。相反，它们与一些问题角力，那是一些长久的、绝不简单的、今天还要严肃对待的问题，那是所有的观点、传统和文化都会遇到的问题。"对二氏哲学核心观点的简要分疏与理解，或许有助于我们吸收古老智慧并进行反思，从而重新理解、建构新的哲学。